市场营销学

（第七版）

SHICHANG YINGXIAOXUE

主　编　○　张黎明
副主编　○　陈雪阳

四川大学出版社

项目策划：徐丹红
责任编辑：徐丹红
责任校对：周　颖
封面设计：何东琳
责任印制：王　炜

图书在版编目（CIP）数据

市场营销学 / 张黎明主编 . — 7 版 . — 成都：四川大学出版社，2019.5
ISBN 978-7-5690-3720-3

Ⅰ . ①市… Ⅱ . ①张… Ⅲ . ①市场营销学－高等学校－教材 Ⅳ . ① F713.50

中国版本图书馆 CIP 数据核字 (2020) 第 049266 号

书　名	市场营销学（第七版）
主　编	张黎明
出　版	四川大学出版社
地　址	成都市一环路南一段 24 号（610065）
发　行	四川大学出版社
书　号	ISBN 978-7-5690-3720-3
印前制作	四川胜翔数码印务设计有限公司
印　刷	成都金龙印务有限责任公司
成品尺寸	185mm×260mm
印　张	20
字　数	488 千字
版　次	2020 年 4 月第 1 版
印　次	2020 年 4 月第 1 次印刷
定　价	48.00 元

◆ 版权所有 ◆ 侵权必究

◆ 读者邮购本书，请与本社发行科联系。
　电话：(028)85408408/(028)85401670/
　(028)86408023　邮政编码：610065
◆ 本社图书如有印装质量问题，请寄回出版社调换。
◆ 网址：http://press.scu.edu.cn

四川大学出版社
微信公众号

序　言

我是谁？我在哪？我要做什么？我用什么手段、以怎样的方式去做？这是营销人员常常在思考的问题。

新世纪的市场营销，正处在一个高度竞争、瞬息万变的宏观环境中，全球市场一体化、商业竞争国际化、企业生存艰难化，以高新技术和知识经济为代表的新经济发展要求市场营销理论必须能够迅速总结市场营销的实践经验，并反过来指导市场营销实践，市场营销的手段也必须满足市场发展的需要。怎样识别、创造和引导消费者的消费需求和欲望？如何确定企业所能服务的目标市场？以怎样合适的产品、服务来满足市场需求，实现消费者、企业和社会的价值最大化？本书希望能够在此尽些绵薄之力。

本书共分为4篇13章，首先介绍了市场营销的基本概念；然后提供了市场分析与定位的方法，在此基础上对市场营销的战略与策略进行了详尽的分析；最后将市场营销的新发展向读者进行了简单的介绍。书中的每一章都有一个引导案例，希望能够用这个与本章内容相关的经典案例引发读者的学习兴趣与思考；每章的最后还提供了一个案例，希望读者能够将本章所学理论运用到实际的案例分析中，提高市场营销的技巧与手段。

市场营销就是为了让营销人远离盲目，让营销人的路走得更加清晰一些，让营销人可以在过河时有石头可摸。市场营销不是给营销人一个公式理论，告诉你怎么做，而是要求营销人在众多营销理论的合理组合之下进行营销，这也是市场营销的科学之处。

当然，现实环境要求我们不能唯理论是从，应当在实际工作中根据企业内外部环境有所调整。市场营销又可以给我们提供多个翔实而生动的案例，让我们可以随时根据具体案例进行理论组合，并将其付诸实践。

世界上唯一不变的就是改变，市场营销也要求我们不停地改变，不停地接受新的知识、理论，不停地学习，只有这样才能给营销理论与实务不断注入新的创造力，才能不断创造更多、更经典的营销案例与理论。

本书有完整的理论体系，有详细的操作步骤，也有明确的营销程序，更有大量持之有据的案例。它们是具体可感、深入浅出、环环相扣的。本书是在2005年出版的《市场营销学》基础上改编的。2005年版《市场营销学》出版以后，多次重印，深受读者的喜爱，可是随着学习、实践的深入，我们愈发觉察到书中的不足，觉得有修订的必要，这才姗姗落笔。

本书在写作时坚持"可读性与思想性相结合"的原则，以职业能力培养为核心，以市场营销应用项目为载体，引导读者构建完整的营销知识体系，并把这种信息、知识和启发运用于市场营销的工作和实践中去，积极思考、乐于实践，从而提高学习效果，最终能够从阅读本书中获得有益的信息、知识和启发。

本书由张黎明主编，陈雪阳副主编。参与本书 2005 版写作的有：邓富民、代宏坤、徐静、吴峰。这次修订版写作的分工如下：张黎明负责全书的纲要制定和体例格式统一，希望能够博采众家之长，不仅有理论性，也有可读性。陈雪阳在写作这本书时全身心地投入，从理论梳理到案例选择，无不亲力亲为，本书从头至尾均有她的付出。最后由张黎明总纂定稿。可幸的是，这次的印本已不是初版，笔者对 2005 版作了大量的重写和充实，尤其是案例部分，加入了许多新的东西，使它变得更值得一读。

本书的主要读者对象是各行各业各类企业中的管理者，特别是市场营销、客户服务等方面的专业从业人员。本书既可以作为工商管理、市场营销等相关专业的研究生和本科生的学习教材，也可以作为企业管理和市场营销等方面的培训教材和实践参考书。

由于市场营销是一个理论性、时间性和实践性都很强的学科，限于笔者水平，错误与不足之处在所难免，由衷地希望广大读者批评指正。同时，欢迎有意探讨如何促进中国企业营销进步的朋友与我们联系：zhangliming@scu.edu.cn。让我们同心协力，助力读者们学习扎实的营销理论，助力中国企业打造有中国特色的市场营销新理论、新模式。

编　者

2020 年 3 月

目 录

第1篇 市场营销导论

第1章 市场营销学基础 (3)
【本章概要】 (3)
【引导案例】 (3)
1.1 市场营销概述 (4)
　1.1.1 市场营销的含义 (4)
　1.1.2 市场营销的核心概念 (5)
1.2 市场营销的功能与作用 (11)
　1.2.1 市场营销的功能 (11)
　1.2.2 市场营销的作用 (13)
1.3 市场营销哲学演进 (16)
　1.3.1 第一阶段：生产观念 (16)
　1.3.2 第二阶段：产品观念 (17)
　1.3.3 第三阶段：销售观念 (17)
　1.3.4 第四阶段：市场营销观念 (18)
　1.3.5 第五阶段：社会营销观念 (18)
1.4 市场营销学的研究内容 (19)
【案例分析】 (21)

第2篇 市场分析与定位

第2章 市场营销环境 (27)
【本章概要】 (27)
【引导案例】 (27)
2.1 市场营销环境概述 (28)
　2.1.1 市场营销环境的类型 (28)
　2.1.2 市场营销环境的特性 (29)
　2.1.3 企业营销环境的分析模型 (29)

2.2 宏观环境分析 …………………………………………………………（30）
2.2.1 人口环境 …………………………………………………………（31）
2.2.2 自然环境 …………………………………………………………（31）
2.2.3 经济环境 …………………………………………………………（32）
2.2.4 技术环境 …………………………………………………………（35）
2.2.5 政治和法律环境 ……………………………………………………（36）
2.2.6 社会和文化环境 ……………………………………………………（37）
2.3 微观环境分析 …………………………………………………………（38）
2.3.1 市场主体 …………………………………………………………（38）
2.3.2 市场客体 …………………………………………………………（39）
2.4 环境分析与营销对策 …………………………………………………（39）
2.4.1 环境分析的含义 ……………………………………………………（39）
2.4.2 环境分析的内容 ……………………………………………………（40）
2.4.3 企业的营销对策 ……………………………………………………（43）
【案例分析】 ………………………………………………………………（44）

第3章 消费者市场与购买行为分析 ……………………………………（46）
【本章概要】 ………………………………………………………………（46）
【引导案例】 ………………………………………………………………（46）
3.1 消费者市场的含义与特点 ……………………………………………（47）
3.1.1 消费者市场的含义 …………………………………………………（47）
3.1.2 消费者市场的特点 …………………………………………………（47）
3.2 消费者行为的一般模式 ………………………………………………（48）
3.3 影响消费者行为的主要因素 …………………………………………（49）
3.3.1 文化因素 …………………………………………………………（49）
3.3.2 社会因素 …………………………………………………………（51）
3.3.3 个人因素 …………………………………………………………（53）
3.3.4 心理因素 …………………………………………………………（55）
3.3.5 情境因素 …………………………………………………………（58）
3.4 消费者购买决策类型与过程 …………………………………………（59）
3.4.1 消费者购买决策类型 ………………………………………………（59）
3.4.2 消费者购买决策过程的一般模型 …………………………………（60）
【案例分析】 ………………………………………………………………（65）

第4章 产业市场与购买行为分析 ………………………………………（68）
【本章概要】 ………………………………………………………………（68）
【引导案例】 ………………………………………………………………（68）
4.1 产业市场 ………………………………………………………………（68）
4.1.1 产业市场的含义与特点 ……………………………………………（68）
4.1.2 产业市场的购买对象 ………………………………………………（70）

4.2 产业市场的购买行为 (71)
4.2.1 产业市场购买的特点 (71)
4.2.2 影响产业市场购买行为的主要因素 (72)
4.2.3 产业市场购买的类型 (73)
4.2.4 产业市场的购买决策 (74)
【案例分析】 (78)

第5章 市场营销调查与市场需求预测 (82)
【本章概要】 (82)
【引导案例】 (82)
5.1 市场营销信息系统 (83)
5.1.1 市场信息及其功能 (83)
5.1.2 市场营销信息系统及其构成 (84)
5.2 市场营销调查 (86)
5.2.1 市场营销调查的含义 (86)
5.2.2 市场营销调查的内容 (87)
5.2.3 市场营销调查的方法 (90)
5.2.4 市场营销调查的步骤 (92)
5.3 市场需求预测 (95)
5.3.1 市场需求预测的概念 (95)
5.3.2 市场需求预测的种类 (95)
5.3.3 市场需求预测的程序 (96)
5.3.4 市场需求预测的方法 (97)
【案例分析】 (106)

第6章 目标市场营销 (110)
【本章概要】 (110)
【引导案例】 (110)
6.1 市场细分 (111)
6.1.1 市场细分的含义与作用 (111)
6.1.2 市场细分的模式与依据 (113)
6.1.3 市场细分的原则、程序与方法 (117)
6.2 目标市场选择 (119)
6.2.1 目标市场选择的模式 (119)
6.2.2 目标市场选择的标准 (120)
6.2.3 目标市场选择的策略 (121)
6.2.4 影响目标市场策略选择的因素 (122)
6.3 市场定位 (123)
6.3.1 市场定位的概念 (123)
6.3.2 市场定位策略 (124)

6.3.3　市场定位的步骤 …………………………………………………… (126)
　【案例分析】 ………………………………………………………………… (128)

第3篇　市场营销战略与策略

第7章　市场营销战略 ………………………………………………………… (133)
　【本章概要】 ………………………………………………………………… (133)
　【引导案例】 ………………………………………………………………… (133)
　7.1　企业战略与战略规划 ………………………………………………… (136)
　　7.1.1　战略的含义 ………………………………………………………… (136)
　　7.1.2　战略及营销战略的制定过程 ……………………………………… (137)
　7.2　产业基本竞争战略 …………………………………………………… (146)
　　7.2.1　产业竞争性分析 …………………………………………………… (146)
　　7.2.2　产业基本竞争战略 ………………………………………………… (147)
　7.3　竞争性市场营销战略 ………………………………………………… (148)
　　7.3.1　竞争者分析 ………………………………………………………… (148)
　　7.3.2　竞争性市场营销战略 ……………………………………………… (150)
　【案例分析】 ………………………………………………………………… (157)

第8章　产品策略 ……………………………………………………………… (159)
　【本章概要】 ………………………………………………………………… (159)
　【引导案例】 ………………………………………………………………… (159)
　8.1　产品的含义 …………………………………………………………… (159)
　　8.1.1　核心产品 …………………………………………………………… (160)
　　8.1.2　形式产品 …………………………………………………………… (160)
　　8.1.3　期望产品 …………………………………………………………… (160)
　　8.1.4　延伸产品 …………………………………………………………… (160)
　　8.1.5　潜在产品 …………………………………………………………… (160)
　8.2　产品分类 ……………………………………………………………… (161)
　　8.2.1　以产品为基础的分类 ……………………………………………… (161)
　　8.2.2　以消费者购买习惯为基础的分类 ………………………………… (161)
　　8.2.3　以产品进入生产过程的方式为基础的分类 ……………………… (162)
　8.3　产品组合 ……………………………………………………………… (163)
　　8.3.1　产品组合的含义 …………………………………………………… (163)
　　8.3.2　产品组合决策 ……………………………………………………… (164)
　　8.3.3　产品线分析 ………………………………………………………… (164)
　8.4　产品生命周期 ………………………………………………………… (166)
　　8.4.1　产品生命周期的含义 ……………………………………………… (166)
　　8.4.2　产品生命周期策略 ………………………………………………… (169)

8.5 新产品开发 …… (173)
　8.5.1 新产品的含义 …… (173)
　8.5.2 新产品开发程序 …… (174)
　8.5.3 新产品的采用与推广 …… (175)
8.6 品牌与品牌策略 …… (176)
　8.6.1 品牌 …… (176)
　8.6.2 品牌的特征 …… (178)
　8.6.3 品牌的种类 …… (179)
　8.6.4 品牌定位 …… (180)
　8.6.5 品牌策略 …… (181)
8.7 包装策略 …… (185)
　8.7.1 包装的含义 …… (185)
　8.7.2 包装策略决策的影响因素及原则 …… (185)
　8.7.3 包装策略 …… (186)
【案例分析】 …… (188)

第9章 定价策略 …… (191)
【本章概要】 …… (191)
【引导案例】 …… (191)
9.1 价格综述 …… (192)
　9.1.1 价格的含义 …… (192)
　9.1.2 价格的构成 …… (192)
　9.1.3 价格的作用 …… (193)
9.2 定价的程序和影响因素 …… (194)
　9.2.1 定价的程序 …… (194)
　9.2.2 定价的影响因素 …… (195)
9.3 定价的目标 …… (198)
　9.3.1 利润目标 …… (199)
　9.3.2 销量目标 …… (200)
　9.3.3 竞争目标 …… (201)
　9.3.4 生存目标 …… (201)
　9.3.5 稳定目标 …… (201)
　9.3.6 质量领先目标 …… (202)
　9.3.7 顾客满意目标 …… (202)
9.4 定价方法 …… (202)
　9.4.1 成本导向定价法 …… (203)
　9.4.2 需求导向定价法 …… (205)
　9.4.3 竞争导向定价法 …… (206)
9.5 定价策略 …… (207)

9.5.1 新产品定价策略 (207)
9.5.2 系列产品定价策略 (208)
9.5.3 心理定价策略 (209)
9.5.4 折扣定价策略 (210)
9.5.5 差别定价策略 (211)
9.6 价格变更的策略 (212)
9.6.1 降价和涨价 (212)
9.6.2 购买者对价格变动的反应 (213)
9.6.3 对竞争对手价格调整的反应 (213)
【案例分析】 (216)

第10章 分销策略 (219)

【本章概要】 (219)
【引导案例】 (219)
10.1 分销渠道 (220)
10.1.1 分销渠道的含义 (220)
10.1.2 分销渠道的结构 (221)
10.1.3 分销渠道的类型 (221)
10.2 分销渠道管理 (223)
10.2.1 影响分销渠道选择的因素 (223)
10.2.2 分销渠道选择的原则 (226)
10.2.3 分销渠道选择的标准 (227)
10.2.4 分销渠道的管理控制 (228)
10.3 中间商 (230)
10.3.1 批发商 (230)
10.3.2 零售商 (232)
10.4 终端销售点 (235)
10.4.1 终端销售点选择 (236)
10.4.2 终端销售点密度决策 (238)
10.5 实体分配 (240)
10.5.1 实体分配的范围与目标 (240)
10.5.2 实体分配的战略方案 (241)
【案例分析】 (243)

第11章 促销策略 (246)

【本章概要】 (246)
【引导案例】 (246)
11.1 促销与促销组合 (247)
11.1.1 促销的含义 (247)
11.1.2 促销组合 (247)

11.1.3　促销的基本策略 ……………………………………………………… (248)
　11.2　人员推销 ………………………………………………………………………… (249)
　　11.2.1　人员推销的含义 ……………………………………………………… (249)
　　11.2.2　推销人员的任务及其工作步骤 ……………………………………… (249)
　　11.2.3　推销人员的管理 ……………………………………………………… (250)
　11.3　广告 ……………………………………………………………………………… (251)
　　11.3.1　广告的含义 …………………………………………………………… (251)
　　11.3.2　广告的作用 …………………………………………………………… (251)
　　11.3.3　广告定位 ……………………………………………………………… (252)
　　11.3.4　广告媒体的选择 ……………………………………………………… (253)
　　11.3.5　广告的创意制作 ……………………………………………………… (255)
　　11.3.6　广告费用预算 ………………………………………………………… (257)
　　11.3.7　广告效果评估 ………………………………………………………… (257)
　11.4　营业推广 ………………………………………………………………………… (258)
　　11.4.1　营业推广的含义 ……………………………………………………… (258)
　　11.4.2　营业推广的特点及局限性 …………………………………………… (260)
　　11.4.3　营业推广的实施过程 ………………………………………………… (260)
　11.5　公共关系 ………………………………………………………………………… (261)
　　11.5.1　公共关系的含义 ……………………………………………………… (261)
　　11.5.2　公共关系的职能 ……………………………………………………… (261)
　　11.5.3　公共关系的原则与实施步骤 ………………………………………… (262)
　　11.5.4　公共关系的主要方法 ………………………………………………… (263)
　【案例分析】 …………………………………………………………………………… (265)

第12章　市场营销策划 ………………………………………………………………… (269)
【本章概要】 ……………………………………………………………………………… (269)
【引导案例】 ……………………………………………………………………………… (269)
　12.1　市场营销策划的含义 …………………………………………………………… (270)
　12.2　市场营销策划的步骤 …………………………………………………………… (271)
　　12.2.1　市场营销策划的准备阶段 …………………………………………… (271)
　　12.2.2　市场营销策划的制定阶段 …………………………………………… (271)
　　12.2.3　市场营销策划的实施与控制阶段 …………………………………… (272)
【案例分析】 ……………………………………………………………………………… (274)

第4篇　市场营销新发展

第13章　市场营销新领域与新概念 …………………………………………………… (283)
【本章概要】 ……………………………………………………………………………… (283)
【引导案例】 ……………………………………………………………………………… (284)

13.1 关系营销……………………………………………………………………(286)
    13.1.1 关系营销的含义与特征………………………………………………(286)
    13.1.2 关系营销的市场模型…………………………………………………(286)
    13.1.3 关系营销的中心——顾客忠诚………………………………………(287)
    13.1.4 关系营销梯度推进的三个层次………………………………………(288)
    13.1.5 关系营销的价值测定…………………………………………………(289)
13.2 网络营销……………………………………………………………………(290)
    13.2.1 网络营销的含义与特点………………………………………………(290)
    13.2.2 网络营销理论…………………………………………………………(291)
    13.2.3 网络营销内容…………………………………………………………(294)
    13.2.4 网络营销与电子商务…………………………………………………(295)
13.3 情感营销……………………………………………………………………(296)
    13.3.1 情感营销的含义………………………………………………………(296)
    13.3.2 情感营销的作用………………………………………………………(296)
    13.3.3 情感营销的策略………………………………………………………(297)
13.4 口碑营销……………………………………………………………………(300)
    13.4.1 口碑营销的基本概念…………………………………………………(300)
    13.4.2 口碑传播的形成机理…………………………………………………(300)
    13.4.3 口碑营销的策略选择…………………………………………………(304)
【案例分析】………………………………………………………………………(306)

第1篇　市场营销导论

第1章　市场营销学基础

【本章概要】

市场营销学是一门建立在经济科学、管理科学、行为科学和现代科学技术基础之上的应用学科。在市场竞争日益激烈的今天，市场营销学不仅从实践上给予那些在市场中工作的人们以不同程度的指导和帮助，其理论也随着市场特征和实际情况的变化而不断创新和发展。本章将主要介绍市场营销学的一些基本概念、理念与原理，市场营销哲学在实践中的演变以及各个阶段营销观念的特征，为后面各章的学习奠定基础。

【学习目标】

1. 理解并掌握市场营销及其核心概念；
2. 理解并掌握市场营销的功能和作用；
3. 理解并掌握市场营销哲学的演进；
4. 了解市场营销学研究的主要内容。

【引导案例】

营销奇才史玉柱

史玉柱，一个充满传奇色彩的人物，从20世纪90年代开始，他用自己的传奇经历书写着中国企业的发展史。从来没有一个人能够像史玉柱那样拥有惊涛骇浪般的事业轨迹，从一文不名的深圳打工仔到拥有数亿资产的"巨人集团"老总，而后巨人集团的覆灭又使他成为负债两亿的"首负"。几年后，他又镇定地躲在"脑白金"后面，操纵着"今年过节不收礼，收礼只收脑白金"的广告轰炸。在"脑白金"中赚得盆满钵满的时候，他又带着他的"征途"赶赴纽约证券交易所上市，颇有点"王者归来"的味道。

史玉柱不仅是一个商业奇才，更是一个营销奇才。对于网游市场的营销，史玉柱曾一再向媒体表示"很落后，这个行业最不重视对消费者的研究"。在网络游戏界，几乎没有一个人能够像史玉柱那样玩游戏一玩就是二十多年。无止境地去了解客户的需求，这是史玉柱营销的"杀手锏"之一。

史玉柱的另一个营销"杀手锏"，是他对于广告极敏感的嗅觉，这不是一般的人能够学来的。他深谙媒体的运作规律，他所创造的营销组合令脑白金仅在2001年1月就创下了2亿多元的非凡佳绩。脑白金广告给人印象最深的就是"卡通老头老太太广告"了，它曾连续7年成为央视十大恶俗广告之首，从2002年开始投放电视，直至今天，这也不是一般的企业能够做到的。由此可以看出"史氏营销方式"的始终如一。

史玉柱是毛泽东思想的狂热崇拜者，在营销战中他惯用毛泽东的作战思想，其中最关键的一条就是"集中优势兵力，各个突破"。"史玉柱营销法则"有六条，其中有三条与之有关：第一条是第一法则，即"做一个产品必须要做第一品牌，否则很难长久，很难做得好，不做第一就不能真正获得成功"。第二条是重点法则，即"在营销手段的使用上必须有一个重点，必须加大人力、物力、财力，做重点地区，使用重点手段，做深做透。一个企业资金实力再雄厚，也只能在几个重点行业、重点地区、重点产品上下工夫，如果没有重点平均用力，必然会失败"。第三条是品牌延伸法则，即"一个产品一个品牌，品牌不能乱延伸"。

对于"网络游戏"的营销，史玉柱的营销人员倾巢而出，沿袭着特有的"史氏"务实而又出奇制胜的营销风格。他把二、三线城市作为战略重点，几乎对所有的网吧都进行了地毯式的"入侵"，随便走进一家网吧，《征途》的宣传海报必然出现在十分醒目的位置；他打出了和脑白金一样俗气的广告："给玩家发工资"，只要玩家每月在线超过120小时，就有可能拿到价值100元的"全额工资"。其所采取的高密度、高强度的推广活动，让《征途》在短时间内享有非常高的知名度。

超强的执行能力和军事化的管理是史玉柱能够东山再起的第三个"杀手锏"。

尽管史玉柱其人、其产品以及营销手段在某种程度上颇受争议，但是从其经历中不难发现，了解市场、把握市场，掌握消费者心理，洞悉消费者需求都是十分重要的，而成功营销更是在企业发展中起着极其重要的作用。

营销几乎充斥在我们身边的任何活动中：街道上猛然抬头遇到的推销员，商场里铺天盖地的促销活动，报纸广播电视上令人目不暇接的广告，互联网迅猛发展带来的网上购物，聪明的商家甚至连厕所墙上那点空隙也不放过……营销几乎无处不在。随着社会经济的发展，社会产品的品种越来越丰富，企业经营活动也发生了根本性的改变，由原来的公司主导转变为市场主导，这时市场营销作用也就日益凸显，重视营销、成功营销是企业生存和发展的重要因素，是企业成功的关键。

（资料来源：杨洪涛. 现代市场营销学 [M]. 北京：机械工业出版社，2009：2）

1.1 市场营销概述

1.1.1 市场营销的含义

西方市场营销学者从不同的角度及用发展的观点给出了市场营销不同的定义。例如，杰罗姆·麦卡锡就从宏观角度把市场营销定义为一种社会经济活动过程，其目的在于满足社会或人类需要，实现社会目标。美国市场营销协会则从微观角度对市场营销予以定义：市场营销是引导产品或劳务从生产者流向消费者的企业营销活动。麦卡锡于1960年对微观市场营销也下过定义：市场营销是企业经营活动的职责，它将产品及劳务从生产者直接引向消费者或使用者以便满足顾客需求及实现公司利润。这一定义虽比美国市场营销协会的定义前进了一步，指出了公司的经营目标是满足顾客需求和实现公司利润，但这两种定义都说明，市场营销活动是在产品生产出来之后才开始的，中间经过一系列销售活动,当商品到达顾客终端时就结束了。它片面地将企业在流通领域推销产品的活动等同于整个营销活动,却忽视了市场营销调研、产品开发、定价、分销广告、宣传报道、销售促进、人员推销、售后服务等工作。

菲利浦·科特勒进一步将市场营销定义为"个人和集体通过创造,提供出售,并同别人自由交换产品和价值,以获得所需所欲之物的一种社会和管理过程"。这个概念体现了营销理念的演化性特点,更为全面和完善,它将市场营销的对象扩大了,不仅包括产品、劳务,而且还包括思想;它也将市场营销的概念扩大了,不仅包括营利性的经营活动,还包括非营利组织的活动;最重要的是,它强调了在交换过程中,市场营销计划的制订与实施都是市场营销的内容。这个定义表明市场营销是企业有目的、有意识的行为,其中满足和引导消费者的需求是市场营销活动的出发点和中心。企业之所以强调以顾客的需求为整体经营活动的出发点,是整个营销大环境的变化所致。当市场处于买方市场的时候,企业必须以消费者为中心,分析消费者的消费行为,确保其产品能够满足消费者的需求。其中,满足消费者的需求不仅包括现在的需求,还包括未来潜在的需求。现在的需求表现为对已有产品的购买倾向,潜在的需求则表现为对尚未问世产品的某种功能的愿望。例如,第二次世界大战后,IBM公司的总裁曾请一家非常有名的咨询公司预测未来美国所有公司、研究所及政府单位对电子计算机的需求量,得到的回答是不到10台。后来他的儿子做了总裁,不相信这个预测,坚持要生产电子计算机,这才有了IBM公司的今天。这个例子表明,尽管人们有减轻办公室劳动强度,提高工作效率的愿望,但由于不知道计算机是什么样的,也不知道如何使用计算机,因此,调查时没有表现出对计算机的需要。人们的潜在需求常表现为某种意识或愿望,企业应通过开发产品并运用各种营销手段刺激和引导消费者产生新的需求。

另外,这个定义还表明市场营销的主要内容是对思想、产品及劳务进行设计、定价、促销及分销的计划和实施。它强调的是计划和实施两个过程。在计划过程中,企业要考虑的是目标市场、市场定位、产品、价值成本、质量、渠道和促销等"做什么"的问题;在实施过程中,企业要考虑的是如何组织营销队伍、如何建设渠道、资金如何运作等"如何做"的问题。

此外,这个定义还认为市场营销活动的目的是"完成个人和组织目标的交换",这说明有效的市场营销活动可以促成企业目标的实现。企业目标是企业奋进的方向,在不同的经营环境、不同的发展时期,企业的目标是不同的,利润、产值、产量、销售额、市场份额、生产增长率、社会责任等均可能成为企业的目标。但无论是什么样的目标,市场营销活动都是企业经营过程中达到目标不可缺少的环节。

1.1.2 市场营销的核心概念

市场营销的起点是顾客需求,涉及何种企业(who)、为何(why)、在何时(when)、何地(where)、以何种产品(what)以及如何(how)满足顾客需求。可见,市场营销的核心概念应当包括如下内容。

1.1.2.1 需要、欲望和需求

从心理学的角度来看,需要是有机体、个人和群体对其存在与发展条件所表现出来

的依存状态。如人们为了生存与发展，有对食物、衣服、房屋等生理需要，还有安全感、归属感、受尊重和自我实现等心理需要。需要不是独立的反映形式，它是一种心理状态，是个体感觉到的一种匮乏状态，是人的个体积极性的内部动力状态。它的基本特征是：意向性、广泛性和理想性。需要构成未来的潜在市场，不直接形成购买力。

欲望是具有指向性的需要，它是指消费者深层次的需要。不同背景下的消费者欲望是不一样的，比如英国人需要酒则欲求威士忌，法国人需要酒则欲求葡萄酒，俄罗斯人需要酒则欲求伏特加。人的欲望受社会因素及机构因素，诸如职业、团体、家庭、教会等的影响。因而，欲望会随着社会条件的变化而变化，但是它仍然构成未来的潜在市场。

需求指有支付能力和愿意购买某个具体产品的欲望。这个概念包含两层意思：①消费者想买这个产品；②消费者有支付能力。可见，消费者的欲望在有购买力作支撑时就变成为需求。许多人都有购买别墅和宝马轿车的欲望，但只有具有支付能力的人才能购买，也只有这些人才构成现实的市场。因此，市场营销活动在细分市场的时候，一定要区分哪些是需求构成的现实市场，哪些是欲望和需要构成的未来市场，这就需要对市场内的购买能力、薪资的上升幅度和趋势、整体经济环境等进行调查，以利于更好地实施营销策略。

人类的需要和欲望是市场营销活动的出发点。需要是没有得到某些基本满足的感受状态，欲望是想得到基本需要的具体满足物的愿望，而需求是有能力购买并且愿意购买的某个具体产品的欲望。人类为了生存与发展的各种需要可以用不同的方式来满足，人类的需要有限，但其欲望却很多。当具有购买能力时，欲望便转化成需求。将需要、欲望和需求加以区分，其重要意义就在于阐明这样一个事实，即：市场营销者并不创造需要；需要早就存在于市场营销活动出现之前；市场营销者连同社会的其他因素，只是影响了人们的欲望，并试图向人们指出何种特定产品可以满足其特定需要。

1.1.2.2　产品

产品就是能够用以满足人类某种需求或欲望的东西。

产品分为有形产品与无形产品。有形产品是作为一种载体来满足顾客需求，无形产品则是通过诸如人、场地、某种活动、组织和观念等其他载体来提供的。比如，当我们感到疲劳时，可以到音乐厅欣赏歌星唱歌（人），可以到公园去游玩（场地），可以到室外散步（活动），可以参加俱乐部活动（组织），或者接受一种新的意识（观念）。如果从整体产品的概念来谈，产品是由三个层次构成的：核心产品、形式产品和外延产品。核心产品是产品带给消费者的效用和利益，形式产品是核心产品发挥效用的载体，外延产品包括期望产品（期望的产品属性和条件）、附加产品（服务和附加利益）、潜在产品（产品的未来发展）。比如，消费者购买一辆自行车，自行车的核心产品是为消费者实现代步功能，它能够节省体力，节约时间；它的形式产品是自行车的外观、颜色、式样等等；它的外延产品则是自行车车行提供的售后服务、质量保证、免费维修等。由于现在的市场竞争越来越激烈，很多企业都从产品的角度进行创新。而产品的创新无外乎从产品的三个层次来实现：①从核心产品的层次进行创新。这种创新对企业而言是最难的，也称为原创性创新。比如，手机以前只有通话功能，发展至今，逐渐增加了短消息、上网、摄像、游戏等功能,这些功能从无到有,从松散到整合,给消费者带来了更多的让渡价值。这个层次的产品创新对企业本身实力要求较高,一般都是由行业的领先者来实现。②从形式产品的层次进行创新。这种创新对企业而言就要容易得多,比如手机外壳的颜色和式样是可以针对不同的消费者进行不同设计的。同样一款汽车的颜色既可以是宝蓝色,也可以是翠绿色,如果消费者喜欢,还可以是大红色。这个层次的产品创新是大多数企业可以做到的。③从外延产品的层次进行创新。这种创新对企业而言也是较为常见的,如增强消费者的期望与附加值和服务等。但是,这种创新一定要走在行业的前面才能够为企业带来丰厚的利润。比如海尔,它提出的口号是"真诚到永远"。它开通顾客咨询免费电话,免费为顾客送货上门,免费为顾客定期上门维修和服务等等。所以,海尔外延产品的创新使它迅速成为国内家电行业的领头羊,无形中就给顾客这样一种感觉:"海尔的东西比其他家电生产厂商的要好。"虽然后来其他的家电厂商也推出了此项服务,但是顾客已不觉得新鲜,反而认为没有此项服务是不正常的了。所以,产品的生产除了要满足现实的市场需求,还要根据需求的变化及时创新产品,只有这样,企业才能够实现持续赢利。

1.1.2.3 效用、价值和满足

在买方市场中,能够满足消费者某种需求的产品组合相对较多,消费者主要依据各种产品的效用和价值来对产品组合进行选择。效用是一个主观意义上的概念,即消费者本身的心理感受。它体现的是消费者对满足其需要的产品的全部效能的评价,是指产品满足人们欲望的能力。

例如,某消费者到某地去的交通工具可以是自行车、摩托车、汽车和飞机等,这些可供选择的产品构成了产品的选择组合。又假设某消费者要求满足不同的需求,如速度、安全、舒适及节约成本,这些构成了其需求组合。每种产品具有不同的功能和特性,可以满足消费者不同的需求,如自行车省钱,但速度慢;飞机速度快,但成本高。消费者需要选择一项最能满足其需求的产品。为此,将最能满足其需求到最不能满足其需求的产品进行排序,从中选择出最接近理想的产品,它对顾客效用最大。如顾客到某目的地时选择理想产品的标准是速度,他可能就会选择飞机。

顾客选择所需的产品除考虑效用因素外,顾客为之付出的经济成本即产品价格高低也是重要因素之一。如果顾客追求效用最大化,就不会简单地只看产品表面价格的高低,而会看每一单位价格能产生的最大效用是多少。比如,一部好的汽车价格自然比自行车昂贵,但由于速度快,同时也是其身份和地位的象征,综合起来,汽车产生的效用可能就比自行车的要大,从而更能满足顾客需求。这就涉及价值的概念。

价值是一个很复杂的概念,也是一个在经济思想中有着很长历史的概念。马克思认为,价值是人类劳动当做商品共有的社会实体的结晶,商品价值量的多少由社会必要劳动时间决定,而"社会必要劳动时间是在现有的社会正常的生产条件下,在社会平均的劳动熟练程度和劳动强度下制造某种使用价值所需要的劳动时间"(《马克思恩格斯全集》第23卷,人民出版社1972年版,第52页)。而边际效用学派则认为,消费者根据不同产品满足其需要的能力来决定这些产品的价值,并据此选择购买效用最大的产品。他所愿支付的价格(即需求价格)取决于产品的边际效用。所谓边际效用就是指最后增

加的那个产品所具有的效用，产品的价值取决于其边际效用。由于消费者收入是有限的，为了从有限的花费中取得最大的效用，消费者必须使其花费在每件商品上的最后一个单位货币所产生的效用相等，这一理论叫做戈森第二定律。

1.1.2.4　交换、交易和关系市场营销

交换、交易和关系是三个彼此紧密联系的概念。

交换是市场营销的核心概念。当人们决定以交换方式来满足自身的需求或欲望时，就存在市场营销了。所谓交换是指交换的一方通过提供货币、属于他的物品或者某种服务为回报，从交换的另一方取得所需物品的行为。交换发生的基本条件是：①至少有两方；②被交换的物品是有价值的；③双方可以沟通；④交换的任何一方都有接受或拒绝对方产品的权利；⑤交换的任何一方对交换后的产品都应感到满意。交换是一个过程，如果双方正在进行谈判，并趋于达成协议，这就意味着他们在交换中。一旦协议达成，交易行为就发生了。

交易是交换活动的基本单元，是由双方之间的价值交换所构成的行为。一次交易包括三个可以量度的实质内容：①有两个或者两个以上具有价值的物品；②交换的任何一方对彼此提出的条件没有异议；③协商交易的时间和地点。

交易是以货币为媒介的买卖双方价值的互换，而交换除了可以以货币为媒介进行，还可以不需要任何媒介，直接进行物物交换。交易还涉及用来维护和迫使交易双方执行承诺的法律制度。由于交易市场营销是关系市场营销的一部分，所以对交易的探究有助于对关系市场营销的全面理解。

关系市场营销这个概念最早是由巴巴拉·本德·杰克逊于1985年提出的。她认为，关系市场营销可以降低交易成本，节省交易时间，将使企业获得较之其在交易市场营销中所得到的更多利润，其最终结果是建立企业同顾客之间的关系网络。精明的市场营销者总是试图与其顾客、分销商、经销商、供应商等建立起长期的互信互利关系。这就需要以公平的价格、优质的产品、良好的服务与对方交易，同时，双方的成员之间还需加强经济、技术及社会等各方面的联系与交往。双方越是增进相互信任和了解，便越有利于互相帮助。关系市场营销还可节约交易成本和节省交易时间，并由过去逐项逐次的谈判交易发展成为例行的程序化交易。

关系市场营销可定义为：企业与其顾客、分销商、经销商、供应商等建立、保持并加强关系，通过互利交换及共同履行诺言，使有关各方实现各自目的。虽然企业是以赢利为经营目标的，但是如果只是单纯地考虑赢利，不考虑企业与顾客之间的长远关系，不以感情纽带为基础，这种赢利模式将会很快被淘汰，而企业与顾客之间的长期关系则是关系市场营销的核心。如果将关系市场营销与交易市场营销相比较，我们可以发现：交易市场营销单纯强调企业的赢利目标，不重视、不关心与顾客的感情交流，所以在同竞争对手的竞争过程中，价格因素成为企业发展的决定因素，一旦出现价格比竞争对手高的情况，企业就很难留住原有顾客。但是在关系市场营销的情况下，企业重视与顾客的感情沟通，通过建立顾客关系管理系统（Customer Relationship Management，简称CRM）来拓展和加深同顾客的交易关系，将企业原来的顾客满意目标逐步上升为顾客忠诚的目标，这个时候，价格因素固然重要，但已不成为决定因素。关系市场营销在很

大程度上降低了顾客流失率，保证了顾客群体的相对稳定性，减少了企业不断培育新顾客的成本，并且通过老顾客的口碑宣传提高了产品的知名度。

1.1.2.5 市场

市场是随着生产力的发展和社会分工的出现而产生的，人们将生产出来的物品在满足自身需要之后拿到某个固定的场所同其他人进行交换。最开始的交换是物物交换，而后出现了货币，形成了以等价物为媒介的交换形式。所以，对市场的最简单定义就是：买卖双方进行交换的场所。它由一切有特定需求并且愿意和可能以交换的方式来使需求得到满足的潜在顾客组成。从现代社会来看，每个角落每个时间都在不停地进行着交换活动，小到一个人到小商店购买几毛钱的商品，大到一个企业几千万元的采购，由此也分门别类地形成了不同的市场。比如：为满足终端顾客形成的消费品市场，具体形式表现为一些大型超市、专卖店、百货商店等等；为满足生产者生产需要而形成的资源市场，具体形式表现为生产者为得到适合的员工而进出的劳动力市场和经理人市场，为得到生产所需而进出的原材料市场，为得到资金而进出的资本市场；为满足中间商的商业活动而形成的批发市场，具体表现为大型的批发集市等等；政府从资源市场、生产商及中间商处购买产品，支付货币，再向这些市场征税及提供服务。因此，整个国家的经济乃至世界经济都是由交换过程联结而形成的复杂的相互影响的各类市场组成的。

市场营销学的主要研究对象是作为销售者的企业如何开展市场营销活动，即研究企业如何通过对产品、价格、渠道和促销等方面的设计和实施来完成整个市场营销活动，适应并满足购买者的需求，以实现经营目标。因此，在这里，市场是指某种产品、服务或者思想的现实购买者与潜在购买者需求的总和。站在销售者市场营销的立场上，同行业的其他企业都是竞争者，而不构成市场。销售者构成行业，购买者构成市场。市场包含三个主要因素，即有某种需要的人、为满足这种需要的购买能力和购买欲望。用公式来表示就是：

$$市场 = 人 + 购买能力 + 购买欲望$$

市场的这三个因素是相互制约、缺一不可的，只有三者的有效结合才能构成现实的市场，才能决定市场的规模和容量。比如，我们国家在 20 世纪 60 年代这个阶段，虽然人口总数非常多，但是由于人们的购买能力有限，即使有购买欲望也无法形成一个现实市场。随着经济的腾飞和国家优惠政策的出台，在 80 年代后期形成了一批先富起来的人，他们的购买能力加上购买欲望，一度形成了消费能力旺盛的市场。在现代市场经济条件下，消费者的基本需求比如吃、穿、住这些生存需求都已得到满足，消费观念也从以前的理性消费（讲究好与坏）转变到现在的感性消费（讲究喜欢与不喜欢），所以现在的市场越来越趋于专业化，通过专业化的细分、产品的创新来满足细分市场中消费者的需求。比如：以前的人们只要能够吃饱饭，这个"吃"的需求就算得到满足；但是，现在却不仅要吃饱饭，更要讲究吃饭的环境、菜品的质量、服务的水平等等。所以，现在的饭馆不再像以前那样都是统一的装饰和统一的布局，而逐渐细分成很多的子市场，有为接待贵宾装饰得豪华典雅的，有为情人谈情说爱布置得温馨浪漫的，有讲究味道而不注重室内装修的……

当然，每个国家的经济和整个世界经济都是由各种市场组成的复杂体系，但不管怎样，这些市场之间都是由交换过程来连接的。

1.1.2.6 市场营销者

由上述分析可知，我们可以将市场营销理解为与市场有关的人类活动，即以满足人类各种需要和欲望为目的，通过市场变潜在交换为现实交换的活动。在交换双方中，如果一方比另一方更主动、更积极地寻求交换，则前者称为市场营销者，后者称为潜在顾客。所谓市场营销者，是指希望从别人那里取得资源并愿意以某种有价之物作为交换的人。市场营销者可以是卖主，也可以是买主。假如有几个人同时想买正在市场上出售的某种奇缺产品，每个准备购买的人都尽力使自己被卖主选中，这些购买者就都在进行市场营销活动。在另一种场合，买卖双方都在积极寻求交换，那么，我们就把双方都称为市场营销者，并把这种情况称为相互市场营销。

1.1.2.7 顾客让渡价值

众所周知，顾客是企业利润的源泉，只有同顾客实现了价值交换，企业的赢利目标才算真正实现。至于顾客消费哪家企业的产品，那就得看哪家企业的产品提供给顾客的让渡价值最大。为此先要理解顾客总价值和顾客总成本这两个概念。

顾客总价值是指思想、产品或者劳务能够满足顾客需求的总体效用。它包括四个方面的内容：①产品价值，即核心产品的价值。比如自行车的价值在于代步，杯子的价值在于它是装水的容器，医院的价值在于为病人治疗和康复服务。如果自行车美观而不能骑，杯子漂亮而不能装水，医院装修豪华而没有任何医疗条件，这些产品及服务从根本上来说就是没有价值的。②人员价值，即服务主体本身的价值。也就是说，根据服务对象的不同，服务人员的档次也应该有所不同。比如说，同样是开饭馆的，街边小店和豪华宾馆对服务人员的要求是不一样的。街边小店随便找个机灵点的跑堂的就足以应付，而豪华宾馆的服务人员就必须经过专业培训之后才能够为顾客服务。显然，豪华宾馆的人员价值就比街边小店的人员价值要高，但是顾客为得到满意的服务也必须付出更高的成本。③形象价值。从狭义角度来讲，即指产品形象价值。比如宝洁公司的产品形象广告就深入人心，它的产品名称、包装已经让购买者牢记于心，知名产品的形象价值高于其他不知名产品的形象价值。从广义角度来讲，它还包括企业的形象价值。比如，宝洁公司无论是何时、何地、在何种媒体上为何种产品做广告，都会在广告的末段加上"宝洁公司P&G……"这让每个看广告的人都知道这个产品是宝洁生产的，久而久之，宝洁公司的形象价值也会得到提升，这十分有利于它后续新产品的推出。④服务价值，即"消费偏爱体验中的一种交互关系"。"由谁服务"固然重要，但"如何服务"才是关键，服务价值的高低就在于服务质量的好坏。比如是否及时满足了顾客的需求，急顾客所急，想顾客所想。

顾客总成本是指顾客为得到所需产品、服务或者思想所付出成本的总和。它也包括四个方面的内容：①货币成本，即顾客付出的经济成本。它是决定顾客是否购买产品的关键因素。②心理成本，即影响顾客购买产品的心理因素。比如，同样是化妆品，大多数女士在经济条件允许的情况下都会买相对昂贵的产品，因为她们觉得廉价的产品质量会差一些。所以，对她们来说，买廉价化妆品的心理成本是相当高的。③时间成本，即顾客为得到产品所付出的时间。时间越多，时间成本越大；反之，时间成本就越小。比如，电子商务之所以成为现代商务的发展趋势，就是因为网络可以为消费者节省时间。④体力成本，即顾客为得到产品所消耗的体力。比如，以前很多商家售后服务不配套的时候，顾客购买了大件产品，像洗衣机、电冰箱和电视机等都必须自己运回家里，顾客付出的体力成本相当高。后来，有些聪明的商家就开始向顾客承诺，只要购买了其产品，就可以获得产品免费送到家的服务。商家的这种做法免除了顾客的体力成本，在同等价格条件下，顾客肯定会光顾后者。

综上所述，我们可以这样定义，顾客让渡价值是顾客总价值减去顾客总成本的剩余。当顾客让渡价值为正数时，代表顾客认为所买产品物超所值，数值越大，顾客越满意，就会对此产品形成持久性消费，产品在市场上也越具有竞争力；当顾客让渡价值为负数时，代表顾客认为所买产品物有不值，数值越大，顾客越不满意，就会终止对此产品的消费，产品在市场上的份额也会逐渐萎缩；当顾客让渡价值为零时，代表顾客认为所买产品物有所值，顾客谈不上满意不满意，此种产品在市场上缺乏竞争力。所以，市场营销的最终目标体现到顾客身上，就是要力求让顾客让渡价值最大化，要从产品、人员、形象和服务价值四个方面来提高顾客总价值，从货币、心理、时间和体力成本四个方面来降低顾客总成本。

1.2 市场营销的功能与作用

1.2.1 市场营销的功能

从企业的整个组织结构来看，经济环境的改变和买方市场的形成导致市场营销部门的地位越来越重要，功能也越来越强大。它的范畴不再只是最初"以生产为中心"阶段时的广告和推销方面，而是渗透到了企业经营的每一个环节。一般而言，市场营销有如下几项功能。

1.2.1.1 市场细分和定位功能

从产品性质上来划分，市场可以分为"同质市场"和"异质市场"。同质市场理论认为，消费者的需求总体上体现出一致性，因此可以提供相同或者相似的产品来满足消费者的需求。从现在的市场情况来看，这类产品多数属于工业产品生产的零部件，它要求生产标准化的产品来满足下游厂商的需求。比如，汽车的零配件、机床与机车的零部件等等，这类产品的竞争焦点只有一个——价格。也就是说，生产同一种产品的厂商在产品质量相同的情况下，价格肯定是"就低不就高"。而异质市场理论则认为，每个消费者的需求及其满足都是有差异的，消费者对同类商品的质量、特性要求都各不相同。这类产品就是我们经常接触到的消费型产品。现代市场营销强调差异化营销，客观上就要求企业对所处行业的市场按照消费特性对相似的群体进行划分，即市场细分，它强调对细分变量的选择和分析。比如：对于汽车销售来讲，最关注的几个细分变量就是消费者的年龄、家庭人口和收入水平；但是对于出版商而言，最关注的则是读者的受教育程度、职业和年龄。市场细分的功能要求企业在确定生产产品之前对整个所要进入的行业有一个全面而完整的认识，这有助于企业下一步的市场定位。

市场定位则是企业在衡量自身资源水平和分析市场情况的基础上决定进入哪个市

场，以及生产什么样的产品来满足这个市场。比如，就护肤品市场而言，宝洁的SK-Ⅱ、欧莱雅的兰蔻就是高端市场产品，价位一般都在五百元以上；欧莱雅、宝洁的玉兰油等则是中端市场产品，适合大部分白领阶层；而宝宝霜、黄芪霜针对的就是低端市场，在大商场里面很少设有专柜。宝洁公司之所以在护肤品市场上选择中高端市场，是因为宝洁公司本身强大的综合实力及其著名产品品牌比如沙宣、飘柔、帮宝适等的推广效应。巴黎欧莱雅集团也是世界上有名的彩妆品牌，它的口红、唇彩、粉底等一直是排名靠前，后来进入相关性极强的护肤品市场针对的也是中高端市场。所以，市场细分和定位功能是现代市场差异化营销中的基本功能。

1.2.1.2 指导企业决策的功能

西蒙认为："管理就是决策。"在企业的经营活动中，每时每刻都面临大大小小的决策，决策的正确与否是决定企业成败的关键。市场营销活动通过对内外部环境、消费者需求、竞争对手等的分析来确定目标市场，选择正确的经营战略和产品、价格、渠道、促销策略，也只有在此基础上，企业才能够作出相应的财务决策、人力资源决策等。比如：选择什么样的融资渠道，筹集多少资金，需要招聘多少员工，如何进行培训等等。现在微波炉生产厂商格兰仕，它最先并不是制造微波炉而是生产羽绒服的，后来通过对内外部环境的分析，发现消费者对微波炉的需求增长很快，而当时生产微波炉的厂商还没有形成规模气候，所以领导者果断作出从羽绒服生产行业退出而进军微波炉生产行业的重大决策。所以，指导企业决策的功能也是市场营销活动一个重要功能。

1.2.1.3 拓展市场的功能

不难发现，很多企业都是以市场占有率、销售增长率为首要绩效考核目标，这说明市场上企业产品所占份额的多少直接关系到企业的最终利润，也影响着企业最终目标的实现。企业拓展市场有两种常用方法，一种是老产品开发新市场，即企业通过调整价格、建立更多的分销渠道和采取不同的促销方式来提高企业产品的销售量。比如：彩电刚刚上市的时候还属于奢侈品，只有少数有钱人家可以消费，但是随着人们收入水平的提高和电子产品规模化生产的流行，同等质量彩电的价格越来越低，城市市场已经趋于饱和。这个时候，很多的彩电生产厂商就将目光投向了农村市场，用原来的彩电产品来开拓新的农村市场。另一种就是新产品开发老市场，这需要企业不断地更新产品，在原有的市场上为消费者提供更方便、更实用、功能更强大的产品。比如，我们常用的手机，产品创新的速度一般是2~3个月。这种创新有时候是功能的创新，像增加摄像功能、上网功能、游戏功能等；有时候是外形的创新，有的手机很薄，有的手机键盘是圆形的，有的手机颜色是多种多样的……这些都说明市场营销活动通过不断地推陈出新来实现开拓市场的功能。

1.2.1.4 满足消费者需求实现的功能

其实，企业前面所做的市场细分和市场定位、指导企业决策等工作，最终目的只有一个，那就是满足消费者需求。企业通过销售产品结束了一次完整的经营活动，消费者通过价值交换满足了需求。如果消费者满意企业提供的产品，他将继续消费这个产品，实现企业产品营销工作的良性循环。所以，消费者需求的实现既是企业经营活动的结束，也是企业经营活动的开始。企业通过市场营销活动，从消费者的需求出发，并根据不同目标市场的顾客，采取不同的市场营销策略，合理地组织企业的人力、财力、物力、信息等资源，生产出适销对路的产品，搞好售后的各种服务，让消费者满意。

1.2.2 市场营销的作用

市场营销观念的演变和企业核心部门的转移充分说明了市场营销工作的重要性。从微观上讲，市场营销贯穿于企业发展的每一个环节；从宏观上讲，市场营销有效解决了社会生产和消费之间的矛盾，它在宏观经济的发展和微观企业的发展之间搭建起了一座桥梁。

1.2.2.1 市场营销对企业发展的作用

应该说，在如今这个视消费者为上帝的市场上，要经营好一个企业，特别是要持续经营好一个企业是一件相对困难的事情。从我国企业发展的历史可以看出，在计划经济时期根本就不需要什么市场营销，国有企业就像一个生产工厂，只要按照计划指令生产就行，销路的问题也不在企业领导者考虑范围之列。随着改革开放的深入，一大批民营企业应运而生，市场和竞争的概念才逐渐浮出水面。虽然这些民营企业不及国有企业实力强大，但是他们对市场营销的理解却胜于国有企业。随着市场经济的发展，大家发现国有企业的体制和机制在市场经济条件下运行存在根本性的制度问题和观念问题，这时才开始有了国有企业的改革和脱困。如果把国有企业和民营企业的经营机制两相比较，国有企业之所以衰落，除开体制性的因素，很大一部分原因是由于国有企业根本就没有市场观念，更谈不上运用市场营销手段来争取市场。也就是说，要使一个企业保持持久的生命力，实现基业长青，这个企业就必须时时刻刻关注市场动向，根据市场需求的变动来调整企业的经营战略和策略，而不能像原来的国有企业那样，只管生产，不管销售。

由此可见，市场营销对企业的发展有着决定性的作用。市场做得好，企业就会有发展；反之，企业的发展就会受到相当大的制约。而这个"做市场"就包括企业一系列的营销活动和营销过程。比如，国内有几家电冰箱厂同国外某企业合资生产，国内消费者对电冰箱的爱好、生产冰箱所耗费的原材料成本以及销售价格差距不大，但个别电冰箱厂销售量下降，经济效益差，另外一些电冰箱厂则销售量日益上升，经济效益好。原因何在？经调研发现，根本差异在于市场营销观念及相应的市场营销组合策略。成功的企业有一套明智的经营原则，即有强烈的顾客意识（坚持不懈地接近顾客），强烈的市场意识及推动广大职工为顾客生产优质产品的本领。美国著名的 IBM 公司是巧妙应用市场营销观念及营销策略的成功典范。其前营销副总裁罗杰斯说过："在 IBM 公司，每个员工都在推销……当你走进纽约 IBM 大厦或世界各地办事处时，你都会产生这种印象。"有人问，IBM 销售什么产品？他回答："IBM 公司不出售产品，而是出售解决方法。"市场营销虽然不是企业成功的唯一因素，但是却是关键因素。美国著名管理学家彼得·德鲁克（Peter Drucker）曾指出：市场营销是企业的基础，不能把它看做是单独的职能。从营销的最终成果，亦即从顾客的观点看，市场营销就是整个企业。企业经营的成功与否不是取决于生产者，而是取决于顾客。当今，市场营销已成为企业经营活动考虑的首要任务，这一点在市场经济发达的国家显得尤为突出。对美国 250 家主要公司高级管理人员进行调查后发现，公司的第一任务是发展、改进及执行竞争性的市场营销策略，第二任务是"控制成本"，第三任务是"改善人力资源"。大部分企业的高级管理人员来自市场营销部门，比如美国克莱斯勒汽车公司总裁艾可卡便来自公司营销部门。

电子信息技术革命的深化和网络经济的出现为市场营销带来了新的发展趋势和动向，全世界各个国家都在全力以赴地发展经济，扩张市场，只有发展才是硬道理。可以预见，市场营销在企业发展过程中的作用将越来越大。

1.2.2.2 市场营销对社会经济发展的作用

从宏观角度看，市场营销对社会经济发展的主要作用是解决社会生产与消费之间的七大矛盾。

(1) 生产者与消费者的空间矛盾。

这种矛盾是指生产者的生产和消费者的消费存在空间地域上的距离，由此形成了资源分散与生产集中的矛盾和消费分散与生产集中的矛盾。它的形成有诸多方面的因素，如各国的地理条件、自然资源、交通情况及工业布局等原因，加之各国资源特点、国力水平以及经济发展目标的差异而实行不同的产业政策等等。比如，农产品就存在典型的消费分散和生产集中的空间矛盾。因为农产品由分散在全国广大农村的农民进行生产，而农产品的消费者则分散于全国乃至世界各地。如果没有市场营销活动，不生产粮食的人就没有办法得到食物，也正是因为有了市场营销，我们才能够吃上泰国的香米、美国的提子和其他各国美味可口的食物。宏观市场营销机构通过执行市场营销职能有效地解决了生产与消费之间存在的空间矛盾，把产品从产地运往全国乃至世界各地，适时适地地将产品销售给了广大用户。从此意义上讲，市场营销创造了地点效用。

(2) 生产者与消费者的时间矛盾。

这种矛盾是指生产者的生产与消费者的消费在时间上存在差异，由此形成的季节生产与全年销售、全年生产与季节销售、持续生产与不持续销售之间的矛盾。它是由产品的生产周期特征及消费者的消费特点决定的。比如，电风扇虽然是全年生产，但是各地区气候条件不同，消费者对此产品的消费程度也不同。气候偏冷的北方消费时间偏短，气候偏热的南方消费时间偏长，厂商为了保证产品的销售就会在淡季加大产品的促销力度来缓解这个矛盾。而水果和蔬菜则是季节生产，全年消费，生产者为满足消费者的消费需求就会对水果和蔬菜进行加工、分级和储存，所以，我们可以在夏天吃到苹果，在秋天吃到草莓。另外，随着技术的进步又出现了温室种植、大棚蔬菜，这更能保证消费者一年四季都有新鲜水果和蔬菜吃了。在解决这个矛盾时，市场营销机构创造了时间效用。

(3) 生产者与消费者的信息矛盾。

这种矛盾是指由于生产者和消费者之间的信息不对称引起的供需矛盾。信息不对称则是由于在现代社会，随着市场范围的扩大，要完成生产者与消费者的交换，必须借助中间商才能实现，生产者与消费者已不能直接相互了解和掌握自己所需产品的市场信息。这种生产与消费信息的分离，使得生产者既无法准确向消费者传递自己企业和产品的消息，又无法随时掌握消费者对企业及产品的意见和要求，了解消费者的需求动态；而消费者也无法及时地得到有关企业与商品的信息，买到称心如意的商品。生产者与消费者之间需要信息沟通。中间商连接产销双方，最了解市场状况，掌握市场信息，可以随时向生产企业和消费者传达信息，使产品适销对路，避免盲目生产，同时也可以指导消费，缓解供需信息矛盾。

(4) 生产者与消费者的价格矛盾。

这种矛盾是指价格与支付能力的矛盾及价格与产品效用的矛盾。在市场经济条件下，价格一直是产品竞争的核心。俗话说得好，"没有卖不出去的产品，只有卖不出去的价格"，这说明价格对于产品的销售起到了关键作用。因此，如何对产品进行定价也成为企业一个重要的策略。按照价值论的观点，商品价格是其价值的体现，它的高低应该取决于市场竞争状况及消费者的需求程度。如果市场竞争激烈，卖者很多，可以自由进退市场，产品差异化很小，市场集中度不高，基本趋于完全竞争状态，产品的定价就不会产生超额利润；如果市场竞争仍然激烈，卖者很多，但是产品之间存在差异，产品的定价可能会产生超额利润，因为厂商可以凭借产品的差异性对顾客要高价；如果市场因为政策特许、资源限制等原因处于垄断状态，产品定价肯定存在超额利润，因为没有其他生产者同其竞争，它的价格完全可以维持在很高水平。从生产者的角度讲，生产厂商希望定高价还有人买；但是从消费者的角度来看，他们则希望生产厂商低价卖很好的东西，这就造成生产者与消费者对产品估价差异较大，存在着生产者对产品估价过高而消费者对产品估价过低的矛盾。因此，企业除了通过改善经营管理，提高技术，降低成本及合理定价外，还需要宏观市场营销机构通过广告媒体宣传，改变消费者的估价观念，缩小生产者与消费者对产品估价的差异。

(5) 生产者与消费者的所有权矛盾。

这种矛盾是指生产者和购买产品的消费者所有权的矛盾。在商品经济社会中，商品生产者生产产品的动力来源于对利润的追求，他们通过对原材料的加工形成消费者需要的产品，虽然他们对该产品拥有所有权，但他们生产这些产品的目的不是为了使用这些产品，而是为了通过市场进行价值交换，获得比当初投入的价值更多的价值；而广大消费者为了满足自身的需求必须使用某些产品，比如消费者肚子饿了要吃东西，天气冷了要添衣服，他们只有通过市场用货币交换这些产品，获得产品所有权之后才能够得到其使用价值。所以，生产者与消费者之间产生的产品所有权的分离需要特定的宏观市场营销机构组织商品交换，帮助生产者在把产品转移到消费者手中的同时，实现产品所有权的转移。

(6) 生产者与消费者的供需数量矛盾。

这种矛盾是指社会上总体供应数量大于消费者需求数量造成的矛盾。随着市场经济及国际经济一体化的发展，国内市场及国际市场竞争日趋激烈，生产技术的进步也让企业能够组织大规模的生产来形成规模经济。广大企业为了在竞争中获胜，纷纷扩大自身的生产规模或组建企业集团，从小作坊式的生产变成了社会工业化的生产，通过批量生产和销售来降低成本，提高市场占有率。整个社会生产能力的增长速度超过了消费者的消费增长速度，这就导致绝大部分市场告别了产品短缺的时代而进入了产品过剩的阶段，由此则产生了社会总生产能力与社会总消费需求水平之间以及微观上社会规模化生产与消费者个性化需求之间的矛盾。因此，需要特定宏观市场营销机构向企业进行采购、分级及分散地销售产品。

(7) 生产者与消费者的产品结构矛盾。

这种矛盾是指厂商生产的产品品种同消费者需求的产品品种之间有差异而产生的矛盾。企业通过规模化生产，在降低产品单位成本的同时也让产品呈现出单一化、同一化的缺点，然而，广大消费者随着其个人收入水平不断提高，对产品的需求呈现出多样化、个性化的趋势。企业在产品创新上的明显不足让产品没有形成差异化，在市场竞争中缺乏竞争能力，只能够采取降价的方式来吸引消费者，这不但导致消费者对产品价格的关心超过了对产品本身使用价值的关心，企业的经济利益也受到损害。这种产品结构的矛盾要求特定宏观市场营销机构向各企业广泛采购、分级加工，针对各自的细分市场，生产出顾客满意的个性化产品。比如，戴尔计算机公司乐于同顾客沟通，听取顾客对产品的建议，并根据顾客的喜好来定制顾客需要的计算机。它将计算机的配件品种放到网上，让顾客自行选择喜欢的类型、颜色、功能和总体配置的价位等等。如果顾客不满意目前提供的产品，可以向戴尔计算机公司要求重新定制，这样顾客就始终处于一种被服务的主动状态，他们的个性化想法和需求也得到了充分体现和满足。

总之，从宏观角度看，市场营销就是要协调以上矛盾，适时、适地、以适当价格把产品从生产者传递到消费者手中，求得生产与消费在时间、空间上的平衡，从而促进社会总供需的平衡。与此同时，市场营销对实现我国现代化建设，发展我国各领域的经济也起着巨大的作用。

1.3 市场营销哲学演进

企业的市场营销管理，是在特定指导思想或经营观念指导下进行的。所谓市场营销哲学，也就是企业在开展市场营销管理的过程中，在处理企业、顾客和社会三者利益方面所持的态度、思想和观念。现代企业的市场营销哲学的演进过程大致经历了以下五个阶段。

1.3.1 第一阶段：生产观念

这是一种古老而传统的经营理念，它在 20 世纪以前的西方国家企业中占据主导地位。其核心是企业的一切业务活动都是以生产为中心，生产占支配地位。这种观念产生的根本原因是：18 世纪中叶以前，西方资本主义国家还未开始进行工业革命，纯粹以小农经济为主，手工家庭式作坊的生产形式较为普遍，生产的产品一直处于供不应求的状态，所有的生产厂商根本不担心产品的销售问题。即使到了 18 世纪中叶以后，西方资本主义国家相继进行了工业革命，提高了整个社会的生产效率，但是资本主义国家的城市经济也发展起来，推动了整个城市需求的急剧膨胀，社会还是处在供不应求的阶段。企业认为只要生产出产品就会有人买，企业关心的问题是如何提高生产效率和生产能力。例如，美国汽车大王福特在 20 世纪初的经营理念就是大力增加 T 型轿车产量，降低成本，让更多的人可以买得起，而不会去关心消费者喜欢什么颜色的车。同样的，美国的面粉制造商在此时期也以生产观念为导向，提出的口号都是"本公司的宗旨就是制造面粉"。

在这种经营理念的指导下，企业非常强调生产部门在整个组织结构中的核心地位。

为保证生产，企业其他的职能部门都是围绕着生产部门运转的，企业也没有什么市场调研、预测、计划等工作，故主管生产的负责人权力相对较大。

1.3.2 第二阶段：产品观念

这种经营理念盛行于 20 世纪初到 30 年代，比生产观念有了一定的进步。其核心是一切业务仍然以生产为中心，但是更关注产品质量。随着工业化程度的提高，西方各资本主义国家产品生产的增长速度大大超过了社会需求的增长速度，供求差距越来越小，企业之间的竞争明显比以前更为激烈。后来他们发现，同样的产品如果质量更胜一筹的话，产品的销量会比竞争对手成倍增加，所以在重视产品数量的同时开始重视产品的质量问题。但是这个阶段仍然是以生产为中心，对于产品的设计与开发只是从企业的角度出发，组织结构中生产部门的主导地位仍然没有改变。经营者认为，顾客想购买的只是产品，并没有认识到顾客所购买的实际上是对于某种需要的满足。所以企业经营者仍只是把目光放在企业内部的生产领域，而没有把目光转移出去，注意研究企业外部的市场，即所谓的"营销近视症"。

如日本有家保险箱生产公司的经理抱怨消费者没有眼光，对于该公司生产的"牢不可破"的保险箱很少有人问津。一次在对一位朋友谈起此事时，该经理怒不可抑，竟然抬起一台该公司的产品从五楼扔了下去，然后让这个朋友去看保险箱有没有损坏。然而这位朋友只是淡淡地一笑，说道："我想您的顾客购买保险箱决不会是为了从楼上往下扔吧？"这个例子说明了如果不是从消费者的需要出发去开发和设计产品，自以为很好的产品可能也不会有市场。

1.3.3 第三阶段：销售观念

这种经营理念的出现源于外部市场环境的改变，主要盛行于 20 世纪 30 年代到 50 年代之间。其核心是业务重心向产品推销环节倾斜，生产部门不再决定一切。工业化程度的提高从根本上改变了市场中优势群体的格局，原来的卖方市场变成了买方市场，原来的供不应求变成了供大于求，市场上再没有买不到商品的顾客，只存在卖不出产品的厂商。产品的积压导致厂商流动资金的短缺，周转速度的减缓让厂商在运作过程中遇到了前所未有的压力，他们的注意力被迫转移到如何卖产品上来。企业开始建立推销机构，大力开展推销工作，并且加强了对推销方法的学习和对广告的运用，开始强调产品的销售比产品的生产更为重要。比如美国的面粉公司在这个时期提出的口号是"本公司的宗旨是销售面粉"。再如在中国推销美孚公司的煤油时，美孚公司就曾组织了一批推销人员挨家挨户地送煤油灯，使普通的中国老百姓接受了美国人的"洋油"，从而打开了一个很大的新的市场。又如，在改革开放的初期，广东、福建等南方省市的一些乡镇企业和民营企业迫于不具有国有企业那样的市场地位，只能靠大量的推销活动来拓展自己的市场，结果反而使其产品很快在全国打开了销路，确立了市场地位。

企业由原来的生产观念和产品观念向销售观念的转变是企业的重大变化，由原来的重视生产到现在的重视销售，对企业整个组织结构的相应改变也是一个重大转折。从此阶段开始，企业的组织结构中对销售部门的重视日益增强，因为只有在产品进入消费领域后,企业的价值交换才能得到最终的实现。所以,企业在销售部门配备了精良的销售队伍,广告、市场调研、销售推广等工作都由销售部门来负责,这大大强化了销售部门的职能。但是,销售观念同生产观念、产品观念相比较,都是以产品为中心的经营思想,唯一不同的是:销售观念强调对产品的推销,即将产品如何推到客户那儿去;而生产观念和产品观念强调的是等待客户上门,守株待兔式的销售方法。

1.3.4 第四阶段:市场营销观念

这种经营理念是以顾客的需求为中心,强调对目标市场客户需求的准确把握,盛行于20世纪50年代到70年代。市场营销观念根本不同于生产观念、产品观念和销售观念。它是以客户需求为起点,企业生产为末端,根据客户的需求来生产产品;而后三者却是以产品为起点,客户为末端,根据生产的产品来向客户进行推销。市场营销观念的根本进步就在于减小了企业的经营风险,尽量避免了企业的产品积压。在这个阶段,企业开始认识到顾客价值对企业的重要性,将市场营销工作从原来的终端销售拓展到企业的整个经营流程中,开始重视对企业内外部营销环境的分析,对消费者行为的分析,对市场进行细分、找准目标市场和市场定位,开始制订产品、价格、渠道和促销策略,并重视价值和成本之间的关系。企业所做的这一切都是为了让顾客满意,让顾客持续消费企业生产的产品,企业的着眼点放在了目标顾客及其需求上。市场营销观念的确立被西方学者称为"市场营销学革命",这足以表明这种经营理念的转变对整个市场营销的发展而言是具有多么重大和深远的意义。

与市场营销观念相适应的组织结构也发生了根本性的改变。企业成立了专门的市场营销部门,原来的销售部门并入到市场营销部门,成为其中的一部分。企业以其为核心,主管业务工作,其他的职能部门如财务、人力、行政等围绕它统一安排并为之服务。市场营销部门的工作也较以往全面和重要,关心的是产品的设计、定价、促销和分销的规划与实施过程。这也就是说,不但要关心企业做什么,而且要明白为什么做,如何做。

1.3.5 第五阶段:社会营销观念

这种经营理念是对市场营销观念的完善和补充,从20世纪70年代至今都比较盛行。市场营销观念强调以顾客的需求为中心,以顾客满意为目标,企业的任何经营活动都是为了提高顾客的让渡价值。这个观点从提高企业利润,扩大企业市场占有率的角度而言是对的,但是,有的企业过分强调其对顾客的关注,以至于为了更好地满足顾客的需求,赚取利润,不惜以牺牲社会的公共资源为代价,污染环境、破坏生态等情况不断出现;有的企业甚至用不实广告、伪劣产品或不安全的产品欺骗消费者,使消费者承受了较高的经济成本。这种目光短浅的获利方式和涸泽而渔的经营手段越来越受到消费者的关注和谴责,引起了消费者的极大不满和反抗。60年代以来,一些资本主义国家兴起了"消费者权益主义"运动。1962年,美国公布了消费者权利法案,称消费者有四项基本权利:①获得安全产品的权利;②获得正确商品信息的权利;③自由选择商品的权利;④以某种方式向官方起诉以及得到赔偿的权利。在这次运动中,不少西方国家还成立了专门的团体和协会来督促立法机关,以法律来保护消费者的权益。消费者越来越关注自身利益、需求和社会长远利益之间的矛盾如何协调，这在一定程度上对市场营销观念也提出了质疑。社会营销观念更加强调企业在以顾客需求为核心的同时也要考虑社会利益，只有这样才会让企业持续发展。后来科特勒提出的"大营销概念"和舒尔茨提出的"整合营销"都是社会营销观念的表现形式。因此，社会营销观念在企业经营理念的演变过程中属于较为先进的营销观念。

对市场营销哲学演进五个阶段的比较，详见表1-1。

表1-1 营销观念比较

观念种类	盛行时期	观念核心	企业核心部门
生产观念	20世纪之前	以生产为中心	生产部门
产品观念	20世纪初至30年代	以生产为中心的同时注重产品质量	生产部门
销售观念	20世纪30年代至50年代	以推销产品为中心	销售部门
市场营销观念	20世纪50年代至70年代	以顾客需求为中心	营销部门
社会营销观念	20世纪70年代至今	以顾客需求为中心的同时强调顾客、企业与社会利益的协调	营销部门

除了以上五种观念外，在现代社会还存在其他对市场营销观念的理解和划分，至于企业究竟选择什么样的营销观念，最终还要受到其所处行业的市场结构、企业发展的不同阶段和产品特征等因素的影响。

1.4 市场营销学的研究内容

根据市场营销活动的主要内容和目的，市场营销学的研究内容大体可以分成以下几个部分：营销环境分析，消费者行为分析，市场调查和市场预测，市场细分、目标市场选择和市场定位，营销战略和策略，市场营销策划。

营销环境分析这一部分着重从三个方面进行。第一个方面是对企业所处外部宏观环境的PECT分析，即主要通过对政治（Politics）、经济（Economy）、文化（Culture）和技术（Technology）环境的分析来把握企业经营所处环境的状态，以利于企业做出正确的决策。第二个方面是对构成企业基本营销系统的微观环境的分析，即通过对市场主体与市场客体的分析，企业更了解其价值传递系统。第三个方面是对市场环境机会与风险进行分析，以利于企业抓住机会，避免营销风险。所以说，营销环境分析是企业开展经营活动的基础。

消费者行为分析这一部分内容从消费者的需求特征出发，研究和分析消费者购买行为的规律性和特征，以及影响其购买行为的因素。由于消费需求是产生购买动机的前提，而消费需求的多样性和差异性也导致了不同市场中消费者的购买动机迥然不同，进而会影响到其是否产生购买行为。通过对消费者行为的分析来把握市场的总体消费特征，有利于制定正确的营销策略。

市场调查和市场预测是市场营销活动中必不可少的一个环节。通过有效的市场调查可以作出正确的市场预测，估算市场现有容量和未来的增长速度。这一部分主要讲述常用的市场调查方法和预测方法，比如问卷调查法、专家意见法、德尔菲法等等。

市场细分、目标市场选择和市场定位讲述了企业为什么要进行市场细分、如何细分，以及如何根据自身所拥有的资源来选择目标市场，进而生产何种产品来完成市场定位。这个部分是市场营销活动的核心，它将营销活动的目标具体化，使策略的制定具有了指向性。

营销战略和策略讲述企业采取何种方式、方法开展营销活动来满足目标市场的需求。其中，营销战略隶属于企业的总体战略，是指导企业营销活动的总体指导思想和规划，企业营销战略的选择受到企业自身内外部资源条件的限制和制约。从价值创造和传递过程来看，营销战略的本质是价值选择。在任何产品生产之前，必须先做营销"作业"。企业的营销策略则是企业为完成营销活动所采取的具体行动和实施的具体步骤，它具有很强的可操作性。企业的营销策略一般包括产品策略、定价策略、分销策略和促销策略，所以又称为"4P"策略。

市场营销策划，旨在给予企业一个工具，以便于根据市场环境和企业自身资源做出相适应的规划，实现企业的营销目标。

【本章小结】

市场营销学作为一门学科于 20 世纪初形成于美国，经过漫长的发展，不断充实、提高和创新，已经成为具有系统理论、策略和方法论的一门现代管理学科，其应用性和实践性极强。

市场营销则是个人和集体通过创造，提供出售，并同别人自由交换产品和价值，以获得所需所欲之物的一种社会和管理过程。

市场营销的核心概念包含需要、欲望和需求，产品、效用、价值和满足，交换、交易和关系市场营销，市场，市场营销者，顾客让渡价值等。

企业的市场营销管理，是在特定指导思想或经营观念指导下进行的。所谓市场营销哲学，也就是企业在开展市场营销管理的过程中，在处理企业、顾客和社会三者利益方面所持的态度、思想和观念。现代企业的市场营销哲学的演进大致经历了五个阶段：生产观念、产品观念、销售观念、市场营销观念和社会营销观念。

市场营销学的研究内容大体可以分成以下几个部分：营销环境分析，消费者行为分析，市场调查和市场预测，市场细分、目标市场选择和市场定位，营销战略和策略，市场营销策划。

学习、研究市场营销学，对于迎接新世纪的各种挑战，促进经济快速健康发展和社会和谐，实现企业高效与持续成长，具有重大理论意义和现实意义。

【关键名词】

市场营销学（Marketing）

市场（Market）

市场营销（Marketing）

欲望（Desire）

需求（Demand）
价值（Value）
交换（Exchange）
市场营销者（Marketer）
顾客让渡价值（Customer Delivered Value）
市场营销哲学（The Philosophy of Marketing Management）
生产观念（Production Concept）
产品观念（Product Concept）
推销观念（Selling Concept）
市场营销观念（Marketing Concept）
社会营销观念（Social Marketing Concept）

【思考题】

1. 如何理解市场营销及其核心概念？
2. 结合实际，分析市场营销哲学演进对我国经济发展及企业成长的重要意义。

【实践训练】

市场营销：认知与体验

实训目标：实际地认知和体验市场营销，培养对市场与市场营销的感性认识。

实训内容与要求：

1. 以小组为单位，仔细浏览淘宝网或其他购物网站。
2. 描述你所看到的淘宝网，尝试在淘宝网上购物并描述这一过程：你看到市场营销的存在了吗？淘宝网是怎样与顾客建立关系的？你认为淘宝网重视顾客价值吗？你觉得它怎样才能做得更好？

实训成果与检测：

1. 在班级组织一次交流与讨论；
2. 写出讨论记录和简要的书面分析报告，考核每个小组取得资料的典型性。

【案例分析】

万科带给地产企业样本式营销理念革命

万科地产 2009 年累计销售额达 634.2 亿元，较 2008 年增长 32.5%。来自《中国青年报》的公开新闻显示，2009 年排名前十位的地产公司集体进入百亿俱乐部。而万科成为内地第一家年销售额突破 600 亿元的地产企业，同时也极有可能继 2008 年之后第二次成为全球住宅企业的销售冠军。万科董事会主席王石在接受媒体采访时表示，2010 年将实现 800 亿元的销售额。

值得市场思考的是，万科是怎样实现了 600 亿元的销售额，2010 年又将如何实现

800亿元？显然，王石本人不用去想如何卖房子，他更加关心的是怎样建设节能、环保的建筑。但是，万科的销售团队已经开始行动了，他们知道建设更加符合年轻人群的营销体系和传播渠道已刻不容缓。由此，我们看到了"淘宝秒杀""互动设计""青年置业计划"。它们在反映购房群体发生结构变化的同时不经意地映射了地产行业的营销模式创新。当然，我们不能将万科的600亿元完全归功于网络行销，但却不得不直面网络营销在面对"80后"跻身购房主力军时的市场力量。

"谁抓住了80后，谁就会笑傲未来十年的地产江湖。"再过五年，这群喜欢"李宇春"和"梦游娃娃"的90后将到达适婚年龄并步入成家立业的人生阶段，而迎来35岁的"黄金80后"又将进入改善型需求的一代。届时，开发商们又将如何卖房子？

营销理念革命：先找人，再造房

"60后买的是资源，70后买的是机会，80后买的是便捷和价格适当。"以网络名称"创意快枪手"闻名的实效机构总经理吴昊，在谈到万科模式时如此分析。据他透露，万科模式的核心武器除了产品细分外还有人群细分。新闻报道最多的正是万科产品的标准化和批量化复制，而人群细分体系恰恰被忽略了。正是因为人群细分，才出现了针对细分人群的营销模式。

房地产行业高速发展的十年间，城市化程度与市场格局发生了巨变。曾经的主流购房群体50、60后将逐渐退出市场，70后由"刚需"步入改善型，80后正是"刚需"主力。已有20多年品牌历史的万科，不希望王石那沧桑的面孔还是品牌的联想。为贴近80后的城市地位，打造"我一代"的居住品牌，成都万科已经尝试了"嫁男娶女过日子"这种雷人的话语模式，一度将粉红色的大象当做项目的标签。万科与网购达人、偷菜游戏结盟，正是品牌内涵的一次换标。

规律不会改变，群体一直在变。而且，不同群体的需求和同一群体不同层级人群的需求也在变。精确掌握其间的差异，是产品供应商们需要解决的问题。构成事实的是，市场经济进入买方时代之后，先造产品后找顾客的模式已经落伍了。2005年，万科地产开始研究人群细分，从不同人群的居住习惯和居住现状入手研究他们的居住需求，然后将需求落实到项目规划、户型设计、装修标准、物业管理等环节。"找到主流人群最真实的需求，进而研发、修建最适合他们的居住产品，绝对是成功房地产企业的共同之处。"清华房地产总裁商会副秘书长李建伟表示。

营销模式革命：人群决定渠道

1元钱可以买到什么？是两根棒棒糖，一瓶矿泉水，还是一包餐巾纸？有一个答案雷死人：一套价值近百万元的房子。1元钱买一套房子，这原本是一件完全不可能的事，却因为网络"秒杀"成为现实。奇迹出现在2009年12月28日晚8点10秒，浙江树人大学一名大二学生杨同学收获了这份惊喜大礼。

2009年12月7日，随着淘宝游戏频道——淘宝江湖上线，其"淘自己的江湖，偷别人的菜，换万科的房"，意味着偷菜这类社交游戏不再虚拟化。网络平台的互动参与度，正是地产商看重的技术优势。但是，在浩如烟海的网络世界中如何实现信息的有效传达，又如何控制信息的传播节奏和传播规律，是地产网络营销模式已经面临和亟须解决的难题。在动辄上亿的销售压力面前，中小型开发商不太可能押注于网络营销。或许，正是这种"一着不慎，满盘皆输"的残酷现实促成了品牌开发商的营销革命。

革命，已在行动当中

2009 年 12 月 31 日，万科地产的一则平面广告引起了细心读者的思考：没有宏伟的建筑，没有宽广的湖泊，也没有动人的广告语，广告画面中心是简单的六个字，"我一代，住万科"。除万科地产 LOGO 标识着这是一家地产公司的广告外，其他文字让人不知所云。

如"巧巧，我就是那坨最有营养的牛粪"，"爸爸妈妈我回家吃饭"，"李正江，你是最幸福的猪"……在成都红星路的户外路牌上，出现了"贺淘宝用户杨同学赢得万科金润华府"的祝贺广告。

万科这次到底想说什么，又要干什么？上了年纪的成都市民尤其是万科业主们议论纷纷。但是对于 80、90 后们来说，尚未退热的"淘宝秒杀万科房"更能让他们理解其中的含义。"其实，这个事件只是万科网络行销的一个爆发点。"作为万科地产营销顾问机构的负责人，吴昊冷静地说，"万科做营销行销不是一天两天了，目前已经建立了一套相对成熟的模式。这套模式的核心理念是，根据产品的购买人群确定营销模式和营销渠道。"

（资料来源：成都商报．转引自营销人网，http：//www.mktman.com/）

讨论题：

结合案例，分析现代市场营销的核心理念。

【阅读材料】

1．［美］菲利普·科特勒．营销管理［M］．梅清豪，译．12 版．上海：上海人民出版社，2006.

2．［美］路易斯·E·布恩，大卫·L·库尔茨．当代市场营销学［M］．赵银德，等，译．10 版．北京：机械工业出版社，2003.

3．吴健安．营销管理［M］．北京：高等教育出版社，2004.

4．甘碧群．市场营销学［M］．3 版．武汉：武汉大学出版社，2006.

5．崔磊，方青．市场营销经典模式［M］．北京：经济科学出版社，2004.

第2篇　市场分析与定位

第 2 章　市场营销环境

【本章概要】

任何企业的市场营销活动都不可能在真空中实施，它必然受其内、外部环境的影响和制约。因此，企业要在日趋激烈的市场竞争中求得生存和发展，就必须对市场营销环境进行分析和研究，从中发现市场机会或察觉环境威胁，以避害兴利、化险为夷，实现企业的兴旺发达。企业经营不仅要受到自身实力和同行业竞争状况的影响，还要受到当地政治、经济、法律、文化、人口、自然、技术等因素的影响，这些环境因素几乎决定着企业的生存命运。成功的企业总是不断监视市场各种环境因素的变化，并善于从这些变化中分析、识别由此造成的机会和威胁，及时采取措施适应它们。本章介绍市场营销环境的主要构成，并分析其对市场营销活动的影响。

【学习目标】

1. 了解市场营销环境的含义、类型、特性、分析模型等；
2. 掌握市场营销的宏观环境分析内容；
3. 掌握市场营销的微观环境分析内容；
4. 掌握市场环境机会与风险的分析方法及营销对策。

【引导案例】

入境还得先问俗

通用食品公司曾花费数百万美元，竭力向日本消费者兜售有包装的蛋糕糊。等到该公司发现只有30%的日本家庭有烤箱这一事实时，公司的营销计划已实施大半，陷于骑虎难下的境地。

克蕾丝牙膏在墨西哥使用美国式的广告进行推销，一开始就败下阵来。因为墨西哥人不相信或者根本不考虑预防龋齿的好处，哪怕是符合科学道理的广告宣传，对他们也毫无吸引力。

豪马公司的贺卡设计精美，并配之以柔情蜜意的贺词，历年来风行世界各国。但豪马公司的贺卡在最为浪漫的国度——法国却难以打开局面，原因很简单，浪漫的法国人不喜欢贺卡上印有现成的贺词，他们喜欢自己动手在卡片上写自己的心里话。

凯洛格公司的泡波果馅饼（POP-TARTS）曾在英国失利。因为在英国拥有烤面包电炉的家庭比美国要少得多，而且英国人觉得这种馅饼过于甜腻，不合他们的口味。

荷兰飞利浦公司发现日本人的厨房比较狭小，便缩小了咖啡壶的尺寸来打开市场，同时该公司发现日本人的手比西方人的手要小，于是缩小了剃须刀的尺寸。经过这些改进，该公司才开始在日本赢利。

可口可乐公司曾试图将两公升的大瓶可口可乐打入西班牙市场，但是销量甚小。公司总部派员调查后认为，大瓶可口可乐滞销是因为在西班牙很少有人用大容量的冰箱。于是可口可乐公司停止了销售大瓶可口可乐的计划，改为在西班牙境内销售小瓶可口可乐，结果大获成功。

麦当劳公司打入日本市场时进行促销，设计了"小白脸麦当劳"（RONNIE MC DONALD）的滑稽形象进行广告，结果失败。原因是在日本白脸意味着死亡。于是改为采用其在香港促销时用的"麦当劳叔叔"的广告形象，结果当年该公司的营业额翻了四倍。目前麦当劳公司在日本每天增设三家分店。

上述事例均表明，企业营销要想取得成功必须高度重视其面对的营销环境，只有在洞悉环境的具体情况后才能做出正确的决策。

（资料来源：http://www.docin.com/p-101027096.html）

2.1 市场营销环境概述

市场营销环境是指企业在进行营销活动过程中，对企业营销活动有直接和间接影响作用的各个方面，包括宏观环境和微观环境两大部分。

2.1.1 市场营销环境的类型

宏观环境是指给企业带来市场机会和环境威胁的主要社会力量，包括政治、经济、人口、自然、技术、文化等因素，这些因素都是企业不可控制的变量。这些因素的发展变化，在给一些企业创造机会的同时，也在给另外一些企业带来威胁。如1977年，由于印度政策变化，可口可乐公司不得不结束了在印度长达25年的经营，为印度本土饮料企业的发展开辟了道路。再如20世纪90年代的亚洲金融危机使宝洁公司的高档洗发水在中国市场受挫，而中低档洗发水需求的骤增则给中国生产中低档洗发水的企业创造了发展的良机。

微观环境是指组成企业基本营销系统的各种力量，包括市场主体和市场客体。企业与以上各因素共同完成营销活动，它们相互联系、相互作用，从而营造了企业的微观环境。这一环境中任何因素的变化都将直接或间接影响企业经营活动，从而影响企业服务顾客的能力和竞争能力。如企业自身成本增加，影响企业产品竞争能力；顾客需求变化，带来企业产品或服务的调整改进；竞争者数量增加，迫使企业增加广告和服务投入力度，从而降低企业的赢利水平。

在企业面临的各种宏观和微观环境因素中，有些因素是企业可以自己主动控制的，对企业营销活动来讲是可控因素，如：产品，企业为达到一定的营销目标，进行产品设计，包括商标、包装、款式、产品功能等；分销，包括分销渠道的选择和实体分配；定价，包括定价原则、方法和策略选择；促销，包括对各种促销手段的选择和促销时机的确定。有些环境因素是企业不能完全控制或根本不能控制的，对企业营销活动来讲是非可控因素，如：宏观环境因素，即政治、经济、文化、技术等因素，这些是企业无力改变的社会力量；竞争状态，包括竞争者数量、竞争投入及竞争对手策略；消费者行为，如消费者购买动机、习惯、价格期望值等。

2.1.2 市场营销环境的特性

企业的营销活动不得不依赖的内外部营销环境，是一个既复杂又多变的系统，它具有以下几个方面的特性。

2.1.2.1 多变性和规律性

企业营销环境的多变性是由社会和经济发展决定的，因为社会和经济的发展必然引起营销环境因素的变化。如经济的发展引起消费者结构和需求的变化，社会的发展带来人的价值观、审美观和教育水平的变化。尽管这些环境因素的变化在大多数情况下是企业难以控制的，但这种变化并不是杂乱无章的，而是有规律可循的，如政治的稳定必然带来社会的进步和经济的发展，而经济的发展引导人们的需求向高层次发展，需求的高层次发展又进一步促进经济的繁荣和社会的稳定。对营销环境规律的把握，有利于环境发展趋势的分析和市场机会的辨认。

2.1.2.2 非可控性和可改善性

政治、经济、技术、文化、消费者行为、竞争状态等都是影响企业营销的不可控因素，企业对这些因素越难以把握，这些因素对企业营销活动的影响就越大，这就是营销环境的非可控性。然而，企业对这些非可控因素并不是只能消极坐等，现代营销理论和实践都证明，企业可以通过其活动，如提供产品、劳务，传播信息，开展公关活动来影响外部环境，使这些非可控因素变得有利于企业实现自己的发展。

2.1.2.3 相关性和差异性

市场营销环境因素之间往往是相互联系、相互影响和相互制约的。微观环境因素要受宏观环境因素的制约，如贷款利率的提高将直接影响企业规模的扩大；可控因素要受非可控因素的影响，如出口企业的商品名称或商标就要符合目标市场所在国的文化习惯；微观因素、宏观因素、可控因素和非可控因素之间也要发生相互联系和影响，这使得市场环境之间显示出复杂的相关关系，市场行情变得扑朔迷离。这既为企业有效地开展营销调研提供了广阔的天地，也给企业的营销活动增加了难度。

同时，由于每一个企业自身条件不同，所选择的目标市场也不完全重叠，因此影响他们的宏观和微观环境就有较大差异，这个差异就是企业营销环境的独特性。即使生产同一类产品，因地域、企业规模、体制、管理水平等不同，企业所面临的机会和威胁程度、大小也不完全相同。就是同一个企业在不同时期所处的营销环境也不相同，因为构成营销环境的因素随着时间的变化而有所改变。分析企业自身环境的差异性，是把握机会做出决策的重要工作。

2.1.3 企业营销环境的分析模型

企业对市场竞争状况的控制能力和为顾客提供服务的能力直接受企业营销环境状况的影响，企业只有不断监视和预测各种宏观和微观环境因素的变化，及时采取有效措施适应变化了的环境,才能自始至终把握住市场,保持持续健康发展,所以企业对营销环境的科学分析显得尤为重要。SWOT分析方法是一种常用而有效的环境分析模型,它是从不断变化的宏观和微观环境中去辨别企业的优势、劣势、机会和威胁,从而全面掌握企业所处竞争态势和环境状况,帮助企业及时采取应对策略。

2.1.3.1 优势分析

优势(Strengths)是企业内部环境内能提高企业竞争和顾客服务能力的各种有利于企业营销活动开展的各种因素。企业核心能力、基础能力(指企业各部门能力及各部门综合协调能力)、独特产品、良好的品牌效应、有效的管理、优秀的员工、同等服务较低的价格以及渠道环节创造的有利于营销目标实现的各种因素都是企业具有的优势。优势是能随企业环境变化而不断得到巩固和加强的,与同类企业相比较,是企业独家拥有或者处于最领先地位的因素。

2.1.3.2 劣势分析

劣势(Weaknesses)是企业内部环境中阻碍企业实现营销目标,导致营销目标不能实现或者难度增大的各种因素。如企业基础能力薄弱,核心能力缺乏,竞争对手实力增强,消费者需求变化,管理混乱,销售渠道阻塞,无效的激励制度等因素。劣势也不是永恒不变的,劣势分析的目的是使企业弄清造成营销困难的内部原因,以便制订出有效的营销计划,趋利避害,努力把自己的劣势转化为自己的优势。

2.1.3.3 机会分析

机会(Opportunities)是指企业外部的产业环境中能给企业带来赢利的市场需求和对企业的发展有推动作用的各种因素。如随着政治、经济、技术、文化、竞争状态、消费行为等的发展变化而不断创造出新的需要,这些需要能给一些企业带来新的商业机会。机会存在于企业的外部环境中,经济、技术发展提供了未被满足的众多需求,也就是给企业创造了许多机会。然而,并不是所有的机会都会立即变成营销实践,如"非典"困扰全球,对抗"非典"药物的需求极大,而真正治疗"非典"的药物研制成功还需较长时间。因而企业没有抗"非典"药物研制能力,也就不能抓住抗"非典"药物这一巨大的市场机会。

2.1.3.4 威胁分析

威胁(Threats)是指企业外部的产业环境中对企业不利的发展趋势和对企业营销活动形成挑战的各种因素。如果没有有效的应对措施,这种不利趋势将会侵蚀公司的销售和利润。一般说来,外部环境因素的发展变化会引起两种趋势,一种可能是带来市场威胁,如原材料价格的上涨,其他企业的进入,国家政策的限制,消费观念的改变等等。另一种可能是创造市场机会,如经济的繁荣带来人们对环境保护的重视,环保意识的增强给绿色食品、绿色居住环境带来新的机会,但同时,对企业生产过程的废水处理、废气处理提出了更高的要求,要求企业投入资金改善现有废物处理方式,而一些严重违背环保要求的企业面临被政府关闭的威胁。可见,大的环境威胁将置部分企业于死地。

2.2 宏观环境分析

企业的宏观环境包括人口环境、自然环境、经济环境、技术环境、政治和法律环境以及社会和文化环境等六大要素。这些环境因素既给企业创造机会，又给企业带来威胁，它们是企业外部的非可控因素。一个成功的企业总是不断监控各种宏观环境因素的变化，善于抓住机会，避免威胁，并能及时调整企业战略以适应新的环境。

2.2.1 人口环境

市场是由那些有购买欲望且有购买能力的人组成的，有购买欲望且有购买能力的人越多，市场规模也就越大，企业的生存空间也就越广。市场营销在人口环境因素分析中重点关注人口总量及其增长趋势、人口的统计分布情况等特点。

2.2.1.1 人口总量及其增长趋势

由于科学技术、生产力发展和人民生活条件的改善，我国和世界人口总量都在不断增长，其趋势十分明显，意味着我国和世界市场的需要都在不断增长，市场潜力巨大。但是某一地区人口总量过大和增长速度过快也可能降低该地区的购买能力，极端情况下还有可能导致该地区的经济衰退和社会动荡。

2.2.1.2 人口的统计分布情况

人口分布包括地理分布、年龄分布和收入分布等。不同地区之间人口分布是不平衡的，对企业选点影响重大。即使是在同一个城市，其不同方位，人口分布也有较大差别。许多城市都有富人区、贵人区、工业区、商业区等说法，这对商业企业口岸选择十分关键。企业生产的产品大多都与年龄段相关，不同年龄段的人消费特点不一样，如保健品大多针对老年人，但由于工作较辛苦，压力较大，目前也有越来越多中年人青睐保健品；时装主要是针对年轻人特别是年青女性；高档奶粉主要是针对婴幼儿。收入分布既是企业区别购买能力的指标，更是企业营销战略考虑的重点。欧美地区有许多收入比较高的国家，所有企业都以把自己的产品打入欧美市场为最终目标。同一个国家的不同地区、不同城市收入差别也较大，这些都是企业产品定位和优先开发市场需考虑的因素。

除此之外，人口环境因素分析还要考虑人口的性别、学历、职业、密度、家庭生命周期和婚姻状况等，它们都对企业营销活动有重要影响。在此还需强调的是，企业在分析人口环境因素时不能只看静态的统计描述，更重要的是要考察其变化和发展趋势，并进行多因素交叉分析，找出带有规律性的东西。

2.2.2 自然环境

企业营销的自然环境是指影响企业生产和经营的物质因素，如土壤、气候、地理位置以及矿产资源、森林资源、土地资源、水力资源等。企业要分析自然环境方面的动向，避免由环境变化带来的威胁，最大限度地利用环境变化可能带来的市场机会。目前，自然环境的变化动向主要表现在以下几方面。

2.2.2.1 地理环境愈加影响人类生活

地理环境是指人类生存和发展所依赖的各种自然条件的总和，包括地理位置、气候、地貌、植被和自然资源等。这里主要是指构成同人们生活和传播活动有关的自然条件的那一部分，而不是整个无限的自然界。

人总是生活在一定的地理环境之中，地理环境是人类赖以生存和发展的物质基础。没有这样的物质基础和活动空间，人类无以为生，无从发展。因此，人类不仅无法割断与地理环境的密切联系，而且也无法摆脱地理因素对人类行为的制约和影响。作为人类的传播活动，地理环境中的种种情况和条件必然要或多或少直接或间接地制约和影响着它的过程和成效。地理环境制约着消费者的聚集，制约着信息的质量、数量和特色，还制约着媒介的使用。

2.2.2.2 全球性的某些自然资源短缺情况日趋严重

由于人口的迅速增长，生产的有限性和周期性，再加上过度开发利用，市场供应严重不足，这在一定程度上影响着资源的正常使用，出现了全球性的资源退化和资源危机。

2.2.2.3 能源成本的增加

对于一些不可再生资源，其数量只能是越用越少，最终会被消耗殆尽。因此，一方面，要科学开采，综合利用，减少浪费，降低威胁的挑战；另一方面，要积极开发新的替代资源，善于发现和抓住新的市场机会。

2.2.2.4 环境污染日益严重

环境污染日益严重，如全球气候变暖、臭氧层破坏、水污染、噪声污染、海水赤潮、酸雨、沙尘暴、荒漠化等等，有些工业生产活动也将不可避免地破坏自然环境。公众对环境问题的关心，为那些警觉的企业创造了市场机会，譬如，会给污染控制技术及产品创造一个极大的市场，会促使企业探索其他不破坏环境的方法，开发和生产无公害产品、绿色产品等，获得新的市场机会。

2.2.2.5 政府对自然资源管理方面有力的干预

随着经济的发展，许多国家政府为维护社会的整体利益和长远利益，越来越多地使用经济、行政、法律等宏观调控手段来规范企业的营销行为，对自然资源管理加强了干预。如我国政府出台了一系列法律法规，要求企业认真治理各种环境污染。对企业来说，有效处理废气、废水、废渣等有害环境的物质，一方面必须投入较多的资金，另一方面也给研究和开发价格便宜且能控制和减少污染的设备、不污染环境的包装及材料的行业、企业及产品带来了生机。

可见，对于任何一个企业来说，在进行市场营销活动时，没有任何捷径可走，只有努力把经济效益和环境效益结合起来，坚持不懈地奉行社会营销观念、绿色营销观念，通过产业结构调整与合理布局，尽量保持人与环境的和谐，最终达成社会、经济、资源和环境的平衡与协调。

2.2.3 经济环境

经济环境包括影响消费者购买力及支出模式的诸因素。购买力是构成市场和影响市场规模的要素之一。社会购买力是指一定时期社会各方面用于购买产品的货币支付能力。它直接或间接地受消费者收入、价格水平、储蓄、信贷、消费者支出模式、经济发展水平、经济体制等经济因素影响，是一系列经济因素的函数。

2.2.3.1 直接影响营销活动的经济环境因素

一定的购买力水平是市场形成并影响其规模的决定因素，也是影响企业营销活动的直接经济环境。它主要包括以下几方面内容：

(1) 消费者收入变化。

消费者的购买力来自消费者的收入，但消费者并不是把全部收入都用来购买商品或劳务，购买力只是收入的一部分。因此，在研究消费者收入时，要注意以下几个因素：

人均国内生产总值。一般是指价值形态的人均 GDP。它是一个国家或地区，所有常住单位在一定时期内（通常是一年），所生产出的全部最终产品和劳务的价值与这个国家或地区的常住人口的比值。国家的 GDP 反映了全国市场的总容量、总规模。人均 GDP 则从总体上影响和决定了消费结构与消费水平。我国 2009 年的 GDP 为 340903 亿元，按 2009 年对美元的平均汇率计算，折合为 49905 亿美元，居世界第 3 位；而人均 GDP 仅 3739 美元左右，这虽比改革开放前的 1978 年有大幅度增长，但在国际比较中仍处于较低水平。

个人收入。它是指每一个消费者在一年以内，从各种来源所获得的经济收入，常用来衡量市场规模、市场购买能力。我国统计部门每年采用抽样调查的方法，取得城镇居民家庭平均每人全年收入，农村居民家庭平均每人全年总收入和纯收入等数据，见表 2-1。

表 2-1 城乡居民平均每人年收入

年份 项目	1990	1995	2000	2008	2009
城镇居民家庭平均每人全年收入（元）	1516.21	4279.02	6295.91	17067.78	18858.09
农村居民家庭平均每人全年总收入（元）	990.38	2337.87	3146.21	6700.69	7115.57
农村居民家庭平均每人全年纯收入（元）	686.31	1577.74	2253.42	4760.62	5153.17

个人可支配收入。个人收入中扣除个人必须直接负担的各项费用，如税金、公债等，剩下的部分就是个人可支配收入。

个人可任意支配收入。个人可支配收入中，减去相当一部分要用来维持个人或家庭的生活以及支付必不可少的费用支出，剩下部分是可任意支配收入，它是影响消费需求变化最活跃的因素。

企业在做营销战略和策略规划时，不仅要考察市场的规模有多大，更需要了解市场现有的消费者或潜在消费者的收入状况。只有该市场的消费者收入较稳定、增长势头较明显，才是一个大有可为的市场。

(2) 消费者支出变化。

消费者支出变化分析主要分析消费倾向、消费结构和消费序位三个指标。消费倾向，是指消费在可支配收入中的比例，包括平均消费倾向和边际消费倾向。平均消费倾向是消费支出与可支配收入之比。边际消费倾向是指每增加一单位可支配收入引起的消费支出的增加量。消费倾向反映的是消费支出在收入中所占的份额，因而，消费倾向的研究对企业的营销活动有重要意义。消费结构是指各类消费对象在总消费中所占的比例，反映了人们物质文化需要满足的程度。消费结构受经济收入的直接影响。一般地讲，收入水平越低，在总收入中用于生存资料的消费支出越高，消费水平越低；相反，收入水平越高，就会有更多的收入用于享受和发展需要，因而消费水平越高。人们常用恩格尔系数来反映一个国家或地区人们生活水平的高低，即食物支出占总支出的比重。恩格尔系数在40%以上称为温饱生活水平，在30%～40%之间称为小康生活水平，在20%～30%之间称为富裕生活水平。消费序位是指消费者在消费时所遵循的一项恒常秩序。消费序位将消费者的所有消费项目看成是一个整体单位，它在运作时遵循以下原则：消费者的所有消费项目都应该纳入消费系统，每一项都有在消费者心目中理想的消费顺序。国家统计局发布的2005年全国17个城市消费序位排序中，消费序位排序开始从商品消费向非商品消费转移，形成了休闲消费、娱乐消费、康体消费、购物消费四个不同的发展时期。休闲消费第一，购物消费第四。

（3）储蓄和信贷情况变化。

社会购买力和消费支出不仅受消费者收入的影响，还直接受消费者储蓄和信贷的影响。在一定时期，当消费者收入一定时，储蓄越多，现实消费量就越小，但潜在消费量就越大；反之，储蓄越少，现实消费量就越大，但潜在消费量就越小。企业营销人员应当全面了解消费者的储蓄情况，尤其是要了解消费者储蓄目的的差异。储蓄目的不同，往往造成潜在需求量、消费模式、消费内容、消费发展方向的不同。这就要求企业营销人员在调查、了解储蓄动机与目的的基础上，制定不同的营销策略，为消费者提供有效的产品和劳务。

近年来，我国居民储蓄额和储蓄增长率均较大。我国居民储蓄增加，显然会使企业目前产品价值的实现比较困难，但是，企业若能调动消费者的潜在需求，就可开发新的目标市场。1979年，日本电视机厂商发现，尽管中国人可任意支配的收入不多，但中国人有储蓄习惯，且人口众多。于是，他们决定开发中国黑白电视机市场，不久便获得了成功。当时，西欧某国电视机厂商虽然也来中国做过调查，却认为中国人均收入过低，市场潜力不大，结果贻误了商机。

消费者信贷的规模对购买力的影响也很大。所谓消费者信贷，就是消费者凭借信用先取得商品使用权，然后按期归还贷款，以购买商品。这实际上就是消费者提前支取未来的收入，提前消费。消费者信贷主要有短期赊销、购买住宅分期付款、购买昂贵消费品的分期付款、信用卡信贷等几类。信贷消费允许人们购买超过自己现实购买力的商品，从而创造了更多的机会、更多的收入以及更多的需求；同时，消费者信贷还是一种经济杠杆，它可以调节积累与消费、供给与需求的矛盾。当市场供大于求时，可以发放消费信贷，刺激需求；当市场供不应求时，必须收缩信贷，适当抑制、减少需求。消费信贷把资金投向需要发展的产业，刺激这些产业的生产，带动相关产业和产品的发展。我国现阶段的信贷消费还主要是公共事业单位提供的服务信贷，如水、电、煤气的交纳，其他方面，如教育、住宅建设、汽车等耐用消费品以及一些商家的信用卡消费正方兴未艾，但针对一些朝阳产业、绿色产业、低碳产业等的消费信贷的支持力度与西方发达国家相比还远远不够。

2.2.3.2 间接影响营销活动的经济环境因素

除了上述因素直接影响企业的市场营销活动外，还有一些经济环境因素会对企业的营销活动产生间接影响。

（1）经济发展水平。

企业的市场营销活动要受到一个国家或地区整个经济发展水平的制约。经济发展阶段不同，居民的收入不同，顾客对产品的需求也不一样，从而会在一定程度上影响企业的营销。例如，在消费者市场方面，经济发展水平比较高的地区，其市场营销强调产品款式、性能及特色，品质竞争多于价格竞争；而在经济发展水平比较低的地区，则较侧重于产品的功能及实用性，价格因素比产品品质更为重要。在生产者市场方面，经济发展水平比较高的地区侧重于投资较大而能节省劳动力的自动化程度高、性能好的设备。因此，对于不同经济发展水平的地区，企业应采取不同的市场营销策略。

（2）经济体制。

世界上存在着多种经济体制，诸如计划经济体制、市场经济体制、计划—市场经济体制、市场—计划经济体制等。不同的经济体制对企业营销活动的制约和影响不同。例如，在计划经济体制下，企业是行政机关的附属物，没有生产经营自主权，企业的产、供、销都由国家计划统一安排，企业生产什么、生产多少、如何销售，都不是企业自身的事情。在这种经济体制下，企业不能独立地开展生产经营活动，因而，也就谈不上开展市场营销活动。而在市场经济体制下，企业的一切活动都以市场为中心，因而企业必须特别重视营销活动，通过营销实现自己的利益目标。

（3）地区发展状况。

我国地区经济发展很不平衡，逐渐形成了东部、中部、西部三大地带和东高西低的发展格局。同时在各个地区的不同省市，还呈现出多极化发展趋势。这种地区经济发展的不平衡，对企业的投资方向、目标市场以及营销战略的制定等都会带来巨大影响。

（4）城市化程度。

城市化程度是指城市人口占全国总人口的百分比，它是一个国家或地区经济活动的重要特征之一。城市化是营销的环境因素之一。目前我国大多数农村居民消费的自给自足程度仍然较高，而城市居民则主要通过货币交换来满足需求。此外，城市居民一般受教育较多，思想较开放，容易接受新生事物，而农村相对闭塞，农民的消费观念较为保守，故而一些新产品、新技术往往首先被城市所接受。企业在开展营销活动时，要充分注意到这些消费行为方面的城乡差别，相应调整营销策略。

2.2.4 技术环境

科学技术的发展对于社会的进步、经济的增长和社会生活方式的变革都有着巨大的推动作用。在发达国家，科学技术如今对国民经济增长的贡献率达到了80%以上。科学技术作为重要的营销环境因素，对企业营销活动的影响主要体现在以下两个方面：

（1）科学技术的发展为一些企业提供了极好的市场机会，而给另一些企业带来了市场风险。

科学技术的发明和应用，可以产生一些新的行业、新的市场，同时，它又使得一些旧的行业和市场走向衰落。例如，太阳能、核能的发现及其应用技术的产生和发展，使得对环境污染较重的火力发电受到致命冲击，说明伴随着科学技术的进步，新行业替代旧行业，新行业排挤旧行业。科学技术的发展，还使得产品更新换代的速度加快，产品的市场寿命缩短。今天，新原理、新工艺、新材料等不断涌现，使得刚刚还炙手可热的技术和产品转瞬间就被更新换代了，这要求企业不断地进行技术革新，赶上技术进步和消费需求变化的步伐；否则，科技进步带给企业的就不是市场机会，而是市场风险。科学技术的进步，也使得人们的生活方式、消费结构和消费的具体内容发生了深刻变化。这些变化如果被企业所了解和掌握，就可能成为企业的机会；反之，则可能给企业带来风险。

(2) 科学技术的发展为企业营销活动提供了更新、更好的物质条件。

科学技术的发展，为企业提高营销效率提供了物质条件。信息、通讯设备的不断更新和完善，使企业组织营销效率大大提高。例如，许多公司每天早上可以利用 E-mail 或传真把当天的工作任务传达给公司每位营销人员，使得他们不必每天早上到公司报到领命，大大节约了时间，更方便他们开展业务，大大提高了他们的工作效率，公司行政管理费用也大大减少。同时，通过网络处理和收集各地每天按时送来的各类市场信息，真正能够"运筹于帷幄之中，决胜于千里之外"。现代信息技术和手段的发明运用，使企业对消费者的消费需求及市场动向及时进行有效的了解和预测成为可能，企业可以利用计算机技术对消费者的消费需求和市场发展趋势进行模拟和预测，从而使企业的营销活动更切合消费者需求的实际情况。

2.2.5 政治和法律环境

企业营销环境分析中的政治因素是指企业市场所在国的大政方针和经济发展及其调整变化对企业生产经营活动和市场营销活动的影响，这些影响分为直接和间接两个方面。从直接方面看，国家根据国民经济总体发展的要求制定出经济和社会发展的战略、计划和方针政策，要求各企业执行。其结果必然影响市场需求，改变某些资源的供给，扶持和促进某些行业的发展，同时又限制另一些行业的发展。从间接方面看，国家方针政策的实施又必然引起社会购买力、市场消费需求和消费结构的变化，这些变化又会间接地引导企业调整生产和经营方向。

(1) 一个国家政局的稳定与否会给企业营销活动带来重大的影响。

如果一个国家政局稳定、生产发展、人民安居乐业，就会给企业营销营造良好的环境；反之，则会阻碍企业的市场营销活动。国家对市场的宏观调控，在很多情况下是通过法律法规和政策法令形式进行的，它们一方面可以完善一国的市场机制，起到促进经济发展的作用；另一方面可以约束企业的经营活动，使企业的市场营销活动符合社会公众的要求和法律的规范，同时，还能以强制手段鼓励或限制某些商品和劳务的生产和消费。因此，国家通过法律法规对市场的调控，会对企业生产经营活动产生重大影响。

(2) 参与国际营销的企业，还要受到国际政治环境的影响。

国际政治局势的稳定性是国际营销者关注的重要问题，政治局势不稳定往往会给国际营销带来难以估量的损失，如在中东一些政治局势不稳定国家开展市场营销活动就常常担心这个问题。东道国政府干预也是国际营销考虑的重要问题，如征用、国有化、外汇控制、进口限制、市场控制、税收控制、价格控制和劳工限制等。从事国际营销活动的企业最关心的是在各市场国之内的营销情况，但是市场国的国际政治关系同样不可忽视。国际企业母国与其营销对象国之间的关系，直接决定了企业营销活动能否在对象国之间顺利开展，国际企业在营销对象国虽然是外来者，但其营销活动同样要受到营销对象国与其他国家关系的影响，国际企业必须根据具体情况，调整其营销策略。

（3）法律是评价企业经营活动的准则和规定，企业只有依法进行各种营销活动，才能受到国家法律的有效保护，否则会受到法律的制裁。

从事国际营销的企业既要受到对象国有关法律的规范和制约，还要受到国际法的相关制约，这些企业法律环境分析更为复杂。他们既要考虑国际公约规定，又要考虑对象国法律是否健全，法律执行是否有力及其有无特殊限制，还要考虑不同国家对同样事情处理的法律规定的不同之处。

2.2.6 社会和文化环境

社会和文化环境是指人们在长期的历史发展中形成的，适应于社会生活环境的行为准则和生活方式的总和。生活于某种特定社会文化环境中的人们，其价值观念、审美情趣、风俗习惯等深受其文化影响和熏陶，从而反映在人们的消费习惯、消费心理和购买行为上，对企业的营销活动产生重要影响。

2.2.6.1 语言和教育水平

语言是文化的核心组成部分之一，是企业进行营销活动的基本交流工具。但是不同国家和民族基本都使用自己的语言和表达交流方式，这种差异给企业营销活动造成了巨大的障碍。所以，企业营销活动要想取得成功，就必须要懂得对象国乃至每一个顾客所使用的语言，理解他们的表达和交流方式。

教育的发展水平也是影响企业营销的重要因素。一个国家国民素质和经济的发展是同教育水平呈正相关的，教育越发达，人民的科技文化素质会越高，就越能推动国民经济的发展，人民生活水平会越高，也就越有利于企业开展营销活动。同时，营销对象国消费者、中间商和销售人员受教育的程度也都直接决定了企业营销活动的成功与否。

2.2.6.2 价值观念与审美观念

价值观念是人们对客观事物的意义、重要性的总观点和总评价。不同的价值观念会导致不同的消费观念和消费行为，因而会对企业营销活动产生深刻的影响。例如，西方国家居民有超前消费的习惯，因而信贷消费在这些国家十分发达，这有利于企业营销活动的开展；中国居民则长期受"俭朴、节约"传统美德影响，购买商品一般都囿于自己的支付能力，这在一定程度上限制了企业营销活动的开展。时代不同，社会文化不同，其审美观念也会有极大的差异。我国唐朝时期女人以胖为美，而到宋代以后则以瘦为美；西方国家妇女喜欢白色的结婚礼服，认为白色象征纯洁，而我国妇女喜欢红色的结婚礼服，认为红色象征吉祥幸福。所有这些都说明，价值观念和审美观念对消费行为和企业营销活动的影响很大。

2.2.6.3 宗教信仰和风俗习俗

宗教不仅仅是一种个人思想上的信仰，从营销学观点来看，它也反映了消费者的消费理想、消费愿望和消费追求。企业要充分了解不同地区、不同消费者的宗教信仰，提供适合其要求的产品，制定适合其特点的营销策略；否则，如果不顾及消费者的宗教信仰，就会在营销活动中遭受重大损失。民族不同，风俗习惯也会不同，特别是许多民族特有的忌讳和喜好，这些都是企业在进行营销之前必须弄清楚的。弄清楚各民族的忌讳和喜好，对企业营销活动的开展有巨大的帮助。

2.2.6.4 地域文化

地域文化是指在不同的地域，由于不同的自然地理环境、人文因素及历史发展进程形成互为区别的传统地域文化。这种地域文化反映在人们的心理活动中，就是地域文化心理。地域文化心理主要有两种表现形式，一种是以乡土观念（地域观念）为基础的亲缘心理，另一种是以地域文化为基础的依从心理。纵观世界，我们发现有海洋文化与黄土文化，东方文化与西方文化等。即便在我国，也会有鲁文化、闽文化、藏文化等。不同的区域经济水平和特色孕育出不同水平和特色的传统地域文化。同时，传统地域文化又会对区域经济发展产生巨大的反作用，因而，各具特色的地域经济总是体现出受不同类型地域文化影响的深刻印记。研究地域文化环境，有助于我们在市场经济条件下更广泛、更有效地开展企业的市场营销活动。

2.3 微观环境分析

企业的微观环境是指组成企业基本营销系统的各因素，包括市场主体与市场客体。

2.3.1 市场主体

市场主体是指市场中商品交换的所有参与者，包括供应商、商品生产者、经销商、消费者、竞争者和市场管理者。这六类人在市场上的目的与要求不同，在市场上所处的地位和所起的作用也不一样。

2.3.1.1 供应商

供应商主要指原材料供应者，企业要弄清楚供应商供应什么，供应的方式、时间、地点、价格和供应商的信誉如何等等。供应商分析的核心是看企业的议价能力如何，原料能否得到稳定可靠的供应保证，否则企业营销活动就无法持续进行。

2.3.1.2 商品生产者

商品生产者是商品的出卖者，他们所处的地位是市场的起点，其生产活动决定着流通及消费状况。没有生产者提供商品，市场就不会存在。

2.3.1.3 经销商

经销商是指一切从事买卖商品和劳务活动的个人和经济组织，他们既是商品的购买者又是商品的销售者，是生产者与消费者之间的中介人，起着商品交换的媒介作用或称桥梁作用。

2.3.1.4 消费者

消费者包括消费商品的一切个人、经济组织和机关团体等单位，分为生产资料消费者和生活资料消费者。生产资料消费者，基本上就是商品生产者，他们从市场上购进设备和原材料，是为了满足其生产经营的需要，使其生产能够持续或扩大；生活资料消费者从市场上购买商品则是为了满足他们的生活需要，使其生存、发展和享受能够实现或持续。

2.3.1.5 竞争者

从广义来说，竞争者指的是向企业所服务的目标市场提供类似产品的其他企业或个人。从消费者需求的角度划分，企业的竞争者包括愿望竞争者、平行竞争者、产品形式竞争者和品牌竞争者。

2.3.1.6 市场管理者

市场管理者是指为实现一定的经济政治目的或调控经济的发展方向而参与商品交换活动的各级政府及其管理部门，是一种较为特殊的市场活动主体。

2.3.2 市场客体

市场客体是指买卖双方交换的对象，即各种商品（包括货币）。这里所指的商品既包括各种以实物状态存在的物质商品，也包括非物质商品，如信息、技术、服务、股票等。市场是商品交换关系的总和，而买卖双方交换关系的成立必须以一定的物质基础——商品（或货币）为前提。没有供交换的商品，市场就没有存在的可能，即必须首先提供一定量的商品，这是不同所有者经济联系的前提，是市场存在的基础。同时，该一定量的商品应该能满足人们的某种需要。如果某种商品不再具有某种使用价值，买卖双方的交换关系就不能成立，也就不能形成市场。

2.4 环境分析与营销对策

2.4.1 环境分析的含义

市场营销环境通过对企业构成威胁或提供机会而影响营销活动。

环境威胁是指环境中不利于企业营销的因素及其发展趋势对企业形成的挑战，或对企业的市场地位构成的威胁。这种挑战可能来自于国际经济形势的变化，如2008年由美国次贷危机诱发的国际金融危机，给世界多数国家的经济和贸易带来负面影响；挑战也可能来自于社会文化环境的变化，如国内外对环境保护要求的提高，某些国家实施"绿色壁垒"，对于某些产品不完全符合新环保要求的生产者，无疑也是一种严峻的挑战。

市场机会是指由环境变化造成的对企业营销活动富有吸引力和利益空间的领域。在这些领域，企业拥有竞争优势。市场机会对不同企业有不同的影响力，企业在每个特定的市场机会中成功的概率，取决于其业务实力是否与该行业所需要的成功条件相符合，如企业是否具备实现营销目标所必需的资源，企业是否能在同一个市场机会中比竞争者获得更大的"差别利益"。

2.4.2 环境分析的内容

企业在面对威胁程度不同和市场机会吸引力不同的营销环境时，需要通过环境分析来评估市场机会与环境威胁。企业最高管理层可采用"威胁分析矩阵图"与"机会分析矩阵图"来分析、评价营销环境。

2.4.2.1 威胁分析

对环境威胁的分析，一般着眼于两个方面：一是分析威胁的潜在严重性，即影响程度；二是分析威胁出现的可能性，即出现概率。其分析矩阵如图 2—1 所示。

出现概率

		高		低	
影响程度	大	3	5	1	6
	小	2	4	8	7

图 2—1 威胁分析矩阵

在图 2—1 中，处于 3、5 位置的威胁出现概率高，影响程度大，必须特别重视，并制定相应对策；处于 7 位置的威胁出现概率低，影响程度小，企业不必过于担心，但应注意其发展变化；处于 1、6 位置的威胁出现概率虽低，但影响程度较大，必须密切监视其出现与发展；处于 2、4、8 位置的威胁影响程度较小，但出现概率高，也必须充分重视。

2.4.2.2 机会分析

机会分析主要考虑其潜在的吸引力（赢利性）和成功的可能性（企业优势）大小。其分析矩阵如图 2—2 所示。

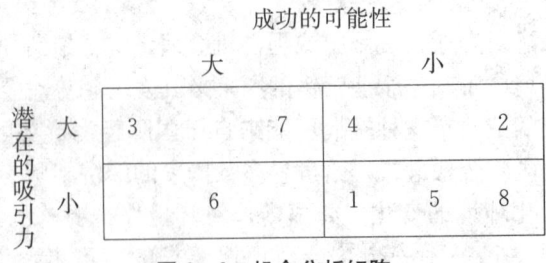

图 2—2 机会分析矩阵

在图 2—2 中，处于 3、7 位置的机会，潜在的吸引力和成功的可能性都大，有极大可能为企业带来巨额利润，企业应把握战机、全力发展；而处于 1、5、8 位置的机会，不仅潜在的吸引力小，成功的可能性也小，企业应改善自身条件，关注机会的发展变化，审慎而适时地开展营销活动。

用上述矩阵法分析、评价营销环境，可能出现四种不同的结果，如图 2—3 所示。

图2—3 环境分析综合评价

对于市场机会的分析,还必须深入分析机会的性质,以便企业寻找对自身发展最有利的市场机会。

(1) 潜在的市场机会与显现的市场机会。

潜在的市场机会是指隐藏在某种需求后面的、未被满足的需求,如随着我国城市居民收入水平和住房条件的进一步改善,近几年内将对大屏幕液晶电视和超轻超薄节能的LED电视有较大的需求。显现的市场机会是指市场上存在着明显的未被满足的需求,如目前我国城市居民对住房、家用轿车等大件商品的需求就明显未被满足。显现的市场机会又称表面市场机会,人们容易寻找和识别;潜在的市场机会具有一定的隐蔽性,不容易被发现,识别的难度大,如果企业能抓住和利用这种机会,竞争者通常较少,机会利用的效益较高。企业经营最重要的机会就是潜在的市场机会。潜在的市场机会就像开采地下石油一样,隐藏在深层不易探测,须进行努力调查和勘探。

例如,每个人都知道男人需要刀片刮胡须,却很少有人了解女性也要使用刮毛刀片。美国吉列公司就独具慧眼,识别出女性对刮毛刀片需求这一潜在的市场机会。1973年,吉列公司经过周密严谨的市场调查发现,在美国8360万30岁以上妇女中,有6490万为了保持自己美好的形象,要定期刮除腿毛。在这些妇女中,除用电动剃须刀和脱毛剂者外,大约有2300万人主要靠购买各种男用刮胡刀来解决这个问题,美国妇女一年在这方面的花费高达上千万美元。毫无疑问,这是一个极具潜力的潜在市场。吉列公司抓住这一机会,生产了适合女性需要的新产品——雏菊刮毛刀。公司根据多数女性消费者的意见,选择了"不伤玉腿"作为行销时突出的重点,刊登广告,刻意宣传,还在电影院免费赠送雏菊刮毛刀,在大学书店里采用化妆品的包装出售,结果,雏菊刮刀一炮打响,迅速畅销全美市场。

(2) 环境机会与公司机会。

环境机会是指营销环境的发展变化带来的未被满足的需求。环境机会并不意味着每个企业都有能力去抓住它,只有企业的核心能力与环境机会所需的成功条件相符合,企业才有可能变环境机会为公司机会。

例如,随着我国经济的不断发展和人民生活水平的不断提高,近年来国内带保险柜功能的家具市场需求骤增,为外观漂亮大方、质量档次高、安全性能好的保险柜家具生产商提供了机会。一家融资公司看中了家具市场保险功能需求的这个市场机会,然而,专家给这家公司做的SWOT分析表明,该公司核心能力在资本运作上,缺乏品牌、营销和渠道,带保险功能的家具虽然是一个赚钱的好机会,但却是环境机会,不是公司机会,该公司只得放弃这个机会。

(3) 行业机会与边缘机会。

行业机会是指出现在本企业经营领域内的市场机会。例如,在大多数居民对大屏幕背投电视机产生需求的同时,一部分高收入居民又对大屏幕液晶彩电和超轻超薄节能的LED电视产生了需求,这种需求的产生,对生产彩电的企业来说就是一种行业机会。边缘机会是指在不同行业之间的交叉结合部出现的市场机会,如某些原材料和能源的短缺,带来了对节能产品行业和新兴原材料、新能源行业巨大的需求,创造了大量的边缘机会,太阳能和核能等行业有了突飞猛进的发展,就属于这种情况。一般而言,企业为了充分利用现有技术、设备和管理经验,对行业市场机会比较重视,而对边缘市场机会重视不够或无力发掘利用,造成激烈的市场竞争;相反,虽然边缘机会的寻找和利用难度很大,但企业一旦发现和利用这一机会,竞争不会太激烈,利用的效果也会很好。所以边缘机会是有能力的企业在行业外寻找市场机会比较理想的地方,企业应先做好一个行业机会,再做好边缘机会,最后在有能力的情况下再审慎地做新的行业机会。

巨人集团从巨人汉卡起家,做得非常成功,后来巨人集团贸然进入生物制药和房地产这两个完全不相关的行业,结果由于企业资金缺乏、管理能力跟不上,最后被拖垮在巨人大厦项目上。这就是巨人既没有把行业机会做透,又没有做好边缘机会,而一味进入新的行业所造成的严重损失。

(4) 当前市场机会与未来市场机会。

当前市场机会是指当前市场上已经出现的消费需求;未来市场机会是指现在市场上还没有或者只有少量的,但预测将在未来一定时期内大量出现的消费需求。因为当前市场机会是市场上已经出现的,所以企业往往容易观察和把握,但未来市场机会的认识和把握则比较困难。认识和把握未来市场机会,关键是要根据各种客观条件的变化,把握消费需求发展的趋势,预测未来的市场需求。就企业而言,目前市场机会的把握和利用固然重要,但要使企业在新的环境中生存和发展,对未来市场机会的把握就更重要。因为,一旦企业认准了未来市场机会,预先做好各种准备,就能使企业在未来竞争中抢占制高点,取得竞争优势,打有准备之仗,赢得未来市场竞争的胜利。

(5) 全面市场机会和局部市场机会。

全面市场机会,是指在大范围内(如国际市场、全国市场)出现的未满足的需求,往往反映营销环境变化的一种普遍趋势,对参与市场经营的企业有普遍意义。例如,全球对节能产品、绿色食品等都有极大的需求,这不仅对节能产品和绿色食品生产企业有重要意义,对其他产品的生产企业也有启示作用。局部市场机会是指在某一局部市场(如某市、某县)出现的未被满足的需求,只代表特定市场的特殊变化趋势,往往对进入该市场进行营销活动的企业有特殊意义。因此,企业在分析市场机会时,要注意把全面市场机会与局部市场机会区别开来,不能将全面市场机会误认为是特定环境中的局部市场机会;相反,也不能将某一局部市场的市场机会误认为是具有普遍意义的全面市场机会。

2.4.3 企业的营销对策

在环境分析与评价的基础上，企业对威胁与机会水平不等的各种营销业务，要分别采取不同的对策。

对理想业务，应看到机会难得，甚至转瞬即逝，必须抓住机遇；否则，贻误战机，将后悔莫及。

对风险业务，面对高利润与高风险，既不宜盲目冒进，也不应迟疑不决、坐失良机，应全面分析自身的优势与劣势，扬长避短，创造条件，争取突破性的发展。

对成熟业务，机会与威胁处于较低水平，可作为企业的常规业务，用以维持企业的正常运转，并为开展理想业务和风险业务准备必要的条件。

对困难业务，要么是努力改变环境，走出困境或减轻威胁；要么是立即转移，摆脱无法扭转的困境。

【本章小结】

市场营销环境是指企业在进行营销活动过程中，对企业营销活动有直接和间接影响作用的各个方面，包括宏观环境和微观环境两大部分。市场营销环境的基本特性有：多变性和规律性，非可控性和可改善性，相关性和差异性。环境是企业营销活动的制约因素，因此，对其进行科学分析显得尤为重要。

SWOT分析方法是一种常用而有效的环境分析模型，它是从不断变化的宏观和微观环境中去辨别企业当前的优势、劣势、机会和威胁，从而全面掌握企业所处竞争态势和环境状况，帮助企业及时采取应对策略。

企业的宏观环境包括人口环境、自然环境、经济环境、技术环境、政治和法律环境以及社会和文化环境等六大要素。企业的微观环境是指组成企业基本营销系统的各因素，包括市场主体与市场客体。市场主体是指市场中商品交换的所有参与者，包括供应商、商品生产者、经销商、消费者、竞争者和市场管理者。市场客体是指买卖双方交换的对象，即各种商品（包括货币）。

环境威胁是指环境中不利于企业营销的因素及其发展趋势对企业形成的挑战，或对企业的市场地位构成的威胁。市场机会是指由环境变化造成的对企业营销活动富有吸引力和利益空间的领域。企业营销环境分析的主要任务便是监视环境因素的变化，分析并评估环境威胁与市场机会，趋利避害，争取比竞争者利用同一市场机会获得较大的成效。

【关键名词】

市场营销环境（Marketing Environment）
宏观环境（Macro Environment）
微观环境（Micro Environment）
SWOT分析（优势 Strengths、劣势 Weaknesses、机会 Opportunities、威胁 Threats）

【思考题】

1. 什么是市场营销环境？它有哪些特性和类型？分析市场营销环境意义何在？
2. 宏观环境包括哪些因素？各有何特点？
3. 微观环境由哪些方面构成？
4. 如何运用SWOT分析方法分析市场营销环境？

【实践训练】

SWOT组合分析

实训目标：认识市场营销环境分析的意义和重要性，培养市场营销环境分析的能力。

实训内容与要求：调查一个企业或搜寻一个企业案例，分析企业所处的营销环境，进行SWOT组合分析。

实训成果与检测：在班级组织一次交流与讨论，完成市场营销环境分析报告。

【案例分析】

立升净水与世博同行

在2010年上海世博会上，深圳企业立升大放异彩。它的高调亮相，使我们实现了世博会历史上首次由组织者为游客免费提供直饮水这一历史性目标。

立升企业是一家专门从事水处理科学技术研究，膜分离技术研究及产品开发，工业和家用净水设备研发、生产、销售和服务的高科技企业集团。在世博会期间，立升企业以赞助方式免费为园区提供直饮水投入的资金不下1000万元，运行期间还组织了四五十人的队伍对设备进行维护。大笔的资金和人力投入这个"不赚钱"的生意，这样做的背后隐藏着巨大的商业价值。

1. 增强企业"内功"

上海世博会是中国第一次大规模使用先进直饮水技术，平均每日经过40万游客的检验，日均供水达1600吨。如此巨大的使用量，对直饮水技术是一个巨大的考验。立升企业董事长陈良刚说："我们可以说是克服了一个又一个的难题，这对我们企业来说，是一个不可多得的技术财富。"

2. 增加企业经销商数量

虽然立升企业的技术在很多大型项目上都得到了检验，但在世博会的商业平台上，是个"硬碰硬"的过程。首先，保证大量游客的饮水安全，证明了其技术是过硬的；其次，在这个平台上较量的都是全球顶级企业，这对公司的品牌宣传起到了很大的作用。陈良刚表示，虽然企业为世博会抽调了大量的人力、物力，影响了企业的整体运行，但是企业的经营却扩张得非常快，"今年的经销商比去年增加了一倍，绝大部分都是通过世博会了解到我们而主动找上门来的"。

3. 为企业带来隐性收入

在立升企业与世博会组织方签订的合同中，明确指出立升企业提供的是直饮水设备的使用权，所有权仍属于立升企业。世博园区内100多个直饮水设备已经被上海和海南等地预订得差不多了，它们将被安装在公共场所继续"服役"，保守估计还能使用8年。

（根据网上资料整理）

讨论题：

1. 分析立升企业所面对的宏观环境。
2. 立升企业的案例给予我们怎样的启示？

【阅读材料】

1. ［美］弗朗西斯·布拉星顿，等. 市场营销学：教材篇［M］. 裴大鹰，等，译. 2版. 南宁：广西师范大学出版社，2001.
2. ［美］迈克·R·所罗门，等. 市场营销学：实践篇［M］. 王宝，等，译. 南宁：广西师范大学出版社，2001.
3. 杨勇. 市场营销：理论、案例与实训［M］. 北京：中国人民大学出版社，2006.
4. 中国国家企业网，http://www.chinabbc.com.cn/.

第3章　消费者市场与购买行为分析

【本章概要】

　　消费者市场又称最终消费者市场、消费品市场或生活资料市场，是指个人和家庭为了满足生活需要而购买或租用产品或服务的市场。各类企业特别是消费品的生产经营企业要充分满足消费者需求、提高市场营销效益、实现企业发展的愿景，就必须深入研究消费者市场和消费者购买行为的规律性，并据此进行市场细分和目标市场选择，有的放矢地制定市场营销组合策略。本章便针对消费者市场的概念及特点，消费者行为的一般模式、购买决策过程和消费者购买决策的内容，影响消费者行为的主要因素等做简单介绍。

【学习目标】

1. 理解消费者市场的含义和特点；
2. 掌握消费者行为的一般模式；
3. 掌握影响消费者行为的主要因素；
4. 掌握消费者购买决策过程。

【引导案例】

让顾客"自作自受"

　　自己在啤酒作坊里酿造啤酒，两个星期后从储藏室里搬出那一桶自己酿制的啤酒，或自饮，或与众人分享，这并非神话，也并非来自欧洲中世纪的一个传奇故事。位于中关村的北京猎奇门啤酒自酿场，可以让每个有兴趣的消费者体味到这一切。正由于此，北京猎奇门自酿场才生意兴隆。

　　无独有偶，美国有位商人开了家"组合式鞋店"。货架上陈设着6种鞋跟，8种鞋底，鞋面的颜色以黑、白为主，鞋带的颜色有80多种，款式有百余种。顾客可自由挑选出自己最喜欢的款式，然后交给职员进行组合，只需稍等十来分钟，一双称心如意的新鞋便可到手。而其售价，与批量成品的价格差不多，有的还更便宜。此举引来了络绎不绝的顾客，使该店销售额比邻近的鞋店高出好几倍。

（资料来源：http://www.docin.com/p-101027096.html）

引导问题：
上述两则小案例中，经营者运用了什么原理使其生意兴隆、销售额大增？

3.1 消费者市场的含义与特点

3.1.1 消费者市场的含义

消费者市场又称最终消费者市场、消费品市场或生活资料市场，是指个人或家庭为了满足生活需要而购买或租用产品或服务的市场。一切企业，无论是否直接为消费者服务，都必须研究消费者市场，因为只有消费者市场才是最终市场；其他市场，如生产者市场、中间商市场等，虽然购买数量很大，但仍然要以最终消费者的需要和偏好为转移。因此，消费者市场是一切市场的基础，是最终起决定作用的市场，但很多人把消费者市场理解为市场是不够全面的。

消费者市场是现代市场营销理论研究的主要对象。成功的市场营销者是那些能够有效地提供对消费者有价值的产品，并运用富有吸引力和说服力的方法将产品有效地呈现给消费者的企业和个人。因而，研究影响消费者购买行为的主要因素及其购买决策过程，对于开展有效的市场营销活动至关重要。

3.1.2 消费者市场的特点

3.1.2.1 广泛性

在社会生活中，可以说消费无处不在、无时不在。消费品的种类样式繁多，吃穿住行无所不包，而且消费者也是人数众多，特征不一。这势必导致消费者市场具有广泛性的特征。

3.1.2.2 分散性

从交易的规模和方式看，消费者市场购买者众多，市场分散，成交次数频繁，易耗的非耐用消费品更是如此，但交易数量较少，绝大部分商品都是通过中间商销售，以方便消费者购买。因此，面向消费者市场的企业应特别注意分销渠道的选择、设计及管理。

3.1.2.3 差异性

从交易的商品看，消费者市场提供的是人们最终消费的产品，购买者是受众多不同因素（诸如年龄、性别、身体状况、性格、习惯、文化、职业、收入、教育程度和市场环境等）影响的个人或家庭，因而市场需求呈现出较大的差异性和多样性。随着消费购买力的不断提高，人们更加注重个性选择、个性消费，新的细分市场不断涌现，需求差异有不断扩大的趋势。企业应在市场细分的基础上准确选择目标市场，开展有效的市场营销活动，满足目标顾客的消费需求。

3.1.2.4 多变性

消费者市场产品的专业技术性不强，同种产品较多，消费者选择余地大，需求多变。自20世纪后半叶起，科学技术发展突飞猛进，这些新技术应用到消费品生产领域，使得新产品层出不穷，连同市场竞争的加剧，导致消费需求愈加多样化。企业要密切注意市场变化，通过增加产品花色、品种等满足消费者不断变化的需求。

3.1.2.5 替代性

消费者市场产品种类繁多，不同产品之间往往可以互相替代。譬如，近年来各种功能乳酸饮料陆续亮相，彼此之间具有很强的替代性，如伊利的"优酸乳"和蒙牛的"酸酸乳"。而饼干和方便面虽是不同种类的产品，但也是可互相替代的。因此，消费者经常在替代品之间进行购买选择，导致购买力在不同产品、品牌和企业之间流动。

3.1.2.6 非专业性

从购买行为看，消费者的购买行为具有很大程度的可诱导性。一方面，消费者在决定采取购买行为时，不像产业市场的购买决策那样要经历一整套的审批手续或审批程序，而是具有自发性、感情冲动性；另一方面，消费者市场的购买者大多缺乏相应的产品知识和市场知识，其购买行为属非专业性购买，他们对产品的选购受广告宣传的影响较大。因此，企业应做好宣传广告，明晰产品定位、产品特征，强化其在消费者头脑中的形象，这样既可以当好消费者的参谋，也能有效地引导消费者的购买行为。

3.2 消费者行为的一般模式

消费者行为是指消费者为获取、使用、处置消费物品或服务所采取的各种行动，包括先于且决定这些行动的决策过程。消费者行为是与产品或服务的交换密切联系在一起的。在现代市场经济条件下，企业研究消费者行为是着眼于与消费者建立和发展长期的交换关系。为此，不仅需要了解消费者是如何获取产品与服务的，而且也需要了解消费者是如何消费产品，以及产品在用完之后是如何被处置的。

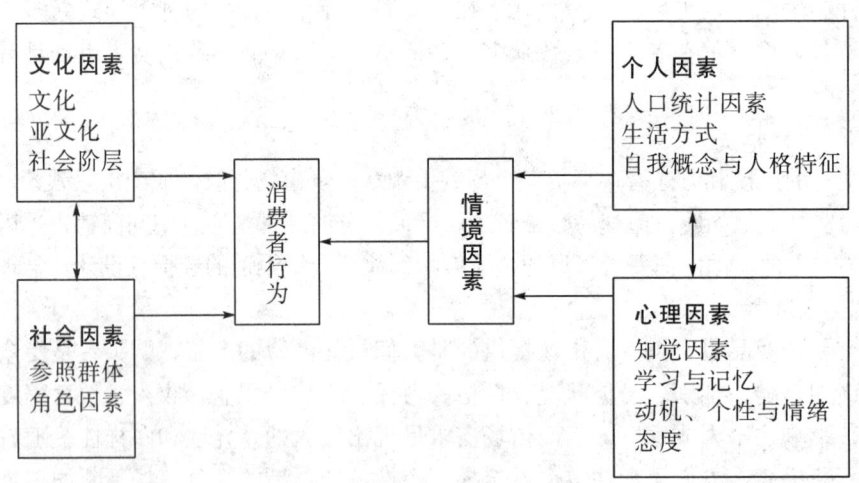

图 3-1 消费者行为总体模型

图 3-1 给出了本章的消费者行为分析的基本框架。这个模型是由德尔·I·霍金斯等人研究提出的。

该模型是一个概念性模型，它所包含的细节不足以预测某种特定的消费者行为。然而，它的确反映了我们对消费者行为性质的信念和认识。消费者行为同时受到文化、社会、个人和心理因素的影响，其中个人和心理因素又通过特定的情境因素表现出来。

观察图 3-1，我们可能会以为消费者行为似乎是简单的、有意识的，同时又是机械的、线形的。其实仔细观察我们周围的现实生活就可以发现，消费者行为通常是复杂的、无意识的、杂乱无章的和周而复始的。这也决定了研究消费者行为的复杂性。图中文化、社会、个人和心理因素又分别包含不同的方面，我们将在下文逐一介绍。

3.3 影响消费者行为的主要因素

从图 3-1 可知，影响消费者行为的文化和社会因素有：文化，亚文化，社会阶层，参照群体，角色因素。影响消费者行为的个人和心理因素有：人口统计因素，生活方式，自我概念与人格特征，知觉因素，学习与记忆，动机、个性与情绪，态度。这些因素不仅在某种程度上决定消费者的决策行为，而且它们对外部环境与营销刺激的影响起放大或抑制作用。

3.3.1 文化因素

3.3.1.1 文化

通常来讲，文化有广义与狭义之分。广义文化是指人类创造的一切物质财富和精神财富的总和；狭义文化是指人类精神活动所创造的成果，如哲学、宗教、科学、艺术、道德等。在消费者行为研究中，由于研究者主要关心文化对消费者行为的影响，所以我们将文化定义为一定社会经过学习获得的、用以指导消费者行为的信念、价值观和习惯的总和。文化具有习得性、动态性、群体性、社会性和无形性的特点。

文化通过对个体行为进行规范和界定进而影响家庭等社会组织。文化本身也随着价值观、环境的变化或随着重大事件的发生而变化。价值观是关于理想的最终状态和行为方式的持久信念。它代表着一个社会或群体对理想的最终状态和行为方式的某种共同看法。文化价值观为社会成员提供了关于什么是重要的、什么是正确的，以及人们应追求一个什么最终状态的共同信念。它是人们用于指导其行为、态度和判断的标准，而人们对于特定事物的态度一般也是反映和支持他的价值观的。

文化价值观可分为三类：有关社会成员间关系的价值观，有关人类环境的价值观，以及有关自我的价值观。这些价值观对于消费者行为具有重要影响，并最终影响着企业营销策略的选择及其成败得失。有关社会成员之间关系的价值观反映的是一个社会关于该社会中个体与群体、个体之间以及群体之间适当关系的看法，其中包括个人与集体、成人与孩子、青年与老年、男人与女人、竞争与协作等方面。

有关环境的价值观反映的是一个社会关于该社会与其自然、经济以及技术等环境之间关系的看法，其中包括自然界、个人成就与出身、风险与安全、乐观与悲观等方面。

有关自我的价值观反映的是社会各成员的理想生活目标及其实现途径，其中包括动与静、物质主义与非物质主义、工作与休闲、现在与未来、欲望与节制、幽默与严肃等方面。

不同国家、地区或不同群体之间，语言上的差异是比较容易察觉的。但是易于为人们所忽视的往往是那些影响非语言沟通的文化因素，包括时间、空间、礼仪、象征、契约和友谊等。这些因素上的差异往往也是难以察觉、理解和处理的。对一定社会各种文化因素的了解将有助于营销者提高消费者对其产品的接受程度。

3.3.1.2 亚文化

亚文化是一个不同于文化类型的概念。所谓亚文化，是指某个文化群体所属次级群体的成员共有的独特信念、价值观和生活习惯。每种亚文化都会坚持其所在的更大社会群体中大多数人主要的文化信念、价值观和行为模式。同时，每种文化都包含着能为其成员提供更为具体的认同感和社会化的较小的亚文化。目前，国内外营销学者普遍接受的是按民族、宗教、种族、地理划分亚文化的分类方法。

民族亚文化。几乎每个国家都是由不同民族构成的。不同的民族，都各有其独特的风俗习惯和文化传统。我国有56个民族，民族亚文化对消费者行为的影响是巨大的。

宗教亚文化。不同的宗教群体，具有不同的文化倾向、习俗和禁忌。如我国有佛教、道教、伊斯兰教、天主教、基督教等，这些宗教的信仰者都有各自的信仰、生活方式和消费习惯。宗教能影响人们的行为，也能影响人们的价值观。

种族亚文化。白种人、黄种人、黑种人都各有其独特的文化传统、文化风格和态度。他们即使生活在同一个国家甚至同一座城市，也会有自己特殊的需求、爱好和购买习惯。

地理亚文化。地理环境上的差异也会导致人们在消费习俗和消费特点上的不同。长期形成的地域习惯，一般比较稳定。自然地理环境不仅决定着一个地区的产业和贸易发展格局，而且间接影响着一个地区消费者的生活方式、生活水平、购买力的大小和消费结构，从而在不同的地域可能形成不同的商业文化。

特殊亚文化。比如青少年群体中广泛存在的追星族（疯狂迷恋明星的人），他们常常自称为某某明星的"粉丝"（fans）。有着国内"选秀巅峰"之称的2005年"超级女声"比赛，更是诞生了内地少有的庞大粉丝团："玉米""凉粉""笔迷""盒饭"等等。

不同的亚文化会形成不同的消费亚文化。消费亚文化是一个独特的社会群体，这个群体以产品、品牌或消费方式为基础，形成独特的模式。这些亚文化具有一些共有的内容，比如：一种确定的社会等级结构，一套共有的信仰或价值观，独特的用语、仪式和有象征意义的表达方式等。消费亚文化对营销者比较重要，因为有时一种产品就是构成亚文化的基础，是亚文化成员身份的象征，如高级轿车。同时，符合某种亚文化的产品会受到其他社会成员的喜爱。

3.3.1.3 社会阶层

社会阶层（Social class）是由具有相同或类似社会地位的社会成员组成的相对持久的群体。每个个体都会在社会中占据一定的位置，从而使社会成员分成不同的层次或阶层。社会阶层是一种普遍存在的社会现象。导致社会阶层的终极原因是社会分工和财产的个人所有。

讨论社会阶层，可以了解不同阶层的消费者在购买、消费、沟通、个人偏好等方面具有哪些独特性，哪些行为是各社会阶层成员所共有的。

吉尔伯特（Jilbert）和卡尔（Kahl）将决定社会阶层的因素分为三类：经济变量、社会互动变量和政治变量。经济变量包括职业、收入和教育，社会互动变量包括个人声望、社会联系和社会化，政治变量则包括权力、阶层意识和流动性。

声望（Prestige）表明群体其他成员对某人是否尊重，尊重程度如何。联系

（Association）涉及个体与其他成员的日常交往，他与哪些人在一起，与哪些人相处得好。社会化（Socialization）则是个体习得技能、态度和习惯的过程。家庭、学校、朋友对个体的社会化具有决定性影响。阶层意识是指某一社会阶层的人，意识到自己属于一个具有共同的政治和经济利益的独特群体的程度。人们越具有阶层或群体意识，就越可能组织政治团体、工会来推进和维护其利益。

不同社会阶层消费者的行为在很多方面存在差异，比如支出模式上的差异，休闲活动上的差异，信息接收和处理上的差异，购物方式上的差异等等。对于某些产品，社会阶层提供了一种合适的细分依据或细分基础，依据社会阶层可以制定相应的市场营销战略。具体步骤如下：首先，决定企业的产品及其消费过程在哪些方面受社会阶层的影响，然后将相关的阶层变量与产品消费联系起来。为此，除了运用相关变量对社会阶层分层以外，还要搜集消费者在产品使用、购买动机、产品的社会含义等方面的数据。其次，确定应以哪个社会阶层的消费者为目标市场。这既要考虑不同社会阶层作为市场的吸引力，也要考虑企业自身的优势和特点。再次，根据目标消费者的需要与特点，为产品定位。最后，制定市场营销组合策略，以达到定位目的。

需要注意的是，不同社会阶层的消费者由于在职业、收入、教育等方面存在明显差异，因此即使购买同一种产品，其趣味、偏好和动机也会不同。比如同样是买牛仔裤，劳动阶层的消费者可能看中的是它的耐用性和经济性，而上层社会的消费者可能注重的是它的流行程度和自我表现力。事实上，对于市场上的现有产品和品牌，消费者会自觉或不自觉地将它们归入适合或不适合某个阶层的人消费。例如，在中国汽车市场，消费者认为宝马和奔驰更适合上层社会的人消费，而捷达则更适合中下层社会的人消费。这些都表明了产品定位的重要性。

另外，处于某个社会阶层的消费者会试图模仿或追求更高层次的生活方式。因此，以中层消费者为目标市场的品牌，根据中上层社会的生活方式定位可能更为合适。

3.3.2 社会因素

3.3.2.1 参照群体

参照群体是与消费者密切相关的社会群体，它与隶属群体相对应。社会群体是指通过一定的社会关系结合起来进行共同活动而产生相互作用的集体。社会成员构成一个群体，应具备以下基本特征：①群体成员需以一定纽带联系起来；②成员之间有共同的目标和持续的相互交往；③群体成员有共同的群体意识和规范。

与消费者密切相关的有五种基本的参照群体：①家庭；②朋友；③正式的社会群体；④购物群体；⑤工作群体。参照群体具有规范和比较两大功能。

参照群体对其成员的影响程度取决于多方面的因素，主要有以下几个方面：①产品使用时的可见性；②产品的必需程度；③产品与群体的相关性；④产品的生命周期；⑤个体对群体的忠诚程度；⑥个体在购买过程中的自信程度。

参照群体概念在营销中的运用如下：

名人效应。对很多人来说，名人代表了一种理想化的生活模式。正因为此，企业会花巨额费用聘请名人来促销其产品。研究发现，用名人作支持的广告较不用名人的广告评价更正面和积极,这一点在青少年群体中体现得更为明显。运用名人效应的方式多种多样。如可以用名人作为产品或公司代言人;也可以用名人作证词广告,即在广告中引述广告产品或服务的优点和长处,或介绍其使用该产品或服务的体验;还可以采用将名人的名字使用于产品或包装上等做法。

专家效应。专家是指在某一专业领域受过专门训练,具有专门知识、经验和特长的人。每个领域都有该领域的专家。专家所具有的丰富知识和经验,使其在介绍、推荐产品与服务时较一般人更具有权威性,从而产生专家所特有的公信力和影响力。当然,在运用专家效应时,一方面应注意法律的限制,如有的国家不允许医生为药品作证词广告;另一方面,应避免公众对专家的公正性、客观性产生质疑。

普通人效应。运用满意顾客的证词来宣传企业的产品,是广告中常用的方法之一。由于出现在荧屏上或画面上的代言人是和潜在顾客一样的普通消费者,受众感到亲切,从而使广告诉求更容易引起共鸣。比如北京大宝化妆品公司就曾运用过普通人证词广告。还有一些公司在电视广告中展示普通消费者或普通家庭如何用广告中的产品解决其遇到的问题,如何从产品的消费中获得乐趣等等,这些也是对普通人效应的运用。

经理型代言人。自20世纪70年代以来,越来越多的企业在广告中用公司总裁或总经理做代言人。例如,我国霸王国际集团公司在其生产的霸王洗发系列产品中使用公司总经理和产品发明人陈启源的名字和图像,就是对经理型代言人的运用。

3.3.2.2 角色因素

(1) 角色概述。

角色是个体在特定社会或群体中占有的位置和被社会或群体所规定的行为模式。对于特定的角色,无论是由谁来承担,人们对其行为都有相同或类似的期待。

虽然承担某一具体角色的所有人都被期待展现某些行为,但每个人实现这些期待的方式却各不相同。期望角色与实践角色之间的差距被称为角色差距,适度的角色差距是允许的,但这种差距不能太大;否则,意味着角色扮演的不称职,社会或群体的惩罚也就不可避免。因此,大多数人都力求使自己的行为与群体对特定角色的期待相一致。

(2) 几个重要概念。

角色关联产品集。角色关联产品集是承担某一角色所需要的一系列产品。这些产品或者有助于角色扮演,或者具有重要的象征意义。例如,靴子与牛仔角色相联系。角色关联产品集规定了哪些产品适合某一角色。营销者的主要任务,就是确保其产品能满足目标角色的实用或象征需要,从而使人们认为其产品适用于该角色。计算机制造商强调笔记本电脑为商务人士所必需,保险公司强调人寿保险对于扮演父母角色的重要性,这些公司实际上都是力图使自己的产品进入某类角色关联产品集。

角色超载和角色冲突。角色超载是指个体超越了时间、金钱和精力所允许的限度而承担太多的角色或承担对个体具有太多要求的角色。比如,一位教师既面临教学、科研、家务的多重压力,同时又担任很多的社会职务或在外兼职。此时,由于其角色集过于庞大,他会感到顾此失彼和出现角色超载。角色超载的直接后果是个体的紧张、压力和角色扮演的不称职。角色冲突是指不同的角色由于在某些方面不相容,或人们对同一个角色的期待和理解的不同而导致的矛盾和抵触。角色冲突有两种基本类型,一种是角色间的冲突，一种是角色内的冲突。很多现代女性所体验到的那种既要成为事业上的强者又要当贤妻良母的冲突，就是角色间的冲突。

角色演化。角色演化是指人们对某种角色行为的期待随着时代和社会的发展而发生变化。角色演化既给营销者带来机会也提出挑战。例如，妇女在职业领域的广泛参与，改变了她们的购物方式，许多零售商也因此调整其地理位置和营业时间，以适应这种变化。研究发现，全职家庭主妇视购物为主妇角色的重要组成部分，而承担大部分家庭购物活动的职业女性对此并不认同。显然，在宣传产品和对产品定位的过程中，零售商需要认识到基于角色认同而产生的购物动机上的差别。

角色获取与转化。在人的一生中，个人所承担的角色并不是固定不变的。随着生活的变迁和环境的变化，个体会放弃原有的一些角色，获得新的角色和学会从一种角色转换成另外的角色。在此过程中，个体的角色集相应的发生了改变，由此也会引起他对与角色相关的行为和产品需求的变化。

3.3.3 个人因素

3.3.3.1 人口统计因素

人口统计是根据人口规模、人口分布和人口结构对人口环境进行的描述。人口规模指的是人口的数量。人口分布说明人口的地理分布，即分别有多少人生活在农村、城市和郊区。而人口结构反映人口在年龄、收入、教育和职业方面的状况。上述每个因素都影响消费者的行为，并对不同产品和服务的总需求产生影响。

（1）人口规模和分布。

人口增长是许多行业是否赢利甚至能否生存的关键性决定因素。例如，有些快速消费品可能人均消费量随着时间的变化而呈递减趋势，但由于人口规模的增加则可以使这种消费品的总销售额保持不变。我国是人口大国，从某种程度上也促进了我国消费者市场的繁荣。

除了人口增长率，了解这些人口增长发生的地方也是很重要的。因为一个国家的不同地区代表了不同的亚文化，每一种亚文化下的人有着独特的情趣、态度和偏好，了解人口快速增长出现在哪些地区以及这些地区的消费者有何种需要可以使企业更好地开拓市场。

（2）年龄。

年龄对于购物的地点、使用产品的方式和营销活动的态度有重要影响。目前包括我国在内的世界上的大多数国家都面临着人口老龄化的问题。根据预测，我国65岁以上的老年人口在总人口中的比重在2025年左右将达到14%，这必然会导致更多新的针对老年人的细分市场的出现。

（3）职业。

由于所从事的职业不同，人们的价值观念、消费习惯和行为方式存在着较大的差异。职业的差别使人们在衣食住行等方面有着显著的不同。譬如，通常不同职业的消费者在衣着的款式、档次上会做出不同的选择，以符合自己的职业特点和社会身份。

（4）教育。

受教育的程度越来越成为影响家庭收入高低的重要因素。传统上，制造业中的一些高薪职位并不要求很高的受教育程度，但现在不同了。如今，制造业和服务业的许多高薪工作需要专业技能、抽象思维能力以及快速阅读和掌握新技巧的能力。这些能力往往通过受教育才能获得。受教育的程度部分地决定了人们的收入和职业，进而影响着人们的购买行为。同时，它也影响着人们的思维方式、决策方式以及与他人交往的方式，从而极大地影响着人们的消费品位和消费偏好。

（5）收入。

家庭收入水平和家庭财产共同决定了家庭的购买力。很多购买行为是以分期付款的方式进行的，而人们分期付款的能力最终是由人们目前的收入和过去的收入决定的。

由以上五个方面的因素可以看到，人口统计因素既能直接地影响消费者的行为，同时又能通过影响人们的其他特征如个人价值观、决策方式等间接地影响消费者的行为。综合运用人口统计资料可以帮助企业界定其主要的目标市场，并规划相应的营销策略。

3.3.3.2 生活方式

生活方式是个体在成长过程中，在与社会因素相互作用下表现出来的活动、兴趣和态度模式。生活方式包括个人和家庭两个方面，两者相互影响。

生活方式与个性既有联系又有区别。一方面，生活方式在很大程度上受个性的影响。一个具有保守、拘谨性格的消费者，其生活方式不大可能太多地包容诸如攀岩、跳伞、蹦极之类的活动。另一方面，生活方式关心的是人们如何生活、如何花费、如何消磨时间等外在行为，而个性则侧重从内部来描述个体，它更多地反映个体思维、情感和知觉特征。可以说，两者是从不同的层面来刻画个体。区分个性和生活方式在营销上具有重要的意义。一些研究人员认为，在市场细分过程中过早以个性区分市场，会使目标市场过于狭窄。因此，他们建议，营销者应先根据生活方式细分市场，然后再分析每一个细分市场内消费者在个性上的差异。如此，可以使营销者识别出具有相似生活方式的大量消费者。

研究消费者生活方式通常有两种途径。一种途径是直接研究人们的生活方式，另一种途径是通过具体的消费活动进行研究。生活方式对消费者购买决策的影响往往是隐性的。例如，在购买登山鞋、野营帐篷等产品时，很少有消费者想到这是为了保持其生活方式。然而，对于那些喜欢户外活动的人来说，这种影响是客观存在的。

3.3.3.3 自我概念与人格特征

（1）自我概念的含义与类型。

自我概念是个体对自身一切知觉、了解和感受的总和。自我概念回答的是"我是谁？"和"我是什么样的人？"诸如此类的问题，它是个体自身体验和外部环境综合作用的结果。一般来说，消费者将选择那些与其自我概念相一致的产品与服务，避免选择与其自我概念相抵触的产品和服务。所以，研究消费者的自我概念对企业特别重要。

消费者不只有一种自我概念，而是拥有多种类型的自我概念：①实际的自我概念；②理想的自我概念；③社会的自我概念；④期待的自我概念。期待的自我即消费者期待在将来如何看待自己，它是介于实际的自我与理想的自我之间的一种形式。由于期待的自我折射出个体改变"自我"的现实机会，对营销者来说它也许较理想的自我和现实的自我更有价值。

(2) 自我概念与产品的象征性。

在很多情况下，消费者购买产品不仅仅是为了获得产品所提供的功能效用，而是要获得产品所代表的象征价值。对于购买"劳斯莱斯""宝马"的消费者来说，显然不是购买一种单纯的交通工具。一些学者认为，某些产品对拥有者而言具有特别具体的含义，它们能够向别人传递关于自我的很重要的信息。从某种意义上来说，消费者是什么样的人是由其使用的产品来界定的。如果丧失了某些关键拥有物，那么，他或她就成了不同于现在的个体。

一般来说，能够成为表现自我概念的象征品应具有三个方面的特征。首先，应具有使用时的易见性，即这些产品的购买、使用和处置能够很容易被人看到。其次，应具有差异性，即某些消费者有能力购买，而另一些消费者无力购买。如果每人都可拥有一辆"奔驰"车，那么这一产品的象征价值就所剩无几了。最后，应具有拟人化性质，即能在某种程度上体现使用者的特别形象。比如汽车、珠宝等产品均具有上述特征，因此，它们很自然地被人们作为传递自我概念的象征品。

3.3.4 心理因素

3.3.4.1 知觉因素

所谓知觉，是人脑对刺激物各种属性和各个部分的整体反映，它是对感觉信息加工和解释的过程。产品、广告等营销刺激只有被消费者知觉才会对其行为产生影响。消费者形成何种知觉，既取决于知觉对象，又与知觉时的情境和消费者先前的知识与经验密切相关。

消费者的知觉过程包括三个相互联系的阶段，即展露、注意和理解。这三个阶段也是消费者处理信息的过程。在信息处理过程中，如果一则信息不能依次在这几个阶段生存下来，它就很难贮存到消费者的记忆中，从而也无法有效地对消费者行为产生影响。

(1) 刺激物的展露。

展露（Exposure）或刺激物的展露是指将刺激物展现在消费者的感觉神经范围内，使其感官有机会被激活的过程。展露只需把刺激对象置于个人相关环境之内，并不一定要求个人接收到刺激信息。比如，电视里正在播放一则广告，而你正在和家人或朋友聊天而没有注意到，但广告展露在你面前则是事实。

对于消费者来说，展露并不完全是一种被动的行为，很多情况下是主动选择的结果。很多情况下，消费者会根据刺激物所展露出来的各种物理因素来挑选商品。这些因素有强度、对比度、大小、颜色、运动状态、位置、隔离、格式及信息数量等。

(2) 注意。

注意是指个体对展露于其感觉神经系统面前的刺激物进行进一步加工和处理的行为，它实际上是对刺激物分配某种处理能力。注意具有选择性的特点，这要求企业认真分析影响注意的各种因素，并在此基础上设计出能引起消费者注意的广告、包装、品牌等营销刺激物。需要注意的是，消费者对某个节目或某个版面内容的关心程度或介入程度，会影响他对插入其中的广告的注意程度。

(3) 理解。

知觉的最后一个阶段，是个体对刺激物的理解，它是个体赋予刺激物以某种含义或意义的过程。理解涉及个体依据现有知识对刺激物进行组织、分类和描述，它受到个体因素、刺激物因素和情境因素的制约和影响。

(4) 营销启示。

通过对消费者知觉过程的认识，企业应针对自己的产品或服务展开调查，以了解消费者主要依据哪些线索做出质量判断，并据此制定营销策略。如果某些产品特征被消费者作为质量认知线索，那么，它就具有双重的重要性：一方面，作为产品的一个部分具有相应的功能和效用；另一方面，对消费者具有信息传递作用。后者在企业制定广告等促销策略时具有重要的参照作用。把不构成认知线索的产品特征或特性大加宣传，将很难收到预期的营销效果。

另外，企业还应充分重视形成质量认知的外在因素。这些因素有价格、商标知名度、出售场所等，企业应了解这些因素对消费者的相对重要程度，以及不同消费者在这些评价因素上存在的差异，并据此采取措施。比如，高品质的产品应有相应的价格、包装与之相符合，分销渠道的选择上应避免过于大众化，短期促销活动也应格外慎重。

3.3.4.2 学习与记忆

(1) 学习的含义。

所谓学习，是指人在生活过程中，因经验而产生的行为或能力的比较持久的变化。学习是因经验而生的，同时伴有行为或能力的改变。此外，学习所引起的行为或能力的变化是相对持久的。

(2) 学习的分类。

根据学习材料与学习者原有知识结构的关系，学习可分为机械学习与意义学习。机械学习是指将符号所代表的新知识与消费者认知结构中已有的知识建立人为的联系。消费者对一些拗口的外国品牌的记忆，很多就属于这种类型。意义学习是将符号所代表的知识与消费者认知结构中已经存在的某些观念建立自然的和合乎逻辑的联系。比如，用"健力宝"作为饮料商标，消费者自然会产生强身健体之类的联想，这就属于意义学习的范畴。

机械学习通过两种作用表现出来：①经典性条件反射，即借助于某种刺激与某一反应之间的已有联系，经过练习建立起另一种刺激与这种反应之间的联系。经典性条件反射理论已经被广泛地运用到市场营销实践中。比如，在一则沙发广告中，一只可爱的波斯猫坐在柔软的沙发上，悠闲自得地欣赏着美妙的音乐，似乎在诉说着沙发的舒适和生活的美好。很显然，该广告试图通过营造一种美好的氛围来激发受众的遐想，使之与画面中的沙发相联系，从而增加人们对该沙发的兴趣与好感。②操作性条件反射，即通过强化作用来增强刺激与反应之间的联结。所以，企业要想与顾客保持长期的交换关系，还需采取一些经常性的强化手段。这也说明了为什么产品或品牌形象难以改变，因为品牌形象是消费者在长期的消费体验中，经过点滴的积累逐步形成的。

(3) 记忆的含义。

消费者的学习与记忆是紧密联系在一起的，没有记忆，学习是无法进行的。记忆是以前的经验在人脑中的反映。记忆是一个复杂的心理过程，它包括识记、保持、回忆三个基本环节。从信息加工的观点看，记忆就是对输入信息的编码、贮存和提取的过程。虽然从理论上讲，消费者的记忆容量很大，对信息保持的时间也可以很长，但在现代市场条件下，消费者接触的信息实在太多，能够进入其记忆并被长期保持的实际上只有很小的一部分。正因为此，企业才需要对消费者的记忆予以特别重视。一方面，企业应了解消费者的记忆机制，即信息是如何进入消费者的长期记忆的，有哪些因素影响消费者的记忆，进入消费者记忆中的信息是如何被存储和被提取的；另一方面，企业应了解已经进入消费者长期记忆的信息为什么被遗忘和在什么条件下被遗忘，企业在防止或阻止消费者遗忘方面能否有所作为。

（4）遗忘及其影响因素。

遗忘与记忆相对应，是对识记过的内容不能正确地回忆和再认识。从信息加工的角度看，遗忘就是信息提取不出来，或提取出现错误。除了时间以外，识记材料的意义、性质、数量、顺序位置、学习程度、学习情绪等均会对遗忘的程度产生影响。

3.3.4.3 动机、个性与情绪

（1）消费者的动机。

动机指引起、维持、促使某种活动向某一目标进行的内在作用。消费者具体的购买动机有：求职动机、求新动机、求美动机、求名动机、求廉动机、从众动机、喜好动机等。以上购买动机是相互交错、相互制约的。

关于动机的理论有很多。精神分析说认为，人的行为与动机主要由潜意识所支配，研究人的动机，必须深入到人类的内心深处，并认为仅仅通过观察消费者行为和询问消费者都不可能获得消费者的真正购买意图。

美国人本主义心理学家马斯洛提出了著名的需要层次理论。马斯洛认为，人的需要可分为五个层次，即生理需要、安全需要、爱与归属需要、自尊需要、自我实现的需要。上述五种需要是按从低级到高级的层次组织起来的，只有当较低层次的需要得到了满足，较高层次的需要才会出现并要求得到满足。

（2）消费者的个性。

个性是在个体生理素质的基础上，经过外界环境的作用逐步形成的行为特点。个性的形成既受遗传和生理因素的影响，又与后天的社会环境尤其是童年时的经验具有直接关系。

消费者的个性对品牌的选择和新产品的接受程度有很大影响。由于个性的不同，消费者对某一品牌会自然地判断出是否适合自己。个性不仅使某一品牌与其他品牌相区别，而且使这种品牌具有激发情绪，为消费者提供潜在满足的作用。另外，有些人对几乎所有新生事物持开放和乐于接受的态度，有些人则相反；有些人是新产品的率先采用者，有些人则是落后采用者。了解率先采用者和落后采用者有哪些区别，有助于消费者市场的细分。

（3）消费者的情绪。

情绪是一种相对来说难以控制且影响消费者行为的强烈情感。每个人都有一系列的情绪，所以每个人对情绪的描述和分类也千差万别。普拉契克（Plutchik）认为，情绪有八种基本类型：恐惧、愤怒、喜悦、悲哀、接受、厌恶、期待和惊奇。其他任何情绪都是这些类型的组合。例如，欣喜是惊奇和喜悦的组合，轻蔑是厌恶和愤怒的组合。

很多产品把激发消费者的某种情绪作为重要的产品价值，比较常见的有电影、书籍和音乐。其他如长途电话、软饮料、汽车等也是经常被定位于"激发情绪"的产品。此

外,许多商品被定位于防止或缓解不愉快的情绪。例如,鲜花被宣传为能够消除悲哀,减肥产品和其他有助于自我完善的产品也常以缓解忧虑和消除厌恶感等来定位。

3.3.4.4 态度

(1) 消费者态度的含义。

态度是由情感、认知和行为构成的综合体。态度有助于消费者更加有效地适应动态的购买环境,使之不必对每个新事物或新产品、新的营销手段都以新的方式做出解释和反应。

(2) 消费者态度与行为。

消费者态度对购买行为有重要影响。态度影响消费者的学习兴趣与学习效果,并将影响消费者对产品、商标的判断与评价,进而影响购买行为。

态度一般通过购买意向来影响消费者的购买行为。但是态度与行为之间在很多情况下并不一致。造成不一致的原因,除了主观规范、意外事件以外,还有很多其他的因素,如购买动机、购买能力、情境因素等。

(3) 消费者态度的改变。

消费者态度的改变包括两层含义:一是指态度强度的改变,二是指态度方向的改变。消费者态度的改变,一般是在某条信息或意见的影响下发生的。在某种程度上,态度改变的过程也就是劝说或说服的过程。

消费者态度改变主要受三个因素的影响,即信息源、传播方式与情境。信息源是指持有某种见解并力图使别人也接受这种见解的个人或组织。传播方式是指以何种方式把一种观点或见解传递给信息的接收者。情境是指对传播活动和信息接收者有相应影响的周围环境。

一般来说,影响说服效果的信息源特征主要有四个,即信息传递者的权威性、可靠性、外表的吸引力和受众对传递者的喜爱程度。传播方式主要包括:信息传递者发出的态度信息与消费者原有态度的差异,恐惧的唤起,双面表述。多项研究发现,中等态度差异引起的态度变化量大;当差异度超过中等差异之后再进一步增大,态度改变则会越来越困难。恐惧的唤起是广告宣传中常常运用的一种说服手段,如诉说头皮屑带来的烦恼,就是用恐惧诉求来劝说消费者。双面表述即同时陈述正、反两方面意见与论据。情境因素对于双面表述能否达到效果有着重要的影响。

出于趋利避害的考虑,消费者更倾向于接纳那些与其态度相一致的信息。当消费者对某种产品有好感时,与此相关的信息更容易被注意,反之则会出现相反的结果。因此,态度是进行市场细分和制定新产品开发策略的基础。

3.3.5 情境因素

情境因素既包括环境中独立于中心刺激物的那些成分,又包括暂时性的个人特征,如个体当时的身体状况等。一个十分忙碌的人较一个空闲的人可能更少注意到呈现在其面前的刺激物。处于不安或不愉快情境中的消费者,会注意不到很多展露在他面前的信息,因为他想尽快地从目前的情境中逃脱。

一些情境因素,如饥饿、孤独、匆忙等暂时性的个人特征,以及气温、在场人数、外界干扰等外部环境特征,均会影响个体对信息的理解。可口可乐公司和通用食品公司均不在新闻节目之后播放其食品广告,他们认为新闻中的"坏消息"可能会影响受众对其广告与食品的反应。可口可乐公司负责广告的副总经理夏普(Sharp)指出:"不在新闻节目中做广告是可口可乐公司的一贯政策,因为新闻中有时会有不好的消息,而可口可乐是一种助兴和娱乐饮料。"夏普所说的这段话,实际上反映了企业对"背景引发效果"的关切。背景引发效果(Contextual Priming Effects)是指与广告相伴随的物质环境对消费者理解广告内容所产生的影响。广告的前后背景通常是穿插该广告的电视节目、广播节目或报纸杂志。虽然目前有关背景引发效果的实证资料十分有限,但初步研究表明,出现在正面节目中的广告获得的评价更加正面和积极。

3.4 消费者购买决策类型与过程

3.4.1 消费者购买决策类型

消费者购买决策是指消费者谨慎地评价某个产品、品牌或服务的属性,并进行理性选择的过程。它具有理性化、功能化的双重内涵。但也有许多消费者在做购买决策时更多地关注购买或使用时的感受、情绪和环境。尽管如此,消费者购买决策过程仍对各种类型的购买行为产生了关键作用。

首先介绍两个概念:购买介入程度和购买介入。前者指消费者由某个特定购买需要而产生的对决策过程关心或感兴趣的程度。购买介入是消费者的一种暂时状态,它受个人、产品、情境特征相互作用的影响。根据消费者在购买决策过程中介入程度的不同,可以把消费者购买决策划分为以下三种类型。

3.4.1.1 名义型决策

当一个消费问题被意识到以后,经内部信息搜集,消费者脑海里马上浮现出某个偏爱的产品或品牌,该产品或品牌随即被选择和购买等即属于这一类的购买决策。此时消费者的购买介入程度最低。名义型决策通常分为两种类型:品牌忠诚型决策和习惯购买型决策。

3.4.1.2 有限型决策

当消费者对某个产品领域或该领域的各种品牌有了一定程度的了解,或者对产品和品牌建立起了一些基本的评价标准,但还没有形成对某些特定品牌的偏好时,消费者面临的就是有限型决策。它一般是在消费者认为备选品之间的差异不是很大,介入程度不是很高,解决需求问题的时间比较短的情况下所做的购买决策。

3.4.1.3 扩展型决策

当消费者对某类产品或对这类产品的具体品牌不熟悉,也未建立起相应的产品与品牌评价标准,更没有将选择范围限定在少数几个品牌上时,消费者面临的就是扩展型决策。它一般是在消费者介入程度较高,品牌间差异比较大,而且消费者有较多时间进行斟酌的情况下所做的购买决策。

需要指出的是,这三种类型的决策并非截然分明,而是有重叠的部分。但它同时也表明,消费过程的每个阶段都受到购买介入程度的影响,我们也应对不同的消费者购买决策类型制定不同的营销策略。不同的消费者购买决策类型如图 3-2 所示。

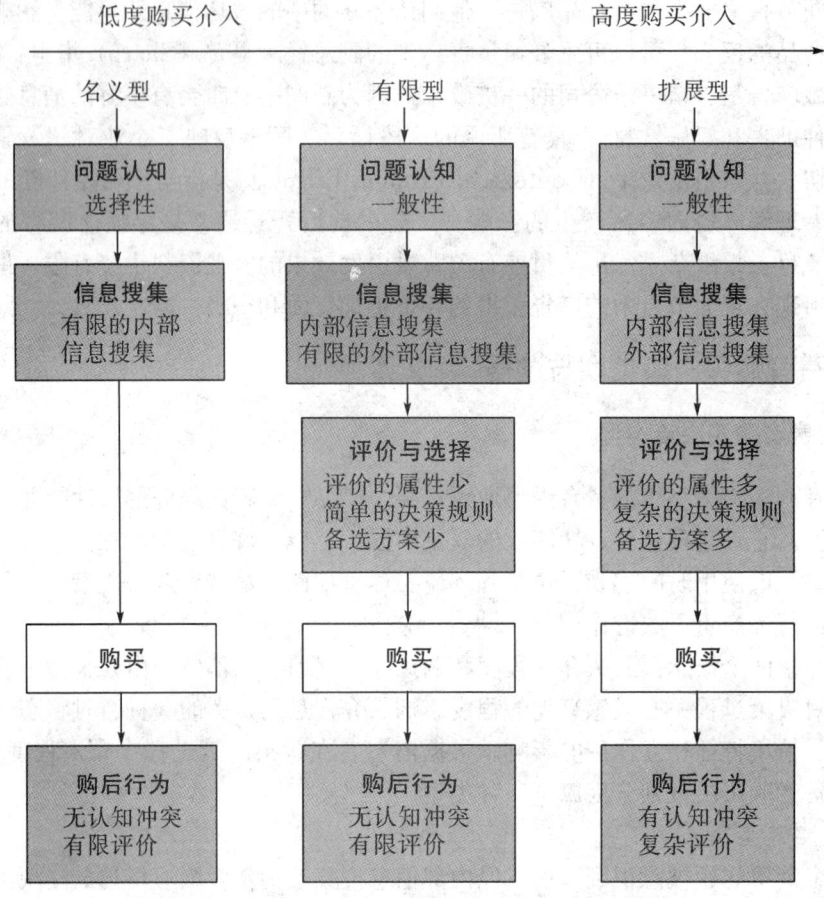

图 3-2 介入程度与决策类型

（资料来源：德尔·I·霍金斯，等. 消费者行为学［M］. 符国群，等，译. 北京：机械工业出版社，2000：299）

3.4.2 消费者购买决策过程的一般模型

消费者购买决策过程是介于营销战略和营销结果之间的中间变量。也就是说，营销战略所产生的营销结果是由战略与消费者购买决策过程的相互影响所决定的。只有消费者感到产品能满足某种需要，并觉得物有所值才会去购买，公司才能达到营销目的。图 3-3 表示消费者购买决策过程的一般模型。

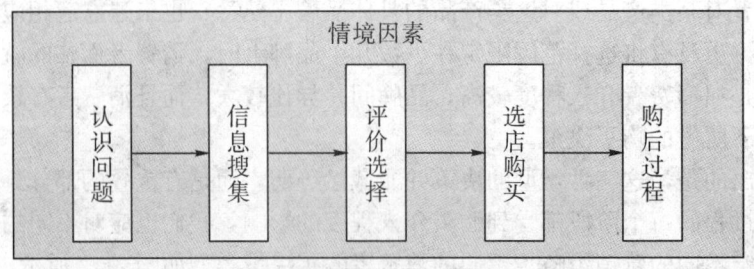

图 3-3 消费者购买决策过程的一般模型

3.4.2.1 认识问题

从图3-3可以看出，消费者购买决策发生在一定的情境下，并受其中的情境因素影响。在图3-3中，认识问题是消费者购买决策的第一步，它是指消费者意识到理想状态与实际状态之间存在差距，从而需要进一步采取行动的过程。比如说，意识到饿了，同时发现附近能够买到充饥的食品，于是就会产生购买食品的活动。另外，还可以看出消费者行为是一个整体，是一个过程，获取或者购买只是这个过程的一个阶段。因此，研究消费者行为，既应调查、了解消费者在获取产品、服务之前的评价与选择活动，也应重视在产品获取后对产品的使用、处置等活动。

作为对问题认知的反应，消费者采取何种行动取决于问题对于消费者的重要性、当时情境、该问题引起的不满或不便的程度等多种因素。需要指出的是，导致问题认知的是消费者对实际状态的感知或认识，而并非客观的实际状态。吸烟者总相信吸烟并不会危害健康，因为他们认为自己并没有把烟吞进肚子里。也就是说，尽管现实是抽烟有害，但这些消费者并未认识到这是一个问题。

营销管理者通常关注四个与问题认知有关的问题：①需要明白消费者面临的问题是什么；②需要知道如何运用营销组合解决这些问题；③需要激发消费者的问题认知；④在有些情况下需要压制消费者的问题认知，比如，一则香烟广告画面上是一对快乐的夫妇，标题是"享受人生"，很显然，这个标题正试图减少由广告下方的强制性警示"吸烟有害健康"而带来的问题认知。

3.4.2.2 信息搜集

认识问题之后，消费者可能进行广泛的内部与外部信息搜集，有限的内、外部信息搜集或仅仅是内部信息搜集。消费者搜集的信息有：①问题解决方案的评价标准；②各种备选方案；③每一种备选方案符合评价标准的程度。

当面临某个问题时，大多数消费者会回忆起少数几个可以接受的备选品牌。这些可以接受的品牌，是在随后的内、外部信息搜集过程中消费者进一步搜集信息的出发点。因此，营销者非常关注他们的品牌是否落入大多数目标消费者的考虑范围内。

消费者内部信息，即储存在记忆中的信息，可能是通过以前的搜集或个人经验主动地获得，也可能是经低介入度学习被动地获得。除了从自己的记忆中获得信息，消费者还可以从四种主要的来源获得外部信息：①个人来源，如家庭和亲友；②公众来源，如消费者协会、政府机构；③商业来源，如销售人员、广告；④经验来源，如产品的直接观测与试用。

认识问题之后，显性的外部信息搜集是较为有限的。因而在认识问题之前与消费者进行有效沟通是必要的。市场特征、产品特征、消费者特征和情境特征相互作用，共同影响个体的信息搜集水平。

很多人认为，消费者在购买某个商品前，应进行较为广泛的外部信息搜集，然而也应看到信息的获取是需要成本的。搜集信息除了花费时间、精力和金钱外，消费者通常还要放弃一些自己所喜欢的其他活动。所以，消费者进行外部信息搜集止于一定的水平，在此水平下，预期的收益（如价格的降低、满意度的提高）超过信息搜集所引起的成本。

有效的营销战略应考虑消费者进行信息搜集的详细程度。信息搜集的详细程度与企业品牌是否处于消费者考虑范围内以及与在消费者心目中的地位如何有关。以此为基础，有六种潜在的信息战略：①保持战略；②瓦解战略；③捕获战略；④拦截战略；⑤偏好战略；⑥接受战略。

3.4.2.3 购买评价与选择

消费者意识到问题之后，就开始寻求不同的解决方案。在搜集与此有关的信息的过程中，他们评价各备选对象，并选择最可能解决问题的方案。图3-4描述了消费者在备选产品之间进行评价与选择的过程。

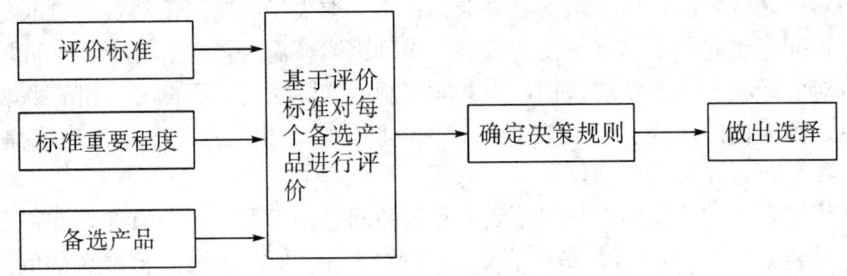

图3-4 购买评价与选择过程

（资料来源：霍金斯，等. 消费者行为学［M］. 符国群，等，译. 北京：机械工业出版社，2007：426）

评价标准是消费者针对特定问题而考虑的各种特性和利益。它们是消费者根据特定消费问题，用来对不同品牌进行比较的依据。消费者应用的评价标准的数量、类型和重要程度因消费者和产品类别的不同而不同。

在运用评价标准制定营销策略时，关键的一步是衡量以下三个问题：①消费者应用了哪些评价标准；②消费者在每个标准上对各个备选对象的看法如何；③每个标准的相对重要性如何。上述问题的测量并非易事，企业可运用直接询问、投射技术、多维量表等各种技术进行测量。

对于价格、尺寸和色彩等的评价标准，消费者很容易准确判断。另外一些标准，如质量、耐久力和健康属性等的评价则要困难得多。此时，消费者常用价格、品牌名称或其他一些变量作为替代指标。

当消费者根据几个评价标准来判断备选品牌时，他们必须用某些方法从各选项中选择某个品牌。决策规则就是用来描述消费者如何比较两个或多个品牌的。五种常用的决策规则是连接式、析取式、编纂式、排除式和补偿式。这些决策规则更适合于运用在功能性产品的购买和认知性接触场合。因为不同的决策规则需要不同的营销策略，市场营销管理者必须意识到目标市场所用的决策规则。

3.4.2.4 店铺选择与购买

消费者一般要对产品和店铺都做出选择。通常有三种决策方式：①同时选择；②先商品后商店；③先商店后商品。制造商和零售者应该了解目标市场的选择顺序，因为它对制定营销策略有重大影响。

消费者选择零售店的过程如同选择品牌的过程一样，唯一的区别在于使用的标准不同。商店形象是消费者选择商店的一项重要评价标准。商店形象的主要构成因素是商品、店员、物质设施、方便程度、促销效果、店堂气氛和售后服务。店铺位置对于消费者来说是一个重要特点,因为大多数消费者喜欢就近购物。大零售店通常比小零售店更受欢迎。上述变量被用于各种形式的零售引力模型,这些模型可以较为精确地预测出某个行业商业圈的市场份额。

消费者去零售店和购物商场有多种原因。然而在商店里,消费者常常购买与进店前所计划的不同的商品,这种购买被称为冲动型购买。冲动型购买是商店增加销售额的重要机会。下面这些变量对冲动型购买有重大影响,它们是:商品陈列、商店布局、销售人员、品牌和商品热销程度。

3.4.2.5 购后过程与顾客满意

在购买活动后,消费者可能会后悔所做出的购买决策,这被称为购后冲突。在下面四种情况下购后冲突很容易出现:①消费者有焦虑倾向;②购买是不可改变的;③购买的物品对消费者很重要;④购买时替代品很多。

无论消费者是否经历购后冲突,多数购买者在购回产品后会使用产品。产品可以是购买者本人使用,也可以是购买单位的其他成员使用。跟踪产品如何被使用可以发现现有产品的新用途、新的使用方法、产品在哪些方面需要改进,还可以对广告主题的确定和新产品开发有所帮助。

产品不使用或很少使用也是需要引起注意的问题。如果消费者购买产品后不使用或实际使用比原计划少得多,销售者和消费者都不会感到满意。因此,销售者不仅试图影响消费者购买决策,同时也试图影响其使用决策。

产品及其包装物的处理可以发生在产品使用前、使用后或使用过程中。由于消费者对生态问题的日益关注、原材料的稀缺及成本的上升、相关法规的制约,销售经理对这些处理行为的了解变得越来越重要。

购后冲突、产品使用方式和产品处理都有可能影响购买评价过程。消费者对产品满足其实用性和象征性需要的能力形成了一定程度的期望。如果产品在期望的水平上满足了消费者需要,那么消费者满意就有可能产生。如果期望不能得到满足,就有可能导致消费者的不满。更换品牌、产品或商店,告诫朋友都是消费者不满的常见反应。一般而言,销售经理应该鼓励不满意顾客直接向厂家而不是向别人抱怨或投诉。采取各种措施和办法如建立消费者热线,可以提高不满意顾客向厂商抱怨的比例。

在评价过程和抱怨过程后,消费者会产生某种程度的再购买动机。消费者可能强烈希望在未来避免选择该品牌,或者愿意将来一直购买该品牌,甚至成为该品牌的忠诚顾客。在后一种情况下,消费者对品牌形成偏爱并乐意重复选择该品牌。

营销战略并不总是以创造忠诚的顾客为目标。营销经理应该审视该品牌当前顾客与潜在顾客的构成,然后根据组织的整体目标来确定营销目标。关系营销试图在企业与顾客之间建立一种持久的信任关系,它被用来促进产品消费、重复购买和创造忠诚的顾客。

【本章小结】

消费者市场又称最终消费者市场、消费品市场或生活资料市场,是指个人和家庭为了满足生活需要而购买产品或服务的市场。它是市场体系的基础，是最终起决定作用的市场。

消费者行为是指消费者为获取、使用、处置消费物品或服务所采取的各种行动，包括先于且决定这些行动的决策过程。消费者行为是与产品或服务的交换密切联系在一起的。

影响消费者行为的文化和社会因素有：文化，亚文化，社会阶层，参照群体，角色因素。影响消费者行为的个人和心理因素有：人口统计因素，生活方式，自我概念与人格特征，知觉因素，学习与记忆，动机、个性与情绪，态度。这些因素不仅在某种程度上决定消费者的决策行为，而且它们对外部环境与营销刺激的影响起放大或抑制作用。

情境因素既包括环境中独立于中心刺激物的那些成分，又包括暂时性的个人特征，如个体当时的身体状况等。一些情境因素，如饥饿、孤独、匆忙等暂时性的个人特征，以及气温、在场人数、外界干扰等外部环境特征，均会影响个体对信息的理解。

消费者购买决策过程为：认识问题、信息搜集、购买评价与选择、店铺选择与购买、购后过程与顾客满意。

【关键名词】

消费者行为（Consumer Behavior）
概念性模型（Conceptual Model）
文化（Culture）
亚文化（Subculture）
人口统计因素（Demographics）
社会阶层（Societal Class）
参照群体（Reference Group）
角色模型（Role Stereotype）
知觉（Perception）
认知学习（Cognitive Learning）
动机（Motive）
个性（Personality）
情绪（Emotion）
态度（Attitude）
自我概念（Self-concept）
生活方式（Lifestyle）
情绪（Moods）

【思考题】

1. 影响消费者购买行为的主要因素有哪些？
2. 文化和亚文化因素如何影响消费者的购买行为？
3. 消费者购买决策过程是怎样的？

4. 简述马斯洛的需要层次理论及其对营销的启示。
5. 什么是经典性条件反射和操作性条件反射？它们对营销有何启示？

【实践训练】

市场营销：消费者的购买动机和购买行为

实训目标：实际体验市场营销和消费活动，培养认识消费者和分析消费者的能力。

实训内容与要求：对你自己做一个简要的介绍。你现在想购买一台笔记本电脑，面临多种品牌的选择，分析你的购买动机和购买行为。

实训成果与检测：做一份消费者行为分析报告。

【案例分析】

陈先生的银婚游前奏

陈先生和陈太太结婚整整25年了，这些年，不是忙工作，就是忙孩子，现在进入了空巢期，两口子商量着庆祝庆祝。怎么庆祝呢？陈先生提议出去旅行。

可是，两口子这么多年都没出去旅行了，最近的一次旅行还是孩子刚高考完，带孩子去了离天津仅有三小时行程的北戴河。所以，陈先生夫妇对旅行知识知之甚少！这么重要的旅行当然不能马虎了。

首先，他们打算向各自单位的同事征询意见。陈先生到单位一说自己要去旅行，而且意义不凡，同事们都围过来七嘴八舌地提建议：

"去桂林吧，桂林山水甲天下，而且你们夫妻俩坐在船上，荡漾在桂林山水间，多浪漫啊！"这是刚毕业的大学生小梅的建议。

"去敦煌吧，那个地方可是我向往已久的，那里有中国五千年的文化，还可以漫步在古丝绸之路，咳，不知多来劲呢！"这位是单位出了名的行者。

"别听他们年轻人的，去苏杭好了，看看苏州园林，逛逛西湖，既不累，又惬意。我看你们就去那儿好了。"这是一个和陈先生同龄的刘先生。

"对啊，"此时，一旁的李太太跳起来，"我先生去过的，他说附近还有什么乌镇、铜庐这样的古镇，很有韵味的。"

"我看干脆就双飞海南三亚，多潇洒，在海滩上晒晒太阳。"此时，边上的年轻人忍不住了。

……

真是你一言我一语，这七八张嘴说了半小时，把全中国都快说遍了，也把陈先生说蒙了。回到家，一问妻子，才知道她也遭遇了同样的"轰炸"。

怎么办呢？这时女儿小倩回来了，只好把这烦恼道给孩子听。小倩一听，乐了："早问我啊！我帮你们到网上找啊，网络上有很多旅游网站，有很多介绍，可以帮你们选择。"这下夫妻俩豁然开朗，连忙让小倩上网搜索。小倩上了几个旅游网，还在百度上搜索4月最合适的旅游去处，而且体贴的女儿还不断地和他们讨论这次旅行的天数、预算等问题，再考虑到他们的身体状况，将旅行的范围大大缩小了。夫妻俩看着网站上精美的图片，虽然他们还不能完全相信这些信息，但是对自己的旅行终于理出了一点头绪。

这时，电视里正在播报新闻，新闻中的三个字蹦入全家人的耳朵：旅游热。仔细一听，原来主持人正在播报这段时间出国旅游的热潮，像新马泰、巴厘岛、曼谷等一些东南亚地区的旅游热潮兴起，而且在费用上也不比国内高多少。陈先生在此时有点动心，心想：活了大半辈子了，还没出过国门，要不这次就好好地玩一次，出去看看。他偷偷地看了妻子一眼，发现妻子也一脸向往的样子。小倩呢，早就看透了父母的心事。经过几个小时的网上遨游，全家人终于确定了三个地方：三亚、桂林、新马泰。

确定了这三个地方，可最终去哪里呢？还是小倩有经验，建议他们第二天去旅行社咨询一下。夫妻俩为了有充裕的时间做咨询，周末结伴去了离家半小时路程的鼓楼，听说那里聚集了很多家旅行社。下了车，果然看到一条街都是旅行社，可是究竟进哪一家呢，夫妻俩又犯难了。突然陈太太想起自己的一位朋友曾经接触过这里的旅行社，连忙打电话咨询。朋友向他们推荐的是街角那家××旅行社，说价格公道，服务也可以。朋友还叮咛他们不要去那家××旅行社，听说那里的报价高，而且经常承诺的事情做不到。比如说好了是三星级宾馆，他们会找二星级宾馆糊弄；说好了是十菜一汤，他们总是偷工减料，变成九菜一汤。在朋友的千叮咛万嘱咐下，陈先生夫妻俩决定先去看看××旅行社。

××旅行社的接待员热情地接待了夫妻俩。根据夫妻俩的旅游时间、天数，为每个目的地又推荐了不同级别的食宿方案，并且热情地推荐了境外游的线路。夫妻俩得到了不少关于目的地的宣传资料和旅行常识资料。

当然，习惯了货比三家的夫妻俩决定再寻找其他旅行社进行比较。于是，两人从××旅行社出来，顺着路往前溜达，不经意间看到一家××旅行社。陈先生总觉得这个名字似曾相识，心想反正也不知道哪家好，就找这家吧，名字熟，于是拉上老伴进了这家旅行社。

就这样跑了一天，夫妻俩走了四家旅行社，拿到了四家旅行社的报价单和宣传资料，美美地回家了，准备和小倩一起商讨最终的方案。

（资料来源：根据精品课《消费者行为分析》案例10改编，http://jpkc.qtc.edu.cn/jgxy/jpkc/xfzxw/shownews.asp?id=14）

讨论题：

1. 你觉得陈先生夫妻俩搜集信息的过程可以分为几个阶段？每个阶段的信息来源是什么？你觉得哪些来源对他们的影响最大？

2. 在消费者搜集信息的过程中，旅游景点和旅行社应如何增加消费者对自己的关注，减少负面影响？

3. 你觉得有哪些因素影响着夫妻俩搜集信息的行为？有什么方法可以帮助夫妻俩更加快捷、有效地做出选择？

【阅读材料】

1. [美] 菲利普·科特勒. 营销管理 [M]. 梅清豪, 译. 12版. 上海: 上海人民出版社, 2006.
2. [美] 德尔·I·霍金斯, 罗格·J·贝斯特, 肯尼斯·A·科尼. 消费者行为学 [M]. 符国群, 等, 译. 北京: 机械工业出版社, 2000.
3. [美] 迈克尔·R·所罗门. 消费者行为学 [M]. 北京: 中国人民大学出版社, 2006.
4. 吴健安. 市场营销学 [M]. 2版. 北京: 高等教育出版社, 2004.
5. 杨洪涛. 现代市场营销学 [M]. 北京: 机械工业出版社, 2009.
6. 刘宝成. 营销学简明教程 [M]. 北京: 对外经济贸易大学出版社, 2006.
7. 吴垠. 关于中国消费者分群范式（China-Vals）的研究 [J]. 南开管理评论, 2005.

第 4 章 产业市场与购买行为分析

【本章概要】

企业的营销对象不仅包括广大消费者，也包括各类组织机构。这些组织机构构成了原材料、零配件、机器设备、供给品和企业服务的庞大市场。为此，企业必须了解组织市场，尤其是产业市场及其购买行为。组织市场是指所有为满足其各种需要而购买产品和服务的组织机构所构成的市场。它可分为三种类型：产业市场、中间商市场和政府市场。本章主要介绍产业市场。

【学习目标】

1. 理解产业市场的含义和特点；
2. 了解产业市场购买决策的参与者；
3. 掌握产业市场购买决策的主要类型；
4. 掌握产业市场购买决策的过程；
5. 掌握影响产业市场购买行为的主要因素。

【引导案例】

赛门铁克公司的资助计划

网络安全提供商赛门铁克（Symantec）公司已经从简单地为个人提供软件发展到为企业提供安全问题的解决方案，包括金融服务业、健康医疗和公共事业，甚至包括美国国防部。为了进入这些新市场，赛门铁克公司在 2003 年推出了一项新的资助计划，13 名公司的主管人员加入了这个项目，他们分别和来自银行、通信、制造行业的 19 个企业的副总裁或首席执行官一起工作。这个计划的目标就是更好地理解公司的用户以及他们的商业关系。迄今为止，这个计划已经使得赛门铁克公司被认为是一个有价值的合作伙伴，并且使得公司的行政人员深刻了解了怎样的产品才能满足客户的需要。

（资料来源：郭国庆. 市场营销学概论［M］. 北京：高等教育出版社，2008：108）

4.1 产业市场

4.1.1 产业市场的含义与特点

4.1.1.1 产业市场的含义

产业市场由所有以获利为目的而购买商品和劳务并将其进一步用于生产其他商品和

劳务，以供销售、出租或供应给他人的组织构成。其主要行业有：农业市场，林业及渔业市场，制造业市场，建筑业市场，交通运输业、邮电通讯业市场，金融和保险业市场，公共服务业市场，以及以赢利为目的的小商贩和中间商市场。

4.1.1.2 产业市场的特点

在某些方面，产业市场与消费者市场具有相似性，二者都有人为满足某种需要而担当购买者角色、制定购买决策等共同点。然而，产业市场在市场结构与需求、购买单位性、决策类型与决策过程及其他各方面，又与消费者市场有着明显差异。与消费者市场相比，产业市场有以下特点：

(1) 购买者数量较少，购买量较大。

在消费者市场上，购买者是消费者个人或家庭，且使用者少和消费单位小，因此消费者市场是购买者数量多，每次购买量少。在产业市场上，购买者绝大多数都是企业，购买者数量相对于消费者市场来说少得多，但由于其购买是为了生产任务的需要，因其规模较大，甚至是由少数几家企业垄断的市场，因此其购买量很大。

(2) 需求无弹性。

总的说来，产业市场的总需求受价格变动的影响较小，也就是说价格下降不能引起大量的采购，价格上升也不会减少多少采购量。如电视机制造商因生产能力有限，若计划生产100万台彩电，不会因为显像管价格下跌而使显像管的购买量大大超过100万个，也不会因为显像管价格上涨而使显像管的购买量少于100万个，即是说企业对显像管的需求弹性非常小或是没有弹性。

(3) 需求波动性大。

产业购买者对于产业用品和劳务的需求比消费者的需求更为多变，对于新厂房和新设备更是如此。在现代市场经济条件下，工厂设备等资本货物的行情波动会加速原料的行情波动，消费品需求增加一定百分比，往往能够导致工厂设备需求的成倍追加，这就是经济学家所说的加速原理。有时消费品需求仅增长10%，就可导致下个时期产业需求200%的增长。正是由于产业市场需求的波动性，生产产业用品的企业常通过实行多元化经营来减少风险。

(4) 购买者区域较为集中。

产业发展的分区实施，形成了不同地区明显不同的产业集群。长江三角洲等向来是我国的天然粮仓，新疆等则是我国棉花生产基地；而从四川省内农业来看，龙泉驿区已成为四川的水果之区，彭州市则是中国三大蔬菜基地之一。对此，我们可以看出产业市场的购买者在地域上具有一定的集中性，这种集中性有助于降低产品的销售成本，也有利于降低采购者的信息搜集和购买成本。

(5) 专业化采购。

因为产业用品特别是主要设备的技术性强，因此产品的采购都是由那些经过专业训练的采购代理商来完成的。同时，因其产品对性能、规模、型号、质量要求都十分严格，采购人员必须具有专业知识，因而其购买行为是理性的。在采购过程中，采购人员还时常借助现代科学手段和仪器来测量产品的品质，因此其购买是专家购买。

(6) 影响采购决策的人比较多。

产业市场购买中影响决策的人比消费者市场购买复杂得多，采购委员会都是由专家技术人员组成，有时还包括高层管理者，对成本控制极其严格。严格管理的企业都有严密的采购程序和采购制度。这些都导致了企业在产业市场上营销的更大困难。

（7）直接购买和互购。

产业购买者因购买数量小，单价高，技术性强，常常采用直接购买，甚至采用定制购买。产业购买者往往也选择那些从己方购买商品的人作为供应商，这种互购行为使购买相对稳定，并使其贸易出现双边和多边关系。

（8）租赁或分期付款。

一些价格较高的产品，通常需要用户融资才能购买，采购者一般不采取直接购买方式，而采用租赁方式或是采用分期付款方式。如采用租赁方式获得飞机、重型建筑设备等，承租人可以获得节约成本，获取最新的设备、更好的服务，以及税务优惠等好处；出租人可以获得更多的利润，提高产品销量。分期付款对销售者来说，资金压力比较大，控制不力的话，易产生不良债务。

4.1.2 产业市场的购买对象

生产者购买的产品，一般可分为原材料、主要设备、附属设备、零配件、半成品和消耗品。

4.1.2.1 原材料

原材料指生产某种产品的基本原料，它是用于生产过程起点的产品。原材料分为两大类。一类是在自然形态下的森林产品、矿产品与海洋产品，如铁矿石、原油等。一类是农产品，如粮、棉、油、烟草等。这类产品供货方较多，且质量上没有什么差别。因此，在营销上要根据各类产品的特点采取适当的措施，如对矿产品、海洋产品等自然形态的产品宜采取直接销售的方式，分配路线应尽可能短，运输成本应尽可能低；而对农产品则应加强对产品的保管，减少分销环节，有些产品还可以由商业收购网点集中供应给生产企业。

4.1.2.2 主要设备

主要设备指保证企业进行某项生产的基本设备，它直接影响企业的产品质量和生产效率。主要设备包括重型机床、厂房建筑、大中型电子计算机等。这类产品一般体积较大、价格昂贵、技术复杂。生产者购买主要设备是一项重大决策，不仅要求产品的性能先进、有效，而且希望有良好的服务，因此产品供应者应注意产品性能的改进、宣传和售后服务工作，以使购买者对本企业的产品建立良好的信任感。

4.1.2.3 附属设备

机械工具、办公设备等均属附属设备。相对主要设备而言，附属设备对生产的重要性略差一些，价格亦较低，供应厂家较多，产品标准化特点突出，采购人员可以自主作出购买决定，并能自由地从几家供应商处购买，而且在购买时比较注重价格。对这类产品的经营，要充分发挥价格机制和广告促销的作用，多采用间接销售的形式销售产品。

4.1.2.4 零配件

零配件指已经完工、以构成用户产品的组成部分的产品，如集成电路块、仪表、仪器等。零配件虽不能独立发挥生产作用,但它却直接影响生产的正常进行。这类产品品种复杂,专用性强,及时按标准供货是零配件购买者最基本的要求。零配件供应者可以通过订合同直接销售的方式,采取合理的定价策略,满足购买者的需求,提高市场占有率。

4.1.2.5 半成品

半成品指经过初步加工、以供生产者生产新产品的产品。例如,由铁矿砂加工成的生铁,就是钢材厂会购买的半成品。半成品可塑性强,购买者对其质量、规格有明确要求,产品来源较多,供应者除确保供货及时外,还应加强售后服务。可以说,售后服务是半成品供应者最有利的竞争手段。

4.1.2.6 消耗品

消耗品指保证和维持企业生产正常运行而消耗的诸如煤、润滑油、办公用品等产品。这类产品价格低、可替代性强、寿命短,多属重复购买,购买者较注重购买的便利性。因此,供应者要通过广泛的分销渠道,以优惠的价格、及时的交货实现其营销目标。

4.2 产业市场的购买行为

4.2.1 产业市场购买的特点

4.2.1.1 购买过程的特点

(1) 供求谈判时间长。

工业品的购买涉及厂房、建筑、能源、机器、设备、交通工具、各种规格型号的原材料、各种辅助设备、标准件等,投入的资金大,有的设备使用时间长,购买者不仅要考虑设备的物质寿命,而且要考虑技术寿命和经济寿命,导致谈判协商时间长。

(2) 高尖技术设备和定制设备的购买,一般是供需双方直接见面,因为这种产品需要根据购买者提出的技术要求进行设计和制造。

(3) 原材料及次要的小设备、标准件,一般通过批发商、零售商购买。

(4) 购买次数较少。

如设备一次购入,使用多年;原材料、标准件按企业预先制定的经济订购批量和采购次数进行采购或一次合同分批分期交货;生产者客户比消费者客户要少。

(5) 需要提供产品服务。

有部分工业产品,如工业锅炉等的购买需要提供技术服务。供应者要为购买者提供安装、维修、操作培训等多方面服务,才能激发购买者的购买动机。

(6) 在工业品的质量和供应时间上有一定的要求。

工业品的质量直接影响着生产者产品的质量,因此工业品的质量要符合化学的、物理的性能要求。供应时间是保证生产者进行正常生产经营活动的条件,既不能推迟,也不能过早。

(7) 生产者购买决策复杂。

工业品的购买不是由采购人员一人所能决定的,它通常要根据计划提出的品种、规格、型号、材质、数量和期限来进行,有关技术要求、货款的支付还要同主管领导、工程技术人员、财会人员和厂长商榷之后才能最后决定。

除此之外,产业市场的购买过程还有购买的批量多、金额大等特点。

4.2.1.2 购买行为的特点

(1) 购买的目的性。

生产者购买的目的是为了生产出市场需要的产品。要根据市场的需求量,确定生产量,进而决定所需购买的数量。采购的物资既不能多,也不能少,否则会影响生产者的经济效益。

(2) 购买的理智性。

生产者所购买的工业品必须考虑质量、品种、规格、价格、供货期及售后服务。如果某几种工业品的质量与功能相似,生产者会购买价格低的产品;在质量上,则需购买符合技术特性要求的生产设备和原材料。生产者的购买是技术性很强的理智性业务活动,涉及由生产者的产品质量而引起的人身安全、假冒伪劣产品等法律问题,不可轻易购买。

(3) 购买的组织性。

生产者的购买要根据每个购买组织自己的目标、政策、程序、组织结构及组织系统的要求进行。营销者应当了解生产者(购买者)企业组织体系结构,了解有多少人参加购买决策,哪些人参加购买决策,购买标准是什么,购买者企业有哪些政策会影响购买行为。

(4) 购买的集团性。

一项重大工业品的购买,往往由一个集团来决定,它通常由许多具有不同地位、权力、职能的人组成,如质量管理者、采购申请者、使用者、财务主管、工程技术人员及经理等。他们的购买心理与期望不同,往往会导致决策的矛盾及决策过程复杂化。

(5) 购买的个人动机性。

参加购买决策的每个人的年龄、收入、受教育程度、职业、个性及对风险的态度不同,导致每个人的购买动机不同。营销者要善于抓住和引导正确动机,使营销成功。

(6) 购买的环境性。

生产者购买时受当时的经济、技术、政治、文化、竞争环境的影响,其中最主要的是经济、技术环境,也就是经济、技术前景因素的影响。当今时代,科技飞速发展,产品更新换代常常在3至5年之间,生产者往往会担心购回的工业品是即将换代的产品,或是即将降价的处理品。针对生产者的这种顾虑,营销者要恰如其分地介绍有关经济、技术的前景,便于加速销售。

4.2.2 影响产业市场购买行为的主要因素

同消费者购买行为一样,产业市场购买行为也同样会受到各种因素的影响。美国的韦伯斯特(Frederic E. Webster, Jr.)和温德(Yoram Wind)将影响产业市场购买行为的各种因素概括为四个主要因素,即环境因素、组织因素、人际因素和个人因素。

4.2.2.1 环境因素

产业市场购买行为受到当前经济环境或预期经济环境等诸多因素的影响,如市场需求、经济前景、技术升级换代、市场竞争、政治与法律等。若经济前景不佳、市场需求不振，产业市场购买者就不会增加甚至会减少投资，减少原材料的采购和库存等，以增加或维持自己的市场份额。

4.2.2.2 组织因素

组织因素即企业本身的因素，如企业的目标、政策、程序、组织结构、制度和系统等。组织因素会影响产业市场购买者的购买决策和购买行为，因此企业营销人员必须尽量弄清楚这些情况。

4.2.2.3 人际因素

购买决策中心由许多不同地位、不同职权、不同兴趣的人构成。虽然产业市场购买者的购买行为是理性的，但是人际因素还是会影响产业市场购买者的购买决策。

4.2.2.4 个人因素

购买过程中每一个参与者都带有个人动机、直觉和偏好，这些因素受决策参与者的年龄、受教育程度、性格、对风险的态度等的影响。而这些人的个人因素会影响参与者对要采购的产业用品和供应商的感觉、看法，从而影响购买决策、购买行动。

企业营销人员必须熟悉自己的顾客，包括它的经济因素、组织因素、参与者的人际关系和个性特征等，以此来作为制定市场营销方案的依据，从而适应竞争激烈的市场。

4.2.3 产业市场购买的类型

产业市场购买的类型主要可分为三种：直接重购、修正重购和新购。

4.2.3.1 直接重购

这是一种在供应者、购买对象、购买方式都不变的情况下购买以前曾经购买过的产品的购买类型。这种购买类型所购买的多是低值易耗品，花费的人力较少，无需联合采购。面对这种采购类型，原有的供应者不必重复推销，而应努力使产品的质量和服务保持在一定的水平，减少购买者的购买时间，争取稳定的关系。

4.2.3.2 修正重购

修正重购指购买者想改变产品的规格、价格、交货条件等，这需要调整或修订采购方案，包括增加或调整决策人数。对于这样的购买类型，原有的供应者要清醒地认识到面临的挑战，积极改进产品规格和服务质量，大力提高生产率，降低成本，以保持现有的客户；新的供应者要抓住机遇，积极开拓，争取更多的业务。

4.2.3.3 新购

新购指生产者首次购买某种产品或服务。由于是第一次购买，买方对新购产品心中无数，因而在作出购买决策前，要搜集大量的信息，因而制定决策所花时间也就长。首次购买的成本越大，风险就越大，参加购买决策的人员就越多。新购是营销人员的机会，他们要采取措施，影响决策的中心人物；要通过实事求是的广告宣传，使购买者了解自己的产品。为了达到这一目标，企业应将最优秀的推销人员组成一支庞大的营销队伍，以赢得采购者的信任和采取行动。

4.2.4 产业市场的购买决策

4.2.4.1 购买决策的参与者

产业用品供货企业不仅要了解谁在市场上购买和产业市场的特点,而且还要了解谁参与产业市场购买的决策过程,他们在购买决策过程中充当什么角色,起什么作用,也就是说要了解其顾客的采购组织。

各企业采购组织有所不同。小企业只有几个采购人员,大公司有很大的采购部门,并通常由一位副总裁主管采购工作。有些公司的采购经理有权决定采购什么规格的产品、由谁供应;有些公司的采购经理只负责把订货单交给供应商。通常,采购经理只对小产业用品有决策权,至于主要设备的采购,采购经理只能按照决策者的意图办事。

在每个企业中,除了专职的采购人员外,还有一些其他人员也参与购买决策过程。所有参与购买决策过程的人员构成采购组织的决策单位,市场营销学称之为采购中心。企业的采购中心一般由下列五种人组成:

(1) 使用者。

使用者即具体使用欲购买的某种产业用品的人员。公司要购买实验室用的电脑,其使用者是实验室的技术人员;要购买打字机,其使用者是办公室的秘书。使用者往往是最初提出购买某种产业用品意见的人,他们在计划购买产品的品种、规格中起着重要作用。

(2) 影响者。

这是从企业的内部和外部直接或间接影响购买决策的人。他们常协助企业确定产品规格。在众多的影响者中,企业外部的咨询机构和企业内部的技术人员影响最大。

(3) 采购者。

采购者指企业中具体执行采购决定的人。他们是企业里有组织采购工作正式职权的人员,其主要任务是交易谈判和选择供应者。在较复杂的采购工作中,采购者还包括企业的高层管理人员。

(4) 决定者。

决定者指企业里有权决定购买产品和供应者的人。在通常的采购中,采购者就是决定者。而在复杂的采购中,决定者通常是公司的主管。

(5) 控制者。

控制者指控制企业外界信息流向的人,诸如采购代理商、技术人员、秘书等,他们可以阻止供应者的推销人员与使用者和决定者见面。

应该指出的是,并不是所有的企业采购任何产品时上述五种人员都必须参加决策。一个企业采购中心的规模和参加的人员,会因欲购产品种类的不同和企业自身规模的大小及企业组织结构的不同而有所区别。如企业欲购一部传真机和买一部普通电话,前者由于技术性强,价格较高,因而参与决策的人较多,采购中心的规模较大;后者因其技术性和价格都没有特殊之处,属普通购买,因此其决策者可能就是采购者,采购中心的人员较少,规模亦较小。在一些企业,采购的中心成员只一人或几人,而另一些企业则由数人或数十人组成,有的企业还设有专管采购的副总裁。

对生产资料供应者的营销人员来说,关键是了解一个企业采购中心的组成人员,他们各自所具有的相对决定权,以及采购中心的决策方式,以便采取富有针对性的营销措施。供货企业的市场营销人员必须了解谁是主要的决策参与者,以便影响最有影响力的重要人物。对采购中心成员较多的企业,营销人员可以只针对几个主要成员做工作。如果本企业的实力较强,则可采取分层次、分轻重、层层推进、步步深入的营销方针。

4.2.4.2 购买决策的过程

生产资料的购买者和消费资料的购买者一样,也有决策过程,供货企业的最高管理层和市场营销人员还要了解其顾客购买过程各个阶段的情况,并采取适当措施,以适应顾客在各个阶段的需要,只有这样才能成为现实的卖主。产业购买者购买过程的阶段多少,也取决于产业购买者购买情况的复杂程度。在直接重购这种最简单的购买情况下,产业购买者购买过程的阶段最少;在修正重购情况下,购买过程的阶段多一些;而在新购这种最复杂的情况下,购买过程的阶段最多,要经过八个阶段。下面分别阐述这八个阶段。

(1) 提出需要。

提出需要是生产者购买决策过程的起点。需要的提出,既可以是由内部的刺激引起,也可以是由外部的刺激引起。内部的刺激,如因企业决定生产新产品,需要新的设备和原材料;或因存货水平开始下降,需要购进生产资料;或因发现过去采购的原材料质量不好,需要更换供应者。外部的刺激,如商品广告,营销人员的上门推销等,使采购人员发现了质量更好、价格更低的产品,促使他们提出采购需要。

(2) 确定需要。

确定需要指确定所需产品的数量和规格。简单的采购由采购人员直接决定,而复杂的采购,则须由企业内部的使用者和工程技术人员共同决定。需确定的内容包括:①对设备的确认需求。为生产某种新产品,提高某种老产品的质量、产量或降低消耗,经工艺研究需购置某种设备,并已被厂务会批准购置若干台。②对原材料、标准件的确认需求。根据企业计划产量和定额资料可以确定某种原材料、标准件的需要量,再查阅该物资的库存量,进而确定需购买的数量。

(3) 说明需要。

企业的采购组织确定需要以后,要指定专家小组,对所需品种进行价值分析,作出详细的技术说明,供采购人员参考。

在对产品进行分析时,一般采用价值分析法。所谓价值分析法,实际上是一种降低成本的分析方法,它是由美国通用电器公司采购经理迈尔斯(Lawrence Miles)于1947年发明的。1954年,美国国防部开始采用价值分析技术,并改称为价值工程。价值分析中所说的"价值",是指某种产品的"功能"与这种产品所耗费的资源(即成本或费用)之间的比例关系,也就是经营效益(或经营效果)。其公式为:

$$V(价值) = F(功能)/C(成本)$$

公式中的 F 是指产品的用途、效用、作用,也就是产品的使用价值;C 为成本或费用。

迈尔斯看到,人们购买某种产品,实际上要购买的是这种产品的功能。价值分析的目的是:耗费最少的资源,生产出或取得最大的功能,提高经营效益。产业购买者在采购工作中要进行价值分析，调查研究本企业要采购的产品是否具备必要的功能。例如，某家具公司要采购制造沙发用的沙发布，过去这家公司一向用纯棉的沙发布，现在市场上有两种代用品：化纤的沙发布和人造革。经过功能分析，如果发现这三种沙发布的必要功能（包括使用功能和贵重功能）都一样，这家公司就采购价格最便宜的沙发布；如果这三种沙发布的功能不一样，但价格一样，就采购功能最大的沙发布。采购单位的专家小组要对所需品种进行价值分析，并写出文字精练的技术说明，作为采购人员取舍的标准。供货企业的市场营销人员也要运用价值分析技术，向顾客说明其产品有良好的功能。最后，还要把各种原材料的技术特性要求、规格和数量的明细表格交给主管部门审核后，报主管生产的副厂长和厂务会议研究批准。

（4）物色供应商。

为了选购满意的产品，采购人员要通过工商企业名录等途径，物色服务周到、产品质量高、声誉好的供应商。生产者对所需原材料、标准件及外协件的供应者，必须作深入的调查、了解、分析和比较后才能确定。对原材料、标准件供应商，主要从产品的质量、价格、信誉及售后服务方面进行分析、比较。对大批量外协件供应商的了解内容除上述几个方面外，还必须深入到提供外协件的各企业内部，调查了解该企业的生产技术检验水平及企业管理能力，经分析、比较后再确定。供货企业应通过广告等方式，努力提高企业在市场上的知名度。

（5）征求建议。

对已物色的多个候选供应商，购买者应请他们提交供应建议书，尤其是对价值高、价格贵的产品，还应要求他们写出详细的说明。对经过筛选后留下的供应商，应要求他们提出正式的说明。因此，供应商的营销人员应根据市场情况，写出实事求是而又别出心裁、打动人心的产品说明，力求全面而形象地表达所推销产品的优点和特性，力争在众多的竞争者中获得成交。

（6）选择供应商。

在收到多个供应商的有关资料后，采购者将根据资料选择比较满意的供应商。在选择供应商时，不仅要考虑其技术能力，还要考虑其能否及时供货，能否提供必要的服务。其遴选的主要条件是：①交货速度；②产品质量；③产品价格；④企业信誉；⑤产品品种；⑥技术能力和生产设备；⑦服务质量；⑧付款结算方式；⑨财务状况；⑩地理位置。

根据上述条件遴选出数个供应商，企业在最后确定供应商之前，有时还要和供应商面谈，争取更优惠的条件。不少企业最后确定的供应商，不限于一个，其目的在于一方面有多个供应商，以免受制于人；另一方面，也可以通过几个供应商的竞争，促使他们改进服务质量。当然，企业在确定的几个供应商中，必定有一个为主，其他几个为辅。比如购买者最后确定了三个供应商，便向为主的供应商购买所需产品总量的60%，向为辅的两个供应商分别购买所需产品总量的30%和10%。

（7）发出正式订单。

企业的采购中心选定供应商以后，采购经理便会开订货单给选定的供应商，在订货单上列举技术说明、需要数量、期望交货期等。现在许多企业采用的是"一揽子合同"，即和某一个供应商建立长期的供货关系,只要购买者需要购买,这个供应商就会按原定的价格条件及时供货。这种"一揽子合同"对供求双方都带来了方便。对采购者而言,不但减少了多次购买签约的麻烦和由此增加的费用,也减轻了库存的压力——由于这一"合同",实际上购买者将存货放在了供应商的库里。如果需要进货,购买者只需用计算机自动打印或电传一份订单给供应商。因此,"一揽子合同"又称为"无库存采购计划"。就供应商而论,他的产品有了固定的销路,减轻了竞争的压力。

(8) 绩效评价。

产品购进后,采购者还会及时向使用者了解其对产品的评价,考查各个供应商的履约情况,并根据了解和考查的结果,决定今后是否继续采购某供应商的产品。为此,供应商在产品销售出去以后,要加强追踪调查和售后服务,以赢得采购者的信任,保持长久的供求关系。同时,对本次购买活动进行总结。这主要包括两个方面的内容:一方面,对购买的工业品的质量要验证,看是否符合明细表和设计图纸的要求;另一方面,对所付出的购买金额和差旅费等进行分析,是突破还是节余,查明原因,以利于继续购买或改换供应单位。

【本章小结】

组织市场是由各种组织机构形成的对企业产品和服务需求的总和。它可分为三种类型,即产业市场、中间商市场和政府市场。

产业市场又称工业品市场或生产资料市场,它是组织市场的一个组成部分,指为满足工业企业生产其他产品的需求而提供劳务和产品的市场。

企业采购中心通常包括五种成员:使用者、影响者、采购者、决定者和控制者。产业市场购买的类型主要有三种:直接重购、修正重购和新购。产业市场购买者作出购买决策时,受到环境因素、组织因素、人际因素和个人因素的影响。新购的购买过程阶段最多,要经过提出需要、确定需要、说明需要、物色供应商、征求建议、选择供应商、发出正式订单和绩效评价等八个阶段。

【关键名词】

产业市场(Industrial Market)
直接重购(Straight Repurchase)
修正重购(Amended Repurchase)
新购(New Purchase)

【思考题】

1. 相比消费者市场而言,产业市场具有哪些特点?
2. 产业市场的购买对象有哪些?
3. 产业市场的购买决策过程主要有哪些阶段?
4. 影响产业市场购买行为的因素有哪些?

【实践训练】

针对产业市场的营销谈判

实训目标:深入了解影响产业市场购买行为的主要因素和产业市场的购买决策过程。

实训内容与要求:恰当地运用营销学知识和商业谈判技巧。

倘若你是一个橡胶软管工业销售商销售工作小组的负责人。下一周你将被安排同上海大众汽车公司的采购人员会面。你已了解到该采购部门的成员表现出来的以下买方行为:

1. 吹毛求疵、严肃、守秩序、百折不挠。
2. 有进取精神、顽固、威严、有能力、果断、实际。
3. 支持、尊敬、可信赖、亲切、可协商、柔顺。
4. 热情、自负、野心勃勃、易激动、引人注目、不受约束。

请设计一个谈判策略,以对付采购部门的每个成员。

实训实施方案:分组进行。

实训结果要求:课堂交流。

【案例分析】

戴尔怎样采购

戴尔采购工作最主要的任务是寻找合适的供应商,并保证产品的产量、品质及价格方面在满足订单时,有利于戴尔公司。采购经理的位置很重要。戴尔的采购部门有很多职位设计是做采购计划,预测采购需求,联络潜在的符合戴尔需要的供应商。因此,采购部门安排了较多的人。采购计划职位的作用是什么呢?就是尽量把问题在前端就解决。戴尔采购部门的主要工作是管理和整合零配件供应商,而不是把自己变成生产零配件的专家。戴尔有一些采购人员在做预测,以确保需求与供应的平衡。在所有的问题从前端完成之后,戴尔在工厂这一阶段很少有供应问题,只要按照订单计划生产高质量的产品就可以了。所以,戴尔通过完整的结构设置,来实现高效率的采购,完成用低库存来满足供应的连续性。戴尔认为,低库存并不等于供应会有问题,但它确实意味着运作的效率必须提高。

精确预测是保持较低库存水平的关键。既要保证充分的供应,又不能使库存太多,这在戴尔内部被称为没有剩余的货底。在IT行业,技术日新月异,产品更新换代非常快,厂商最基本的要求是要保证精确的产品过渡,不能有剩余的货底保留。戴尔要求采购部门做好精确预测,并把采购预测上升为购买层次进行考核。这是一个比较困难的事情,但必须精细化,必须落实。

"戴尔公司可以给你提供精确的订货信息、正确的订货信息及稳定的订单。"一位戴尔客户经理说,"条件是,你必须改变观念,要按戴尔的需求送货;要按订货量决定你的库存量;要用批量小但频率高的方式送货;要能够做到随要随送,这样你和戴尔才有合作的基础。"事实上,在部件供应方面,戴尔利用自己的强势地位,通过互联网与全球各地优秀供应商保持着紧密的联系。这种"虚拟整合"的关系使供应商们可以从网上获取戴尔对零部件的需求信息,戴尔也能实时了解合作伙伴的供货和报价信息,并对生产进行调整,从而最大限度地实现供需平衡。给戴尔做配套,或者作为戴尔零部件的供应商,都要接受戴尔的严格考核。

戴尔的考核要点如下:

其一,供应商计分卡。在卡片上明确订出标准,如瑕疵率、市场表现、生产线表现、运送表现以及做生意的容易度,戴尔要的是结果和表现,据此进行打分。瑕疵品容忍度:戴尔考核供应商的瑕疵率不是以每100件为样本,而是以每100万件为样本,早期是每100万件的瑕疵率低于1000件,后来质量标准升级为6-Sigma标准。

其二,综合评估。戴尔经常会评估供应商的成本、运输、科技含量、库存周转速度、对戴尔的全球支持度以及网络的利用状况等。

其三,适应性指标。戴尔要求供应商应支持自己所有的重要目标,主要是策略和战略方面的。戴尔通过确定量化指标,让供应商了解自己的期望;戴尔给供应商提供定期的进度报告,让供应商了解自己的表现。

其四,品质管理指标。戴尔对供应商有品质方面的综合考核,要求供应商应"屡创品质、效率、物流、优质的新高"。

其五,每三天出一个计划。戴尔的库存之所以比较少,主要在于其执行了强有力的规划措施,每三天出一个计划,这就保证了戴尔对市场反应的速度和准确度。供应链管理第一个动作是做什么呢?就是做计划。预测是龙头,企业的销售计划决定利润计划和库存计划。俗话说,龙头变龙尾跟着变,这也就是所谓的"长鞭效应"。

迈克尔说过,供应商迟一点,意味着太迟了。这说明了戴尔对供应商供货准确、准时的考核非常严格。为了达到戴尔的送货标准,大多数供应商每天要向戴尔工厂送几次货。漏送一次就会让这个工厂停工。因此,如果供应商感到疲倦和迷茫,半途而废,其后果是戴尔无法承受的,任何供应商打个嗝,就可能使戴尔的供应链体系遭受重创。然而,戴尔的强势订单凝聚能力又使任何与之合作的供应商尽一切可能按规定的要求来送货,按需求变化的策略来调整自己的生产。

在物料库存方面,戴尔比较理想的情况是维持4天的库存水平,这是业界最低的库存记录。戴尔是如何实现库存管理运作效率的呢?

第一,拥有直接模式的信用优势,合作的供应商相信戴尔的实力;

第二,具有强大的订单凝聚能力,大订单可以驱使供应商按照戴尔的要求去主动保障供应;

第三,供应商在戴尔工厂附近租赁或者自建仓库,能够确保及时送货。

戴尔可以形成相当于对手9个星期的库存领先优势,并使之转化为成本领先优势。在IT行业,技术日新月异,原材料的成本和价值在每个星期都是下降的。根据过去5年的历史平均值计算,每个星期原材料成本下降的幅度在0.3%~0.9%之间。如果取中间值0.6%,然后乘上9个星期的库存优势,戴尔就可以得到一个特殊的结构,可以得到 5.5% 的优势，这就是戴尔运作效率的来源。

戴尔很重视与供应商建立密切的关系。"必须与供应商无私地分享公司的策略和目标。"迈克尔说。通过结盟打造与供应商的合作关系，也是戴尔公司非常重视的基本方面。在每个季度，戴尔总要对供应商进行一次标准的评估。事实上，戴尔让供应商降低库存，他们彼此之间的忠诚度很高。从 2001 年到 2004 年，戴尔遍及全球的 400 多家供应商名单里，最大的供应商只变动了两三家。

戴尔也存在供应商管理问题，并已练就出良好的供应链管理沟通技巧，在有问题出现时，可以迅速地化解。当客户需求增长时，戴尔会向长期合作的供应商确认对方是否可能增加下一次发货数量。如果问题涉及硬盘之类的通用部件，而签约供应商难以解决，就转而与后备供应商商量，所有的一切，都会在几个小时内完成。一旦穷尽了所有供应渠道也依然无法解决问题，那么就要与销售和营销人员进行磋商，立即回复客户，这样的需求无法满足。

"我们不愿意用其他人的方式来作业，因为他们的方法在我们的公司行不通。"迈克尔说。戴尔通过自行创造需求的方法，并取得供应商的认同，已经取得了很好的成绩。戴尔要求供应商不光要提供配件，还要负责后面的即时配送。对一般的供应商来说，这个要求是"太高了"，或者是"太过分了"。但是，戴尔一年 200 亿美元的采购订单，足以使所有的供应商心动。一些供应商尽管起初不是很愿意，但最后还是满足了戴尔的及时配送要求。戴尔的业务做得越大，对供应商的影响就越大，供应商在与戴尔合作中能够提出的要求会更少。戴尔公司需要的大量硬件、软件与周边设备，都是采取随时需要，随时由供应商提供送货服务的方式采购。供应商要按戴尔的订单要求，把自己的原材料转移到第三方仓库，在这个过程中，原材料的物权还属于供应商。戴尔根据自己的订单确定生产计划，并将数据传递给本地供应商，让其根据戴尔的生产要求把零配件提出来放在戴尔工厂附近的仓库，做好送货的前期准备工作。戴尔根据具体的订单需要，通知第三方物流仓库，通知本地的供应商，让他把原材料送到戴尔的工厂，戴尔工厂在 8 小时之内把产品生产出来，然后送到客户手中。整个物料流动的速度是非常快的。

（资料来源：http://wenku.baidu.com/view/f4556525ccbff121dd3683f0.html）

讨论题：
1. 戴尔的采购从哪些方面反映了产业市场购买者的共同行为特征？
2. 作为产业市场购买者，戴尔的购买行为有哪些时代特点？
3. 假设你所在的公司是一家生产液晶显示器的大型企业，现在打算将戴尔由潜在客户变为现实客户，请你为自己的公司提出一套能够实现这一目标的方案。

【阅读材料】

1. [美] 菲利普·科特勒. 营销管理 [M]. 梅清豪，译. 12 版. 上海：上海人民出版社，2006.
2. [美] 德尔·I·霍金斯，罗格·J·贝斯特，肯尼斯·A·科尼. 消费者行为学 [M]. 符国群，等，译. 北京：机械工业出版社，2007.

3. [美] 迈克尔·R·所罗门. 消费者行为学 [M]. 北京：中国人民大学出版社，2006.

4. 吴健安. 市场营销学 [M]. 北京：高等教育出版社，2004.

5. 杨洪涛. 现代市场营销学 [M]. 北京：机械工业出版社，2009.

6. 刘宝成. 营销学简明教程 [M]. 北京：对外经济贸易大学出版社，2006.

第5章　市场营销调查与市场需求预测

【本章概要】

随着企业营销活动从区域营销到全国营销和国际市场营销，企业之间的竞争从价格竞争发展到非价格竞争，市场营销的目的已转变为比竞争者更好地满足市场需求，赢得竞争优势。为此，市场营销信息对企业实现营销目标已变得越来越重要。本章围绕市场营销信息系统的构建，对市场营销调查的步骤、方法以及市场需求预测的一般技术进行了系统的分析和研究。

【学习目标】

1. 了解市场信息的概念、功能等；
2. 理解市场营销信息系统的概念、构成等；
3. 掌握市场营销调查的内容；
4. 熟练掌握市场营销调查的步骤和方法；
5. 了解市场需求预测的种类和程序；
6. 掌握市场需求预测的基本方法。

【引导案例】

USAA顾客满意服务

USAA是一家向美国军职人员及其家庭提供财务服务的公司，它拥有一个关于顾客购买历史及信息的数据库。为更新数据库，公司按时调查遍布世界的500万顾客的信息，包括有无子女（如果有，子女的年龄），是否最近刚搬家以及准备何时退休。USAA利用数据库来修改营销方案，以满足个体顾客的特殊需求。例如，如果子女在上大学，公司向这些子女提供如何管理信用卡的信息；如果子女还小，公司赠送有关如何支付教育费用的小册子；如果准备退休，公司会提供不动产信息。通过充分应用数据库，USAA向每位顾客提供专门服务，拥有很高的顾客忠诚度和销售增长。这家约值105亿美元的公司留住了97%的顾客，并且预期在2010年使顾客人数翻一倍。

（资料来源：[美]菲利普·科特勒，等. 市场营销原理[M]. 楼尊，译. 13版. 北京：人民大学出版社，2010）

5.1 市场营销信息系统

5.1.1 市场信息及其功能

市场信息泛指与企业市场活动有关的所有数据和资料,它是在一定时间和条件下,在市场经济运行中,各种事物发展变化和特征的真实反映,是反映它们实际状况、特性、相互关系的各种消息、资料、数据、情报的总称。

市场信息是市场经济的产物,并随着市场经济的发展而发展。市场信息最为突出的特征是它的时效性。一条市场信息可以价值千金,错过了时机则一文不值。不失时机地掌握市场信息,已成为企业市场营销成败的关键。它主要有以下几个方面的功能:

(1) 决策反馈功能。

由于企业处于一个开放的社会环境里,必然与周围事物进行物质和信息的交换来寻求发展。一个企业经营得好,优秀的决策方案是基础,正如"好的开端是成功的一半"一样。正确的决策是建立在对大量市场信息进行认真研究基础上的思维判断推理,因此要对市场的广度和深度有灵敏的嗅觉,并能及时获得市场反馈信息。

(2) 引导消费功能。

对消费者进行广泛而深入的研究是企业营销管理工作的重点。要研究用户的需求动机和购买欲望,研究用户的分布状况、用户自身的知识素养、用户的兴趣趋向和用户的心理规律等,使潜在用户成为现实用户。这种研究的结果使企业对产品的开发销售能做到有的放矢,保证产品很好的扩散性,使产品能渗入到各个社会阶层。调查研究用户是现代经营中的一个重要方案,它对各类型用户进行分类研究,找出其共同喜好,理顺生产者与消费者的关系。探索消费倾向是收集市场信息源头的一个重要方面,市场信息也是指导消费者进行成熟消费的润滑剂。真实的市场信息对于产品的市场定位以及营销策略的实施都有直接的现实作用。

(3) 降低风险功能。

在企业经营管理过程中,风险与收益是成正比例的。没有风险意识,企业就会缺乏忧患和竞争意识,就会缺乏相应的活力;同样,没有对其潜在风险进行科学评估,将来可能就会酿成灾难,这种风险是一种危险。市场风险对企业的影响是直接的,必须对市场进行充分论证研究,从现在展望未来,认真研究市场目标函数的可能性、市场的冗余度、市场的发展潜力;在项目投资方向上要考虑政策因素、环保因素、潜力因素、市场因素。要尽量把投资风险降低到最低程度;要研究目标市场容量、市场销售潜量、潜在的购买人数、整个产品在市场中的相对占有率、营销策略对产品销售和市场占有率的影响;要研究不同地区的销售机会和潜力。只有在对市场宏观环境和微观环境进行综合研究后,才能把市场风险控制在较低范围内,才能体现出投资收益。

(4) 市场公关功能。

企业要努力向社会推广自己的企业理念、公关形象、产品形象策划、销售经营策略以及企业家意识行为和信念,这种企业形象的公关策划应在广泛占有市场信息的基础上使自己企业具有鲜明个性。如百事可乐公司的文化理念是"年轻、动感、活力",年轻人一看到它的瓶装就会产生一种轻松活泼的感觉。企业需要建立一套与自己产品相适应的公关方案,通过电视、广播、报纸和讲座等媒体来推广自己的形象。同时,研究市场对这种公关策略的反应,也许就会把握一个市场切入点,树立起独特的企业文化。另外,注意对社会公益事业的投入,也能在无形中达到宣传自己企业形象的目的。

5.1.2 市场营销信息系统及其构成

在信息时代,每天都有大量的信息充斥市场,获取信息好像是很容易的事情。然而,企业的营销人员却时常抱怨缺乏真正所需的信息,他们得到的往往只是一些过时、无用的数据。有些企业虽然有能力提供良好的信息服务,但信息却得不到有效利用。因此,建立企业信息系统特别是科学、高效的营销信息系统显得格外重要。

5.1.2.1 市场营销信息系统的概念

市场营销信息系统是一个由人、设备和程序构成的相互作用的集合体,它及时地搜集、分类、分析和评价市场信息,并提供准确的市场信息作为市场营销决策、制订市场营销计划、执行和控制市场营销方案的依据。其过程是先通过与营销管理者沟通来获取、评价他们实际的信息需求;然后,利用企业内部资料、外部竞争情报,并通过对具体项目的市场调查和信息分析形成市场营销分析报告;最终,将信息报告有效地传递给营销管理者以便其作出正确决策。

市场营销信息系统的处理是从了解市场需求情况、接受顾客订货开始,直到产品交付顾客使用、为顾客提供各种服务为止的整个市场营销活动过程中有关的市场信息处理过程。企业市场营销信息系统所处理的市场信息部分来自企业内部的业务信息,其余主要是来自于企业外部的市场环境,其基本任务是搜集顾客对产品质量、性能方面的要求,分析市场潜力和竞争对手情况,及时准确地评价和提供信息,用于企业营销决策。市场营销信息系统是企业管理信息系统一个重要的子系统。一般来说,市场营销信息系统既可以作为整个企业管理信息系统的子系统来建立,也可以作为一个独立的信息系统来建立。由于企业市场营销信息系统与其他子系统有着密切的联系,所以在开发建立市场营销信息系统时,要注意与其他子系统的接口的设置。

5.1.2.2 市场营销信息系统的构成

市场营销信息系统接收来自于营销环境的市场信息资料,经过市场营销信息系统的处理、分析,传递给市场营销管理者,市场营销管理者再依据市场营销信息系统提供的信息,制定、改进、执行和控制各种市场营销计划和方案。

(1) 内部报告系统。

内部报告系统的主要功能是及时地向市场营销管理者提供有关销售量(额)、价格、订货数量、库存状况和应收(付)账款等各种反映企业营销状况的信息,属于事后信息。通过对上述信息的处理和分析,企业营销管理者就可能发现重要的市场机会,找出营销管理中存在的问题。

内部报告系统的核心是订单—收款循环,同时辅以销售报告系统。订单—收款循环设计企业的销售、财务等不同部门和环节的业务流程:订货部门接到销售代理、经销商和顾客发来的订货单后,根据订单内容开具多联发票并送交有关部门。储运部门首先查询该种货物的库存情况，存货不足则回复销售部缺货；如果仓库有货，则向仓库和运输单位发出发货和入账指令。财务部门得到付款通知后，做出收款账务，定期向主管部门递交报告。从竞争需要出发，所有企业都希望能迅速而准确地完成这一循环的各个环节。

销售报告系统应向企业决策制定者及时提供全面、准确的生产经营信息，以利于掌握时机，更好地处理进、销、存、运等环节的问题。新型销售报告系统的设计应符合使用者的需要，力求及时、准确，做到简单化、格式化，确保实用性、目的性很强，真正有助于营销决策。

（2）营销情报系统。

营销情报系统是营销管理者用以获得有关市场营销环境发展变化的日常信息所用的一整套程序和来源，它为市场营销管理者提供正在发生和变化的信息。从营销决策角度看，内部报告系统提供的是事后信息，这显然不能满足营销战略研究及营销决策的需要，营销管理者和决策分析人员还需要得到每日所发生的反映营销环境变化的各种情报。

西方营销学学者曾就市场情报活动提出"情报循环理论"，可作为企业建立营销情报系统的一个范例，如图5-1所示。

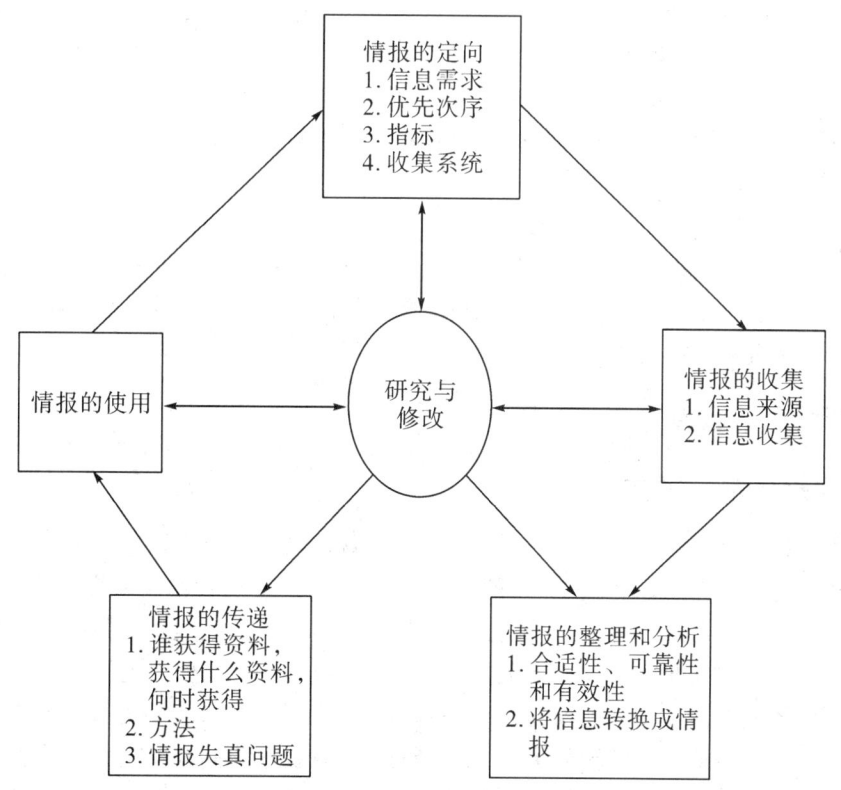

图5-1　情报循环

（资料来源：郭国庆. 市场营销学概论［M］. 北京：高等教育出版社，2008：122）

这种情报循环由五个阶段构成。

第一阶段是情报的定向。主要目的是确定企业所需的外部环境情报及其优先次序，并观察这些情报的指标和收集系统的建立。

第二阶段是情报的收集。主要目的是观察各种环境，以收集适当的情报。情报的来源通常十分广泛，如政府机构、竞争者、顾客、大众传播媒体、研究机构等。

第三阶段是情报的整理和分析。通常情况下，对于收集到的情报，要分析其是否适用、是否可靠、是否有效。也就是说，收集到的信息需要经过适当的处理才能转变成有用的情报。

第四阶段是情报的传递，即将经过处理的情报在最短的时间内传递到适当的人手中。为此，要确定接收人、接收时间和接收方式。工作中，应特别注意经各种途径传递的情报有无失真的情况。

第五阶段是情报的使用。为有效地使用情报，必须建立一种索引系统，帮助情报使用人员方便地获得存储的情报。同时，定期清除过期或失效的情报。

（3）市场调查系统。

除内部报告系统和营销情报系统外，营销管理者常常还需要对某些特定的营销问题和营销机会进行专题调查研究。例如，企业需要了解近来销售额大幅度下降的原因；企业在决策投产某新产品之前，需要对该产品的目标市场和销售潜力进行较为准确的试销和预测。为此，企业需要组织专门的力量承担市场营销调查工作。市场调查系统的任务是系统、客观地识别、搜集、分析和传递有关市场营销活动的市场信息，提出与企业所面临的特定的营销问题有关的市场营销调查报告，以帮助市场营销管理者制定有效的营销决策。

（4）营销决策支持系统。

为企业营销决策提供分析方案是市场营销信息系统最重要的服务功能，亦称最高级信息服务功能。营销决策支持系统通过对复杂现象的统计分析，建立数学模型，帮助企业营销管理者分析市场营销问题，做出正确的市场营销决策。

5.2 市场营销调查

5.2.1 市场营销调查的含义

市场营销调查就是运用科学的方法系统，客观地辨别、收集、分析和传递有关市场营销活动各方面的信息，为企业营销管理者制定有效的市场营销决策提供重要的依据。从我国市场经济的发展状况看，早期由于处在卖方市场中，企业生产的产品不愁卖不出去，企业根本不需要研究市场，于是把所有的精力放在研究如何才能生产出更多的产品上，所以市场调查根本没有存在的必要。但随着竞争的加剧，尤其是市场经济的发展，整个市场状况已经从卖方市场向买方市场转变，这就要求我国企业改变营销理念，关注市场需要，关注消费者，而其现实表现之一就是要进行市场营销调查，研究消费者的需求，生产出能够满足消费者需求的产品。

从现实状况来看，市场营销调查确实能为企业带来很大的效益，主要表现在如下几个方面：

（1）有利于企业改善经营管理，提高经济效益。

企业的经济效益从根本上来说还是取决于产品的销售状况。产品适销对路，就能不断扩大市场占有率，增加销售额，而且还可以制定比较高的价格，避免市场中层出不穷的价格战，可在相同情况下为企业赢得更多的利润，提高企业的经济效益与社会效益。

（2）有利于企业有计划、有组织地开展营销活动，提高企业的经营管理水平。

"没有调查就没有发言权"，企业领导者制定各种决策同样也是如此。随着竞争的加剧，企业决策要考虑的因素也越来越多，越来越复杂。一般情况下，决策者信息把握程度与决策的合理性呈现出明显的正相关关系。现在他们进行决策不仅要考虑过去，而且还要预测未来的市场发展状况；不仅要考虑企业自身，还要考虑现实的竞争者与潜在进入者；不仅要考虑微观环境，还要考虑宏观环境中的政治、经济、文化与技术等因素。而这些信息中有很多是无法直接得来的，需要企业自己去进行调查研究。可以说，离开市场营销调查，决策者就失去了有关市场的最直接信息，相应的，他做出决策的正确性也就很值得怀疑。从一定程度上说，正是市场营销调查为企业的决策提供了基础，使企业的营销活动能够有计划、有组织地进行。

（3）有利于企业进行产品开发。

从产品生命周期角度说，任何产品都有其生命周期，都必然在市场中诞生，也必然在市场中死亡。如果企业不想随产品的死亡而死亡，就必须经营多个产品，形成合理的产品结构。保证企业的产品有正在市场中活跃的，有正在走向死亡的，也有正在进行开发的，这样才是经营企业而不是经营产品。进行产品开发，就要求企业进行市场调查。因为在很多时候，虽然企业对未来的发展具有一定的预见能力，但往往受技术等方面的影响，开发出的产品并不适合消费者的需要，只有消费者自己才知道他们真正需要的是什么，因此，只有通过市场营销调查才能保证企业开发出适合消费者需求的产品。

5.2.2　市场营销调查的内容

市场营销调查的内容是根据企业的营销目标而制定的，不同的企业、不同的情况，市场营销调查的内容也就不一样。市场营销调查是获取消费者信息至关重要的手段。一般说来，在进行调查时，要把握如下两个原则：第一，以产品为中心进行资料收集，力求详细具体；第二，透过市场表面寻找能表明市场变化趋势的实质性资料。一般说来，市场营销调查的内容大致可以归结为如下三个方面。

5.2.2.1　市场潜力

所谓市场潜力，就是指产品在市场上的销售前景。调查市场潜力的目的就是要查明直接影响产品在市场销售中的各种因素，明确分析组织产品销售的可能性与发展前景，以便更好地选择目标市场。

通常对市场潜力产生影响的主要因素有以下两种：

（1）市场环境状况。

这里的市场环境包括政治、经济、文化与技术等因素。政治局面的稳定与否会影响消费者对未来的消费发展状况的判断，经济水平则决定了消费者现实与潜在的购买能力。从营销学的角度看,任何一个交易能够完成都存在两个必要条件,一个是欲望,另一个就是购买能力,而购买能力从根本上就来源于消费者的经济水平。在20世纪80年代,我国私家车的数量非常少,而进入21世纪,私家车的数量已经翻了几番,其根本原因就在于我国的经济水平提高了,人们的收入增长了。文化包括民族分布与教育水平等,不同的文化背景决定了社会不同的价值观,自然也会影响到市场状况。技术则是推动产品更新换代的力量,新工艺的出现往往会导致采用旧技术的产品走向死亡。上述四个因素都属于宏观方面,是企业只能适应而难以改变的。因此,企业要通过调查,发现这些宏观因素的发展趋势,从而更好地调整自己的活动来适应这些因素的变化。

(2) 消费情况。

调查市场环境有助于企业了解产品进入市场的可能性,以及由此可能导致的费用情况。但这仅仅是初步的目标,如果想在市场中取得成功,还需要进一步了解当前产品在市场中的销售状况与未来的增长情况,因为只有这样企业才能更好地预测未来的市场容量,从而进行有计划的生产与营销,不至于因为盲目生产而导致产品大量积压现象的出现。在对增长情况进行调查时,不仅要考虑直接竞争产品,往往还需要考虑各种替代品与产业的潜在进入者,这就要求企业搜集有关资料,包括竞争资料与价格资料。对于竞争,企业要研究在市场中活动的所有竞争者以及他们可能采取的行动,通过与更好的合作者合作而与竞争者竞争来更好地服务于自己的目标市场,从而获取满意的利润,以维持企业的成长。关于价格,因为价格与消费之间的负相关关系,企业要了解什么样的价格具有竞争力,才能更容易地吸引消费者持续消费企业产品。

5.2.2.2 产品适销性

对一个企业来说,产品是否适销对路对产品在市场中的影响具有重要的意义。产品适销对路,才能吸引消费者的注意力,满足消费者的需求,从而使消费者乐意拿出钱来购买;如果产品不能适销对路,即使企业的产品价格很低,消费者也不会出钱购买。尤其在当前,随着经济水平的提高,人们不仅关注产品的使用价值,还关注产品的形式部分与外延部分,所以调查消费者对产品的要求可以从以下几个方面入手:

(1) 颜色。

不同的国家和地区,或者同一个国家和地区但不同类型的人对颜色的喜好都有所不同,这一点在消费者方面表现得尤其明显。因为在买方市场,消费者追求的不是买得到,而往往是买得好,在消费的过程中通过产品体现自己的个性,而颜色则是表现自己个性的一个方面。

(2) 口味。

不同的市场,甚至是同一个市场上不同类型的消费者对产品的口味要求也往往不同。如在我国烹饪市场形成的八大菜系,从根本上说就是源于各地市民口味的不同:广东人爱汤,上海人爱糖,四川人爱辣,北方人往往爱盐,因此企业要对各个地方市民的口味进行深入调查才能更好地适应市场,满足消费者的需求,从而获取更多的利润。如方便面在川、贵、湘等地进行销售时主要偏向麻辣味,而在江浙沿海地区销售时则主要是海鲜味,这些都说明了了解口味的重要性。

(3) 规格与种类。

消费者对产品的规格与种类等方面的要求与喜好也多种多样。有人喜欢大包装，有人喜欢小包装，这与个人的消费习惯与消费场所有一定的关系。有时候仅仅是在包装上做一点微小的改变都可能带来巨大的成功。如百事可乐在开始进入市场时，可口可乐的规格是 8 盎司，于是百事可乐选择 16 盎司的规格，但制定一样的价格，其口号是"一样的价格，2 倍的产品"，于是大获全胜。从企业方面看，采取什么样的规格与种类最终取决于针对什么样的细分市场。如果是针对家庭市场，往往需要大包装，因为这样相对便宜，更容易为人们所接受。如果是针对个人市场或是旅游市场，往往需要的是小包装，因为那样带起来方便，使用起来也不至于造成浪费。

（4）性能与技术指标。

从市场现实看，技术已经成为很多产品的卖点，也就是通过宣传产品在技术上的独特之处，凸显产品个性，以引起消费者的共鸣与喜爱。如乐百氏的 27 层净化水曾经让人们喝起来觉得特别放心。对于工业用品，技术指标更是起着决定性的作用，因为工业用品往往要与其他产品组合使用，如果某一个产品的技术指标不过关，也许会影响到整个系统的效益，这就好比在奔驰车上装个奥拓的发动机，整个车将无法发挥奔驰车的优点。

5.2.2.3 产品销售实务

任何一个企业，不仅要确定产品的目标市场和解决产品的适销对路问题，更重要的是要研究通过什么途径和方法才能让产品在目标市场上顺畅流通，快速地从企业流向目标消费者，同时实现货币畅通无阻地从消费者流向企业。要达到这一目的，企业就必须对产品销售的有关问题进行全面深入的调查，找出方法和对策。调查内容主要有以下几方面：

（1）价格。

产品的价格与企业利润直接相关，在成本与销售量一定的情况下，产品价格越高，企业利润就越高；产品价格降低，相应的利润也就降低。但在市场中的关系并非如此简单，价格不仅是企业利润的指标，还是消费者购买过程中的重要影响因素。如果产品价格高，消费者就购买得少或者是转向购买其他替代品；如果产品价格低，消费者就可能从竞争对手或者其他产品那里转向消费企业的产品。因此，对于制定低价格还是高价格，需要企业进行深入研究。一般来说，企业需要弄清如下几个对价格可能产生影响的因素：影响产品成本变化的因素，市场供求情况的变化，产品需求弹性的大小，替代产品价格的高低，产品具备的有利竞争条件。产品对消费者的吸引力越大，产品的供应量越小，其价格就可制定得越高；否则，则相反。当前价格已经成为我国企业竞争的一个重要手段，价格战几乎已经席卷了我国所有的行业，从饮料、服装到家电、计算机、手机等，到处可见价格在发挥作用。可以说，如果不能很好地研究价格因素，企业将无法在市场中立足。

（2）促销。

据统计，全体美国人每年收到的折扣宣传单高达 300 亿张，由此可见促销已经不是在某一个时间点上进行，而是随时随地都在进行。从其效用上看，促销往往是给消费者购买产品增加一定的推力。如果不进行促销，在产品、价格相同的情况下，消费者也许就会选择竞争对手的产品。因此从这个角度上讲，企业必须进行促销。而进行促销就必须明确促销的时间、地点，促销的方式以及所准备投入的成本与预期所要达到的目标。广告作为促销的一种手段，在当前已经被应用得越来越广泛。但在很多情况下，它已经无法再使人们喜爱产品，反而使消费者远离产品，这是因为其时间与方式选择不恰当。通过传统媒介开展广告宣传，如报纸、电视等，已经很难发挥出什么效果，因为当前的研究表明，这些传统的模式最多只能发挥千分之三的效果。如很多企业在电视上进行广告宣传，虽然实现了企业所要达到的到达率，但信息到达后就死亡了，根本不会激起消费者的购买欲望。因此在促销与广告流行的今天，企业很有必要研究到底该如何开展这些活动，而最主要的方式就是进行市场营销调查。

（3）服务。

当前的营销已经从交易营销发展到关系营销阶段，其典型表现就是在交易营销阶段，企业关注的是如何把产品传递给消费者，收回货币就万事大吉；在关系营销时代，企业重视的是如何与消费者建立稳定的关系，追求的不再是一次交易的利润最大化，而是顾客的终身价值，于是服务成为一种主要工具。因为从产品出发，很难有多次接触机会，而企业通过为消费者提供各种服务，如售后服务、产品保养乃至传递给消费者一定的使用技术，都要求企业人员与消费者进行亲密接触，这样更能与消费者建立起良好的关系。如我国家电企业海尔的金牌服务，伊莱克斯推行的家电营养师等，就受到了消费者的欢迎。对于究竟应该提供什么服务，在何时、以何种方式服务，很多企业并不了解，这就要求他们去进行相关的市场营销调查。

（4）渠道。

任何一个市场都存在多种渠道和方式，可以由厂家直接销售给用户，也可以通过中间渠道销售给用户，还可以委托代理商为企业就地组织产品分销。在分销渠道的选择上要考虑以下情况：目标市场是否存在负责分销大部分同类产品的某种权威机构或垄断组织？如果存在上述情况，则要了解该机构统一分销的产品是否已经满足市场需求，构成分销系统的商家一般能起到什么作用。现在有句话叫"渠道为王"，就是说如果能控制渠道，也就控制了市场。很多企业的产品不错，促销也很到位，然而销售情况却不好，就是因为其无法控制渠道。

5.2.3 市场营销调查的方法

5.2.3.1 一般方法

从实际操作看，可以把市场营销调查的一般方法分为三类，即访问法、观察法和实验法。

（1）访问法。

访问法是营销调查中使用最普遍的一种调查方法。它把研究人员事先拟订的调查项目或问题以某种方式向被调查者提出，要求给予答复，由此获取被调查者或消费者的动机、意向、态度等方面的信息。按照调查人员与被调查者接触方式的不同，询问法又分为个人访谈法、通讯调查法和电话询问法。

个人访谈法 访问面谈调查是目前应用广泛的调查方法，如入户访问、拦截访问等。由于存在问卷回收率低、时间长等问题，当前消费品市场更多趋向于面对面的访问来获得第一手资料。在面对面的访问调查中，有许多因素左右调查能否成功，如调查员自身的素质、服饰、语气和访问方式等。因此，要想获得成功，加强调查员自身的素质、强化调查员的访问技巧，建立一支合格的访谈队伍，对企业进行市场调查是非常必要的。现在有很多专业的市场调查公司，他们进行各种产业市场调查，然后以一定价格将调查结果卖给相关企业。

通讯调查法　此方法又称为信件调查法，是将印好的问卷或调查表邮寄给调查对象，让他们填写寄回，再加以整理的一种调查方法。被调查者考虑时间较长，可以调查的范围也比较广，成本较低，但往往回收率也很低，无效问卷比较多，所以虽然成本比较低，但使用范围并不广泛。

电话询问法　此方法可节省调查时间，取得资料的速度比较快，花费的费用也比较少，但这种方法容易受通话时间限制，一般只用于内容单一，被调查者对调查内容比较熟悉的情况。不过当前人们出于对自己隐私的保护，很少有人乐意让别人把电话打到自己家中，因此对这种调查方法存在一定的排斥心理。从实际操作看，这种调查方法比较适合用于工业品的调查，因为调查对象往往是各种企业，不会用到私人电话。

（2）观察法。

观察法是由调查员直接或通过仪器在现场观察调查对象的行为动态并加以记录而获取信息的一种方法。比如研究人员可以通过观察消费者的行为来测定品牌偏好和促销的效果。观察法可以观察到消费者的真实行为特征，但是只能观察到外部现象，无法观察到调查对象的一些动机、意向及态度等内在因素。观察法可以分为以下几种：

直接观察法　直接观察法就是派调查人员到现场直接观察调查对象，获取调查所需要的各类信息。当前经常采用的是让调查人员到消费者购买现场观察消费者的各种动作与表情，但不能让消费者知道有人在注意他，这样观察的效果才比较真实、可信。

痕迹观察法　调查人员不直接观察消费者的行为，而是通过一定途径去测量他们的痕迹和行为，即为实际痕迹测量。例如，某公司为了弄清哪种媒体可以把更多的商品信息传播出去，选择了几种媒体做同类广告并在广告中附有回条，顾客凭回条可到公司去购买有优惠折扣的商品，根据回条的统计数，就可找出适合该公司的最佳的广告媒体。又如某快餐店推出一套填充题，就本店的产品特色、产品系列和环境特色等请客流群体中愿意回答者答卷，根据答对的程度分别给予饮料免费至套餐免费的不同奖励，研究者根据回收的答卷分析了解本店在顾客心目中的形象和品牌知名度等情况。

线路跟踪法　由研究人员反复跟踪顾客购买商品来回的路线，可以发现商场位置的利弊；由研究人员跟踪用户使用产品的方式，可以发现用户满意与否的一些真实原因。

亲身体验法　亲身体验法是指调查人员自己到调查现场去体会，往往从自己作为一个消费者所应该注意的各种情况去考虑。这种调查方法的结果比较真实，因为它是观察人员自己的体会，不存在任何隐瞒的地方，但是由于它具有一定的规律性，需要比较长的时间才能发现。

（3）实验法。

实验法是指在控制的条件下对所研究的现象的一个或多个因素进行操纵，以测定这些因素之间的关系，它是因果关系调查中经常使用的一种行之有效的方法。实验法来源于自然科学的实验求证,现在广泛应用于营销调查,是市场营销学走向科学化的标志。现场实验法的优点是方法科学,能够获得较真实的资料。但是,大规模的现场实验往往难于控制市场变量,影响实验结果的内部有效性。实验室实验正好相反,内部有效度易于保持但难于维持外部有效度。此外,实验法实验周期较长,研究费用昂贵,严重影响了实验法的广泛使用。

5.2.3.2 抽样方法

如果能对所有的目标进行详细调查,调查效果当然最佳,但实际上由于成本等方面的原因,大多数的市场调查是抽样调查,即从调查对象总体中选取具有代表性的部分个体或样本进行调查,并根据样本的调查结果去推断总体。抽样方法按照是否遵循随机原则分为随机抽样方法和非随机抽样方法。

(1) 随机抽样方法。

随机抽样就是按照随机原则进行抽样,即调查总体中每一个个体被抽到的可能性都是相等的,是一种客观的抽样方法。随机抽样方法主要有:简单随机抽样、等距抽样、分层抽样和分群抽样。

(2) 非随机抽样方法。

常用的非随机抽样方法主要有:

任意抽样 也称便利抽样,这是纯粹以便利为目的的一种抽样方法。街头访问是这种抽样方法最普遍的应用。这种抽样方法偏差很大,结果极不可靠,因此一般用于准备性调查,在正式调查阶段很少采用。

判断抽样 它是根据样本设计者的判断进行抽样的一种方法,要求设计者对母体有关特征有相当的了解。在利用判断抽样选取样本时,应避免抽取"极端"类型,而应选择"普通型"或"平均型"的个体作为样本,以提高样本的代表性。

配额抽样 与分层抽样类似,要先将总体按特征分类,根据每一类的大小规定样本的配额,然后由调查人员在每一类中进行非随机的抽样。这种方法比较简单,又可以保证各类样本的比例,比任意抽样和判断抽样样本的代表性都强,因此在实际中应用较多。如某年国资委为了了解当年国有企业的经营状况,对国有企业进行了配额抽样,其抽样配置见表5-1。

表 5-1 某年国有企业的配额抽样

企业规模	配额	经营效果	配额	企业类别	配额
大型	2	好	2	电子	5
中型	4	中	6	纺织	3
小型	4	差	2	食品	2

5.2.4 市场营销调查的步骤

市场营销调查是一项十分复杂的工作,要顺利地完成调查任务,必须有计划、有组织、有步骤地进行。但是,市场营销调查并没有一个固定的程序可循。一般而言,根据调查活动中各项工作的自然顺序和逻辑关系,市场营销调查可分为以下三个阶段。

5.2.4.1 准备阶段

调查准备阶段的主要任务就是成立调查小组、界定调查主题、形成研究假设并确定需要获得的信息。

(1) 成立调查小组。

为了成功地完成调查项目,通常需要根据调查的预期目标成立一个调查小组。市场调查成功与否,调查小组成员起着至关重要的作用。一般说来,从小组成员结构上应该是个体的知识互补,即既应该有实战方面的专家,也应该包括理论专家。因为理论专家知道应该从哪些角度去探讨消费者的想法,能从理论角度对调查结果进行分析与预测;实战专家知道如何与消费者进行沟通,在调查过程中能够从消费者的只言片语中进行精确推测,准确把握消费者的心理。

(2) 界定调查主题。

确定主题是市场营销调查活动中最关键的一环,因为在很多情况下,企业决策人员对所面临的问题只有一点模糊的认识,必须经过管理人员与专业人士的仔细研究和推断,才能够抓住问题的本质。有时候,企业认为某种产品在社会中的需求量会很大,因为经过简单了解几乎所有人都想使用该产品,而产品的价格并不高,人们应该会购买,但产品生产出来投入市场后,销售效果极其不佳,很多管理人员就认为是消费者欺骗了他们。其实从营销学角度看,人们对产品的渴望可以分为几个层次,从需要到欲望再到需求,中间掺杂了消费条件与购买能力这两个因素。很多企业往往没有区分什么是消费者的欲望,什么是消费者的需要,什么又是消费者的需求。因为需要和欲望都是无穷无尽的,但却受到各种条件的限制,只有真正的需求才是企业应该努力满足的。所以在准备阶段一定要好好研究调查主题,明白企业到底想了解消费者的什么信息。

(3) 形成研究假设。

任何市场调查都不是盲目地去市场上寻找信息,而是从一定的假设出发,去验证假设的正确与否。如果没有假设,仅仅想通过市场营销调查就了解消费者的需求,那是痴心妄想。因为任何市场调查人员都必然带着问题去访问,消费者自己是不可能告诉你他需要什么的,有时候甚至消费者自己都不知道自己到底需要什么产品,这需要企业主动去引导。而为了形成研究假设,就要求研究人员掌握足够的市场信息,为此要收集各种信息,包括企业外部信息与企业内部信息。企业外部信息包括政府的统计资料、公开出版物、研究机关的调查报告、广告商和同行业会刊等。企业内部信息则包括有关记录、用户来信、生产和销售统计月报、企业历年统计资料、财务决算和有关年度总结以及一些专门问题的报告等。只有掌握了内外部资料,在此基础上形成相关的研究假设,才能根据假设设计问卷进行调查。如果假设不正确,则调查结果肯定难以理想。

5.2.4.2 调查实施阶段

调查实施阶段包括问卷设计、小范围试调和大规模调查三个方面。

(1) 问卷设计。

设计合理的调查问卷是搞好市场调查工作的基础之一,它对研究与调查市场情况,回答已确定的问题,具有十分重要的意义和现实作用。调查问卷设计其实就是提问设计,它不仅是一门科学,还是一门艺术,所设计的问题既要易于回答,又要不偏不倚,不能对消费者进行误导,否则调查结果的可信度就会降低。

问卷设计没有统一的固定的格式和程序,一般说来有以下几个步骤:

确定需要的信息。在问卷设计之初,研究者首先要考虑的就是要达到研究目的、检验研究假设所需要的信息,从而在问卷中提出一些必要的问题以获取这些信息。一般包括三类信息。一是基本信息,即达到调查目标所必需的信息。通常此部分所进行的是AIO项目的调查,即消费者的生活方式。它是指通过消费者活动、兴趣和观念表现出的一个人的生活方式。它比社会阶层或性格更能说明问题。媒体机构可以通过调查受众的生活方式去将市场细分,争取最忠实的观众。二是分类资料信息,即将被调查者按照不同的特征归类的资料。三是背景资料,如被调查者的姓名、职业和住址等。一般而言,要把第一类问题放在最前面,然后列举第二、三类问题。因为前面的信息是最重要的,而被调查者往往是在开始调查时比较认真,随着时间的推移,他们会逐渐失去耐心,其问题回答的质量也会下降,因此要把无关大局的问题放在最后,这样调查的结果比较可信。

确定问题的内容。确定了需要的信息之后,就要确定在问卷中要提出哪些问题或包含哪些调查项目。在保证能够获取所需信息的前提下,要尽量减少问题的数量,降低回答问题的难度。

确定问题的类型。问题的类型一般分为以下三类:一是自由问题。这种设置问题的方式可以获得较多的较真实的信息。但是被调查者因受不同因素的影响,各抒己见,会使资料难以整理。二是多项选择题。这种问题被调查者回答起来简单,资料和结果也便于整理。需要注意的是,选择题既要包含所有可能的答案,又要避免过多和重复。三是二分问题。二分问题回答简单,也易于整理,但有时可能不能完全表达出被调查者的意见。

确定问题的表达。问题的表达对被调查者的影响很大,有些表面上看差异不大的问题,由于表达不同,被调查者就会做出不同的反应。因此,问题的表达必须斟酌,以免导致不正确的回答。

确定问题的顺序。问题的顺序会对被调查者产生影响,因此,在问卷设计时也必须加以考虑。原则上开始的问题应该容易回答并具有趣味性,以提高被调查者的兴趣。涉及被调查者个人的资料则应最后提出。

(2) 小范围调查。

问卷设计出来后,并不能立刻拿到市场中开始调查,因为无论是什么人设计的问卷都存在一定的问题,需要进一步完善。所以设计的问卷要先在小范围内进行调查,通过小范围调查找到问卷存在的不足。如果存在的问题不是很大,可以通过添加或调整一些问题来完善问卷;如果问题较大,如主题不对或假设出了问题,则需要重新进行各种准备,从头再来。可以说,小范围调查是大规模调查的试演,既可发现问题又可节省成本。

(3) 大规模调查。

在所有的准备工作完成后,要及时进行大规模调查。大规模调查需要企业投入巨大的成本，组织庞大的调查队伍与消费者进行深入访谈。

5.2.4.3 分析与整理阶段

待调查问卷回收后，要对问卷进行分析处理，可以分为如下几个步骤：

（1）编辑整理。

把调查得到的零星、分散、杂乱的资料加以筛选，以保证资料的真实、完整、全面与系统。

（2）分类编号。

将经过整理的信息资料按适当的标准分类列表、分类编号。

（3）统计和分析。

对已经分类的信息资料进行统计和计算，制成各种计算表、统计表和统计图，并运用调查所得到的数据和情况分析研究，得出结论。

（4）提交调查报告。

凡是进行某种有目的的市场营销调查，都必须提交调查报告，其内容要紧扣主题，力求简单、客观、明了。要说明研究假设是否与调查结果相一致，如果不相符合，问题在哪里，应该如何解决。通过调查报告要让决策者把握明确的信息，知道下一步应该做什么，如何去做。

5.3 市场需求预测

需求是一切营销活动的基础，只有把握了消费者的有效需求，才能在企业营销活动中做到有的放矢，实现所谓的精准营销。而要想把握消费者的需求，就需要运用社会学、统计学与经济学等多种学科的知识对整体消费者在未来的需求状况进行预测。

5.3.1 市场需求预测的概念

所谓市场需求预测就是运用科学的方法，对影响市场需求变化的诸因素进行市场调查，分析和预见其发展趋势，掌握市场需求的变化规律，为营销决策提供可靠的依据。可以说，市场研究之所以重要，正是因它为预见市场的发展趋势提供了依据。在市场调查和市场研究中，都必须采用科学的方法。市场需求预测的正确性，也正是建立在调查研究的科学性基础之上的。

5.3.2 市场需求预测的种类

按不同的标准，市场需求预测可以分为不同的种类。

5.3.2.1 按照预测时间的长短划分

按照预测时间长短的不同，市场需求预测可以分为长期预测、中期预测和短期预测。

长期预测一般是指五年以上的预测，它是为企业制定长期经营决策服务的，着重于研究市场要素的长期发展趋势，为企业确定长期发展方向提供决策依据。这种对市场需求的预测属于战略性把握，往往消费者的需求实际上还没有表现出来，而是潜伏或者是根本没有意识到的，属于我们通常所谓的创造市场的概念。索尼开发单放机的例子就属于此类。当时人们对单放机并没有需求，但索尼的创造者加藤正夫有个天才的想法，就是让声音流动起来，这个想法最终促成了单放机的问世。

中期预测指为期一年到五年的需求预测，它是为企业中期营销计划服务的。它着重于研究消费者已经表现出来的各种需求，通过预测需求在未来一段时间内的发展变化趋势，为企业及早进行设备的添置、生产工艺的改进、人才的招聘和培训提供依据，通常属于主动适应市场需求的观念。它往往能够随着市场需求的起落而起落，能够跟上市场需求变化的步伐。

短期预测指一年之内的需求预测，其目的往往是使企业能够在最适当的时间和地点为顾客提供适当数量的商品。这属于营销的战术性预测，与前两者相比，与企业实际执行的活动更相近。

一般来说，需求预测的准确性随着预测时间的长短而不同，预测的期限越短，准确性越高。但是长期预测对企业的整体发展产生更为重要的影响，属于企业更高层面需要考虑的问题。中国有一句古话：人无远虑，必有近忧。企业也是如此。短期和中期的预测实际是对长期预测的补充，是实现长期预测更好与现实相结合的手段。

5.3.2.2　按照预测的性质

按照预测性质的不同，市场需求预测可以分为定性预测和定量预测。

定性预测是在缺乏定量数据时，凭借预测者的直觉和经验，根据预测对象的性质、特点、过去和现在的延续状况以及最新信息等，对预测对象未来的发展趋势作出预测，并估计其可能达到的程度。在作长期预测时经常会采用这种方法。

定量预测是依据数据，建立数学模型，并用数学模型计算出预测目标未来值的一种预测方法，是对预测目标作出的数量估计，通常用于短期和中期预测。如对来年整个市场的需求规模和某个细分市场在近期的需求量的预测。

需要指出的是，定性预测与定量预测并非截然分开的，在实际工作中，人们通常采取定性预测和定量预测相结合的方法对市场需求进行把握。

5.3.2.3　按照预测的方法

按照预测方法的不同，市场需求预测可以分为判断预测和数理统计预测。

判断预测又称为直观预测，它是指依靠营销主管或高层领导的直觉和经验，做出主观判断，预测未来市场的需求状况，得出的结果通常是一个大概的数字。常见的方法有：经理人员评判法，销售人员预见综合法，顾客意见调查法以及专家调查法。判断预测简单易行，耗时少，费用低，在统计数据和原始资料不足时，可以作出定性与定量估计，得到尚未在文献中反映的信息，因而特别有用。

数理统计预测是借助于经济理论和数理统计分析模型求出长期的、中期的或短期的市场需求。常见的数理统计预测方法有时间序列预测法和相关分析预测法。数理统计预测可以提供准确的预测数值，当占有的资料充分可靠，选用的预测模型合理时，预测结果可靠性较高。

5.3.3　市场需求预测的程序

市场需求预测应遵循一定的工作程序，有计划、有步骤地进行。这样，才能收到良好的效果。一般说来，对市场需求预测的步骤如下。

5.3.3.1 确定预测目标

预测目标即预测的内容。它是根据企业在一定时期的任务和要求解决的问题而定。预测目标包括预测的项目（即要解决的具体问题）、地域范围要求、时间要求、各种指标以及其准确性要求等。预测目标的确定是进行其他预测的依据。

5.3.3.2 收集和分析资料

任何预测都必须从已经占有的资料出发，因此，调查收集资料是市场需求预测的基础。市场需求预测所需要的资料必须完备、准确、实用。预测资料来源大体可以有以下几个方面：①本系统（公司、企业）的计划、统计和活动资料；②国家、政府部门的计划和统计资料；③国外技术经济情报和国际市场活动情报；④商业部门和市场的统计数据资料；⑤科研单位、学术团体的研究成果及其刊物的资料；⑥实地进行市场调查研究所得到的资料等。

企业应该根据预测目标，对市场调查所收集的各种资料进行认真的核实与审查，去粗取精，去伪存真，对各种资料进行归纳分类，分析整理，分门别类地编号保存，力争使之系统、准确、完整。

5.3.3.3 选择预测方法，建立预测模型

除了资料的可靠性外，选用的预测方法和预测模型是否科学合理，也极大地影响着市场预测的准确性。应当根据预测目标与预测内容、资料的占有情况以及预测精确度的要求，选择合适的预测方法和预测模型。在实际预测过程中，单纯使用一种方法进行预测的情况不太多见，也不大可靠。通常，企业会以定性和定量方法同时进行预测，或以多种预测方法互相印证预测结果的可靠性，这样可使预测的准确度提高。对定量预测，可以建立数学模型，并运用数学方法，或借助电子计算机做出相应的预测；对定性预测，可以建立一定的逻辑思维模型进行预测。

5.3.3.4 分析修订预测结果

市场需求预测是为市场营销战略与策略服务的，是对未来各种因素的综合评估，是对未来的不确定情况进行事先的预计和推测。然而由于人们对客观事物认识的局限性，预测的结果不可能与市场未来的需求完全一致，因此，要对那些未来事件不同于过去事件的因素及其影响的范围和程度进行详细的研究、分析和评价，找出需求预测中的误差以及误差产生的原因，进一步分析尚未考虑的因素，修正预测模型，充实预测值，直到实现预测值的最佳化，这样企业才能真正把握市场需求的变化规律，真正让产品与市场同步成长。

5.3.4 市场需求预测的方法

5.3.4.1 定性预测方法

企业在对市场需求进行预测的过程中，往往要受到企业外部的各种因素（如政治的变化、政策的变动、人民收入的提高、消费结构的改变、国民经济的发展、资源利用情况的变化、技术的发展和技术政策的改变等）和企业内部的各种因素（如生产的发展、技术水平的提高、经营方针的变化、产品方向的变动、管理水平的提高、革新和改造

等)的影响。但是,企业不可能对所有影响因素的变化资料都确切掌握,而且在实际工作中有很多因素是无法以定量化的形态加以表示的。即使企业经过全方位的努力,能够获得市场需求预测所需要的资料,企业的管理人员也必须考虑收集所有信息所要花费的各种成本,因为管理中本来就存在一个前提假设,即所有的决策都是在信息不完整状态下进行的,信息完全透明决策只能属于理想状态,在实际管理过程中并不是企业追求的目标。所以,人们只能凭借积累的经验、少量的数据、主观的概率来对市场需求加以分析、假设、推理、判断和预测其发展趋势,这称为定性预测。

在定性预测中,为了使预测结果更加准确、可靠,还要进一步做数量的推算和定向的确定,以达到预期的目的。例如,当要预测某一项技术的发展对市场需求的可能影响时,就要收集国内外的技术发展资料和我国的资源条件等情况,综合各方面的论证,作出各种假设,再进行技术经济方面的推算,最后才能得出预测的结果。如当今虽然有很多先进的技术,但是与我国所具备的各种资源条件不相匹配,因而也无法对实际的市场需求产生实质性的影响。

定性预测市场需求的方法运用非常广泛,国内外根据不同的情况创造了许多定性预测方法。目前,我国许多单位采用的预测方法,大都属于定性预测方法。

(1) 顾客意见调查法。

顾客意见调查法,也称为用户调查法,它是直接征求顾客意见,了解顾客购买意向和心理动机,预测顾客对企业产品的未来需求状况的方法。市场需求预测可以看做是一门估计顾客在未来一定条件下的行为艺术,如果顾客已经有了明确的购买意向,那么直接了解顾客的意见就是有效的预测方法。但实际上,通常对于一些不是很重要的商品来说,消费者都是临时作出购买决策,有时候甚至是在购买现场受某种因素的影响而临时决定消费的,因此,这种预测方法最适合的是比较重要的、顾客通常要在很早以前就作出购买决策的商品。

顾客意见调查法常常采用抽样调查的方法,既可以采用口头询问的方式,又可以采用书面询问的方式。当顾客群体较小时,调查成本比较小,顾客意见相对也比较明确,而且如果顾客乐意披露自己的意向,采用顾客意见调查法就能够收到比较好的预测效果;如果顾客不合作,或者是企业在市场中的影响力不够强,则调查的可信度不高。

借助顾客意见调查法进行预测,企业不仅可以估计未来市场的整体需求,还有助于促进企业与顾客的关系,改善企业在公众中的形象。不过,通常顾客意见调查法的费用比较高,调查的顾客越多,企业所花的时间和投资也越多。而且在很多情况下,顾客不愿意透露自己的购买意愿,或者调查者没有足够的能力清楚表达自己的意愿,则预测的难度就会加大,操作的效果要大打折扣。

(2) 经理人员评判法。

经理人员评判法是由企业中富有权威的高级主管人员根据自己的经验进行主观预测的方法。每一位经理都根据自己的主观判断,独立估计未来一定时期内市场需求的值。然后,经理们一起讨论,相互介绍各自的预测结果,并说明自己的理由,讨论之后,经理再分头重新预测,如此反复多次,直至获得一个比较一致的预测值。经理人员评判法可以用来进行不同目的、不同市场的需求预测,但是主要是用于调整下级或专业人员的需求预测结果。

经理人员评判法简便易行，花费的时间较短，可以充分利用主管人员的知识与经验，对市场需求状况的变化迅速作出有权威性的判断。这种预测工作可以作为企业高级主管日常工作的一部分，企业不必另行支付预测费用，因此可以降低预测成本。同时，由于经理人员掌握了企业的全面情况，与企业外部有着广泛的联系，经理人员评判法还可以集中企业主管人员的智慧，是一种在企业中比较常用的预测方法。

由于来自不同部门的经理可能会受自己所处位置的影响，从自己负责部门的角度坚持自己的看法，经理人员评判法有时候很难取得一致的预测值，而由总经理对不同的预测值做仲裁时，又不可避免地受总经理个人主观意志的影响。由于主管人员通常都肩负营销责任，因此在进行预测时会更多地考虑如何实现企业所制定的各种销售任务，而对其他方面如人员的培训、资金的回收等非营销指标考虑不够，所以他们对需求的预测有时候也不够全面。而且有时候主管人员离开一线的时间较长，对市场的具体变化也不是很清楚，因此所作出的预测值不易为一线人员所接受，这样，执行的效果就必然会受到影响。

（3）销售人员意见综合法。

销售人员意见综合法是企业的销售人员分别预测未来一定时间内各自负责的地区或项目的市场需求量，然后由企业主管人员加以综合，经检验修正后作出预测的方法。以销售人员的预测为基础，经过逐级汇总，可以分别获得不同产品、不同地区、不同顾客、不同销售人员各自的预测值。由于销售人员直接接触市场和顾客，比较了解顾客的需要和竞争者的动向，尤其是对他自己负责区域的情况，往往比其他人更为了解，所以他们作出的预测值也更为接近现实，可靠性更高。特别是对于技术性比较强的商品需求预测，更具有相当大的实用价值。而且，让销售人员参与市场需求预测还能够增加他们完成销售任务的信心，提高他们工作的积极性。

销售人员的预测也具有一定的局限性。销售人员的心理倾向可能使他对市场需求的预测值偏向过分乐观或悲观，而且由于近因效应，离预测时刻比较近的时间内的市场状况比较容易影响市场人员的预测倾向。由于只接触一个地区或一个行业，销售人员对市场宏观环境的发展和企业的市场营销规划往往缺少全面的了解，个别人也许会有意对未来的需求作出过于保守的估计，试图借此促使企业制定较低的销售任务，以增加个人获得超额奖励或晋升的机会。

企业可以采取某些措施鼓励销售人员作出比较准确的预测值，以减少预测误差。首先，企业主管人员可以向销售人员介绍企业的营销计划和对市场形势的估计；其次，可以公布每位销售人员过去所做预测与历年销售任务实际完成的情况；最后，企业还可以根据每位销售人员对下一期各自销售量的预测值分配营销费用。

（4）综合意见预测法。

为了避免单纯依靠个人的经验进行预测而产生片面性，许多企业的管理决策者通过召集直接营销人员、生产人员、产品研究人员、开发人员、职能部门人员（如财务、人事等人员）和有关专家等，根据收集的资料和个人经验，共同对需求进行研究分析，作出预测判断，最后将预测意见综合起来，采取平均法和加权平均法作出数学处理，得到需求预测结果,这种方法就叫做综合意见预测法。

这种预测方法是经理人员评估和销售人员意见综合法的综合应用,可以集管理者、实践者和专家的智慧于一体,若运用得当,既可判断未来某段时间内市场的需求状况,也可以研究企业满足需求所要进行的准备工作,同时还可以弥补前两种方法的不足。使用这种方法时,企业必须注意:首先,管理者应当是企业的总经理,至少是负责市场营销的副总经理,否则无法实施这种预测方法;其次,企业预测时,通常采用加权平均法,即对不同人员的评分给予不同等的权数,权数的选择应适当,否则会影响预测结果的准确性;最后,运用此法时,第一手资料并不充分,且各种人员了解情况、分析问题难免具有主观性和局限性,同时,由于是面对面预测,彼此受情绪影响较大,因此,企业领导人必须熟悉方法的运用条件和不足,尽量创造良好的讨论气氛,配合市场营销调查和定量预测方法,力争预测科学、准确。

(5) 专家意见预测法。

专家意见预测法,又称为德尔菲法。它于 20 世纪 40 年代末由美国兰德公司首先创立,于 60 到 70 年代开始广泛采用,是一种近年来在国外比较流行的预测方法。它往往用于技术发展、新产品开发等方面的市场需求预测。

德尔菲是古代希腊神话中的地名,城中有座阿波罗殿,可以预知未来,因而借用其名。德尔菲法是使用了系统的程序,不使所请的专家相互见面,采取匿名和反复进行的方式。首先,草拟调查提纲,请专家提供背景资料和预测结论;其次,将专家反馈回来的意见进行整理后,再重新征求专家的意见,通过往返几次,轮番咨询专家的意见;最后,再汇总成调查后的预测结果。

定性预测的方法有很多,关键是看各种方法在什么情况下使用。如果企业自身掌握了充足的信息,就可以通过企业内部成员进行预测,因为他们更了解现实。对于需求状况变化比较稳定的情况,企业成员可以有较大把握进行预测,因为未来的发展变化表现出一定的规律性;如果市场环境变化剧烈,企业外部因素,如技术、政治等的影响作用非常大,企业的一般人员,如销售人员和一般基层经理难以把握未来的趋势,这时企业的高层与专家人员的预测则较为贴近现实。所以各种定性预测有其自身的适应条件,但其最终效果还要看应用者的理解水平。

5.3.4.2 定量预测方法

定量预测必须在占有各方面数据资料的基础上,根据情况和经验选择合适的数学模型进行预测,获得一定的预测值,然后依据企业内外部的变化情况加以修正,从而获得所需要的预测值。

定量预测采用的数学模型很多,现在介绍几种常用的方法。

(1) 时间序列预测法。

时间序列是按时间顺序排列的一组数字,是一组反映随时间变化的市场营销情况的历史资料。例如,按年度顺序排列的历年销售量,就是一组时间序列。通过数理统计的方法找到某一个时间序列发展变化的数量特征,就可以用这种数量关系预测未来的发展趋势。时间序列预测法的特点是把预测变量看做时间的函数,假定未来一定时期内影响预测变量的各种因素不变,将时间序列按照分析得来的数量关系加以延伸,就可得到需要的预测值。

一般说来，某个产品销售量的时间序列通常由四个主要因素组成：第一个因素是长期趋势，它是人口、资本积累和科学技术发展的结果，历年销售量的长期趋势表现为一条直线或曲线；第二个因素是循环波动，表现为销售量的周期性起伏，销售量的周期性循环波动是受总的经济形势周期波动影响的结果，在进行中期预测时，周期性循环波动是一个值得特别注意的因素；第三个因素是季节波动，它反映了一年之内的销售量波动模式，季节波动可能由气候、节假日、商业习惯等因素引起，它是短期预测中最不容忽略的因素之一；第四个因素是偶发事件，如各种天灾人祸、流行时尚等，这些偶发事件是很难预测的，在寻求销售量时间序列变化的规律时，应当从历史资料中排除它们的影响。

在时间序列预测中，首先要把销售量的时间序列分解为长期趋势、循环波动、季节波动和偶发事件等四个因素进行考虑，然后再把这些因素结合在一起，用以预测未来的销售量。

如果根据一年以上的时间序列进行预测，具体的预测方法可以有简单平均法、加权平均法、移动平均法、指数平均法和季节变动法。

简单平均法 这是用过去几个时期实际销售量的资料相加而求其平均值，作为下一时期的预测值。其计算公式如下：

$$Y_t = \sum \frac{Y_1 + Y_2 + \cdots + Y_i + \cdots + Y_N}{N}$$

式中：Y_i 表示第 i 期的实际值，这里 i 的范围是从 1 到 N，而 Y_t 则表示第 t 期的预测值。N 表示资料期。

例如，某个企业一种产品前几年的实际销售量列表如下：

年份	2005	2006	2007	2008	2009	2010
销售量（吨）	44	50	45	60	55	70

根据上表中历年的实际销售量，我们可以用简单平均法推算 2011 年的预测值为：

$$Y_{2011} = \frac{44 + 50 + 45 + 60 + 55 + 70}{6} = 54$$

从上例可以看出，采用简单平均法可以快速进行预测。但这种预测明显存在一个问题，那就是忽略了市场的增长量问题。因此，这种方法只适合于预测需求比较稳定，近期销售量不会有大的波动的情况。

加权平均法 当历年的销售量表现出明显的递减或递增趋势时，可以采用加权平均法进行预测。加权平均法主要是对企业各个时期的实际销售量进行加权，再用各个时期实际销售量所加的权数之和去除，求得下一时期的预测值，其计算公式如下：

$$Y_t = \frac{X_1 Y_1 + X_2 Y_2 + \cdots + X_i Y_i + \cdots + X_N Y_N}{X_1 + X_2 + \cdots + X_i + \cdots + X_N}$$

式中：Y_t 表示第 t 期的预测值，Y_i 表示第 i 期的实际值，这里 i 的范围是从 1 到 N，X_1，X_2，$\cdots$，X_N 表示从 1 期到 N 期的各个加权数。

仍采用上例的资料,根据加权平均法原理,假设2010年的加权数为0.3,2009年和2008年的加权数为0.2,其他各期为0.1,则有

$$Y_{2011} = \frac{70 \times 0.3 + 55 \times 0.2 + 60 \times 0.2 + 45 \times 0.1 + 50 \times 0.1 + 44 \times 0.1}{0.3 + 0.2 + 0.2 + 0.1 + 0.1 + 0.1} = 57.9$$

通过加权平均法获得2011年的预测值为57.9。然而,从实际发生的销售趋势看,虽然比上一种方法更接近销售发展规律,但是还是要受到前几年比较低的销售额的影响,这说明加权平均法依然存在一定的问题。

移动平均法 移动平均法是在简单平均法的基础上发展起来的。简单平均法是用来说明一般情况的,它反映不出数据变化的最大值和最小值,更看不出发展过程和演变趋势。移动平均法则是用最近一个时期实际销售量的资料相加而求其平均值,作为下一时期的预测值。它通过引进越来越近期的新数据不断修改平均值作为预测值或预测基数。由于所计算的平均数随着时间的推移而逐期向后移动,故称为移动平均法。这里就不再重复演示了。

其他几种时间序列预测法都是从上述的三种方法演化而来的,只是所采取的基础选点不同罢了,这里不再一一论述。

(2) 回归分析预测法。

未来市场需求并非仅仅是时间的函数,它还由一系列客观因素决定。对于需求预测来说,这些因素主要有价格、收入、人口和促销活动等。回归分析法就是在掌握历史资料的基础上,经过一系列统计分析,发现影响未来市场需求的客观因素及其影响的数量关系,进而对未来一定时期的市场需求作出预测。在回归分析中,市场需求或销售量 Q 被看做一个或一组独立的市场需求变量 x_i 的函数,即:

$$Q = f(x_1, x_2, \cdots, x_i)$$

运用回归分析的方法,根据历史资料用最小二乘法建立起不同形式的回归方法,借以进行预测。根据预测中自变量 x 的多少和回归方程形式的不同,回归分析一般有一元线性回归、多元线性回归和非线性回归等。

一般说来,预测中考虑的客观因素越多,得到的预测结果就越可能接近实际情况,但计算工作也就越繁重。目前,电子计算机已经越来越多的用于预测分析,极大地减少了计算工作量,但是无论何时,市场预测人员必须始终记住回归分析预测的可靠性与可行性受到五个方面的限制,它们是:观察值过少,市场变量之间的关系过于复杂,预测时对数据的处理违背正态分布的假设,预测变量对自变量存在着反作用,出现未估计到的新变量。

一元线性回归分析法 一元线性回归分析法是一种最简单的回归分析预测方法,它主要用于对影响市场需求量变化的多种因素之间的相互关系进行市场预测。

其假设的依据是因变量与自变量的数据之间呈线性关系。其分析模型为:

$$Y = a + bX$$

式中:Y——预测变量(因变量);X——自变量,即引起市场需求变化的某个主要因素;a——回归系数,回归直线的截距;b——回归系数,回归直线的斜率。

回归系数 a 和 b 的值可以用最小二乘法求得。

多元线性回归分析法 在实际进行预测分析时,往往发现影响预测目标的因素有很多,有时候在这些因素中难以分清主次,或者有的因素虽然不是主要因素,但它的影响也比较大,不能忽视。因此,必须进行多因素的分析,才能反映出事件真实的演变规律。例如,电焊条的市场需求量,就受到国家的方针政策、国民经济结构以及发展水平、钢材消费量、电焊条产品品种以及质量等多个方面因素的影响。所以,用多元回归分析对多种因素进行分析和测量,是目前市场预测中的一个重要方法。但是多元回归分析不仅在因素上比较复杂,而且在计算上也比较复杂。二元线性回归分析尚可以用手工进行计算,对三元以及三元以上的多元回归分析一般需要采用矩阵和计算机进行计算。二元线性回归分析的方程式为:

$$Y = a + b_1 X_1 + b_2 X_2$$

式中:Y——预测变量(因变量);X_1,X_2——自变量,即影响预测变量的两个主要因素;a,b_1,b_2——回归系数。

非线性回归分析法 在市场需求预测的实践中,往往遇到变量与变量之间存在相关关系,但它们之间的相关关系并不是线性关系。对于这样的相关关系,不能以直线来描述,而应该以相应的曲线拟合。

要建立非线性回归分析预测模型,首先要确定预测变量与自变量之间关系曲线的类型。通常是根据数据资料绘制变量的散点图,然后由散点的分布情况选择最符合散点分布的曲线,并结合理论分析和实践经验确定函数类型。非线性回归分析的一般步骤如下:①通过变量替换将非线性方程转换为线性方程;②用最小二乘法建立线性回归方程;③再通过变量转换将线性方程转换为所需要的非线性方程;④进行预测计算。

常用的非线性方程及其线性转换和逆转换情况如下:

指函数模型,其预测模型的一般形式为:

$$Y = ab^X$$

将原方程两边取对数即可以得出线性方程,然后按照线性方程计算即可。

具体方法为,将原方程两边取对数有

$$\ln Y = \ln a + X \ln b$$

令 $\ln Y = Y_1$,$\ln a = a_1$,$\ln b = b_1$,则有 $Y_1 = a_1 + b_1 X$。

求出回归系数 a_1 和 b_1 并进行相关系数检验,然后将 a 和 b 代入原方程进行逆转换,作出预测。

幂函数模型,其预测方程的一般形式为:

$$Y = aX^b$$

将原方程两边取对数有

$$\ln Y = \ln a + b \ln X$$

令 $\ln Y = Y_1$,$\ln a = a_1$,$\ln X = X$,则有 $Y_1 = a_1 + bX$。

求出回归系数 a_1 和 b 并进行相关系数检验,然后将 a 和 b 代入原方程进行逆转换,作出预测。

总之,运用数学模型进行定量预测,首先要根据预测变量若干历史时期的变换趋势,切实选择好合适的数学模型;其次,应当认识到运用数学模型所获得的预测值只是一个初步的预测值，企业领导还必须根据各方面的变换情况和自己的经验来修正，从而取得较为切合实际的最后预测值。

【本章小结】

市场信息泛指与企业市场活动有关的所有数据和资料，它是在一定时间和条件下，在市场经济运行中，各种事物发展变化和特征的真实反映，是反映它们实际状况、特性、相互关系的各种消息、资料、数据、情报的总称。

要使各种市场信息有效使用，成为参考决策的依据，就必须建立起一个科学、高效的市场营销信息系统，即一个由人、设备和程序构成的相互作用的集合体，包括内部报告系统、营销情报系统、市场调查系统、营销决策支持系统。

市场营销调查就是运用科学的方法系统，客观地辨别、收集、分析和传递有关市场营销活动各方面的信息，为企业营销管理者制定有效的市场营销决策提供重要的依据。市场营销调查的内容有很多，大致包括：市场潜力、产品适销性、产品销售实务等三个方面。市场营销调查的方法主要有一般方法和抽样方法，前者包括访问法、观察法和实验法，后者包括随机抽样方法和非随机抽样方法。市场营销调查大致可分为三个阶段：准备阶段、调查实施阶段、分析与整理阶段。

市场需求预测是运用科学的方法，对影响市场需求变化的诸因素进行市场调查，分析和预见其发展趋势，掌握市场需求的变化规律，为营销决策提供可靠的依据。市场需求预测的步骤如下：确定预测目标；收集和分析资料；选择预测方法，建立预测模型；分析修订预测结果。市场需求预测的方法一般包括定性预测方法和定量预测方法。定性预测方法包括顾客意见调查法、经理人员评判法、销售人员意见综合法、综合意见预测法、专家意见预测法；定量预测方法包括时间序列预测法、回归分析预测法。

总之，市场营销调查与市场需求预测是企业制定营销战略的基础，是企业保持竞争优势的关键，作为企业营销人员应熟练掌握相关方法。

【关键名词】

市场信息（Market Information）

市场营销信息系统（Marketing Information System）

内部报告系统（Internal Condition Reporting System）

营销情报系统（Marketing Intelligence System）

市场调查系统（Marketing Research System）

营销决策支持系统（Marketing Decision Support System）

市场营销调查（Marketing Research）

市场潜力（Market Potential）

产品适销性调查（Product Merchantability Survey）

产品销售实务调查（Sales Practices Survey）

市场需求预测（Market Demand Forecasting）

顾客意见调查法（Customer Survey Method）

经理人员评判法（Manager Evaluation Method）
销售人员意见综合法（Composite of Sales Force Opinion）
综合意见预测法（Forecast of Consolidated Opinion）
专家意见预测法（Forecast of Expert Opinion）
时间序列预测法（Time Series Forecasting Method）
回归分析预测法（Regression Analysis Prediction Method）

【思考题】

1. 简述市场信息的功能。
2. 简述市场营销信息系统的构成。
3. 研究表明，我国手机市场的高价值客户增长率与经济增长率呈现出一定的正相关关系，某城市手机高端客户增长率与经济增长率从 2005 年到 2009 年的数据如下：

年度 项目	2005	2006	2007	2008	2009
经济增长率（%）	9.3	9.6	9.4	9.8	9.6
高端客户增长率（%）	15.1	16.0	15.5	16.3	15.9

请分别用时间序列预测法与一元线性回归分析法计算出经济增长率与高端客户增长率之间的关系。

4. 如果上题中 2009 年的高端客户拥有量为 500 万人，而经济学家预测该市 2010 年的经济增长率将为 10.2%，请用一元线性回归分析法预测 2010 年末该市高端客户的拥有量将达到多少。

5. 当前我国汽车市场上销售的汽车可以分为进口车与国产车，如果现在其他行业的一家实力雄厚的经销商想转行经销汽车，但对汽车市场不是很了解，请你为他设计一个消费者在汽车消费习惯方面的市场调查问卷。

【实践训练】

开展营销调研

实训目标：掌握市场营销调研的主要操作方法，培养开展市场营销调研的能力。

实训内容与要求：以小组为单位进行训练，8～10 人为一组；由老师进行指导，确定营销调研方向，采取有效的方法开展调研活动。具体进度安排及内容参照下表：

实训时间	主要内容	基本要求
第一天	动员，计划准备	调研准备，调研规划
第二天	案头调研	收集资料

续上表

实训时间	主要内容	基本要求
第三天	问卷调查规划和设计，初步调查，确定、印制问卷，其他调研准备	问卷调查规划和设计，准备调查用的设备和工具
第四天至第七天	问卷、观察、访问等形式的实际调研	完成问卷，收好资料
第八天至第九天	整理资料，分析资料，补充调查，完成市场调研报告初稿	掌握资料分析整理的方法和过程，提交市场调研报告初稿
第十天	市场调研报告定稿	提交市场调研报告（完成稿）

【案例分析】

Enterprise 租车公司：服务质量评估

卡文·柯克曼（Kevin Kirkman）驾驶着他那熠熠发光的蓝色宝马轿车进入车道，把档位放在停车上，刹住车，下车检查他的邮箱。每天回到家他都要这样做。他翻动一堆目录册和信用卡优惠券，注意到来自 Enterprise 租车公司的一封信。

事故

他在想为什么公司会写信给他，然后他记起来了，月初，他出了一起事故。一个下雨天的早晨，他驾车上班，路太滑，另一辆汽车停不下来，撞上了他的车，而他正在等红灯。谢天谢地，卡文和那位司机都没有受伤，但是两辆车都被撞坏了。事实上，卡文已经不能再驾驶他的车。

卡文用手提电话报了警，在等警察来的时候，他给自己的汽车保险代理打了电话。代理保证，他的保单包括了在修车期间租用汽车的费用。他告诉卡文把车拖到附近的汽车修理厂，并把该地区汽车租赁公司的电话号码给他。代理提醒，他的公司推荐 Enterprise 租车公司，卡文的保单所能支付的租车费用最高为每天 20 美元。

卡文把车放在修理厂，完成了必要的手续，给租赁公司打了电话。10 分钟后，公司职员来到修理厂，把他接到公司，卡文填完了单据，租用了一辆福特 Taurus 车。车修好以前，他共租用 12 天。

不知道 Enterprise 公司为什么现在给我写信。卡文想，保险公司每天付 20 美元，Taurus 有些贵，我支付了超出的钱，有什么问题呢？

跟踪顾客满意度

他把信放在边座上，开上车道。一进屋，他打开 Enterprise 公司的来信，发现是关于他对租用是否满意的调查表。调查表只有一页纸，上面列有 13 个问题。

Enterprise 公司负责人认为公司正在成为美国最大的汽车租赁公司（在收入、汽车数量、分店等方面），公司正密切关注顾客满意度。公司的目标是为卡文这样因为出事故突然没了车的人服务。当更有名的赫兹公司（Hertz）和爱维斯（Avis）在残酷的汽车租赁市场上竞争时，公司拓展自己的业务，培养保险代理和修理厂经理作为推荐代理。所以，当他们的客户或顾客需要暂时使用汽车时，代理就会推荐 Enterprise 租车公司。尽管这样的替代租用占公司业务的 80% 左右，公司还在自由支配市场（休闲、度假租赁）和企业市场（将车租给短期需要汽车的企业）服务。它也开始在一些机场提供服务。

Enterprise 公司成立后，一直遵循创始人杰克·泰勒（Jack Taylor）的建议。泰勒认为，如果公司把顾客放在第一位，把雇员放在第二位，就会赢利，所以公司仔细地跟踪顾客满意度。

大约 5% 的随机挑选的顾客会收到像卡文那样的信，由一家独立的公司将调查信和邮资已付的回信信封寄给顾客。填好调查表被寄回给这家服务公司，由它汇编结果并向 Enterprise 公司提供报告。

持续改进

在密苏州的公司总部，公司的高级管理层仍在考虑如何进一步推行他们的顾客满意度项目。公司使用那些对公司服务完全满意的的百分比来制定 Enterprise 质量指数（Enterprise Service Quality Index）。它使用调查结果来分别统计整个公司和单个分公司的平均服务质量指数的分值。公司的分公司经理依赖并支持这个过程。

然而，高级管理层认为，为了真正实现顾客满意，必须把公司质量指数当成晋升过程的一个重要因素。公司要求分公司的经理们注重服务质量指数，并且在考虑提升分公司经理的时候也把服务质量指数当成一个重要考虑事项。高级管理层相信这样一个过程可以保证公司的经理们和雇员们关注如何使顾客满意。

但是，公司的管理层在进行下一步时发现了两个问题。第一，他们需要更高的调查回复率。尽管公司现在的调查回复率为 25%，在这类调查中已经算很好的，但是仍担心缺失了一些重要信息。第二，获得调查结果需要两个月的时间，公司认为有必要更快地获得顾客满意度信息，至少是每个月都能得到相关信息，以使它的分公司经理能够快速有效地确认和解决顾客服务方面的问题。

公司的经理们正在思考着如何改进他们的顾客满意度追踪过程。

服务质量调查表

请在最符合您的答案的括号内作标记。

1. 总的说来，您对自 2003 年 1 月 1 日以来在 Enterprise 公司的汽车租赁服务满意吗？

非常满意（ ） 比较满意（ ） 一般（ ） 比较不满意（ ） 非常不满意（ ）

2. 如果有的话，哪些方面公司可以做得更好？（请具体说明）_____

_____

3. 租赁过程中，您遇到什么问题了吗？

是（ ） 否（ ）

4. 如果您向公司提出任何问题，他们的解决让您满意吗？

是（ ） 否（ ） 没有提过（ ）

5. 如果您曾经打电话预订一辆车，您认为电话预订服务怎么样？

非常好（ ） 好（ ） 一般（ ） 不好（ ） 不知道（ ）

6．您去过公司的办公室吗？

租赁始末都去过（ ） 租赁开始去过（ ） 租赁结束去过（ ） 没去过（ ）

7．您需要搭乘时，公司职员邀请您了吗？

租赁始末都请过（ ） 租赁开始请过（ ） 租赁结束请过（ ） 没请过（ ）

8．到达公司后，在下列事情上您用了多少时间？（单位：分钟）

拿到租赁汽车：<5（ ） 5~10（ ） 11~15（ ） 16~20（ ） 21~30（ ） >30（ ） 不知道（ ）

返还租赁汽车：<5（ ） 5~10（ ） 11~15（ ） 16~20（ ） 21~30（ ） >30（ ） 不知道（ ）

9．您对下列方面评价如何？

租赁始末您被接着的及时性：非常好（ ） 好（ ） 一般（ ） 不好（ ） 不知道（ ）

租车送到或取走的及时性：非常好（ ） 好（ ） 一般（ ） 不好（ ） 不知道（ ）

租赁开始：非常好（ ） 好（ ） 一般（ ） 不好（ ） 不知道（ ）

租赁结束：非常好（ ） 好（ ） 一般（ ） 不好（ ） 不知道（ ）

汽车的机械状况：非常好（ ） 好（ ） 一般（ ） 不好（ ） 不知道（ ）

汽车内部和外部的清洁状况：非常好（ ） 好（ ） 一般（ ） 不好（ ） 不知道（ ）

10．如果您需要特定类型或尺寸的车，公司能满足您的需要吗？

能（ ） 不能（ ） 不知道（ ）

11．您租车的原因是什么？

汽车因为事故而在修理（ ） 其他原因的汽车修理或维护（ ） 汽车被盗（ ） 商务需要（ ） 休闲或度假需要（ ） 某些其他原因（ ）

12．您再需要租车时，会选择本公司吗？

绝对会（ ） 可能会（ ） 不一定会（ ） 可能不会（ ） 绝对不会（ ）

13．您从本公司租车大约共计多少次？（包括本次）

1次——这是第一次（ ） 2次（ ） 3~5次（ ） 6~10次（ ） 11次及更多次（ ）

14．算上所有租赁公司，在过去的一年中，您租车共计多少次？（包括本次）

0次（ ） 1次（ ） 2次（ ） 3~5次（ ） 6~10次（ ） 11次及更多次（ ）

（资料来源：菲利普·科特勒，等. 市场营销原理 [M]. 楼尊，译. 北京：清华大学出版社，2010：120）

讨论题：

1．分析Enterprise公司的质量调查，它想收集什么信息？它的调查目标是什么？

2．对于原始数据收集，Enterprise公司如何在调查途径、联系方法、样本计划和调查手段上进行决策的？

3. 公司为收集顾客满意度及其他关于顾客和竞争者的信息，还能够运用什么其他方法来补充或替代邮寄调查？

4. 对于提高调查回复率和反馈及时性，你有什么具体建议？

【阅读材料】

1. ［美］菲利普·科特勒. 营销管理［M］. 梅清豪，译. 12 版. 上海：上海人民出版社，2006.

2. ［美］菲利普·科特勒. 市场营销导论［M］. 俞利军，译. 北京：华夏出版社，2001.

3. ［美］小卡尔·麦克丹尼尔，等. 当代市场调研［M］. 范秀成，等，译. 4 版. 北京：机械工业出版社，2000.

4. 吴健安. 营销管理［M］. 北京：高等教育出版社，2004.

5. 林根祥，等. 市场调查与预测［M］. 武汉：武汉理工大学出版社，2005.

6. 市场信息报，http：//www.scxxb.com.cn/.

7. 中国市场信息网，http：//www.infocom.cn/.

第6章 目标市场营销

【本章概要】

购买者是一个庞大而复杂的群体，其地理位置、收入水平、消费心理和消费观念等都存在很大的差异，对同类产品的消费需求也千差万别。随着竞争的日趋激烈，试图用同一个商品吸引所有买主的营销战略已经越来越不适用了。要想在竞争中脱颖而出，提供让消费者满意的产品和服务，企业就必须在搞好市场调研的基础上将消费者细分为需求不同的若干群体，然后结合具体的市场营销环境和自身优势，选择某些群体作为自己的目标市场，并制定相应的营销战略来满足目标顾客的特定需求。企业还可以运用市场定位策略，使本企业的产品区别于竞争对手的产品，在消费者心目中占有与众不同的位置。可见，目标市场营销主要包括三项活动：市场细分、目标市场选择和市场定位，本章将依次对此展开讨论。

【学习目标】

1. 了解市场细分、目标市场选择及市场定位三大概念；
2. 熟悉市场细分的模式与依据；
3. 掌握市场细分的原则、程序与方法；
4. 把握目标市场选择，掌握目标市场选择的策略和市场定位策略。

【引导案例】

李宁的品牌重塑计划

2010年7月，沿用了多年的李宁经典旧标志告别它主导的时代，名为"李宁交叉动作"的新LOGO成为李宁品牌的新标志，而原有口号"一切皆有可能"也被国际化的口号"Make The Change"所取代。不过，该重塑行为并未收获满堂彩，关于新LOGO"二流"、新广告"立意有问题"的评语不绝于耳。

在李宁官网和官方商城，新标志被放在显著位置。尽管李宁公司表示，原有标志和"一切皆有可能"的口号将一直保留，并作为一条生产线继续沿用，但李宁的新LOGO一亮相还是遭到如潮水般的批评。"如果抛开换标对品牌的战略意义，单纯从标志设计的角度看，李宁换标很失败。"一位业内人士评价道。

而相对于广告界人士温和的表达，网友们的评价则更为辛辣和直接："像个二流品牌的标志"，"没有超越前面的LOGO，是一种倒退"。还有不少网友认为李宁的新

LOGO"山寨"了以前李宁的盗版 LOGO，"我最近买了一件李宁，被告知 LOGO 换了，更郁闷的是买了一件回来还被人家误以为是盗版的"。

取悦 90 后，伤了 70 后、80 后

与此同时，"Make The Change"的新口号则被普遍认为不如"一切皆有可能"大气。

近年来，整体用户群年龄偏大这个问题一直困扰着李宁。为了配合品牌重塑计划，李宁公司选择频繁在各种媒体上播出以 90 后为主题的广告，以贴近年轻消费群体。

不过在把所有的赞美都送给了 90 后之后，李宁新广告又陷入"矫枉过正"的窘境，同时也引发了 70 后和 80 后消费者的失落，不少人因此号称抵制李宁。而品牌管理专家崔洪波则认为，"李宁为一个系列产品推出以'90 后李宁'为主题的传播运动无可厚非，但作为品牌广告有些不妥。"在崔洪波看来，李宁的品牌重塑计划遭到质疑跟李宁品牌团队在核心策略方面不够清晰有关，"新标志请的是一位华人设计师设计，而新广告的创意又来自一家广告公司"，造成李宁的品牌重塑计划风格极度不统一。尽管如此，在业内人士看来，李宁的品牌重塑计划却是国内品牌的一大进步。"在继 LOGO 上模仿耐克、广告语上跟随阿迪达斯之后，李宁终于选择在品牌高屋建瓴的规划和传播上向对手看齐了"，"在意识和理念上跨出了一大步"。

对新 LOGO 的质疑只是来自于细节上的不完美，"凭借李宁的资本实力，就是放个非常非常烂的 LOGO 天天花巨资去传播，最后也必然会被接受"。

（资料来源：根据新浪财经网信息改编）

引导问题：
你如何看待李宁公司的换标？如何看待其对目标市场的选择而采取的策略？

有效的营销战略要能回答三个问题：我的顾客在哪儿？我以何种方式参与竞争？我的资源能力是否允许我以这种方式为我的顾客提供最佳服务？探寻这三个问题答案的过程，就是企业制定营销战略的过程，所制定出来的营销战略称为目标市场营销战略。目标市场营销战略决策过程包含三个步骤：市场细分（Segmentation）、目标市场选择（Targeting）和市场定位（Positioning）。因此人们称之为 STP 营销。

6.1 市场细分

6.1.1 市场细分的含义与作用

6.1.1.1 市场细分的含义

市场细分又称为市场分片、市场分割、市场分化或市场细化等，它是由美国市场营销学家温德尔·史密斯（Wendell R. Smith）于 20 世纪 50 年代中期提出，是指企业根据市场需求的多样性和购买者行为的差异性而把整个市场（包括现实的消费者和潜在顾客）划分为若干个具有某种相似特点的顾客群（称为细分市场或子市场），以便选择确定自己的目标市场。换句话说，市场细分实际上就是分辨具有不同欲望和需求的顾客群,并将他们分别归类的过程。例如,服装市场可以根据消费者的性别、年龄和收入等因素细分为男性服装、女性服装、儿童服装、青年服装、中年服装和老年服装,还可以分为高档服装、中档服装和低档服装等若干个子市场。不同的消费者可以归入为不同的细分市场,而且通常可以根据多个条件进行更为深入的细分,那样企业会更容易满足消费者的需求。如"阿玛尼"服装就属于高档的男性服装。

要想准确理解市场细分概念,应该注意以下三点:

(1) 市场细分不是产品的分类。

市场细分并非指整个产品市场可以划分为饮料市场、服装市场、钢铁市场和燃料市场等,而是指企业根据消费者对同类产品所表现出来的需求差异性,从而将他们划分为具有不同特点的若干个顾客群。因为在市场上,存在很多个顾客群,他们的年龄、性别、学历、职业、经济状况和社会行为等表现出很大的差异,因而在消费同类产品时所关注的重点也就有所不同,这就要求企业必须对他们的消费欲望和消费需求特点进行分类,然后根据企业自身的任务、目标、资源和技术权衡利弊,有针对性地选择自己所服务的对象。由此可见,市场细分其实是将顾客分类。

(2) 市场细分的基础是消费者同质需求的差异性。

如果不存在这种差异,企业就不可能也没有必要进行市场细分。因为进行细分后的目标市场往往要求企业具有更专业的技术,生产的产品数量也更小,不容易发挥出规模效益。虽然在同质市场上消费者对产品的需求大致相同,如对食盐、大米、火柴、自来水、电、木材等方面的需求差异较小,实际上绝大部分同质需求都或多或少地存在着一定的差异,也就是说绝大部分市场还是可以进行市场细分的。

(3) 市场细分和市场分类是两个不同的概念。

尽管市场细分和市场分类都把特定的整体市场划分为不同的部分,但二者的含义完全不同。前者细分的依据是顾客的需求,划分的结果是不同的顾客群;后者可以有不同的依据,也可以有更多的划分对象。

6.1.1.2 市场细分的作用

市场细分是为了使企业能更好地营销、更好地服务于顾客而出现的一种策略,一般说来,它对企业营销产生的作用可以概括为如下几个方面:

(1) 有利于选择目标市场和制定市场营销策略。

市场细分后的子市场比较具体,比较容易了解消费者的需求,企业可以根据自己的经营思想、方针及生产技术和营销力量,确定自己的服务对象,即目标市场。针对较小的目标市场,便于制定特殊的营销策略。同时,在细分的市场上,信息容易了解和反馈,一旦消费者的需求发生变化,企业可迅速改变营销策略,制定相应的对策,以适应市场需求的变化,提高企业的应变能力和竞争力。

(2) 有利于发掘市场机会,开拓新市场。

通过市场细分,企业可以对每一个细分市场的购买潜力、满足程度、竞争情况等进行分析对比,探索出有利于本企业的市场机会,使企业及时作出投产、异地销售决策或根据本企业的生产技术条件编制新产品开拓计划,进行必要的产品技术储备,掌握产品更新换代的主动权,开拓新市场,以更好地适应市场的需要。

(3) 有利于集中人力、物力投入目标市场。

任何一个企业的资源、人力、物力、资金都是有限的。通过细分市场,选择适合自己的目标市场,企业可以集中资源去争取局部市场上的优势,然后再占领自己的目标市场。

(4) 有利于企业提高经济效益。

上述三个方面的作用都能使企业提高经济效益。除此之外,市场细分后,企业可以面对自己的目标市场,生产出适销对路的产品,加速商品流转,加大生产批量,降低企业的生产销售成本;提高生产工人的劳动熟练程度,提高产品质量,不仅可以满足市场需要,还可以增加企业的收入,全面提高企业的经济效益。

需要指出的是,细分市场是有一定客观条件的。只有商品经济发展到一定阶段,市场上商品供过于求,消费者需求多种多样,企业无法用大批量生产产品的方式或差异化产品策略有效地满足所有消费者需要的时候,细分市场的客观条件才具备。

6.1.2 市场细分的模式与依据

6.1.2.1 市场细分的模式

消费者的偏好是指消费者对一种商品的品牌或一种商品的某种特色的偏爱和喜好。消费者对同类产品需求呈现出多样的偏好,这是市场细分的基础。但是,对于不同的产品,在不同的销售地区,顾客所呈现出的偏好是各不相同的。这就决定了在市场上所有的消费者所呈现出的偏好特点不同,从而导致市场细分模式的不同。一般说来,存在三种细分模式:同质型偏好、扩散型偏好和群集型偏好。

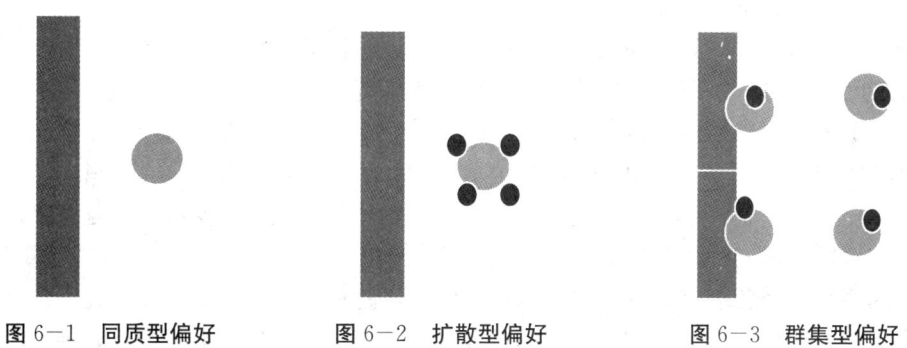

图 6-1　同质型偏好　　图 6-2　扩散型偏好　　图 6-3　群集型偏好

(1) 同质型偏好。

如图 6-1 所示,消费者对商品的特征没有显著的需求差异时,这类市场的消费者的偏好属于同质型偏好。如某企业调查出在他们生产的面包之中,消费者需求量最大的是某种味道的面包,那么根据消费者的特点,生产出该味道的面包即可以满足所有人的需要。在这种情况下,企业就没有必要进行市场细分。

(2) 扩散型偏好。

如图 6-2 所示,消费者偏好处于另外一个极端,可能在空间上四处分散,这表示消费者对产品需求的差异性极大,这类市场消费者的偏好就属于扩散型偏好。还是以面包为例,如果调查表明消费者不仅关注面包的味道,还关注面包的原料和销售渠道,如味道上有人喜欢甜的,有人喜欢酸的,有人喜欢辣的,而在原料上有人喜欢用面粉做的,有人喜欢用米粉做的,有人喜欢用其他原料做的。不同的人有不同的偏好,因此企业要想真正使消费者满意,就必须提供适合他们需求的多种商品,这其实是差异化的极限,也是一对一营销的基础。当前消费者设计产品其实就是这种细分思想在营销中的具体体现。

(3) 群集型偏好。

市场上可能出现有独特偏好的密集群,也称为集群偏好。如图6-3所示,这种偏好类型与扩散型偏好有一些相似之处,主要体现在消费者偏好不集中,不同偏好的消费者分布不是呈现均匀状态,而是形成几个聚焦点或消费者群体。不同群体之间的需求差异明显,而同一群体内的消费者虽然也存在一定的偏好差异,但差异很小,基本可以忽略不计。如前面所说的面包消费者,有的关注味道,而有的则关注原料。在这种情况下,企业只能进行有限的市场细分,将整体市场区分为几个有限的小市场,企业的选择很有限。但是这种偏好为企业进行更深入的市场细分提供了理论基础,也是一对一营销以及大规模定制理论提出的根源。

为了满足上述三种不同偏好的消费者群体,企业可以根据三种图示原理来生产产品。对于第一种类型的消费者,由于他们对产品的要求相同,因此企业只生产一种产品,这样的结果是生产规模大,成本低;对于第二种类型的消费者则需针对不同需求生产不同的产品,完全用不同的产品满足不同的细分市场;对于第三种类型的消费者则生产出一种具有多种功能的产品满足不同的消费者需求,但容易造成的后果是很多功能对消费者无用,导致价值与成本的浪费。

消费者的类型偏好为市场细分提供了基本的理论依据。在理解这个问题时,要注意以下几个问题:第一,按照异质性理论进行市场细分对大多数市场来说是有效的,但在特殊情况下还应该根据实际情况采用其他的依据。例如,金银珠宝市场上,消费者的需求偏好虽然也起着重要的作用,但比起消费者的收入和对价格的敏感性来讲,其重要性就明显地退居其次了。第二,在现实中,上述三种偏好类型在不同程度上是存在的。如在不同的地区,对同种产品的需求可能呈现不同的偏好特点,有的地区可能偏重价格,有的地区偏重式样和质量,有的地区则偏重颜色,这往往与当地的历史文化、经济收入水平有很大的关系。因此,在实际营销过程中,既要利用市场细分思想更好地制定营销策略,又要与其他因素相结合,而不能纯粹为细分而细分。

6.1.2.2 市场细分的依据

针对不同消费群体的特点,可以将他们分为普通消费品的消费者与生产资料的消费者。

(1) 消费者市场细分的依据。

如前所述,一种产品的整体市场之所以可以细分,是由于消费者或用户的需求存在差异性。引起消费者需求差异的变量有很多,实际营销中,企业一般是组合运用有关变量来细分市场,而不是采用单一变量。概括起来,细分消费者市场的变量主要有四类,即地理变量、人口变量、心理变量、行为变量。以这些变量为依据就产生出地理细分、人口细分、心理细分和行为细分四种市场细分的基本形式。

第一，按地理变量细分市场。按照消费者所处的地理位置、自然环境来细分市场，比如，根据国家、地区、城市规模、气候、人口密度、地形地貌等方面的差异将整体市场分为不同的小市场。地理变量之所以可以作为市场细分的依据，是因为处在不同地理环境下的消费者对于同一类产品往往有不同的需求与偏好，他们对企业采取的营销策略与措施会有不同的反应。比如，在我国南方沿海一些省份，某些海产品被视为上等佳肴，而内地的许多消费者则觉得味道平平。又如，由于居住环境的差异，城市居民与农村消费者对室内装饰用品的需求大相径庭。地理变量易于识别，是细分市场应予以考虑的重要因素，但处于同一个地理位置的消费者需求仍会有很大差异。比如，在我国的一些大城市，如北京、上海，流动人口逾百万，这些流动人口本身就构成了一个很大的市场，很显然，这个市场有许多不同于常住人口市场的需求特点。所以，简单地以地理特征来区分市场，不一定能真实地反映消费者的需求共性与差异，企业在选择目标市场时，还需结合其他细分变量予以综合考虑。

第二，按人口变量细分市场。以人口统计变量，如年龄、性别、教育程度、职业、收入、家庭生命周期、家庭规模、宗教、种族、国籍等为基础细分市场。由于其比较容易衡量，有关数据相对容易获取，因此企业经常把它作为市场细分的依据。

实际上，大多数公司是采用两个或两个以上人口统计变量来细分市场。（具体论述见第3章第3节影响消费者行为的主要因素）

第三，按心理变量细分市场。根据购买者所处的社会阶层、生活方式、个性特点等心理因素细分市场就叫心理细分。（具体论述见第3章第3节影响消费者行为的主要因素）

第四，按行为变量细分市场。根据购买者对产品的了解程度、态度、使用情况及反应等将他们划分成不同的群体，叫行为细分。许多人认为，行为变数能更直接地反映消费者的需求差异，因而成为市场细分的最佳起点。按行为变量细分市场主要包括：①购买时机。根据消费者提出需要、购买和使用产品的不同时机，将他们划分成不同的群体。例如，城市公共汽车运输公司可根据上班高峰时期和非高峰时期乘客的需求特点划分不同的细分市场并制定不同的营销策略；生产果珍等清凉解暑饮料的企业，可以根据消费者在一年四季对果珍饮料口味需求的不同，将果珍市场消费者划分为不同的子市场。②追求的利益。消费者购买某种产品总是为了解决某类问题，满足某种需要。然而，产品提供的利益往往并不是单一的，而是多方面的。消费者对这些利益的追求各有侧重，如对购买手表有的追求经济实惠、价格低廉，有的追求耐用可靠和使用维修的方便，还有的则偏向于显示社会地位等，不一而足。③使用者状况。根据顾客是否使用和使用程度，通常可细分为经常购买者、首次购买者、潜在购买者和非购买者。大公司往往注重将潜在使用者变为实际使用者，较小的公司则注重于保持现有使用者，并设法吸引使用竞争产品的顾客转而使用本公司产品。④使用数量。根据消费者使用某一产品的数量多少，通常可细分为大量使用者、中度使用者和轻度使用者。大量使用者人数可能并不是很多，但他们的消费量在全部消费量中占很大的比重。美国一家公司发现，美国啤酒的80%是被50%的顾客消费掉的，另外50%的顾客的消费量只占消费总量的20%。因此，啤酒公司宁愿吸引重度饮用啤酒者，而放弃轻度饮用啤酒者，并把重度饮用啤酒者作为目标市场。公司还进一步了解到大量喝啤酒的人多是工人，年龄在25~50岁之间，喜欢观看体育节目，每天看电视的时间不少于3~5小时。很显然，根据这些信息，企业可以大大改进其在定价、广告宣传等方面的策略。⑤品牌忠诚程度。企业还可以根据消费者对产品的忠诚程度细分市场。有些消费者经常变换品牌，另外一些消费者则在较长时期内专注于某一个或少数几个品牌。通过了解消费者品牌忠诚情况和品牌忠诚者与品牌转换者的各种行为与心理特征，不仅可为企业细分市场提供一个依据，同时也有助于企业了解为什么有些消费者忠诚于本企业的产品，而另外一些消费者则忠诚于竞争企业的产品，从而为企业选择目标市场提供启示。⑥购买的准备阶段。消费者对各种产品的了解程度往往因人而异。有的消费者可能对某一个产品确有需要，但并不知道该产品的存在；有的消费者虽已知道产品的存在，但对产品的价值、稳定性等还存在疑虑；另外一些消费者则可能正在考虑购买。针对处于不同购买阶段的消费群体，企业进行市场细分并采用不同的营销策略。⑦态度。企业还可以根据市场上消费者对产品的热心程度来细分市场。不同消费者对同一个产品的态度可能有很大差异，有的持肯定态度，有的持否定态度，还有的则持既不肯定也不否定的无所谓态度。企业应针对持不同态度的消费群体进行市场细分，并且在广告、促销等方面也应当有所不同。

(2) 生产者市场细分的依据。

许多用来细分消费者市场的标准，同样可用于细分生产者市场，如根据地理、追求的利益和使用率等变量加以细分。不过，由于生产者与消费者在购买动机与行为上存在差别，所以，除了运用前述消费者市场细分标准外，还可用一些新的标准来细分生产者市场。

第一，按用户规模细分市场。在生产者市场中，有的用户购买量很大，而另外一些用户购买量很小。以钢材市场为例，如建筑公司、造船公司、汽车制造公司对钢材需求量很大，动辄数万吨地购买，而一些小的机械加工企业，一年的购买量也不过几吨或几十吨。因此，企业应当根据用户规模来细分市场。根据用户规模的不同，企业的营销组合方案也应有所不同。比如，对于大客户，宜于直接联系，直接供应，在价格等方面给予更多优惠；而对于众多的小客户，则应当使产品进入商业渠道，由批发商或零售商去组织供应。

第二，按产品的最终用途细分市场。产品的最终用途也是生产者市场细分的标准之一。生产者用户购买产品，一般都是用于再加工，对所购产品通常都有特定的要求。比如，同是钢材用户，有的需要圆钢，有的需要带钢；有的需要普通钢材，有的需要硅钢、钨钢或其他特种钢。企业此时可根据用户要求，将要求大体相同的用户集合成群，并据此设计出不同的营销策略组合。

第三，按购买方式细分市场。根据生产者购买方式来细分市场。生产者购买的主要方式如前所述包括直接重购、修正重购及新购。不同购买方式的采购程度、决策过程等不相同，因而可将整体市场细分为不同的小市场群。

6.1.3 市场细分的原则、程序与方法

6.1.3.1 市场细分的原则

如何寻找合适的细分标准，对市场进行有效细分，在营销实践中并非易事。一般而言，成功、有效的市场细分应遵循以下基本原则：

(1) 可衡量性。

它主要指细分的市场是可以识别和衡量的，亦即细分出来的市场不仅范围明确，而且对其容量大小也能大致作出判断。有些细分变量，如具有依赖心理的青年人，在实际中是很难测量的，以此为依据细分市场就不一定有意义。

(2) 可进入性。

它指细分出来的市场应是企业营销活动能够抵达的，亦即是企业通过努力能够使产品进入并对顾客施加影响的市场。一方面，有关产品的信息能够通过一定媒体顺利传递给该市场的大多数消费者；另一方面，企业在一定时期内有可能将产品通过一定的分销渠道运送到该市场。否则，该细分市场的价值就不大。比如，生产冰淇淋的企业如果将我国中西部农村作为一个细分市场，恐怕在一个较长时期内都难以进入。

(3) 有效性。

它指细分出来的市场，其容量或规模要大到足以使企业获利。进行市场细分时，企业必须考虑细分市场上顾客的数量，以及他们的购买能力和购买产品的频率。如果细分市场的规模过小，市场容量太小，细分工作繁琐，成本耗费大，获利小，就不值得去细分。

(4) 对营销策略反应的差异性。

它指各细分市场的消费者对同一个市场营销组合方案会有差异性反应，或者说对营销组合方案的变动，不同细分市场会有不同的反应。如果不同细分市场的顾客对产品需求差异不大，行为上的同质性远大于其异质性，此时，企业就不必费力对市场进行细分。此外，对于细分出来的市场，企业应当分别制定出独立的营销方案，如果无法制定出这样的方案，或其中某几个细分市场对是否采用不同的营销方案不会有大的差异性反应，便不必进行市场细分。

6.1.3.2 市场细分的程序

美国市场学家麦卡锡提出细分市场的一整套程序，这一程序包括七个步骤：

(1) 选定产品市场范围。

选定产品市场范围就是确定进入什么行业，生产什么产品。产品市场范围应以消费者的需求，而不是产品本身的特性来确定。例如，某家房地产公司打算在乡间建造一幢简朴的住宅，如果只考虑产品特征，该公司可能认为这幢住宅的购买对象是低收入顾客，但从市场需求角度看，高收入者也可能是这幢住宅的潜在顾客。因为高收入者在高楼大厦住厌倦之后，恰恰可能向往乡间的清静，从而成为这种住宅的潜在顾客。

(2) 列举潜在顾客的基本需求。

比如，公司可以通过调查，了解潜在消费者对前述住宅的基本需求。这些需求可能包括：遮风避雨，安全、方便、宁静，设计合理，室内陈设完备，工程质量好，生活方便，体现一定的生活情调等等。

(3) 了解不同潜在顾客的不同要求。

对于列举出来的基本需求，不同消费者的侧重点可能会存在差异。比如，经济、安全、遮风避雨是所有消费者共同强调的，但有的用户可能特别重视生活的方便，另外一些用户则对环境的安静、内部装修等有很高的要求。通过这种差异比较，不同的顾客群体即可初步被识别出来。

(4) 抽掉潜在顾客的共同要求，而以特殊需求作为细分标准。

上述所列购房的共同要求固然重要，但不能作为市场细分的标准。如遮风避雨、安全是每位顾客的要求，就不能作为细分市场的标准，因而应该剔除。

(5) 根据潜在顾客基本需求上的差异，将其划分为不同的群体或子市场，并赋予每个子市场一定的名称。

例如，西方房地产公司常把购房的顾客分为好动者、老成者、新婚者、度假者等多个子市场，并据此采用不同的营销策略。

(6) 进一步分析每个细分市场需求与购买行为特点，并分析其原因，以便在此基础上决定是否可以对这些细分出来的市场进行合并，或作进一步细分。

(7) 估计每个细分市场的规模。

在调查基础上，估计每个细分市场的顾客数量、购买频率、平均每次的购买数量等，并对细分市场上的产品竞争状况及发展趋势作出分析。

6.1.3.3 市场细分的方法

企业在运用细分标准进行市场细分时必须注意以下问题：第一，市场细分的标准是动态的。市场细分的各项标准不是一成不变的，而是随着社会生产力及市场状况的变化而不断变化。如年龄、收入、城镇规模、购买动机等都是可变的。第二，不同的企业在市场细分时应采用不同的标准。因为各企业的生产技术条件、资源、财力和营销的产品不同，所采用的标准也应有区别。第三，企业在进行市场细分时，可采用一项标准，即单一变量因素细分，也可采用多个变量因素组合或系列变量因素进行市场细分。下面介绍几种市场细分的方法：

(1) 单一变量因素法。

根据影响消费者需求的某个重要因素进行市场细分。如服装企业，按年龄细分市场，可分为童装、少年装、青年装、中年装和老年装；按气候的不同，可分为春装、夏装、秋装和冬装。

(2) 多个变量因素组合法。

根据影响消费者需求的两种或两种以上的因素进行市场细分。如生产者是锅炉生产厂，主要根据企业规模的大小、用户的地理位置、产品的最终用途及潜在市场规模来细分市场。

(3) 系列变量因素法。

根据企业经营的特点并按照影响消费者需求的诸因素，由粗到细进行市场细分。这种方法可使目标市场更加明确而具体，有利于企业更好地制定相应的市场营销策略。如自行车市场，可按地理位置（城市、郊区、农村、山区）、性别（男、女）、年龄（儿童、青年、中年、中老年）、收入（高、中、低）、职业（工人、农民、学生、职员）、购买动机(求新、求美、求价廉物美、求坚实耐用)等变量因素细分市场。如一个高档服装在制定其细分市场时就采用了年龄、性别、文化、职业与性格五个细分指标,最终确定其所要服务的目标市场。该服装的市场细分模式如图6-4所示。

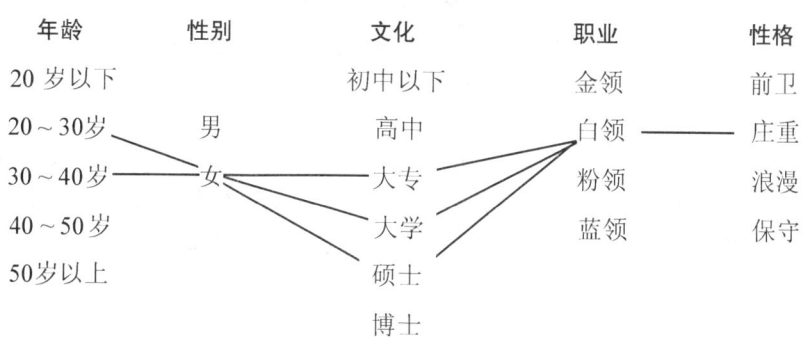

图6-4 某服装市场细分模式

利用这五个指标可以形成的细分市场达到了$5×2×6×4×4=960$个。而企业往往只能选择其中一个或几个作为自己的目标市场,如该服装企业就选择了白领、庄重的高知识女性市场。

6.2 目标市场选择

6.2.1 目标市场选择的模式

公司在对不同细分市场进行评估后,就必须对进入哪些市场和为多少个细分市场服务作出决策。公司可考虑的目标市场模式一共有五种。

6.2.1.1 密集单一市场

最简单的方式是公司选择一个细分市场集中营销,如大众汽车公司集中经营小汽车市场,理查德·D·伊尔文公司集中经营经济商业教科书市场。公司通过密集营销,可以更加了解本细分市场的需要,并树立起特别的声誉,因此便可在该细分市场上建立牢固的市场地位。另外,公司还可以通过生产、销售和促销的专业化分工,获得更多的经济效益。如果细分市场补缺得当,公司的投资便可获得高额回报。但同时,密集市场营销比一般情况风险更大。个别细分市场可能出现不景气的情况,例如年轻女士突然不再买淑女屋的服装,这将会使该公司的收入锐减;某个竞争者决定进入同一个细分市场,使得本细分市场的竞争加剧。由于这些原因,许多公司宁愿在若干个细分市场上分散营销。

6.2.1.2 有选择的专门化

公司采用此法选择若干个细分市场,其中每个细分市场在客观上都有吸引力,并且符合公司的目标和资源,但在各细分市场之间很少有或者根本没有任何联系,然而每个细分市场都有可能赢利。这种多细分市场目标优于单细分市场目标,因为这样可以分散公司的风险,即使某个细分市场失去吸引力,公司仍可继续在其他细分市场获取利润。

6.2.1.3 产品专门化

选择该方法的公司会集中生产一种产品，并向各类顾客销售这种产品。例如，显微镜生产商向大学实验室、政府实验室和工商企业实验室销售显微镜，而不生产实验室可能需要的其他仪器，通过这种战略，可以在这种产品方面树立起很高的声誉。但是，如果产品（这里指显微镜）被一种全新的显微产品代替，就会发生危机。

6.2.1.4 市场专门化

它是指专门为满足某个顾客群体的各种需要而服务。例如，公司可以为大学实验室提供一系列产品，包括显微镜、示波器、化学烧瓶等。公司通过专门为这个顾客群体服务而获得良好的声誉，并成为这个顾客群体所需各种新产品的销售代理商。但如果大学实验室突然削减经费预算，它们就会减少从这个市场专门化公司购买仪器的数量，这就会产生危机。

6.2.1.5 完全市场覆盖

它是指公司想用各种产品满足各种顾客群体的需求。只有大公司才能采用完全市场覆盖战略，例如计算机市场中的惠普公司，汽车市场中的丰田汽车公司和饮料市场中的可口可乐公司等。

6.2.2 目标市场选择的标准

目标市场就是企业决定要进入的市场。企业在对整体市场进行细分后，要对各细分市场进行评估，然后根据细分市场的市场潜力、竞争状况、本企业资源条件等多种因素，决定把哪一个或哪几个细分市场作为目标市场。一般而言，企业考虑进入的目标市场应符合以下标准或条件。

6.2.2.1 有一定的规模和发展潜力

企业进入某个市场是期望能够有利可图，如果市场规模过小或者趋于萎缩状态，企业进入后难以获得发展，此时，应审慎考虑，不宜轻易进入。当然，企业也不宜以市场规模作为唯一取舍标准，特别应力求避免"多数谬误"，即与竞争企业遵循同样的思维逻辑，将规模最大、吸引力最大的市场作为目标市场。大家共同争夺同一个顾客群体的结果是造成过度竞争和社会资源的无端浪费，同时使消费者的一些本应得到满足的需求遭受冷落和忽视。现在国内很多企业动辄将城市尤其是大中城市作为其首选市场，而对小城镇和农村市场不屑一顾，很可能就会步入了"多数谬误"的误区。如果转换一下思维角度，一些目前经营尚不理想的企业说不定会出现"柳暗花明"的前景。

6.2.2.2 具有长期的内在的吸引力

细分市场可能具备理想的规模和发展潜力，然而从赢利的观点来看，它未必有吸引力。迈克尔·波特认为，有五种力量决定整个市场或其中任何一个细分市场的长期的内在吸引力。如果某个市场已有为数众多、实力强大或者竞争意识强烈的竞争者，该市场就失去吸引力；如果某个市场可能吸引新的竞争者进入，他们将会投入新的生产能力和大量资源，并争夺市场占有率，这个市场也没有吸引力；如果某个市场已存在现实的或潜在的替代产品，这个市场就不具有吸引力；如果某个市场购买者的谈判能力很强或正在加强，他们强求降价，或对产品和服务苛求不已，并强化买方之间的竞争，那么，这个市场就缺乏吸引力；如果企业的供应者——原材料和设备供应商、公共事业单位、银行等，能够随意提高或降低产品和服务质量，或减少供应数量，该市场就没有吸引力。反之，则具有吸引力。

6.2.2.3 符合企业目标和能力

某些细分市场虽然有较大吸引力，但不能推动企业实现发展目标，甚至会分散企业的精力，使之无法完成其主要目标，这样的市场应考虑放弃。此外，还应考虑企业的资源条件是否适合在某个细分市场上经营。只有选择那些企业有条件进入、能充分发挥其资源优势的市场作为目标市场，企业才会立于不败之地。

6.2.3 目标市场选择的策略

6.2.3.1 无差异市场营销策略

无差异市场营销策略是指企业将产品的整个市场视为一个目标市场，用单一的营销策略开拓市场，即用一种产品和一套营销方案吸引尽可能多的购买者。无差异市场营销策略只考虑消费者或用户在需求上的共同点，而不关心他们在需求上的差异性。可口可乐公司在20世纪60年代以前曾以单一口味的品种、统一的价格和瓶装、同一广告主题将产品推向所有顾客，采取的就是这种策略。由于其获得的巨大成功，因而无差异市场营销策略又称为可乐策略。

无差异市场营销的理论基础是成本的经济性。生产单一产品，可以减少生产与储运成本；无差异的广告宣传和其他促销活动可以节省促销费用；不搞市场细分，可以减少企业在市场调研、产品开发、制定各种营销组合方案等方面的营销投入。这种策略对于需求广泛、市场同质性高且能大量生产、大量销售的产品比较合适。

对于大多数产品，无差异市场营销策略并不一定合适。首先，消费者需求客观上千差万别且不断变化，一种产品长期为所有消费者或用户所接受非常罕见；其次，当众多企业如法炮制，都采用这一策略时，会造成市场竞争异常激烈，同时在一些小的细分市场上消费者需求得不到满足，这对企业和消费者都是不利的；最后，易于受到竞争企业的攻击，当其他企业针对不同细分市场提供更有特色的产品和服务时，采用无差异市场策略的企业可能会发现自己的市场正在遭到蚕食但又无法有效地予以反击。正由于这些原因，世界上一些曾经长期实行无差异市场营销策略的大企业最后也被迫改弦更张，转而实行差异性市场营销策略。被视为实行无差异市场营销策略典范的可口可乐公司，面对百事可乐、七喜等企业的强劲攻势，也不得不改变原来的策略，一方面向非可乐饮料市场进军，另一方面针对顾客的不同需要推出多种类型的新可乐。

6.2.3.2 差异性市场营销策略

差异性市场营销策略是将整体市场划分为若干个细分市场，针对每个细分市场制定一套独立的营销方案。比如，服装生产企业针对不同性别、不同收入水平的消费者推出不同品牌、不同价格的产品，并采用不同的广告主题来宣传这些产品，采用的就是差异性市场营销策略。由于七喜公司在挑战可乐等碳酸饮料时率先使用了差异性市场营销策略，并获得成功，因此差异性市场营销策略又称为非可乐策略。

差异性市场营销策略的优点是：小批量、多品种，生产机动灵活，针对性强，使消费者需求更好地得到满足，由此促进产品销售。另外，由于企业是在多个细分市场上经营，一定程度上可以减少经营风险，一旦企业在几个细分市场上获得成功，有助于提高企业的形象及市场占有率。

差异性市场营销策略的不足之处主要体现在两个方面：一是增加营销成本。由于产品品种多，管理和存货成本将增加；由于公司必须针对不同的细分市场发展独立的营销计划，会增加企业在市场调研、促销和渠道管理等方面的营销成本。二是可能使企业的资源配置不能有效集中，顾此失彼，甚至在企业内部出现彼此争夺资源的现象，使拳头产品难以形成优势。

6.2.3.3 集中性市场营销策略

实行差异性市场营销策略和无差异市场营销策略，企业均是以整体市场作为营销目标，试图满足所有消费者在某一方面的需要。集中性市场营销策略则是集中力量进入一个或少数几个细分市场，实行专业化生产和销售。实行这个策略，企业不是追求在一个大市场上角逐，而是力求在一个或几个子市场上占有较大份额。例如，某生产空调的企业不是生产各种型号和款式、面向不同顾客和用户的空调，而是专门生产安装在汽车内的空调。又如，汽车轮胎制造企业只生产用于换胎业务的轮胎，均是采用这一策略。

集中性市场营销策略的指导思想是：与其四处出击收效甚微，不如突破一点取得成功。这一策略特别适合于资源力量有限的中小企业。中小企业由于受财力、技术等方面因素制约，在整体市场上可能无力与大企业抗衡，但如果集中资源优势在大企业尚未顾及或尚未建立绝对优势的某个或某几个细分市场进行竞争，成功的可能性更大。

集中性市场营销策略的局限性体现在两个方面：一是市场区域相对较小，企业发展受到限制。二是潜伏着较大的经营风险。一旦目标市场突然发生变化，如消费者趣味发生转移，或有强大竞争对手进入，或有新的更具吸引力的替代品出现，都可能使企业因没有回旋余地而陷入困境。

6.2.4 影响目标市场策略选择的因素

前述三种目标市场策略各有利弊，企业到底应采取哪一种策略，应综合考虑企业、产品和市场等多方面因素予以决定。

6.2.4.1 *企业资源或实力*

当企业生产、技术、营销、财务等方面实力很强时，可以考虑采用差异性或无差异市场营销策略；当企业资源有限，实力不强时，则应该考虑采用集中性市场营销策略。当企业所拥有的资源与企业目标一致时，比较容易实现企业目标；如果企业资源与企业目标不一致，则企业的目标难以实现，因而也就很难使目标市场中的客户满意。

6.2.4.2 *产品的同质性*

产品的同质性指在消费者眼里，不同企业生产的产品的相似程度。相似程度高，则同质性高；反之，则同质性低。对于大米、食盐、钢铁等产品，尽管每种产品因产地和生产企业的不同其品质会有些差别，但消费者可能并不十分看重，此时，竞争将主要集中在价格上，这样的产品适合采用无差异市场营销策略。对于服装、化妆品、汽车等产品，由于在型号、式样、规格等方面存在较大差别，产品选择性强，同质性较低，因而更适合于采用差异性或集中性市场营销策略。

6.2.4.3 市场的同质性

市场的同质性指各细分市场顾客需求、购买行为等方面的相似程度。市场同质性高，意味着各细分市场相似程度高，不同顾客对同一个营销方案的反应大致相同，此时，企业可考虑采取无差异市场营销策略；反之，则适宜采用差异性或集中性市场营销策略。

6.2.4.4 产品所处生命周期的不同阶段

产品处于投入期，同类竞争品不多，竞争不激烈，企业可采用无差异市场营销策略。当产品进入成长期或成熟期时，同类产品增多，竞争日益激烈，为确立竞争优势，企业可考虑采用差异性市场营销策略。当产品步入衰退期时，为保持市场地位，延长产品生命周期，全力对付竞争者，可考虑采用集中性市场营销策略。

6.2.4.5 竞争者的市场营销策略

企业选择目标市场策略时，一定要充分考虑竞争者尤其是主要竞争对手的营销策略。如果竞争者采用差异性市场营销策略，企业应采用差异性或集中性市场营销策略与之抗衡；若竞争者采用无差异市场营销策略，则企业可采用无差异或差异性市场营销策略与之对抗。

6.2.4.6 竞争者的数目

当市场上同类产品的竞争者较少，竞争不激烈时，可采用无差异市场营销策略。当竞争者较多，竞争激烈时，可采用差异性或集中性市场营销策略。

6.3 市场定位

市场细分、目标市场选择和市场定位是营销机会选择过程中相互联系的三个环节。市场细分为企业展现多种机会；目标市场选择帮助企业寻找准备进入的最佳目标市场。企业选定目标市场后，市场细分的过程并未终结，还应对目标市场进行定位。

6.3.1 市场定位的概念

市场定位，也被称为产品定位或竞争性定位，是在20世纪70年代由美国营销学家艾·里斯和杰克·特劳特提出的，是指根据竞争者现有产品在细分市场上所处的地位和顾客对产品某些属性的重视程度，塑造出本企业产品与众不同的鲜明个性或形象并传递给目标顾客（即目标市场），使该产品在细分市场上占有强有力的竞争地位。也就是说，市场定位是塑造一种产品在细分市场上的位置。产品的特色或个性可以从产品实体上表现出来，如形状、成分、构造、性能等；也可以从消费者心理上反映出来，如豪华、朴素、时髦、典雅等；还可以表现为价格水平、质量水准等。

企业在市场定位过程中，一方面要了解竞争者产品的市场地位，另一方面要研究目标顾客对该产品的各种属性的重视程度，然后选定本企业产品的特色和独特形象，从而完成产品的市场定位。

例如，在汽车市场上，德国的大众汽车以彰显"货币价值"为特色，沃尔沃则以"最安全"为特色，梅赛德斯-奔驰则以"显示身份"为特色，而宝马（BMW）则以享受"驾驶的乐趣"为特色等等。他们根据顾客的某个需要，树立了自身鲜明而突出的特色,成功地为自己的产品进行市场定位,得到目标消费者的认可。

6.3.2 市场定位策略

市场定位的方式有很多,以下从产品、竞争、目标消费者的角度入手,介绍市场定位的三种策略(见表6-1)。

表6-1 市场定位策略

从产品角度定位	从竞争角度定位	从目标消费者角度定位
特质定位 使用/应用定位 利益定位 竞争者定位 使用者定位 类别定位 品质/价格定位	避强定位 迎头定位 重新定位	第一定位 强化定位 集团定位

(资料来源:连漪. 市场营销学理论与实务 [M]. 北京:北京理工大学出版社,2007:175,有改动)

6.3.2.1 产品定位策略

(1) 特质定位。

公司以某些特质来自我定位,如啤酒公司会宣称它是"最老牌"的啤酒制造商,旅馆会宣称自己是该市"最高级"的旅馆。以特色来定位通常是欠佳的选择,因为所宣称的利益无法让人一望便知。

(2) 使用/应用定位。

以产品在某些应用上是最佳产品来定位,如耐克会将某种类型的运动鞋描述为最佳跑鞋,而将另一种鞋描述为最适于打篮球的运动鞋。

(3) 利益定位。

利益定位是指根据产品所能满足的需求或提供的利益、解决问题的程度来定位,如中华牙膏定位为"超洁爽口",广东牙膏定位为"快白牙齿",洁银牙膏定位为"疗效牙膏",汰渍洗衣粉宣称它的洗净效果较佳,沃尔沃汽车宣称它的汽车较安全等。这些定位都各能吸引一大批消费者,分别满足他们的特定需求。营销人员主要采用利益定位。

(4) 竞争者定位。

暗示自己的产品比竞争者优异或与竞争者有所不同,如艾维斯(Avis)租车公司对自己的描述是"我们是比别人更努力的公司",七喜汽水(7-up)把自己称为"非可乐"。

(5) 使用者定位。

用目标使用群来为产品定位,如苹果电脑把它的电脑和软件描述为图像设计师的最佳伴侣,太阳微系统把其工作站描述为设计工程师的最佳伙伴,而劳斯莱斯则专门为富贵、社会地位显赫的人提供高档轿车。

(6) 类别定位。

公司可将自己形容为该产业类别的领导者,如柯达即意味着摄影底片,施乐则代表复印机。

（7）品质/价格定位。

品质/价格定位即把产品定位于某一品质与价格阶层，如香奈儿五号（Chanel No.5）被定位为一种品质极佳、价格极高的香水，塔可钟（Taco Bell，注：北美洲的一家墨西哥口味的塔口饼"Taco"连锁快餐店，是隶属于百事可乐旗下的关系企业）把塔口饼定位为同样价格下最划算的食物。

6.3.2.2 竞争定位策略

（1）避强定位。

避强定位是指企业把产品定位于目标市场上的空白处，这样可以避开市场的激烈竞争，使企业有一个从容发展的机会。

企业在作此决策前，必须明确以下三个问题：①市场空白处的潜在顾客数量。市场出现空白，也许并非是因为其他竞争者没有注意到，可能是该处缺乏足够的需求。②技术上的可行性。企业要有足够技术能力生产市场空白处的需求产品；否则，企业即使选择了这种策略也只能望洋兴叹。③经济上的合理性。企业填补市场空位能有利可图。

（2）迎头定位。

迎头定位是一种与在市场上占据支配地位的，亦即与最强的竞争对手"对着干"的定位方式。显然，采用这种策略会有一定的风险，但不少企业主认为这是一种更能激励自己奋发向上的可行的定位尝试。如百事可乐与可口可乐的对抗，汉堡王与麦当劳的对抗等。实行迎头定位的策略，必须知己知彼，尤其要正确估价自己的实力。

（3）重新定位。

重新定位是指企业变动产品特色，改变目标顾客对其原有的印象，使目标顾客对其产品新形象有一个重新认识的过程。重新定位对于企业适应市场环境、调整市场营销战略是必不可少的，可以视为企业的战略转移。重新定位可能导致产品的名称、价格、包装和品牌的更改，也可能导致产品用途和功能的变动，企业必须考虑定位转移的成本和新定位的收益问题。企业产品在市场上的定位即使很恰当，但在出现下列情况时，也要考虑重新定位：①竞争者推出的产品定位于本企业产品的附近，侵占了本企业的部分市场，使本企业品牌的市场占有率有所下降。②消费者偏好发生改变。

总之，重新定位是以退为进的策略，目的是为了实施更有效的定位。例如，某日化厂生产婴儿洗发剂，以强调该洗发剂不刺激眼睛来吸引有婴儿的家庭。但随着出生率的下降，其销售量减少。为了增加销售量，该企业将产品重新定位，强调使用该洗发剂能使头发松软有光泽，以吸引更多、更广泛的购买者。再如万宝路香烟刚进入市场时，是以女性为目标市场，它推出的口号是：像5月的天气一样温和。然而，尽管当时美国吸烟人数年年都在上升，万宝路的销路却始终平平。后来，广告大师李奥贝纳为其做广告策划，他将万宝路重新定位为男子汉香烟，并将它与最具男子汉气概的西部牛仔形象联系起来，树立了万宝路自由、野性与冒险的形象，使它从众多的香烟品牌中脱颖而出。自20世纪80年代中期到现在，万宝路一直居世界各品牌香烟销量首位，成为全球香烟市场的领导品牌。

6.3.2.3 目标消费者定位策略

（1）第一定位。

争当第一，这是进入人们大脑的捷径。比如，人们很容易记得世界第一高峰是喜马拉雅山的珠穆朗玛峰，世界第二高峰却少有人知；第一个登上月球的人是尼尔·奥尔登·阿姆斯特朗，第二个完成同样壮举的人呢？同样，第一个占据人们大脑的公司名称很难从记忆中抹掉。例如，乐百氏因在饮用水行业第一个提出27层净化过滤的概念而被消费者认同；七喜因第一个提出"非可乐"的概念，而成功地与可乐饮料区分，并给消费者留下深刻印象。

（2）强化定位。

强化定位即在消费者心目中强化自己的地位，这样做有利于突出个性，如北京大学宣传自己是百年老校和新思想的发源地。

（3）集团定位。

集团定位即定位于某一集团，以提高自己的位置。如美国克莱斯勒汽车公司总是号称自己是美国三大汽车公司之一，其实其实力与通用和福特汽车公司的差距是较大的。这种定位方式给人以与通用、福特并驾齐驱之感。再如山东威龙葡萄酒有限公司宣称自己位居张裕葡萄酒有限公司、长城葡萄酒有限公司及王朝葡萄酒有限公司之后，是中国葡萄酒四强，其定位策略也属此类。

6.3.3 市场定位的步骤

企业市场定位的全过程可以通过以下三大步骤来完成。

6.3.3.1 确认本企业潜在的竞争优势

这一步骤的中心任务是要回答以下三个问题：一是竞争对手的产品定位如何？二是目标市场上顾客欲望满足程度如何以及确实还需要什么？三是针对竞争者的市场定位和潜在顾客的真正需要的利益要求，企业应该及能够做什么？要回答这三个问题，企业市场营销人员必须通过一切调研手段，系统地设计、收集、分析并报告有关上述问题的资料和研究结果。

通过回答上述三个问题，企业就可以从中把握和确定自己的潜在竞争优势在哪里。

6.3.3.2 准确地选择相对竞争优势

相对竞争优势表明企业能够胜过竞争对手的能力。这种能力既可以是现有的，也可以是潜在的。准确地选择相对竞争优势实际上就是一个企业与竞争者各方面实力相比较的过程。比较的指标应是一个完整的体系，只有这样，才能准确地选择相对竞争优势。通常的方法是分析、比较企业与竞争者在经营管理、技术开发、采购、生产、市场营销、财务和产品等七个方面究竟哪些是强项，哪些是弱项，借此选出最适合本企业的优势项目，以初步确定本企业在目标市场上所处的位置。

6.3.3.3 显示及传播独特的竞争优势

这一步骤的主要任务是企业要通过一系列的宣传促销活动，将其独特的竞争优势准确传播给潜在顾客，并在顾客心目中留下深刻印象。为此，企业首先应使目标顾客了解、知道、熟悉、认同、喜欢和偏爱本企业的市场定位，在顾客心目中建立起与该定位相一致的形象。其次，企业通过各种努力强化目标顾客形象，保持目标顾客的了解，稳定目标顾客的态度和加深目标顾客的感情来巩固与市场相一致的形象。最后，企业应注意目标顾客对其市场定位理解出现的偏差或由于企业市场定位宣传上的失误而造成的目标顾客模糊、混乱和误会，及时纠正与市场定位不一致的形象。

【本章小结】

目标市场营销，也称为 STP 营销，即细分市场（Segmentation）、目标市场选择（Targeting）、市场定位（Positioning），是企业制定有效营销组合策略的基础和前提。

市场细分就是按照消费者欲望与需求，把一个总体市场划分成若干个具有共同特征的子市场的过程。市场细分的客观基础是消费者对同一种产品需求的差异性。凡是构成消费者需求差异的因素，都可以作为市场细分的依据。消费者市场细分的依据有地理因素、人口状况、消费者心理、消费者购买行为等。生产者市场除依据前述标准进行细分外，还可用用户规模、产品的最终用途、购买方式来细分。营销人员运用不同的细分变量来划分，以发现最佳的细分市场机会。成功、有效的市场细分应遵循可衡量性、可进入性、有效性和对营销策略反应的差异性四个原则。

目标市场是企业在市场细分的基础上，决定要进入的最佳的子市场。选择目标市场的模式有五种：密集单一市场、有选择的专门化、产品专门化、市场专门化、完全市场覆盖。选择目标市场应考虑四个方面的条件：规模、发展潜力、吸引力、企业的目标和能力。目标市场选择的策略有三种，即无差异市场营销策略、差异性市场营销策略、集中性市场营销策略。它们各有利弊，应综合考虑企业资源或实力、产品和市场性质、产品所处生命周期的不同阶段、竞争状况等多方面因素做出选择。市场定位是指企业决定把自己放在目标市场的什么位置上。

定位是设计企业产品和形象的行为，以便目标市场能知道企业相对于竞争对手的优势。市场定位的方式有很多，主要有产品定位、竞争定位和目标消费者定位三种策略。企业市场定位的全过程可以通过以下三大步骤来完成：确认本企业潜在的竞争优势，准确地选择相对竞争优势，显示及传播独特的竞争优势。

【关键名词】

STP（Segmentation-Targeting-Positioning）
市场细分（Market Segmentation）
目标市场（Target Market）
目标营销（Target Marketing）
无差异市场营销（Undifferentiated Marketing）
差异性市场营销（Differentiated Marketing）
集中性市场营销（Concentrated Marketing）
市场定位（Market Positioning）

【思考题】

1. 细分消费者市场依据哪些主要变量？
2. 细分生产者市场依据哪些主要变量？
3. 企业是如何选择目标市场的？
4. 企业应怎样进行市场定位？

【实践训练】

市场营销定位

实训目标：认识目标市场营销的意义和重要性，培养市场细分和市场定位的能力。

实训内容与要求：调查下列企业及其品牌，取得其背景资料，分析企业所处的市场营销环境以及它们是怎样进行市场定位的？

美的　淘宝网　长虹　格兰仕　肯德基　麦当劳　百事可乐

实训成果与检测：在班级组织一次交流与讨论。完成市场营销分析报告。

【案例分析】

营销巨人 P&G 启示录

对于 20 世纪 90 年代出生的中国年轻消费者来说，提起 P&G，脑海里一定能立即蹦出一个个家喻户晓的牌子："海飞丝""飘柔""潘婷""沙宣"洗发水，"舒肤佳"香皂，"碧浪"洗衣粉，"护舒宝"卫生巾，"帮宝适"纸尿裤，"SK-Ⅱ""玉兰油"化妆品。P&G 的各类产品已经成为中国消费者，特别是青年消费者日常生活中必不可少的一部分。

成立于 1837 年的美国 Procter & Gamble（P&G）是目前世界上名列前茅的日用消费品制造商和经销商。它在世界 56 个国家设有工厂及分公司，所经营的 300 个品牌畅销 140 个国家和地区，其中包括食品、纸品、洗涤用品、肥皂、药品、护发护肤产品、化妆品等。P&G 于 1988 年 8 月创建了在中国的第一间合资企业——广州宝洁有限公司，专门生产洗涤护肤用品；1990 年，合资各方为满足日益增长的市场需要又创办了广州宝洁纸品有限公司；1992 年，再次合资创建广州宝洁洗涤用品有限公司。然后陆续在北京、天津、上海、成都建立了分公司，并先后在华东、华南、西北、华北等地建立分销机构，不断向市场推出多种品牌的产品，提供一流的产品和服务，销售覆盖面遍及全国。

P&G 成功地登陆中国市场并取得如此巨大的成功，得益于其成功的市场定位和市场选择战略。

一、抢滩点——选取广州作为最先的目标区域市场

P&G 选择在广州抢滩登陆，将其在大陆市场的总部设在广州，然后逐渐向沿河地区（上海等地）扩展，是别具匠心的。20 世纪 80 年代的广州是中国改革开放的前沿阵地，具有优越的投资环境和优惠的投资政策。

广州地处珠江三角洲腹地，毗邻香港、澳门，享有得天独厚的地理优势，是中国十四个沿海开放城市之一。这里优越的投资环境以及发展高新技术产品和高档居民消费品的特别优惠政策，再加上良好的城市设施，吸引着大批的海外投资者。灵活开放的政策给广州的经济带来了空前的繁荣，使广州成为外商竞相投资的热点地区。

广州是中国的先导消费区域，消费潮流全国领先。经济的繁荣带来了广州居民人均年收入的显著增加和人均消费水平的不断提高，形成了强大的购买力。广州发展至今，已在传统文化的基础上形成了自身鲜明的特点和风格——"崇实、开放、进取、创新"，广州居民对外来文化的涌入更是持有一种善于兼收并蓄的学风和积极引进、消化的态度。广州这些比起内陆地区更注重中外文化的纵深拼接和汇流的新颖风格，深刻地影响着广州市消费者的消费心理和方式。广州地区成为国内消费水平和购买力居高的代表性区域，也成为高档化妆品进入普通居民家庭的先导性市场。

二、以高取胜——宝洁的品牌定位

P&G在国际市场上的产品一向以高价位、高品质著称。P&G的一个高级顾问曾经说过："P&G永不甘于屈居第二品牌的地位，我们的目标是争取第一。"继承P&G的这种传统，广州宝洁在市场中的定位很鲜明，即"一流""高档"。广州宝洁设有产品开发部，专门研究如何提高产品的质量、包装技术和工艺技术，力求在满足中国消费者需求方面做得比竞争对手更好。在中国消费者的心目中，P&G已经成为高品质的代名词。

P&G打入中国市场的1988年，中国洗发用品市场上的同类产品种类不多。大多数国产产品质量差，包装粗糙，缺乏个性，但价格低廉；进口产品质量虽好，但价格昂贵，很少有人问津。P&G将自己的产品定在高价上，价格是国内品牌的3到5倍，比如一瓶200ml的飘柔洗发水定价为16.50元，比国产同等规格的"梦思"香波贵3倍，但比进口品牌便宜1~2元。

由此可见，P&G是以高品质、高价位的品牌形象打入中国市场的，这正切中了消费者崇尚名牌的购买心理。对于一种商品，中国消费者首先要对其产地做出选择：国产的、进口的、还是合资生产的。多年来，与物美价高的进口货和价廉物不美的国产货相比，合资产品因其价廉物美而备受青睐，往往是消费者优先选择的目标。P&G的产品虽然价格稍贵，但其高品质的形象和新颖的包装有着强大的竞争力，于是它在洗发水用品市场上的众多品牌中脱颖而出。自1988年推出"海飞丝"洗发水以来，P&G接连打响了"飘柔二合一""潘婷Pro-V"等一个又一个洗发水品牌。据中国名企网资料，2010年中国十大洗发水品牌排行榜第1、5、7、10名分别是宝洁麾下的海飞丝、潘婷、飘柔和沙宣。

三、抓住新一代——目标市场的选取

P&G广告画面多选用年轻男女的形象，展示年轻人追求浪漫的幻想，崇尚无拘无束和富有个性色彩的生活画面，并针对年轻人的心理配上如"滋润青春肌肤，蕴含青春美"等广告语。P&G选择青年消费群作为其目标市场，是看中了青年人的先导消费作用。

在中国消费者中，消费心理和方式显而易见地发生了较大变化的首先是青年消费者。青年人带动了消费主义运动的兴起，改变了人们传统的生活态度和节俭观念，刺激

着人们的消费欲望和财富欲望。他们求新、好奇、透支消费、追求名牌、喜欢广告、注重自我等心理正先导性地改变着大家的消费习惯和行为。

P&G 选取青年人崇拜的青春偶像王力宏、罗志祥以及具有青春活力的年轻女孩作为广告模特，举办"飘柔之星全国竞耀活动"展示年轻女性的真我风采，以及围绕青年所作的一系列促销活动，如"海飞丝美发亲善大行动"等，充分表明了它的抓住新一代的定位意图，而它卓著的市场业绩也充分证明了其目标市场定位的正确性。

（资料来源：http://www.docin.com/p-101027096.html，略有修改）

讨论题：

1. 依照案例分析宝洁公司是如何进行市场细分、目标市场选择和市场定位的。
2. 根据市场定位宝洁公司进行了哪些营销活动？
3. 你觉得宝洁公司的营销过程有哪些需要改进的地方？

【阅读材料】

1. [美] 菲利普·科特勒. 营销管理 [M]. 梅清豪，译. 12 版. 上海：上海人民出版社，2006.
2. [美] 艾·里斯，等. 定位 [M]. 王恩冕，等，译. 北京：中国财政经济出版社，2002.
3. 中国国家企业网，http://www.chinabbc.com.cn/.

第3篇　市场营销战略与策略

第7章 市场营销战略

【本章概要】

市场竞争是市场经济的基本特征之一。正确的市场竞争战略，是企业成功地实现其营销目标的关键。企业要想在激烈的市场竞争中立于不败之地，就必须树立营销观念，强化服务意识，制定正确的市场竞争战略，努力取得竞争的主动权。本章从企业的一般战略与战略规划出发，介绍产业基本竞争战略，重点阐释竞争性市场营销战略。

【学习目标】

1. 了解企业的一般战略与战略规划；
2. 理解产业基本竞争战略；
3. 理解竞争性市场营销战略的主要内容；
4. 掌握市场领导者、挑战者等的主要竞争战略。

【引导案例】

百事通："通天下"何以折戟市场

企业战略定位不清晰，遭遇瓶颈就绝非偶然。电信号码百事通业务自2005年末推出以来，一直是业内关注的热点。在中国电信内部，更是将号码百事通视为关乎电信战略转型的重点业务。2007年8月，中国电信集团专门为该业务在上海成立了号码百事通信息服务有限公司。在电信的大力推广下，号码百事通业务短期内取得了快速增长，连续3年业务收入增长率超过50%。截至2008年8月，号码百事通日均语音呼叫量已超过400万次，号码百事通互联网搜索服务全国的日均搜索量也超过4000万次，与百度、Google一起成为最受欢迎的国内搜索引擎之一。但是在经历了不长的增长期后，号码百事通的业务增长陷入了停滞，同时面临着移动12580、联通116114等同类业务和Google、百度等搜索引擎的多重竞争挤压，号码百事通的发展似乎陷入了一种模式困境。号码百事通究竟应该怎样定位？什么样的商业模式才适合号码百事通？

号码百事通演变历程

1. 免费的公益114平台

号码百事通的前身是114。114查号台创立时定位为社会公众资源，是一个和110、120、119等号码的性质一样的非营利性公益平台。当时的114不是以赢利为目的的业务，而是一个公共信息平台，用户拨打114查号台是免费的。

2. 前向收取市话费

随着经济的发展，电话的保有量实现了数量级的增长，当时互联网普及率较低，大部分用户只能通过114查号台进行号码查询，导致114的查询量也发生了数量级的增长，电信运营商对114平台的投入也越来越大。为更新技术，加大信息采集量，弥补资金缺口，运营商开始对拨打114的客户按照市话的标准收取主叫用户费用。114查号台开始了单向收费模式，对前向主叫用户收费，但对后向企业客户仍然免费提供信息发布服务，此时运营商主要负责平台的运营维护和信息采集。

3. 双向收费

2005年，中国电信依托114查号业务长期积累的号码资源优势、品牌价值和管理经验，推出了全新的信息查询与发布类业务，也就是今天我们看到的"号码百事通"。"号码百事通"既为前向用户提供方便、快捷的语音信息查询服务，又为后向企业客户提供企业总机、查询转接、企业名片、优先报号等一站式的信息发布与营销服务，帮助企业提升业务收入和品牌知名度。这样电信就能同时对前向用户收取市话费，对后向客户收取信息发布与营销服务费，实现双向收费。运营商的职责也由简单的信息采集、平台运营，转变为更多地承担市场策划、顾客分析与锁定等营销服务功能。

模式困境与竞争威胁

双向收费模式的确立加上中国电信的大力推广，号码百事通业务快速增长。2006年1月，号码百事通的业务收入是500万元；到2006年11月，该业务收入已达到了3600万元，是1月份收入的7倍。但是在经历了不长的快速增长期后，号码百事通的业务增长明显减缓。

"知百事，通天下"的品牌宣传使得号码百事通的知名度得到很大的提升，但是快速增长后的号码百事通遇到了增长瓶颈，市场反应并没有预期的强烈。广州电信的一项调查显示，有76%的用户听说过号码百事通的品牌，同时42.3%的用户表示只听过号码百事通，对其业务并不了解，真正使用过号码百事通的用户只占30%。对于加盟商户的调查显示，67%的加盟商户认为号码百事通基本用不上。由于给加盟商户带来的价值感不强，尽管加盟号码百事通每年只需300~600元，但57%的加盟商户都表示"这个价格太贵了"。

同时，在电信号码百事通业务推出以后，移动12580、联通116114也迅速跟进，推出类似的服务内容和收费模式。凭借与手机用户的紧密联系，12580、116114在手机用户中迅速树立了较强的认知，抢占了部分手机语音搜索市场。另外，随着手机网民数量的大幅增加，百度、Google等搜索引擎也移动化了，年轻的网民很自然地把上网搜索信息的习惯转移到手机搜索上，并且在包月套餐下，这样的搜索通常是免费的，比起收费的号码百事通更有吸引力。

由此我们看到，号码百事通遭遇增长瓶颈在于两个关键问题。一是战略定位不清晰，"知百事，通天下"的宣传定位过于宽泛，号码百事通什么都做，但是什么都做不精。由于是付费查询，不同于一般的免费搜索，用户对于信息准确度要求很高，希望能够迅速解决问题。但是号码百事通目前没有确立自己的专长查询内容，虽然有多年的数据积累，但信息挖掘处理的深度和数据更新的及时性都无法满足用户要求，给用户造成了信息过时、等待时间长等不良印象,用户预期和用户体验落差大,难以形成好的口碑宣传效应。二是号码百事通缺乏一种能够发挥其业务专长的创造独特价值的商业模式。商业模式的核心是基于一种独特的价值主张,在于一种独特的价值创造方式。目前所说的双向收费、语音搜索引擎都是商业模式的一部分,但更重要的是号码百事通能给顾客创造一种12580和百度手机搜索无法提供的独特价值吗?如果不能,号码百事通的市场将进一步被免费的手机搜索和其他竞争对手蚕食。

"百事购"新商业模式实践

号码百事通缓慢增长的现实压力迫使各地的管理者们进行更大范围、更深度的业务创新尝试。号码百事通"省公司+地、市"的充分分权的管理模式,为这些新的业务尝试提供了更多的便利。"百事购"就是号码百事通的一种新业务创新。百事购业务是对号码百事通信息服务的深度延伸服务,它以为顾客提供一站式问题解决方案的理念,深度介入顾客的需求满足链条中,开始承担订单、配送、收费等渠道功能。一方面为顾客提供"看到、听到就可以买到"的一站式便捷服务,而无需麻烦的二次转接;另一方面又转型成为企业用户的渠道服务商,而不仅是信息撮合。

广东电信2009年7月推出的百事购"中秋礼包"非常有启发意义。"中秋礼包"分为月饼礼包和大闸蟹礼包。月饼礼包内含月饼、电影卡、《中秋指南》等礼品;大闸蟹礼包内含大闸蟹、吃蟹工具、紫苏、姜茶、《中秋指南》等礼品。"中秋礼包"主要瞄准的是有客户关怀、员工福利等需求的企业客户。购买电信百事购"中秋礼包"的企业客户省去了将节日礼品搬回公司再专人派发的麻烦。百事购会把礼包目录和兑换券直接送到公司,公司只需把礼包目录和兑换券派发给员工或者客户即可。拿到礼包目录和兑换券的员工或者客户,可以按照自己的喜好和需要自由选择礼品目录上的产品组合,也可以根据需要将礼包直接送给自己的亲朋好友或者用户。客户只需在兑换时填好要送去的朋友的地址,百事购就可将礼包配送至指定地址。

百事购"中秋礼包"的成功是对号码百事通目前模式困境的一次有效突围,它对于号码百事通的模式探索很有启发意义。

[资料来源:张权. 百事通:"通天下"何以折戟市场 [J]. 销售与市场:评论版,2011(5):56—58]

以上案例讲到的是企业发展的战略问题。对于企业来说,做正确的事(即干什么好)往往要比正确做事(即如何干好)重要得多。发展战略要解决企业将干什么的问题。正如美国未来学家托夫勒所言:"对没有战略的企业来说,就像在险恶气候中飞行的飞机,始终在气流中颠簸,在暴风雨中沉浮,最后很可能迷失方向。即使飞机不坠毁,也不无耗尽燃料之余虑。如果对未来没有一个明确的方向,对本企业未来模式没有一个实在的指导方针,不管企业的规模有多大,地位有多稳定,都将在技术革命和经济大变革中失去生存条件。"[1]

---

[1] [美]阿尔温·托夫勒. 企业必须面向未来[M]. 陈鸿斌,吴酩,译. 深圳:海天出版社,1987:145.

7.1 企业战略与战略规划

7.1.1 战略的含义

7.1.1.1 战略的概念

战略一词古已有之，顾名思义就是指导战争的谋略。该词最早产生和运用于战争和军事活动，比如，我国春秋时期的齐人孙武总结战争经验写成的《孙子兵法》、三国时期的诸葛亮给刘备提出的《隆中对》和明代军事家茅元仪编著的《二十一史战略考》等都蕴含了深刻的战略分析和决策的思想，影响甚广，至今仍为后人所借鉴。而在西方，战略（Strategy）一词来源于希腊语"Strategos"或者"Stragia"，原意为"将军、战役、谋略"等，当时引申为指挥乐队的艺术和科学。在现代社会和经济生活中，这一术语主要用来描述一个组织打算如何实现其目标和使命。

关于战略，尚无统一的定义。有的学者提出，战略包含目的与目标，即广义的战略。如美国的安德鲁斯（K. Andrews）认为，战略是一种决策模式，决定和揭示企业的目的和目标，提出实现目标的重大方针与计划，确定企业应该从事的经营业务，明确企业的经济类型与人文组织类型，以及决定企业应对员工、顾客和社会作出的经济与非经济的贡献。安绍夫（H. J. Ansoff）认为，总体战略考虑的是企业应该选择进入哪类经济业务，经营战略考虑的是企业应如何在这一领域竞争。加拿大的明茨伯格（H. Mintzbeng）认为，人们在不同场合以不同的方式赋予战略不同的内涵，他借鉴市场营销中"4P"的提法，提出了战略由五种内容构成，即计划（Plan）、计策（Ploy）、模式（Pattern）、定位（Position）和观念（Perspective），由此构成了战略的"5P"。迈克尔·波特（Michael E. Porter）提出，战略是公司为之奋斗的终点（目标）与公司为达到它们而寻求的途径（政策）的结合物。劳埃德·拜厄斯（Lloyd L. Byars）认为："战略包括对实现组织目标和使命的各种方案的拟订和评价，以及最终选定将要实行的方案。"① 格鲁克（Willian F. Glueck）认为："战略就是企业发挥战略优势，迎接环境挑战而制定的统一的、内容广泛的、一体化的计划。"② 贝茨（Donald L. Bates）和艾德雷奇（David L. Eldredge）两人认为："战略可以定义为组织投入其资源，实现其目标的指导哲学，它为组织做出必要的行动决策提供约束和限制。"③ 国内也有人提出："战略是贯穿于一个系统在一定历史时期内决策或活动中的指导思想，以及在这种思想指导下做出的关系到全局发展的重大谋划。"④

综上，战略是企业未来一定时期内的目标以及为达到目标而通过分析内外部环境做出的一整套决策和行动。

7.1.1.2 战略的特征

战略具有以下特征：

---

① ［美］拜厄（亚）斯. 战略管理［M］. 北京：机械工业出版社，1988：19.
② Glueck W F. Strategic Management and Business Policy［M］. New York：McGraw-Hill，1980：9.
③ Bates D L，Eldredge D L. Strategy and Policy［M］. New York：WCB Publishers，1984：11.
④ 汪应洛，席酉民. 战略研究理论及企业战略［M］. 西安：西安交通大学出版社，1990：7.

(1) 全局性。

战略是对企业未来一段时间内发展方向和发展目标的总体把握和思考，带有全局性。

(2) 长远性。

战略不是具体计划，它从企业整体组织的角度出发，考虑企业未来发展目标的判断和安排，所考虑的因素具有长远性。

(3) 竞争性。

战略是关于企业在激烈的竞争中如何与对手抗衡的行动方案，它针对来自各方的挑战和压力。

(4) 指导性。

战略是具有方向性和原则性的，它对企业未来的发展具有指导作用。它虽然不是具体的实施方案和措施，但是方案和措施的规划都必须依照战略思想来制定。

(5) 稳定性。

战略不同于灵活的规划和计划，可以随时做出修改，它具有一定的稳定性，如果变动过于频繁就失去了指导作用。

(6) 风险性。

战略考虑的是企业的未来，而未来具有不确定性，因而战略必然带有一定的风险性。这就要求决策者必须随时关注环境的变化，并且能根据环境及时调整战略，提高企业承担风险的能力。

从以上特征我们不难发现，战略决策是一项非常复杂的决策活动，要求决策者具有较高的素质和决策水平。

7.1.1.3 战略的构成要素

美国著名战略学家安索夫（H. Igor Ansoff）在其所著的《企业战略论》一书中，将企业经营战略的构成要素概括为四个方面，即产品与市场范围、增长向量、竞争优势和协同作用。他认为这四个要素在企业中产生一种合力，帮助企业成长。但需要特别指出的是，进入20世纪90年代以后，随着产业环境日益动态化，产品和技术创新加剧，竞争国际化，创新和创造未来成为战略管理研究的重点，形成了超越竞争观。超越竞争观认为，生产者不再是单个企业，而是企业生态系统的成员。在这个系统中，企业的投资与回报应建立在网络系统双向循环效益递增的基础上。因此，竞争优势来源于成功的企业在生态环境中取得的领导地位。所以，在竞争形式中，除了通常的战略联盟、联合协作外，现代市场竞争方式和竞争规划已转向深层次的合作竞争，即为竞争而合作，靠合作来竞争，变以往的"鱼死网破"竞争为实现"双赢"策略，通过优势互补的竞争合作关系带来资源共享、成本降低、价值链增值和风险分散等效益。

7.1.2 战略及营销战略的制定过程

7.1.2.1 战略的制定过程

战略的制定过程是一个相当复杂的过程，它既是动态的、连续的过程，也是探索的、创新的过程。它实质上是一种非程序性的决策过程，需要决策者在理性分析基础上制定出符合本企业实际情况的战略。

战略的形成可分为四个环节：战略思想的形成过程、战略环境的分析过程、战略方案的决策过程以及战略的实施及调整过程。

(1) 战略思想的形成过程。

战略思想是企业制定和实施战略的指导思想。它反映了战略决策者的思想意识和价值观念，是在一系列战略观念的基础上形成的，包括系统观念、长远观念、创新观念、超前观念、应变观念以及竞争观念。

(2) 战略环境的分析过程。

对战略环境进行认真的考察、分析、研究和预测，是企业制定战略的前提和基础。企业战略环境的分析主要包括三个方面：宏观环境分析、行业环境分析和企业自身实力分析。其中，宏观环境是指存在于企业外部的各种政治、经济、科技、社会文化、法律、自然、市场等方面的因素，它是企业共享的环境因素。行业环境是对企业最直接的影响因素，包括需求条件、生产要素、相关与辅助产业的状况、科学技术与创新、企业市场结构和竞争状况、政府行为以及机遇等方面。以上两方面的环境都属于外部环境，是企业不能控制的因素。企业进行外部环境分析的目的，是为了弄清在外部环境发展变化中，存在哪些成功的机会和限制条件，以便抓住机会，避开威胁。企业自身实力分析是指对企业内部的各种因素和条件进行分析，明确企业自身的经营实力和在竞争中的优势与劣势，从而做到扬长避短，以优势取胜。

(3) 战略方案的决策过程。

在充分进行环境分析的基础上，企业可以进行战略决策。战略决策的内容包括：确定企业使命，规定战略目标，选择战略方案，规划战略行动。

企业使命是指企业的目的、性质和发展方向，它反映了企业的经营领域、业务范围和服务对象。战略目标规定了企业在经营上应该达到的成果和水平。目标不能只是概念化，还要以数量表达。为实现战略目标，美国学者迈克尔·波特（Michael E. Porter）提出了三种基本竞争战略可供选择。一是成本领先战略，主要是通过取得规模经济效益和市场占有率，使企业总成本低于竞争对手的总成本；二是差异化战略，主要是生产出该产业中其他企业所没有的独特产品，形成独家经营的市场；三是目标集中战略，主要是企业将经营目标集中到某个特定的顾客群，一个细分市场，在那里建立起自己的产品在成本或产品差异上的优势地位。波特认为，企业战略管理的关键是如何确立竞争优势。战略方案是完成企业使命，实现战略目标的途径。规划战略行动是对战略方案具体化的过程。

(4) 战略的实施及调整过程。

企业制定战略的目的是为了实施战略，使其指导企业的行为。在战略的实施过程中，企业常常需要对战略进行一定程度的修改与完善。

7.1.2.2 营销战略规划的一般过程

营销战略规划的一般过程包括以下四个方面：

(1) 认识和界定企业使命。

企业使命（Mission）反映企业的目的、特征和性质。企业使命包括企业的活动领域、主要政策、远景和发展方向。企业使命应清晰、明确、具体、具有激励性。决定企业使命的因素有：股东、雇员、顾客、供应商、竞争者、政府、公众等。要确立企业的使命，必须解决两个问题：一是分析现在的顾客；二是分析和确定未来的顾客。如沃尔玛公司提出了"我们总是为节省而销售"的承诺，并成为世界上最大的零售商；联邦快递公司提出了"快速、可靠的小包裹邮寄"的承诺，并占据了美国小包裹邮寄行业的主要市场。这些公司懂得：只要关心顾客，就会有市场份额和利润。

（2）区分战略经营单位。

大多数企业，包括规模较小的公司，都有可能同时经营若干项业务。为便于管理，有必要从性质上划分若干战略经营单位。战略经营单位是指企业为其专门制定一种经营战略的最小经营单位，具有如下特征：有自己的业务，有共同的性质，掌握一定的资源，有竞争对手，有管理团队。区分战略经营单位的目的是为了将企业使命具体化，并分解为各项业务或某一组业务的战略任务。

（3）规划投资组合。

根据公司的战略目标，企业的管理部门需考虑如何把有限的人力、物力，尤其是财力资源进行合理分配，对各经营单位及其业务进行评估和分类，决定哪些业务应重点投资。在规划投资组合方面，有两种模式。

波士顿咨询集团法（Boston Consulting Group Model）　波士顿咨询集团是美国一流的管理咨询公司，在 20 世纪 60 年代初期，首创和推广了市场增长率—市场占有率分析方法，用来分类和评价其企业现有的战略经营单位，并进行战略投资分配。由于该方法构造了一个四象限的分析矩阵，也称为波士顿矩阵法，或简称为 BCG 法，如图 7-1 所示。

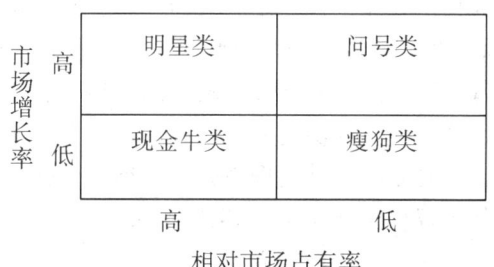

图 7-1　市场增长率—市场占有率矩阵

矩阵图中的纵坐标代表市场增长率，表示企业的各战略经营单位的年销售增长率。假设以 10% 为分界线，则 10% 以上为高增长率，10% 以下为低增长率。

矩阵图中的横坐标代表相对市场占有率，表示企业各战略经营单位的市场占有率与同行业最大竞争者的市场占有率之比。如果企业的战略经营单位的相对市场占有率为 0.4，就是说，其市场占有率为市场上领导者市场占有率的 40%；如果企业的战略经营单位的相对市场占有率为 2.0，就是说，企业的战略经营单位是同行业最大竞争者市场占有率的 2 倍。假设以 1 为分界线，则 1 以上为高相对市场占有率，1 以下为低相对市场占有率。

波士顿矩阵图把企业的战略经营单位分为四种不同类型的业务：

问号类（Question marks）。这类业务的特点是具有较高的市场增长率和较低的相对市场占有率。企业的大多数业务都是从问号类开始。这类业务的存在具有两种原因：

一是这类业务的市场需求发展很快，而企业在这些业务上，过去的投资额较少，因而市场份额小；二是企业经营的这类业务可能较之竞争对手相同的业务来说，缺乏竞争优势。所以问号类业务如果要进一步发展，需要投入大量的资金添置厂房、设备和人员，以跟上迅速成长的市场需要和赶超市场领导者。问题是如果企业在这些业务上继续追加投资，而最终不能使企业获得一个有利的市场竞争地位，将无法收回投入的资金或者是不能达到预期的投资回报率。所以企业必须认真考虑是否要对它进行大量投资，或者及时从中摆脱出来，放弃这类业务。

明星类（Stars）。如果一个企业将问号类业务经营成功，就会变成其明星类业务。明星类业务是企业在当前经营得比较成功，具有市场领先地位的业务。这类业务有很高的市场需求，因而具有较高的市场增长率。但是这类业务需要企业投入大量的现金来维持市场增长率和击退竞争者的各种进攻。所以明星类业务常常是现金消耗者而非现金生产者；随着市场增长速度的放慢，这类业务有可能成为企业未来的现金牛类业务，成为企业的高赢利业务项目。一个企业如果没有适量的明星类业务，企业的发展就缺乏后劲。

现金牛类（Cash cows）。当某项业务的年市场增长率下降到10％以下，但它继续保持较高的市场占有率，明星类业务就成了现金牛类业务。这类业务能给企业带来大量的现金。由于市场增长率低，企业不必大量投资，同时也因为该类业务是市场领先者，它还享有规模经济和较高利润率的优势，可从这类业务上得到大量的现金。企业现金牛类业务带来的收入，可用来支付当前营销管理活动的各种费用，可用来支持明星类和问号类业务的发展，或者维持瘦狗类业务。如果企业的现金牛类业务过少，说明企业的业务投资组合不健康，因为维持企业生存和发展只能依靠少量的现金牛类业务的收入。

瘦狗类（Dogs）。这类业务是指市场增长率低、相对市场占有率也很低的业务。一般来说，它们的利润很低甚至亏损，发展前途暗淡。瘦狗类业务可能是进入了市场衰退期的业务，或者是企业在经营上不成功的业务，或者是这类业务不具备和竞争对手竞争的实力。瘦狗类业务的存在必须有足够的理由，如市场增长率有可能回升、有可能重新成为行业的领导者等。如果仅仅是出于某种感情上的缘故，就应下决心放弃这类业务，尤其是瘦狗类业务太多时，必须坚决地加以清理。

企业的最高管理者对其所有的战略经营单位加以分类和评价后，就应采取适当的战略。可供选择的战略有四种：

发展（Build）。这种战略的目的是扩大战略经营单位的市场占有率，提高其市场占有率，这就意味着要对该项业务追加大量的投资，甚至不惜放弃近期收入和赢利来达到这一目的。发展战略特别适用于问号类业务，如果它们想要成为明星类业务，其市场占有率必须有较大的增长。

维持（Hold）。这种战略的目标是维持战略经营单位的相对市场占有率。该战略特别适用于现金牛类尤其是其中的大现金牛类业务，因为这类业务能提供大量现金。

收割（Harvest）。收割战略的目的在于增加战略经营单位的短期现金收入，而不考虑对某项业务长期地位的影响。这一战略适用于处境不佳的现金牛类业务，以及那些目前还有利可图的问号类和瘦狗类业务。

放弃（Divest）。放弃战略的目标是清理、变卖某些战略经营单位，以便把有限的资源用于经营效益较高的业务,从而增加赢利。这种战略特别适用于那些没有前途或妨碍企业增加赢利的问号类和瘦狗类业务。

上述四类战略经营单位在矩阵图中的位置不是固定不变的。任何产品都有其生命周期,随着时间的推移,这四类战略经营单位在矩阵图中的位置就会发生变化。例如,起初处于问号类的战略经营单位如果经营成功,就会转入明星类;随着市场增长率降到10%以下,又会从明星类转入现金牛类;最后,到产品的衰退期,产品销售量下降,又从现金牛类转入瘦狗类。

通用电气公司法(General Electric Model) 通用电气公司法是由美国通用电气公司在波士顿矩阵法的基础上加以改进后提出并推广应用的一种战略业务投资组合评价方法,又称多因素投资组合矩阵,简称为GE法。通用电气公司认为,企业在对其战略经营单位加以分类和评价时,除了要考虑市场增长率和市场占有率以外,还要考虑许多其他因素。这些因素可以分别包括在以下两个主要变数之内,即市场吸引力(Market attractiveness)和业务能力(Business strength)。一旦企业的某项业务进入了富有吸引力的行业,并拥有此业务在特定市场所需要的具有优势的业务能力或资源,它就有可能成功;如果某项业务的市场没有吸引力,或缺少此项业务发展需要的资源和竞争条件,就很难取得预期的营销成果,企业对于这样的业务就不应投入更多的资金,应放弃它。

通用电气公司法是通过市场吸引力和业务能力这两类因素来综合分析评价企业战略经营单位的实际情况,每一类因素都包括了若干个变量。市场吸引力包括的主要变量有:市场大小、年市场增长率、历史利润率、竞争强度、技术要求、通货膨胀、能源要求、环境影响等;业务能力包括的变量有:市场占有率、市场占有率增长、产品质量、品牌信誉、分销网络、促销效果、生产能力、生产效率、单位成本、原材料供应、研究与开发实力、管理人员等。由此可以看出,市场吸引力和业务能力是企业战略经营单位实际情况的综合反映。通用电气公司多因素投资组合矩阵图如图7-2所示。

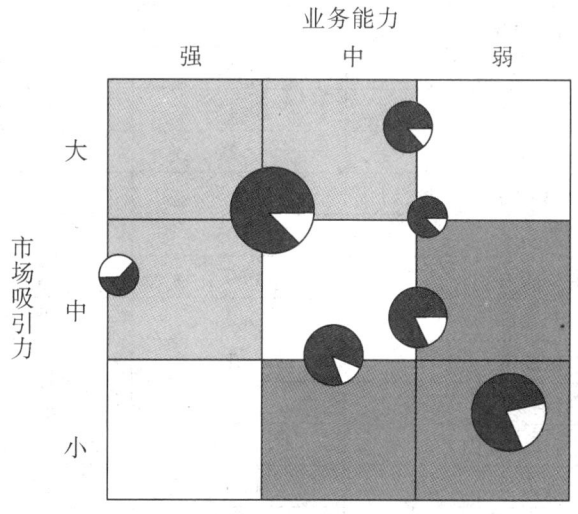

图7-2 通用电气公司多因素投资组合矩阵

采用这种方法的实质就是要正确地衡量这两个变量，一般的做法是把这两类因素分别定为高、中、低三个档次，其划分点是以"满分值"平均划分的，如果评分采用的满分是5分，则以5被3除的平均数划分。具体的做法是以市场吸引力为纵坐标，企业的业务能力为横坐标，将企业当前所经营的每项战略任务单位按两类因素所包含的变量逐一进行评定，表7-1就是对图7-2的业务评定的情况。每项因素的评分值和该因素的权数相乘后，再将它们进行相加求和，即得到被评定业务的综合评分值。以每项业务所得到的两个变量的综合评分值为圆心，以该业务所在市场销售总规模为圆的直径，在多因素矩阵图中标出该业务的位置和圆的大小。再在圆圈中以相同的比例，标出本企业该项业务的市场占有规模，就可以画出多因素矩阵图标。图7-2标出了某企业的7个战略经营单位，圆圈的大小表示市场规模，圆圈的阴影部分则代表该企业战略经营单位所占的绝对市场份额。

表7-1 通用电气公司的多因素投资组合矩阵的分析因素

	变　数	权　数	评分值	加权值
市场吸引力	市场大小	0.20	4	0.8
	年市场增长率	0.20	5	1.0
	历史利润率	0.15	4	0.6
	竞争强度	0.15	2	0.3
	技术要求	0.15	4	0.6
	通货膨胀	0.05	3	0.15
	能源要求	0.05	2	0.1
	环境影响	0.05	3	0.15
	社会、政治、法律等	必须可以接受		
		$\sum 1$		$\sum 3.7$
业务能力	市场占有率	0.10	4	0.4
	市场占有率增长	0.15	2	0.3
	产品质量	0.10	4	0.4
	品牌信誉	0.10	5	0.5
	分销网络	0.05	4	0.2
	促销效果	0.05	3	0.15
	生产能力	0.05	3	0.15
	生产效率	0.05	2	0.1
	单位成本	0.15	3	0.45
	原材料供应	0.05	5	0.25
	研究与开发实力	0.10	3	0.3
	管理人员	0.05	4	0.2
		$\sum 1$		$\sum 3.4$

根据企业每个战略经营单位在矩阵中的位置，就可以对处于不同象限中的业务确定适宜的战略。多因素矩阵实际上分为 9 个方格和 3 个区域，从右上角到左下角为对角线，处在对角线左上部的三个象限里的业务，其吸引力和实力均处于较高的水平，称为理想的区域，是企业最强的经营业务，宜采用发展的战略，即增加投资，提高市场占有率；处在对角线上的三个象限里的业务，市场吸引力和业务能力都处于中等水平，宜采取维持或收割的策略；而处在对角线右下部的三个象限里的业务，其市场吸引力和业务能力都处于较低的水平，称为失望的区域，一般都采取收割或放弃的策略。同时，也可以根据战略经营单位所处的具体位置给出不同的战略选择，详见表 7-2。

表 7-2 通用电气法分类战略

市场吸引力 \ 业务能力	强	中	弱
大	・保持优势 ・以最快的可行度发展 ・集中努力保持力量	・巩固投资 ・向市场领先者挑战 ・有选择地加强实力 ・加强薄弱环节	・有选择发展 ・集中有限力量 ・努力克服缺点 ・如无明显增长就放弃
中	・选择发展 ・重点投资最有吸引力的市场 ・加强竞争力 ・提高生产能力，增强赢利能力	・选择和维持 ・维持现有投资水平 ・在赢利能力强、风险相对低的单位集中投资	・有限发展和缩减 ・寻找风险小的发展方法，否则尽量减少投资，合理经营
小	・巩固与调整 ・保持现有收入，集中力量于有吸引力的单位 ・保存力量	・保持现有收入 ・在大部分赢利单位保持优势 ・产品升级 ・尽量减少投资	・放弃 ・在赢利机会最小时出售 ・降低固定成本，避免投资

通用电气公司法较波士顿矩阵法有较多的优点。首先，通用电气公司法包括了各种影响因素，因此可以更准确地反映实际情况；其次，对特定的企业和在特定的条件下，可以选择特定的因素进行分析，使其具有针对性。通用电气公司法包括了波士顿矩阵法的优点，因此波士顿矩阵法可以看做是通用电气公司法的一个特例。

（4）规划成长战略。

投资组合战略决定的是哪些经营单位需要发展、扩大，哪些应当收缩、放弃，企业需要考虑与目前业务有关的新业务的可能性，就形成了三种成长战略：

密集型发展战略 密集型发展战略是指企业在原有生产范围内充分利用在产品和市场方面的潜力，以快于过去的增长速度来求得成长与发展的战略。该种战略又称为集中型发展战略或集约型成长战略，是较为普遍采用的一种公司战略类型。它主要有以下三种类型：

市场渗透。市场渗透是指企业在现有的市场上增加现有产品的市场占有率。要增加现有产品的市场占有率，企业必须充分利用已取得的经营优势或竞争对手的弱点，进一步扩大产品的销售量，努力增加产品的销售收入。市场渗透有三种主要的方法：

一是尽力促使现有顾客增加购买，包括增加购买次数，增加购买数量。如牙膏厂可以向顾客宣传餐后刷牙是护齿洁齿的最好方法，宣传保护牙齿的重要性，如果能增加顾客的刷牙次数，也就增加了牙膏的使用量，从而增加顾客购买牙膏的数量。

二是尽力争取竞争者的顾客，促使这些顾客转向购买本企业的产品。如提供比竞争对手更为周到的服务，在市场上树立更好的企业形象和产品信誉，努力提高产品质量等，尽可能把竞争对手的顾客吸引到本企业的产品上来。

三是尽力争取新的顾客，使更多的潜在顾客购买自己的产品。市场上一般总存在没有使用过该产品的消费者，他们或是由于支付能力有限，或是由于其他原因没有购买本企业的产品，企业可采取相应的措施，如分期付款、降低产品的价格等，使这些消费者成为本企业的顾客。

市场开发。企业尽力为现有的产品寻找新的市场，满足新市场对产品的需要。市场开发有三种主要的方法：

一是在当地寻找潜在顾客。这些顾客尚未购买过该产品，但是他们对该产品的兴趣有可能被激发。

二是企业可以寻找新的细分市场，使现有产品进入新的细分市场。如一家以企事业单位为目标市场的电脑商，开始向家庭、个人销售电脑。

三是企业可以考虑扩大其市场范围，建立新的销售渠道或采取新的营销组合，发展新的销售区域。如向其他地区或国外发展。

产品开发。向现有市场提供新产品或改进的产品，目的是满足现有市场不同层次的需求。具体的做法有：利用现有技术增加新产品；在现有产品的基础上，增加产品的花色品种；改变产品的外观、造型，或赋予产品新的特色；推出不同档次、不同规格、不同式样的产品。发现这些机会，企业就有可能从中找到促进销售增长的途径。然而这还远远不够，企业还应该研究一体化成长的可能性。

一体化增长战略 一体化增长战略是指企业利用社会化生产链中的直接关系来扩大经营范围和经营规模，在供产、产销方面实行纵向或横向联合的战略。这个战略又可以分为横向一体化战略和纵向一体化两种战略。

横向一体化战略是指企业通过并购相同行业或者相似行业的竞争对手来扩展其业务的一种战略。通过并购，使被并购企业的资源得到合理利用，也使本企业在较短的时间内获得资源来发展业务，从而帮助被并购企业摆脱困境。而对并购企业而言，企业不仅整合了相关资源，而且减弱了竞争威胁，不需要自建渠道就可以获得市场，达到业务扩张的目的；还可以获得被并购企业的专业人才，减少人力资源的培训成本；通过财务重组让资本结构更加优化；还可以通过对相关原材料的集体购买和生产来达到规模经济。现在在我国实行横向一体化战略的企业逐渐增多，特别是在相关政策的鼓励下，很多业绩良好的企业通过对同行业的相关企业实施并购达到了彼此资源都合理配置的目的。比如，蓝剑啤酒曾经是西部的啤酒王，后来被华润集团纳入麾下之后，不仅保留了蓝剑品牌，而且通过华润的渠道以较低成本进入华润的市场；在化妆品行业，法国欧莱雅同样对中国的小护士和羽西两个著名化妆品品牌实施了并购，欧莱雅保留了这两个品牌的名称，同时也顺利在中国通过这两个品牌的渠道拓宽了市场。

纵向一体化战略是指企业沿着供应链的方向，向前、向后或者同时向前后实施并购来扩大业务的一种总体战略。其中向前扩张称为前向一体化，即向产品销售的方向进行发展，比如对原来代理产品的代理商进行并购，或者自建销售渠道而不再授权让代理商销售等方式都是前向一体化的行为；向后扩张称为后向一体化，即向产品生产的方向进行发展，比如对上游的原材料供应商进行并购或者自建原材料生产基地等方式都是后向一体化的行为。很多企业之所以实施纵向一体化战略，是因为可以以此来降低交易成本，增强对供应链的控制能力。但是纵向一体化对并购企业而言也存在一定的风险，比如自建销售渠道虽然比代理商的销售渠道容易控制，但是整个运营成本会增加，并且因为没有代理商的渠道关系，在渠道的拓展方面还需花费更多精力，所以，企业在实施纵向一体化战略之前要权衡利弊，根据企业的内外部资源来决定是否采用此战略。就目前国内状况而言，实施纵向一体化战略的企业较多，最典型的是钢铁企业，他们自营矿山或者自建电厂、耐火材料厂、包装材料厂，并且在全国各大城市设立销售服务网点，将钢材加工之后再出售。其他的如纺织印染行业、水泥生产企业实施纵向一体化战略的也比较多。

多元化战略 多元化战略又称多角化战略，是指企业同时经营两种以上基本经济用途不同的产品或服务的一种发展战略，包括相关多元化发展战略和非相关多元化发展战略两种。

相关多元化发展战略。这个战略是指企业在具有相同或者相似业务的领域实施扩张的一种战略。因为多元化的方向是相关的，所以企业很多资源比如技术、管理方法、生产方式等都可以再次利用，这容易让企业产生范围经济。相关多元化可以通过并购或者自行发展两种方式来实施。通过并购实施相关多元化发展战略同横向一体化战略具有很强的相似性，也是现代企业经常采用的一种方式。因为它不仅可以节省企业发展的时间，而且可以获得企业原来没有的资源和不具备的优势。但是并购也有风险，如果被并购企业的资源同并购企业的资源不相匹配，不但不会让被并购企业的资源得到合理利用，而且还会因为并购企业无法消化这些资源造成自身优势的衰减。因此，很多企业为保持稳健经营就采取自行发展的方式来实现相关多元化，同并购方式相比，虽然发展速度较慢，但是资源的协调性较好。当然，二者各有优点，至于选择哪种方式或者如何结合这两种方式都要根据企业的具体情况来决定。比如，格兰仕微波炉生产厂商会在微波炉产量占到全世界市场第一的时候向相关的空调行业扩张。

非相关多元化发展战略。这个战略是指企业对不具有相同或者相似业务的领域实施扩张的一种战略。由于非相关多元化不能利用企业原有的专业技能、设备和生产线等，所以不容易产生范围经济，但是可以分散经营风险，利用不同产业的发展机会，提高企业的总体赢利能力和灵活性，因此很多企业都采用了非相关多元化发展战略。这种发展战略同相关多元化发展战略相比，对企业自身资源的要求更高，并且要求企业对多元化的业务妥善选择而不是漫无边际地多元化。现在国际上实施非相关多元化发展战略的企业正在日益增多。比如，春兰空调开始制造和销售摩托车，康佳彩电涉足手机制造，美国可口可乐公司收购哥伦比亚电影公司等等。

企业在规划新的发展方向时，必须慎重，并结合自身的优势进行考虑。

7.2 产业基本竞争战略

7.2.1 产业竞争性分析

按照迈克尔·波特（Michael E. Porter）的观点，一个行业的竞争，不只是在原有竞争对手中进行，而且还存在五种基本的竞争力量，它们是供应商、顾客、现有的竞争对手、潜在的竞争对手和生产替代品的竞争对手。对这五个竞争力量的正确分析是制定正确竞争战略的前提条件，如图7-3所示。

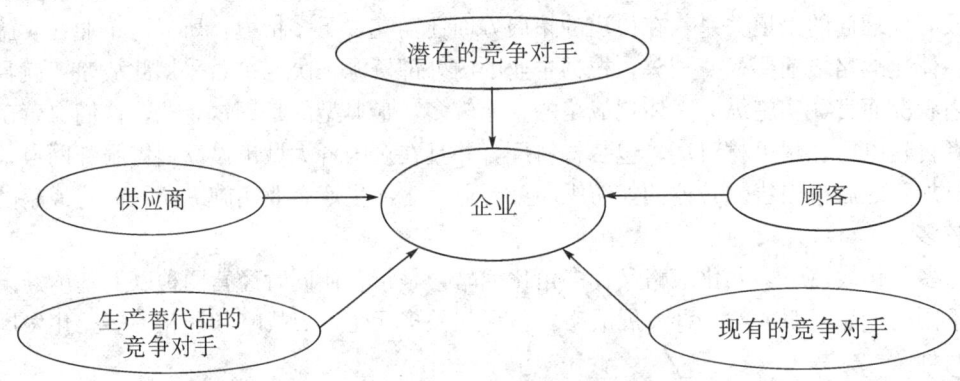

图7-3 企业的五种竞争力量

7.2.1.1 供应商

供应商是企业上游的生产厂商，他们为企业提供原材料。由于原材料的价格将决定企业生产成本的高低，因此从企业的主观角度而言当然是希望供应商提供的原材料价格越低越好，但从实际而言，原材料价格的高低取决于二者之间竞争能力的强弱。如果原材料供应方垄断供应市场，企业对原材料价格的谈判能力偏弱，企业就只能接受供应商提出的价格；如果原材料供应方是激烈竞争的市场结构，而企业是大宗原材料的购买者，企业就可以对供应商压价。比如，世界著名的几大汽车生产厂商，如奔驰、宝马、克莱斯勒等在单独对汽车零配件进行采购的时候价格往往参差不齐，后来这几大厂商实行联合采购，对供应商价格的谈判能力增强了，生产成本也就降低了。

7.2.1.2 顾客

企业受顾客讨价还价能力增强的威胁。如果某个细分市场中购买者的讨价还价能力很强或正在增强，该细分市场就没有吸引力。购买者会设法压低价格，对产品质量和服务提出更高的要求，并且使竞争者互相斗争，所有这些都会使销售商的利润受到损失。如果购买者比较集中或者有组织，该产品在购买者的成本中占较大比重，产品无法实现差别化，顾客的转换成本较低，购买者的利益较低而对价格敏感，顾客能够向后实行联合，出现上述情况，购买者的讨价还价能力就会增强。销售商为了保护自己，可以选择议价能力最弱者或者转换销售商能力最弱的购买者，较好的防卫方法是提供顾客无法拒绝的优质产品、差异化产品。

7.2.1.3 现有的竞争对手

从市场结构来看,现有竞争对手的多少和强弱会产生不同的市场格局。如果竞争对手较少,集中度不高,竞争就不会太激烈;如果竞争对手较多,集中度较高,则竞争将加剧。

7.2.1.4 潜在的竞争对手

潜在的竞争对手是对企业潜在的威胁。一旦他们能够顺利进入企业所处行业,将变成企业现实的竞争对手,所以企业也必须关注这个潜在的威胁力量。一般而言,潜在的竞争对手在进入企业所处行业之前必须考虑以下几个条件:①进入壁垒情况。比如进入行业的资金要求、技术要求、政策限制和学习成本等等。这些因素都是他们进入行业的先决条件。②资源限制情况。这主要是考虑原材料的获取情况,如果原材料不易获取就会制约潜在的竞争者进入。③现有行业的竞争情况。如果行业的竞争对手较多,实力较强,也会制约潜在竞争对手的进入。

7.2.1.5 生产替代品的竞争对手

这些竞争力量也是对企业的重要威胁。当企业没有著名的品牌,同行业产品差异化不大的时候,往往都会有替代品进入。因为产品功能类似,所以顾客在购买时会选择价格较低的产品。企业只有通过品牌策略或差异化产品策略,从替代品中脱颖而出,才能够占领市场。

通过对这五种竞争力量的分析,企业才能够做到知己知彼,制定正确的竞争战略。

7.2.2 产业基本竞争战略

在一个特定的业务或行业内,经营单位如何取得竞争优势,迈克尔·波特提出了三种可供采用的一般竞争战略,即成本领先战略、差异化战略和集中化战略。

7.2.2.1 成本领先战略

成本领先战略指企业走低价之路,通过低价格来占领市场,发展企业。采用成本领先战略的企业需要具备的条件是:良好的资金运作能力和技术水平;配套的管理;产品易于制造,便于标准化生产;低成本的分销系统。它的风险在于:进入壁垒不高,容易被其他竞争对手模仿;终端价格太低,影响渠道成员的积极性;对市场推广形成一定阻力。所以成本领先战略需要企业具备规模化生产的能力,因为没有规模化生产,产品价格就不可能比同行业竞争对手低。

7.2.2.2 差异化战略

差异化战略指企业通过差异化产品寻求独特的卖点来占领市场。按照"异质论"的观点,现在的市场是差异化的市场,不同的顾客其需求也是不同的,所以企业可以通过创新产品,提高价格来占领市场。同成本领先战略相比,差异化战略更注重对产品的创新,让顾客对满意的产品创新点付费。采用差异化战略的企业需要具备的条件是:产品加工技术较为独特,研发能力和创新能力较强,企业品牌较为有名,能够得到渠道成员的协调配合。它的风险在于:研发费用的支出可能导致成本较高,容易被竞争对手分散复制。所以,差异化战略需要企业有较高的品牌声誉和较强的研发能力。

7.2.2.3 集中化战略

集中化战略是针对细分市场而言，它不是满足整个市场的需求，而是集中在某个细分市场上，或者采用差异化战略，或者采用成本领先战略来占领市场，它是竞争范围的集中。采用集中化战略的企业应该具备的条件是：市场容量较大并且有扩容的潜力，市场中的主要竞争对手不重视这块企业认定的市场。存在的风险有：在一个新兴市场集中发展较为困难，为阻止其他竞争对手需要时刻防御。

一个企业的竞争战略一般不可能兼顾三种基本战略，也就是说企业往往要侧重选择一种基本战略。但是，也可能出现这种情况，即企业由于自身的条件，如市场份额、资本投资少等，难以选择三种基本战略中的任何一种满意战略，处在"夹在中间"的困难境地，而长期在这三种基本战略间游移不定，则注定要遭受失败。对于这种企业应采取有效步骤实现成本领先（或起码使成本水平与竞争对手相当），并以此扩大市场份额，提高利润率，以利于扩大投资，选择与竞争形势变化后相适应的一种基本竞争战略。

企业采取任何一种基本竞争战略都存在风险。这些风险包括：未能形成或保持该战略的风险，产业演变带来的风险，产业竞争力变化的风险等。因此，要建立其对竞争对手不同类型的防御体系，适时地调整战略方向和力度，减少战略调整面临的不必要的代价。

7.3 竞争性市场营销战略

7.3.1 竞争者分析

竞争者一般是指那些与本企业提供的产品或服务相类似，并且所服务的目标顾客也相似的企业。例如，美国可口可乐公司将百事可乐公司作为主要的竞争者，通用汽车公司将福特汽车公司作为主要的竞争者。

竞争者是企业经营行为最直接的影响者和被影响者，这种直接互动关系决定了竞争者分析在企业营销战略定位中的重要性。分析竞争者的目的是为了了解每一个竞争者可能采取的战略行动和成功的希望，各竞争者的市场反应，各竞争者的产业调整和变化情况等。识别竞争者是一项重要的工作。

7.3.1.1 竞争者分类

（1）根据产品的替代性分类。

品牌竞争者。企业将同一行业中以相似的价格向相同的顾客提供类似产品或服务的所有企业称为品牌竞争者。如汽车行业生产同一档次的汽车制造商视对手为品牌竞争者。

行业竞争者。企业把提供同类产品或同种产品的企业看做广义的竞争者。虽然在同一行业中，不同企业生产或提供不同档次、型号和品种的产品，但这些企业之间存在竞争。

形式竞争者。公司可以更广泛地把所有提供类似需求的企业作为竞争者。如消费者对交通的需求有自行车、摩托车、汽车等，别克公司认为自己不仅与汽车制造商竞争，还与摩托车、自行车和卡车的制造商竞争。

一般竞争者。企业将提供不同产品，但目标消费者相同的企业看成竞争者。如别克公司认为自己与所有生产耐用消费品、提供国外度假旅游产品、房地产等公司竞争。

（2）根据竞争者的市场反应分类。

从容不迫型竞争者。一些竞争者市场反应不强烈，行动迟缓，其原因可能是认为顾客忠实于自己的产品；也可能是重视不够，没有发现对手的新措施；还可能是因为缺乏资金，无法做出相应的反应。

选择型竞争者。一些企业不是对竞争者的所有攻击行为都有反应，而是有选择性地回应。企业要分析竞争对手在哪些方面会有强烈的反应，然后选择相应的攻击手段，提高针对性。

反击型竞争者。反击型竞争者对向其经营的业务范围发起的任何形式的进攻都会做出很强烈的反应。这种类型的竞争者一般在同行业中占有非常重要的位置，产品种类多，品牌知名度高，市场份额大，对竞争者采取的是包围战。如宝洁公司决不允许一种新洗涤剂轻易投放市场。

随机型竞争者。这种类型的竞争者的反应模式不确定。

（3）根据竞争者的市场地位分类。

市场领导者（Market Leader）。

市场挑战者（Market Challenger）。

市场追随者（Market Followers）。

市场补缺者（Market Niche）。

这四种竞争类型企业的特点和战略将在7.3.2中做介绍。

7.3.1.2 竞争者分析

根据波特教授对竞争者的分析模型，对竞争者的分析有四个方面：竞争者的目标、竞争者的策略、竞争者假设和竞争者的能力。

（1）竞争者的目标。

对竞争者确定以后，就要确定竞争者的市场经营目标。经营目标包括利润水平、市场份额、技术领先程度等。竞争者目标的差异会影响其经营模式。如美国企业一般都以追求短期利润最大化为经营模式，因为当期业绩是有股东评价的；日本企业的资金成本要远远低于美国企业，所以，日本企业能够将价格定得较低，并在市场渗透方面显示出更大的耐性。对竞争者目标的了解可预测每位竞争者对其目前位置是否满意。所有竞争者都在追求利润最大化，但是竞争者还会注重除利润目标以外的其他事情。因此，企业需要关注它的竞争者对不同产品市场细分的目标。

（2）竞争者的策略。

在多数行业中，竞争者可分为几个追求不同策略的群体。策略群体是指在一个行业里采取类似策略的群体且在一个特定的目标市场上的一群公司。如美国的主要电器行业，通用电气公司、惠普公司和施乐公司都提供中等价位的各种电器，因此，可将它们划分为同一策略群体。策略群体内的竞争十分激烈。企业要想进入某一策略群体，必须考虑进入的难易程度和明确主要的竞争者。

（3）竞争者假设。

竞争分析很重要的方面是了解竞争者假设。有两种假设：一是竞争者对自己的假设；二是竞争者对产业或产业中其他公司的假设。例如，竞争者可能把自己看成知名的企业、产业霸主、低成本生产者，这些对本公司的假设将指导它的行动方式和反击方式。

(4) 竞争者的能力。

竞争者的目标、策略和假设会影响到它反击的可能性、时间性、性质和强度，而其优势和劣势，亦即它的实力将决定它发起进攻或反击的战略行动能力以及处理所处环境或发生事件的能力。考察竞争者的能力包括以下方面：核心能力、增长能力、快速反应能力、适应变化能力和持久力。

7.3.2 竞争性市场营销战略

7.3.2.1 市场领导者战略

市场领导者是指在相关产品市场上占有率最高的企业。它在价格变动、新产品开发、销售渠道的宽度和促销力量等方面处于主宰地位。我国著名的市场领导者企业有：电视机行业的长虹集团、电冰箱行业的海尔集团、电脑行业的联想集团、微波炉行业的格兰仕集团等等。市场领导者所具备的优势是：消费者对品牌的忠诚度高、营销渠道的建立以及高效运行等。

市场领导者通常采取三种战略：扩大市场需求总量，保护市场份额（市场占有率），扩大市场份额。

(1) 扩大市场需求总量。

当一种产品的市场需求总量扩大时，受益最大的是处于领导地位的企业。可以通过三种途径来扩大市场需求总量：

发现新用户 每种产品都有吸引和增加用户数量的潜力。因为可能有些消费者对某种产品还不甚了解，或产品定价不合理，或产品性能有缺陷等。制造商可从三个方面找到新用户。如香水企业可设法说服不用香水的妇女使用香水（市场渗透战略），说服男士使用香水（市场开发战略），向其他国家推销香水（地理扩展战略）。成功地发现新用户的例子是微软公司的 Windows 软件包开发出了相应的中文版系统。雀巢公司采取的是地理扩展战略，它总是力图成为进入市场的第一家食品公司。为了进入中国市场，雀巢公司先后进行了长达 10 年的谈判。

寻找新用途 为产品开辟新的用途，可扩大需求量并使产品销路久畅不衰。例如，美国杜邦公司的尼龙就是一个成功的典型。又如，碳酸氢钠的销售在一百多年间没有起色，它虽然有多种用途，但没有一种需求是大量的，后来一家企业发现有些消费者将该产品用做电冰箱除臭剂，于是大力宣传这一新用途，使该产品销量大增。许多事例表明，新用途的发现往往归功于顾客。

增加使用量 促进用户增加使用量是扩大市场需求总量的一种重要手段。例如，宝洁公司劝告消费者在使用海飞丝香波洗发时，每次将使用量增加一倍效果更佳。日本铃木公司曾将"味之素"的小瓶盖打了许多小孔，既方便了消费者，又使其在不知不觉中增加了使用量。提高购买频率也是扩大市场需求总量的一种常用办法，如时装制造商每年每季都不断推出新的流行款式，消费者就不断购买新装，流行款式的变化愈快，消费者购买新装的频率也愈高。又如，法国的一家轮胎公司宣传法国南部的旅游指南，引导人们更多地开车去旅游，以增加轮胎的使用量。

（2）保护市场份额。

市场领导者总是面临着一个或几个实力雄厚的竞争者和替代产品产业的竞争者的激烈竞争，如可口可乐公司要防御百事可乐公司、丰田公司要防御日产公司。市场领导企业必须有效地保卫自己的阵地，保护自己已经取得的市场占有率。

市场领导者如果不发动进攻，就必须严守阵地，进行有效防御，而最好的防御方法是发动最有效的竞争。有六种防御战略可供市场领导者选择：阵地防御、侧翼防御、先发防御、反攻防御、运动防御、收缩防御。

阵地防御　阵地防御就是围绕企业目前的主要产品和业务建立牢固的防线。这是一种静态的防御，是防御的基本形式。如果将所有力量都投入这种防御，单纯采用消极的静态防御，只能保卫自己目前的市场和产品，是一种"营销近视症"，最后很可能导致失败。例如，当年亨利·福特对他的T型车的"近视症"就造成了严重的后果，使得年赢利10亿美元的福特公司从顶峰跌到了濒临破产的边缘。海尔集团没有局限于赖以起家的冰箱市场，而是积极从事多元化经营，开发了空调、彩电、洗衣机、微波炉、干衣机等一系列产品，成为中国家电行业的著名品牌。

侧翼防御　侧翼防御是指市场领导者除保卫自己的阵地外，还应建立某些辅助性的基地作为防御阵地，或必要时作为防攻基地。侧翼是企业在其市场上最易受到攻击处，因此企业要特别注意保护自己较弱的侧翼，设法建立较大的业务或向竞争对手表明，在这一方面，本企业是有所防备的，防止对手乘虚而入。如美国微软公司，为了保持其在行业中的领先地位，在美国苹果公司推出了"图形操作软件"时，立即推出了更适应普通用户操作的"视窗"——"Windows系统操作软件"，使苹果公司没有扩大其在软件市场的份额。

先发防御　先发防御是指在竞争者尚未进攻之前，先主动攻击它。这是一种"先发制人"式的防御，公司应正确判断何时发起进攻效果最佳。一般当竞争者的市场占有率达到某一危险的高度时，就对它发动攻击；或者是对市场上所有竞争者进行全面进攻。如日本精工表把它的两千多个款式的手表分销到世界各地，造成全方位的威胁。日本本田公司素以生产摩托车闻名，在其进入轿车生产领域后，仍然保持每年推出新型摩托车的做法，每当有竞争者生产出同样的摩托车时，本田公司都采取首先降价的措施。因此，该公司在摩托车市场的领先地位在其扩大轿车市场的营销量后仍能得以保持。

反攻防御　反攻防御是指市场领导者在遭到竞争者攻击后采取反击策略。可采用正面反攻、侧翼反攻、钳形攻势或退却反击以切断进攻者的后路。如日本的松下公司，每当竞争者采取促销的新措施或是降低销售价格时，总是采取增强广告力度或是更大幅度降价的做法，以保持其在电视等主要家电产品市场的领先地位。

运动防御　这种战略是，不仅防御目前的阵地，而且还要扩展到新的市场阵地，作为未来防御和进攻的中心。市场扩展可通过以下两种方式实现：①市场扩大化。市场扩大化就是企业将其注意力从目前的产品上转移到有关该产品的基本需要上，并全面研究与开发有关该需要的科学技术。例如，把"石油"公司变成"能源"公司就意味着市范围扩大了，不限于一种能源——石油，而是要覆盖整个能源市场。又如，美国有一家公司把它的经营范围从"地面覆盖"扩展到"房间装饰"，取得很大成功，进而该公司又扩展到其他有关业务领域。但是市场扩大化必须有一个适当的限度，否则将发生"营销远视症"。②市场多角化。市场多角化即向无关的其他市场扩展，实行多角化经营。例如，美国的烟草公司由于社会对吸烟的限制日益增多，纷纷转向其他产业，如酒类、软饮料和冷冻食品等。

收缩防御 收缩防御是指当市场领导者的市场地位已经受到来自多个方面的竞争对手的攻击时，由于受到短期资源的限制和能力的限制，采取放弃较弱的领域或业务范围，收缩到企业应该保持的主要市场或业务领域。收缩防御并不是放弃市场，只是在特定的时期，集中企业的优势，应付来自各方面竞争的威胁。如可口可乐公司就在20世纪80年代放弃了公司新进入的房地产业务和电影经营业务，以收缩公司的力量来应付饮料业在20世纪80年代后越来越激烈的竞争。

(3) 扩大市场份额。

研究表明，市场占有率是决定利润率的重要因素之一。一般而言，市场占有率高的企业，其利润率比市场占有率低的企业高。市场份额与投资收益率呈紧密的关系，但它们之间没有必然的因果关系。投资收益率是指税前的营业收益占自有资本和长期负债总额的比率。在管理实践中，我们发现了大量的反例，即市场占有率低的企业具有极高的投资收益率。所以市场领导者只有对企业的规模经济优势、竞争能力和经营者的能力等诸因素进行综合分析，才能正确认识市场占有率和投资收益率的关系。企业若以扩大市场份额为目标，须考虑三种因素：

反垄断法 许多国家有反垄断法，当企业的市场占有率超过一定的限度时，就可能受到指控和制裁。例如，微软公司就曾受到过这样的起诉。

经营成本 当市场占有率达到一定水平且超过一定限度时，经营成本的增加速度就大于利润的增加速度，企业利润就会随市场占有率的提高而下降。美国的一项研究表明，企业的最佳市场占有率是50%。因此，有时为了保持领先地位，甚至要在疲软的市场上主动放弃一些份额。

营销组合策略 有些市场营销手段对提高市场占有率很有效，却不一定能增加收益。只有在以下两种情况下市场占有率才同投资收益率成正比：一是单位成本随市场占有率的提高而下降，如20世纪20年代初福特公司的T型车；二是在提供优质产品时，销售价格的提高大大超过为提高质量所投入的成本。美国管理学家克劳斯贝指出，质量是免费的，因为质量好的产品可减少用户损失和售后服务的开支，所以保持产品的高质量并不会花费很多的成本。而且，高质量的产品会受到顾客的欢迎，使顾客愿意支付较高的价格。

总之，市场领导者为了维护自己的竞争地位，必须保持高度的警惕，采取适当的竞争战略。

7.3.2.2 市场挑战者战略

市场挑战者是指在行业中位居第二、第三或名次稍低的企业。如富士是摄影市场的挑战者，百事可乐公司是软饮料市场的挑战者。在竞争中，市场挑战者试图通过进攻来扩大市场份额。

（1）确定战略目标和挑战对象。

战略目标同挑战对象密切相关，对不同的对象有不同的目标和战略。一般说来，挑战者可在下列三种情况中进行选择：

攻击市场领导者　进攻这种对象风险很大，然而其吸引力也很大，目的是要削弱领导者的地位。例如，施乐公司开发出更好的复印产品，并以更好的产品来夺取市场的领先地位。又如，施乐公司开发出更好的复印技术（用干式复印代替湿式复印），这就从3M公司手中夺去了复印机市场。后来，佳能公司也如法炮制，通过开发台式复印机夺去了施乐公司的一大块市场。

攻击与自己实力相当者　挑战者对一些与自己势均力敌的企业，可选择其中经营不善发生亏损者作为进攻对象，目的是扩大市场占有率。

攻击地方性小企业　对一些地方性小企业中经营不善、财务困难者，可争夺它们的客户，目的是把它们赶出市场。例如，美国几家主要的啤酒公司就是靠夺取一些小企业的顾客而成长到目前规模的。

（2）进攻战略的类型。

市场挑战者的进攻战略有五种：正面进攻、侧翼进攻、包围进攻、迂回进攻、游击进攻。

正面进攻　正面进攻就是集中全力向对手的主要市场阵地发动进攻，即进攻对手的强项而不是弱点。进攻者在产品、广告、价格等主要方面与对手交锋。正面进攻的另一种措施是投入大量研究与开发经费，降低产品成本，以降价的手段向对手发动进攻。

正面进攻常见的方法有：一是采用产品对比。将自己的产品与竞争对手的产品用"竞争立法"允许的形式进行各方面的对比，使竞争者的顾客重新考虑是否有必要更换品牌。二是采用攻击性广告。使用同竞争者相同的广告媒体，拟订对比性广告，针对竞争者进行攻击。如巴西占市场份额第二的剃须刀片制造商在向世界第一位的美国吉列公司发动进攻时，用了这样的广告："它的价格是最低的吗？""不！""它的包装是最好的吗？""不！""它是最耐用的吗？""不！""它给经销商最优惠的折扣吗？""不！"表现出咄咄逼人的攻势。三是采用价格战。价格战是市场挑战者在比较极端的情况下仍会考虑采用的竞争战略。价格战可能使参战的双方都受到严重的损失。发动价格战时，要求企业能够做到：必须在提高质量的同时，能有效地降低成本，以便能够保持原来的赢利水平；必须能使顾客相信企业的产品具有较高的价值或继续有相应的价值感觉，使顾客认为本企业产品的质量的确是高于竞争者的；必须是"反倾销立法"所允许的。

侧翼进攻　侧翼进攻采取的是"集中优势兵力攻击对方弱点"的战略原则。市场挑战者通过分析竞争者的薄弱环节，寻找未被市场领导者和实力强大的企业占领的市场或消费群体，作为攻击目标。

侧翼进攻采用的方法有两种：一是向处在同一个地理区域市场内国内外的竞争对手发起进攻。通过寻找竞争者没有覆盖的市场片或是没有推销网点覆盖的空白区域，占领这些区域并组织营销，建立比竞争对手更强有力的分销网点，以"拦截"竞争对手的顾客。例如，IBM公司的挑战者就是在一些被IBM公司忽视的中小城市建立强大的分支机构，取得比在大城市更好的效果。二是利用竞争者产品线的空缺或者营销组合定位的单一占领细分市场。例如，美国微软公司（MS）的创始人盖茨，就是利用了各大型电脑公司DOS操作系统互不兼容的特点，而创立出通用性很好的个人微机的DOS系统而发展起来的。微软公司向市场推出的产品，实际上是向所有的市场领导者都发动了攻击，但是在市场竞争形势上，盖茨并没有专门针对任何特定竞争对手的产品，而是攻击了这些对手的弱点。

包围进攻 包围进攻是采用在对方的领域内，同时在两个或两个以上的方面发动进攻的做法。该战略实施的条件包括两方面：一是提供比竞争对手更多的东西，使消费者愿意接受或是择优采用；二是本企业确实具有比竞争对手更强大的资源优势。例如，日本精工公司在手表市场的进攻采用的就是包围进攻战略。精工公司多年来在每一个手表网点上都有品种齐全的产品分销，它几乎使各种类型的消费者都可以在公司所提供的产品中找到自己所需要的品种。单在美国，它就向市场提供了400个样式的手表；而在世界各地，精工公司的产品品种多达2300种。所以，精工公司的一个美国主要竞争对手说："它们在样式、特征、用户偏好和任何可以刺激消费者的方面都击中了目标。"

迂回进攻 迂回进攻是在对方没有防备的地方或是不可能防备的地方发动进攻。对于市场挑战者来说，有三种方法：一是多样化经营无关联的产品；二是用现有的产品进入新的地区发展多样化；三是以新技术为基础生产的产品来代替现有的产品。

游击进攻 游击进攻是指"骚扰对方""拖垮对方"的战略方法。一般采用短期的促销措施、降价措施、广告等。

市场挑战者的进攻策略是多样的，一个挑战者通常设计出一套整体策略以改善自己的市场地位。挑战领导者的条件有：一是有一种超过领导者的明显的、持久的竞争战略。二是挑战者必须有某种办法部分或全部抵消领导者的其他固有优势。三是有某些阻挡领导者报复的办法。总之，挑战领导者的条件直接来自价值链形成的竞争战略原则。

7.3.2.3 市场追随者战略

市场追随者是指那些不进行挑战而跟随在市场领导者后面，自觉维持共处局面的企业。市场追随者由于也是市场挑战者的攻击目标，因此在已经取得的市场份额内，不断地改进自己的营销特色，使自己的顾客量能维持在满意的水平上。市场追随者如果注重细分市场和集中营销力量于最有希望的顾客群，进行有效的产品和技术的开发和研究，着重赢利而不是追求不实际的市场份额，可以成为非常成功的企业。如由华人在美国创立的"志虹（AST）计算机公司"，就是依靠对中国市场和亚洲其他国家市场的开发来谋求发展，成为世界计算机市场上经营得很成功的一家计算机公司。

市场追随者战略的宗旨是保持现有的市场份额。像松下这样的大公司采取的也是追随战略。市场追随者战略有三种：

（1）紧密追随。

这种战略是在各个细分市场和市场营销组合方面，尽可能仿效领先者。这种追随者有时好像是挑战者，但只要它不从根本上侵犯到领导者的地位，就不会发生直接冲突。有些市场追随者甚至被看成是靠拾取领导者的残余谋生的寄生者。

（2）距离追随。

这种追随者是在主要方面，如目标市场、产品创新、价格水平和分销渠道等方面都追随领导者，但仍与领导者保持若干差异。这种追随者可通过兼并小企业而使自己发展壮大。

(3) 选择追随。

这种追随者在某些方面紧跟领导者，而在另一些方面又自行其是。也就是说，它不是盲目追随，而是择优追随，在追随的同时还要发挥自己的独创性，但不进行直接的竞争。这类追随者有些可能发展成为挑战者。

7.3.2.4 市场补缺者战略

在现代市场经济条件下，每个行业几乎都有些小企业，它们专心关注市场上被大企业忽略的某些细小部分，在这些小市场上通过专业化经营来获取最大限度的收益，也就是在大企业的夹缝中求得生存和发展。这种有利的市场位置在西方称为"Niche"，即补缺基点。

(1) 补缺基点的特征。

一个最好的补缺基点应具有以下特征：有足够的市场潜量和购买力，利润有增长的潜力，对主要竞争者不具有吸引力，企业具备占有此补缺基点所必需的能力，企业既有的信誉足以对抗竞争者。

(2) 市场补缺者战略具体实施。

那么，一个企业如何取得补缺基点呢？取得补缺基点的主要战略是专业化市场营销。可供选择的方案有以下十种：①按最终用户专业化。专门致力于为某类最终用户服务，如计算机行业有些小企业专门针对某一类用户（如诊疗所、银行等）进行市场营销。②按垂直层面专业化。专门致力于分销渠道中的某些层面，如制铝厂可专门生产铝锭、铝制品或铝质零部件。③按顾客规模专业化。专门为某一种规模（大、中、小）的客户服务，如有些小企业专门为那些被大企业忽略的小客户服务。④按特定顾客专业化。只对一个或几个主要客户提供服务，如美国有些企业专门为西尔斯成货公司或通用汽车公司供货。⑤按地理区域专业化。专为国内外某一地区或地点服务。⑥按产品或产品线专业化。只生产一大类产品，如美国的绿箭（Wrigley）公司专门生产口香糖一种产品，现已发展成为一家世界著名的跨国公司。⑦按客户订单专业化。专门按客户订单生产预订的产品。⑧按质量和价格专业化。专门生产经营某种质量和价格的产品，如专门生产高质高价产品或低质低价产品。⑨按服务项目专业化。专门提供某一种或几种其他企业没有的服务项目，如美国有一家银行专门承办电话贷款业务，并为客户送款上门。⑩按分销渠道专业化。专门服务于某一类分销渠道，如专门生产适于超级市场销售的产品，或专门为航空公司的旅客提供食品。

作为市场补缺者要完成三个任务：创造补缺市场、扩大补缺市场、保护补缺市场。例如，著名的运动鞋生产商耐克公司，不断开发适合不同运动项目的特殊运动鞋，如登山鞋、旅游鞋、自行车鞋、冲浪鞋等，这样就开辟了无数的补缺市场。每当开辟出这样的特殊市场后，耐克公司就继续为这种鞋开发出不同的款式和品牌，以扩大市场占有率，如耐克充气乔丹鞋、耐克哈罗克鞋。最后，如果有新的竞争者闻风而来的话，耐克公司还要全力以赴保住其在该市场的领先地位。

选择市场补缺基点时，多重补缺基点比单一补缺基点更能减少风险，增加保险系数。因此，企业通常选择两个或两个以上的补缺基点，以确保企业的生存和发展。总之，只要企业经营立于不败之地，小企业也有许多机会，可以在获利的条件下很好地为顾客服务。

【本章小结】

战略是企业未来一定时期内的目标以及为达到目标而通过分析内外部环境做出的一整套决策和行动，具有全局性、长远性、竞争性、指导性、稳定性和风险性的特征。而现代企业竞争的核心便是使自己具有相对战略竞争优势。市场增长率—市场占有率矩阵和多因素投资组合矩阵两种战略分析工具对企业资源的合理配置、企业投资结构的优化有重要的价值。产业竞争的三种基本战略有各自的特点和应用条件。成本领先战略使战略企业的总成本低于竞争对手的总成本，但必须正确估计市场需求，使风险降低到最低限度；差异化战略使企业的产品或服务区别于竞争对手的产品或服务，创造出与众不同的东西，其实质是以独特、难以模仿和复制的优势取胜；目标集中战略的目的是很好地服务于某一特定目标，能够提供比竞争对手更为有效和效率更高的服务。在影响企业营销战略环境的变量中，竞争对手对企业的影响可能是最大的。基于竞争对手和企业的竞争地位，企业在市场上可扮演四种角色：市场领导者、市场挑战者、市场追随者和市场补缺者。

【关键名词】

战略（Strategy）
市场增长率—市场占有率矩阵（Growth-Share Matrix）
多因素投资组合矩阵（GE Matrix/Mckinsey Matrix）
成本领先战略（Overall Cost Leadership）
差异化战略（Differentiation Strategy）
目标集中战略（Focus Strategy）
市场领导者战略（Market Leader Strategy）
市场挑战者战略（Market Challenger Strategy）
市场追随者战略（Market Follower Strategy）
市场补缺者战略（Market Niche Strategy）

【思考题】

1. 什么是战略？
2. 什么是差异化战略？
3. 描述市场增长率—市场占有率矩阵中四个象限的特征。
4. 以某行业为例，讨论在设计多因素投资组合矩阵中所采用的变量有哪些？
5. 你认为哪些产品最适合实行成本领先战略或差异化战略？
6. 试比较三种企业基本竞争战略的异同点。

7. 你认为市场领导者在扩大市场需求总量中有何作用？

8. 你认为市场挑战者应在什么情况下采用正面进攻或侧翼进攻的战略？

【实践训练】

关于小天鹅公司发展战略的讨论

实训目标：将本章所学知识与以下提供材料相结合，分析小天鹅所处的战略环境，熟悉战略规划的制定。

实训内容与要求：要求同学们再搜集一些关于小天鹅的资料，然后在班级组织一次交流与讨论。

对于小天鹅公司的发展，人们提出了三种不同的发展模式：一是坚持走专业化发展之路，从增加洗衣机的新功能、开发洗衣机的新用途等方面着手，扩大市场占有率，达到洗衣机行业中的国际领先水平。二是在现有基础上，稳步发展其他家用电器，在家电行业中形成多个主业，以分散风险；在必要的时候，实现主业方向的转移。三是在继续经营现有业务的同时，关注新业务领域的发展动向，适时地进入其他领域，实施多元化经营。

（资料来源：吴建安. 营销管理［M］. 北京：高等教育出版社，2004：36）

实训成果与检测：

1. 分析以上三种业务发展模式的可行性和理论依据。

2. 你认为哪种模式更适合该公司？请说明理由，并制订详细的战略计划。

【案例分析】

格兰仕微波炉的战略

2007年4月，格兰仕在法国开出了第一家自主品牌专卖店。至此，格兰仕该年在国外开店数量达到80家左右。2006年，格兰仕自有品牌出口额占其出口总额的比例为30％，2007年这一比例达到了50％左右。

与此同时，在微波炉诞生60周年之际，格兰仕又在国内启动了为期一个月的"首届微波炉节"，在其家电生活馆内举办"微波改变生活"大型图文展，推出大型有奖征文活动，让全国消费者一起分享"我与微波炉的难忘记忆"。

早在2006年年底，格兰仕集团执行总裁梁昭贤就对外明确表示，格兰仕集团启动新经营战略，寻求从"世界工厂"转型为"世界品牌"。格兰仕国外开店和国内举办微波炉节，都是在其新战略支持下的重大品牌营销内容。

微波炉已渡过普及阶段。格兰仕在国外，通过开店的形式大力提升其品牌形象，提升格兰仕在国外的市场占有率；在国内市场则主要通过解决"微波炉使用率偏低"等问题，提高企业竞争力。而举办微波炉节，无疑会增强消费者的品牌认同感和依赖感，为微波炉市场注入新的动力。

1995年以前，格兰仕以低价策略快速抢占微波炉市场，并将微波炉价格拉至千元以下。2000年以后，受中国市场的诱惑，许多国内外企业加入到微波炉战团，包括美的、三星、松下等知名品牌，价格战从此成为国内微波炉市场的主旋律。几轮大战下来，三星、惠而浦、三洋等众多品牌选择退出，形成格兰仕、美的、LG三足鼎立格局。2006年6月，由于在中国市场连年亏损严重，LG决定全面收缩战线，国内微波炉市场变成格兰仕绝对领先，美的、海尔等少数几个品牌追随的格局。

目前，国内微波炉的年销售量大约为900万～1000万台，近两年需求的增幅几乎没有波动。业内人士认为，这是微波炉制造商谋求转型、转型加速的背景。

（资料来源：http://www.digi.it.sohu.com/20070430/n249814485.shtml）

讨论题：
1. 试分析格兰仕微波炉面临的战略环境。
2. 评价格兰仕微波炉的一般竞争战略及其特点。
3. 你对格兰仕微波炉的战略转型有何建议？

【阅读材料】

1. ［美］菲利普·科特勒. 营销管理［M］. 梅清豪，译. 12版. 上海：上海人民出版社，2006.
2. ［美］唐·德布莱克. 市场营销战略计划模式［M］. 武汉：武汉理工大学出版社，1992.
3. 吴建安. 营销管理［M］. 北京：高等教育出版社，2004.
4. 郭国庆，成栋. 市场营销［M］. 北京：中国人民大学出版社，2002.

第8章 产品策略

【本章概要】

产品策略是市场营销"4P"组合的核心,是定价策略、分销策略和促销策略的基础。从社会经济发展看,产品的交换是社会分工的必要前提,企业生产与社会需要的统一是通过产品来实现的,企业与市场的关系也主要是通过产品或服务来维系的。从企业内部而言,产品是企业生产活动的中心。因此,产品策略是企业市场营销活动的支柱和基石。本章就从静态角度来对产品及相关内容进行考察。

【学习目标】

1. 理解产品整体概念;
2. 掌握产品、产品组合的概念和产品组合策略;
3. 掌握产品生命周期理论;
4. 理解和运用新产品开发策略、品牌策略、包装策略。

【引导案例】

"西瓜变方"的启示

多少年来,人们只知道西瓜是圆的,而今,日本有人生产出了方形西瓜,实乃破天荒也。

西瓜如何由圆变方的呢?不说不知道,一说就明了。在小西瓜上套上事先做好的一定规格的方形模具,西瓜在后期生长中就会按照人们的意愿长成方形了。

传统的西瓜惹人喜爱,但是日本人认为圆西瓜占据存放空间、好滚动、易损坏,不利于长途运输和贮藏,不能获得最佳经济效益。

西瓜由圆变方后,其销路大增,获利可观。

(资料来源:http://www.docin.com/p-101027096.html)

引导问题:

从"西瓜变方"这一案例中你得到了什么启示?

8.1 产品的含义

企业的一切生产经营活动都是围绕着产品进行的,即通过及时、有效地提供消费者所需要的产品来实现企业的发展目标。企业生产什么产品？为谁生产产品？生产多少产品？这个似乎是经济学命题的问题，其实是企业产品策略必须回答的问题。企业如何开发满足消费者需求的产品，并将产品迅速、有效地传送到消费者手中，构成了企业营销活动的主体。产品是什么？以现代观念对产品进行界定，产品是指为留意、获取、使用或消费以满足某种欲望和需要而提供给市场的一切东西。（菲利普·科特勒）电视机、化妆品、家具等有形物品已不能涵盖现代观念的产品，产品的内涵已从有形物品扩大到服务（美容、咨询）、人员（体育、影视明星）、地点（桂林、维也纳）、组织（保护消费者协会）和观念（环保、公德意识）等；产品的外延也从其核心产品（基本功能）向形式产品（产品的基本形式）、期望产品（期望的产品属性和条件）、延伸产品（附加利益和服务）和潜在产品（产品的未来发展）拓展，即从核心产品发展到产品五层次，我们称之为整体产品结构。

8.1.1 核心产品

核心产品是产品最基本的层次，即向消费者提供的产品的基本效用和利益，也是消费者真正要购买的利益和服务。消费者购买某种产品并非是为了拥有该产品实体，而是为了获得能满足自身某种需要的效用和利益。如洗衣机的核心利益体现在它能让消费者方便、省力、省时地清洗衣物。

8.1.2 形式产品

形式产品是指核心产品借以实现的形式或目标市场对某一需求的特定满足形式。形式产品由品质、式样、特征、商标及包装等特征构成。即使是纯粹的劳务产品，也具有相类似的形式上的特点。产品的基本效用必须通过特定形式才能实现，市场营销人员应努力寻求更加完善的外在形式以满足顾客的需要。

8.1.3 期望产品

期望产品是消费者购买产品时期望的一整套属性和条件，如对于购买洗衣机的人来说，期望该机器能省时、省力地清洗衣物，同时不损坏衣物，洗衣时噪音小，方便进排水，外形美观，使用安全可靠等。

8.1.4 延伸产品

延伸产品也叫附加产品，是产品的第四个层次，即产品包含的附加服务和利益，主要包括运送、安装、调试、维修、产品保证、零配件供应和技术人员培训等。附加产品来源于对消费者需求的综合性和多层次性的深入研究，要求营销人员必须正视消费者的整体消费体系，但同时必须注意消费者是否愿意承担因附加产品的增加而增加的成本的问题。

8.1.5 潜在产品

产品的第五个层次是潜在产品，它预示着该产品最终可能的所有增加和改变。现代企业产品外延的不断拓展缘于消费者需求的复杂化和市场竞争的白热化。在产品的核心功能趋同的情况下，谁能更快、更多、更好地满足消费者的复杂利益整合的需要，谁就能拥有消费者，就能占有市场，取得竞争优势。不断地拓展产品的外延部分已成为现代企业产品竞争的焦点，消费者对产品的期望价值越来越多地包含了其所能提供的服务、企业人员的素质及企业整体形象的"综合价值"。美国著名管理学家李维特曾说过："新的竞争不在于工厂里制造出来的产品，而在于工厂外能够给产品加上包装、服务、广告、咨询、融资、送货或顾客认为有价值的其他东西。"[①]

8.2 产品分类

市场营销领域是广阔而复杂的。为了让这个领域显得有秩序，我们可以定义不同的产品组，这些产品组要么有相似的特征，要么在同一个市场内引起相似的购买行为。依据这种分类方案，可以概括出对每组都适合的一些营销战略。

8.2.1 以产品为基础的分类

以产品为基础的分类，就是把具有相似特征的产品放在一组，尽管这些产品可能是为不同目的和不同市场服务的。以此标准分类，产品主要有三个类别：耐用品、非耐用品、服务。

8.2.1.1 耐用品

耐用品可以多次使用，并且在使用较长时间后才需要更新。家用电器、汽车和工厂机器都属于这类产品。

8.2.1.2 非耐用品

非耐用品在使用一次或几次后，就必须更新。此类产品包括食物、快速流动的消耗品，比如办公室中的消费品，如文具、打印机色带等。

8.2.1.3 服务

服务代表了一些无形的产品，包括活动、好处或满意度，它们不体现在有形实体中，比如金融服务、假日旅行、个人服务等项目。这类产品具有不可触摸性，还有隐含的易逝性。

8.2.2 以消费者购买习惯为基础的分类

根据消费者购买习惯，可以将产品分为便利品、选购品、特殊品和非渴求品。

8.2.2.1 便利品

便利品与日常反应式的购买情形相吻合。它们相对来说是便宜的、需经常购买的商品，消费者很少考虑是否需要购买它们。便利性通常比品牌的信任更受到消费者的重视。在超市购物时，这种现象尤其显著。如果消费者光顾的商店恰巧没有他们所需要的那种牌子的早餐饼，他们可能会选择另一种牌子的早餐饼，而不会跑到另一家商店去购买。

8.2.2.2 选购品

对消费者来说，购买选购品具有一定的冒险性。因此，消费者更乐于多转转，做购买计划，甚至享受挑选购物的过程。他们可以通过广告进行比较，并到零售点去比较，

---

① Theodore Levitt. The Marketing Mode: Pathways to corporate Growth. New York: McGraw-Hill, 1969.

此外他们还从家庭、朋友以及消费者组织那里接触到一些促销用语、产品报告、销售服务人员的建议。对各种产品的功能、特征、服务承诺以及担保进行适度、合理的评估之后，才做出购买决定。

8.2.2.3 特殊品

特殊品的购买具有较高的风险性。因其昂贵和很少被购买的特性，导致顾客在购买时都要作出理性的选择。但有时顾客的选择也不是百分之百的理性，名牌香水引发的心理和感情上的吸引力，会使消费者难以客观地评价信息，会愉快地做出一个偏颇的决定。也就是说，消费者在购买这种香水时，理性思维已经毫无作用了，购买行为只是建立在品牌形成的幻象之上。这类产品需要非常专业的销售，提供高水平的售前、售后附加产品服务。对少量专门的、受到良好监测的销售渠道实行限制性配给，不仅能使产品免于在市场上泛滥（避免不合适的展示方法和降价建议），也有助于提高产品的特殊形象，提高购买者的身份。

8.2.2.4 非渴求品

非渴求品适用于两种情形。第一种情形是紧急情况，像水管破裂或车胎漏气。这种情况下，企业要保证消费者会首先想起它的品牌，或者让消费者认为从它那里最易获得解决问题的方法。第二种情形是，如果没有大规模的推销活动，消费者一般不会购买的产品，比如分期购买一些商品和一些家庭装饰品。

8.2.3 以产品进入生产过程的方式为基础的分类

根据产品进入生产过程的方式，可以将其分为资本品、附属品、原材料、半成品、零部件、供应品和服务。

8.2.3.1 资本品

资本品包括所有建筑、固定设备。这些设备使生产得以进行。它们可能是很少被购买的商品，要在很长的使用期中支持生产，代表一种实体性的投资。它们经常被视为新任务类别中的一个高风险决策。这类商品可能还包括高速公路、桥梁、房屋、医院、剧院、公共建筑等政府投资项目。

8.2.3.2 附属品

附属品，指那些不与商品生产直接联系，但对生产过程提供边缘支持的商品。比如手工工具、叉式起重机、存储的容器、办公室设备以及其他便携的轻便设备等，都属于这类产品。通常来说，这些商品不像资本品那样昂贵或很少购买，风险系数也较低。买错了办公桌，不会像买错了生产机器那样会使整个组织陷入危机。一个叉式起重机会影响生产，但即使这样，更换它相对来说也比较快且简单。所有这些都表明，附属品购买过程中耗费的时间和精力会相应下调，从而接近重新购买的情形。

8.2.3.3 原材料

原材料或多或少地以本来面貌出现，经过的加工仅是为了安全、省时地把它们运送到工厂。之后，原材料在购买者的产品线上进行再加工。鉴于竞争者的原材料之间很少有具体差别，原材料供应商面临的挑战是如何把自己的原材料与竞争者的区别开。购买者心中的区别因素往往和非产品特征连在一起，包括服务、便利的运输条件、信用、付款期限等。

8.2.3.4 半成品

半成品与原材料不同，在到达购买者的工厂之前，它们经过了很重要的处理加工过程。然而，它们仍需进一步加工才能形成最终产品。比如，一位服装生产商必须购买布料（纺织、染色处理后的产品），布料仍需剪裁和缝制才能成为最终产品。

8.2.3.5 零部件

零部件本身就是制成品，不需要进一步加工，仅需把它们组合在一起，就可成为最终产品。

8.2.3.6 供应品和服务

最后，还有几类次要的消费品和服务，它们无需任何直接投入，但可以促进生产，促进企业活动的顺利进行。

（1）运作供应品。

运作供应品指那些不在成品中终结、经常需要购买的消费品。工厂中，这些产品包括生产机器的润滑油之类的东西。办公室里，这类物品主要包括文具（铅笔、纸等），以及计算机耗材，像打印机调色剂、油墨筒、软盘等。

（2）保养和维修。

保养和维修服务确保所有资本品和附属品正常、高效地运作，可以建立在有计划的基础之上，定期维护和检查设备；也可以在出现实际问题时及时维修。还包括一些在服务中起辅助作用的物品，诸如清洁材料等次要消费品。

（3）商业服务。

对于一个企业来说，商业服务可能是购买的一个主要类别。在购买管理咨询、账目统计、法律咨询、广告代理等专家意见时，需要有大量开支和决策能力。

8.3 产品组合

8.3.1 产品组合的含义

产品组合是指企业生产经营的各种产品及其品种、规格的组合或相互搭配，是一个企业生产经营全部产品的结构，它包括所有产品线和产品项目。产品项目，即产品大类中各种不同品种、规格、质量的特定产品，企业产品目录中列出的每一个具体的品种就是一个产品项目；产品线，是许多产品项目的集合，是具有功能相似、用户相同、分销渠道同一、消费上相连带等特点的一组产品。

产品组合具体是指企业生产经营的全部产品线、产品项目的组合方式，即产品组合的宽度、深度、长度和关联度。产品组合的宽度是指企业生产经营的产品线的多少。如，宝洁公司生产清洁剂、牙膏、肥皂、纸尿布及纸巾，有五条产品线，表明产品组合的宽度为5。产品组合的长度是指企业所有产品线中产品项目的总和。产品组合的深度是指产品线中每个产品项目有多少个品种。如，宝洁公司的牙膏产品线下的产品项目有三种，佳洁士牙膏是其中一种，而佳洁士牙膏有三种规格和两种配方，所以佳洁士牙膏的深度是6。产品的关联度是指各产品线在最终用途、生产条件、分销渠道和其他方面相互关联的程度。产品组合的四个维度为企业制定产品战略提供了依据。

8.3.2 产品组合决策

产品组合决策实质上就是决策产品组合的宽度、长度、深度和关联性。一般来讲，可以利用四种方式：①决策是否增加产品线（即增加产品组合的宽度），从而充分地把公司在市场上的良好声誉用于新增的产品；②决策是否增加现有产品线的长度，而成为拥有全线产品的公司；③决策是否增加各产品的种类，以加深其产品组合；④决策是否加强产品组合的关联性，在特定的领域中博得好的声誉，或者减少产品组合的关联性以踏入数种不同的领域。

要使企业产品组合达到最佳状态，即各种产品项目之间质的组合和量的比例既能适应市场需要，又能使企业赢利最大，需采用一定的评价方法进行选择。评价和选择最佳产品组合并非易事，因为评价的标准有许多。通常从市场营销的角度出发，按产品销售增长率、利润率、市场占有率等几个主要指标进行分析。

8.3.3 产品线分析

8.3.3.1 产品线长度决策

产品线经理面临的主要问题之一是产品线的最佳长度。如果产品线经理能够通过增加产品项目来增加利润的话，就说明现有的产品线太短；如果能够通过削减产品项目来增加利润的话，就说明现有的产品线太长。

产品线长度的安排受公司目标的影响。那些希望有较高的市场份额与市场增长率的公司有较长的产品线。如果一些项目无法提供利润，它们就会被忽视。追求高额利润的公司宁可只有"经慎重挑选的"项目组成的产品线。

公司可以采用两种方法来增加其产品线的长度：产品线延伸及产品线填充。

（1）产品线延伸决策。

每个公司的产品线只是该行业整个范围的一部分。如果公司超出现有的范围来增加它的产品线长度，就叫产品线延伸。公司可以向下延伸、向上延伸或双向延伸。

向下延伸 许多公司最初定位于高档产品市场，随后将产品线向下延伸。例如，一些亚洲的手表生产企业最初定位在高档产品市场，精工和西铁城，随后则向低档产品市场推出产品，精工在亚洲市场上推出了阿尔巴牌手表，在美国市场上推出了帕萨牌手表；而西铁城则推出了艾得克牌手表。亚洲的旅馆也在向下延伸其产品线。新加坡的五星级酒店古伍德酒店，在纽约有一些姊妹店，如布乐雅和拉德西尔，都定位于低档产品市场。

总的来看，大多数公司经常都会在产品线的低端增加新品种，并宣传自己的产品价格较低。因此，三洋公司可能会宣传其空调器"从200美元起价"。美国的一些生产高档品的公司也采取了同样的做法。

这些"开拓型"或"招徕型"的产品被用来吸引注重价格的顾客。当这些顾客看到还有更好的产品时，就会决定购买更高档的产品。使用这种策略必须谨慎从事。"招徕型"的品牌必须要符合产品的质量形象，而且销售者在宣传"招徕型"产品时必须要备足货品，不要让消费者感到这不过是公司的一个小花招而已。

公司可能出于如下原因而延伸其产品线：公司在高档产品市场上受到攻击，决定以拓展低档产品市场作为反击；公司发现高档产品市场增长缓慢；公司最初步入高档产品市场是为了树立质量形象，然后再向下延伸；公司增加低档产品项目，是为了填补市场空隙，否则，其竞争对手会乘虚而入。

采取向下延伸策略时，公司会有一些风险。新的低档产品项目也许会蚕食掉较高档的产品项目。如通用电气公司医疗系统部是CT扫描仪的市场领导者，这些昂贵的诊断仪器主要在医院中使用。通用电气公司了解到一家日本公司打算进攻其市场。该公司猜测日本公司的产品更小，电子化程度更高，而且更便宜。因此，该公司最好的防御策略是在日本公司进入市场前就引进一种相似的机器。公司有些经理认为，这种低价的产品会损害大型CT扫描仪的销售量和利润。但公司的一位经理通过提出一个问题就打消了这种担心："究竟是我们自己去损害好呢，还是让日本公司来损害好呢？"

公司向低档产品市场延伸可能还会激发竞争者将产品项目相应的转移到高档产品市场。公司的经销商也有可能不愿意或者没有能力经营低档产品，因为这些产品获利小，并且可能损害其形象。

向上延伸 在市场上定位于低档产品的公司可能会打算进入高档产品市场。它们也许被高档产品较高的增长率和较高的利润率所吸引，或是为了能有机会把自己定位成完整产品线的制造商。如全兴酒厂在其传统品牌"全兴大曲"家喻户晓之后，推出其精品酒"水井坊"，就是向上延伸的典范。

采取向上延伸策略时，公司同样会有一些风险。因为市场上高档产品的竞争对手不仅会固守阵地，而且还会反过来对低档产品市场进行反击。潜在顾客也可能不相信低档产品公司能生产出优质产品。此外，公司的销售代表和分销商可能会因为缺乏才能和培训，不能很好地为高档产品市场服务。

双向延伸 定位于市场中端的公司可能会决定朝上、下两个方向延伸其产品线。德克萨斯仪器公司以中等价格和中等质量推出了第一批计算器。然后，它逐渐在低端产品市场上增加机型，从玻玛公司手中夺取了市场份额。后来，它又推出了一种价格低于惠普公司的计算器，控制了高档产品市场。双向延伸战略使德克萨斯仪器公司占据了袖珍计算器市场的领导地位。

丰田公司对其产品线也采取了双向延伸策略。在其中档产品卡罗纳的基础上，为高档产品市场增加了佳美牌，为低档产品市场增加了小明星牌，该公司还为豪华汽车市场推出了凌志牌。凌志的目标是吸引高层管理者，佳美的目标是吸引中层经理，卡罗纳的目标是吸引基层经理，而小明星牌的目标是手里钱不多的首次购买者。此种战略的主要风险是有些买主认为两种型号之间（如佳美和凌志之间）差别不大，因而会选择较低档的品种。但对于丰田公司来说，顾客选择了低档品种总比转向竞争者好。另外，为了减少与丰田的联系，减少自相残杀的风险，凌志并没有在丰田的名下推出，而且，其分销方式与其他型号的分销方式也不相同。

（2）产品线填充决策。

产品线也可以拉长，办法是在现有产品线的范围内增加一些产品项目。采取产品线填充决策是因为如下几个动机：获取增量利润；满足那些经常抱怨由于产品线不足而使销售额下降的经销商；充分利用剩余的生产能力；争取成为领先的产品线全满的公司；设法填补市场空隙，防止竞争者的侵入。

产品线填充的关键在于是逐渐现代化，还是一下子现代化。渐进的方法可以使公司在改进整个产品线之前，观察顾客和经销商是否喜欢新样式的产品。逐渐现代化可以使公司的资金耗费较少。但是，这种方法的主要缺点是，它使竞争者有机会观测到变化，并开始设计它们自己的产品线。在迅速变化的产品市场上，产品现代化接连不断地发生。公司计划改进产品以鼓励顾客向高价值和高价格的产品项目转换。这里主要的问题在于必须选择改进产品的最佳时机，使之不至于过早（这会使现有产品线的销售受到不良影响），也不至于过迟（在竞争者为较先进的设备树立了强有力的声誉之后）。

8.3.3.2 产品线削减决策

产品线经理必须定期检查产品项目，研究削减问题。削减的情况有两种。一种情况是产品线中有使利润减少的卖不掉的陈货。可以通过销售额和成本的分析来识别疲软的项目。许多公司都对产品线作过重大削减，以取得丰厚的长期利润。新加坡时尚百货店经营本地设计师的产品，但由于其经营的品牌达45种之多，其中许多产品的设计和质量都很差，使公司濒临倒闭。该公司的管理层希望开设一家较小的商店，只经营原来一半的品牌。另一种情况是公司缺乏使所有项目都达到期望数量的生产能力，经理必须集中生产利润较高的项目。当需求紧迫时，公司通常会缩短产品线；而在需求松缓时，则拉长产品线。

8.3.3.3 产品线更新决策

有时候产品线的长度还算适中，但是其中的产品项目却需要更新。譬如，某公司生产的机械工具看起来像20世纪50年代的东西，而其竞争者生产的产品造型较好，那么它的市场就可能会被竞争者所夺取。产品线更新可以采取逐项更新或者一次全部更新两种方式。

8.3.3.4 产品线特色决策

产品线特色决策是指公司众多的产品线中，选择一个或数个产品项目作为号召性的产品去吸引消费者。产品线经理通常会选择一个或数个产品项目作为产品线的特色（Product-line feature）。有时候，产品线经理会促销产品线上一些较低级的产品作为"大宗生意促成者"（Trafficbuider）来制造销售声势。例如，西尔斯公司推出低价的缝纫机来吸引顾客。罗尔斯—罗伊斯公司（Rolls-Royce）也宣布推出定价仅4.9万美元的经济型汽车，而该公司的高级汽车定价达10.8万美元，其目的也是为了吸引人们到它的汽车展销店去。一旦进了店，推销员会说服顾客买较高级的车子。有时候，产品线经理会以较高级的产品项目来提高整个产品线的水准。奥迪马·皮盖（Audimar Piguet）公司促销一种2.5万美元的手表，事实上很少有人会去买它，但它却"旗舰"似的提高了整个产品线的身价。

8.4 产品生命周期

8.4.1 产品生命周期的含义

产品生命周期是指一种产品在市场上的销售情况及获利能力随着时间的推移而变化。它显现了产品销售历史中的不同阶段，与各个阶段相对应的是与营销策略和利润潜量有关的不同的机会和问题。公司可通过确定其产品所处的阶段或将要进入的阶段制订更好的市场营销计划。

我们说产品有生命周期就是要明确下面四点：①产品的生命有限；②产品销售经过不同阶段，每个阶段对销售者提出不同的挑战；③在产品生命周期的不同阶段，利润有升有降；④在产品生命周期的不同阶段，产品需要不同的市场营销、财务、制造、采购和人事策略。

有关产品生命周期的论述大都认为一般商品的销售历史表现为一条S形曲线。典型的这种曲线分为四个阶段，即介绍期、成长期、成熟期和衰退期，如图8-1所示。

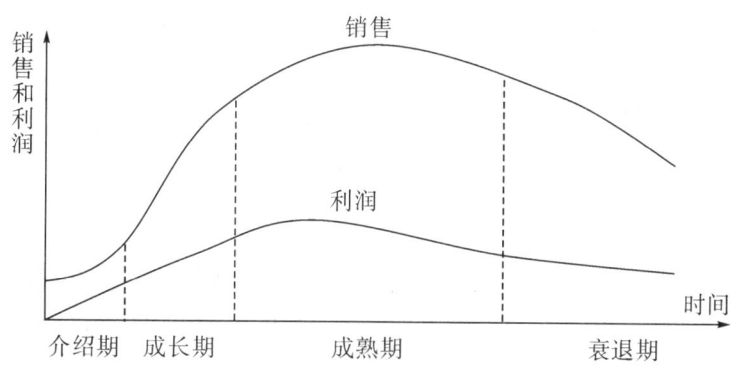

图8-1　产品生命周期曲线

（1）介绍期。

介绍期又称引入期，指产品引入市场，销售缓慢成长的时期。在这一阶段，因为产品引入市场需支付巨额费用，所以几乎不存在利润。

（2）成长期。

产品被市场迅速接受和利润大量增加的时期。

（3）成熟期。

因为产品已被大多数的潜在购买者所接受而造成的销售成长减慢的时期。为了对抗竞争，维持产品的地位，该产品营销费用日益增加，利润稳定或下降。

（4）衰退期。

销售下降的趋势增强和利润不断下降的时期。

以销售成长率或下降率的显著变化处作为区分点表明每个阶段的起点和终点未免有些武断。波里（Polli）和库克（Cook）曾提出一个可操作的衡量方法，该方法以逐年实际销售量的百分率变动的正态分布为基础来划分产品的各阶段。公司必须对各个阶段的时间长度进行定期审查。激烈的竞争导致了产品生命周期缩短，这就意味着产品必须在较短的期间内获取利润。

产品生命周期概念能够用于分析一个产品种类（酒）、一种产品形式（白酒）、一种亚产品形式（伏特加）或一种品牌（斯米尔诺夫牌伏特加）。

并非所有产品的生命周期曲线都呈S形。研究人员发现，产品生命周期具有多种形态。三种常见的形态是：

(1)"增长—衰退—成熟"的形态。

具体如图8-2所示。小厨房用具常具有此特点。例如,微波炉在首次引入时销售量增长迅速,然后跌落到"僵化"的水平,这个水平因不断有晚期采用者首次购买产品和早期采用者更新产品而得以维持。

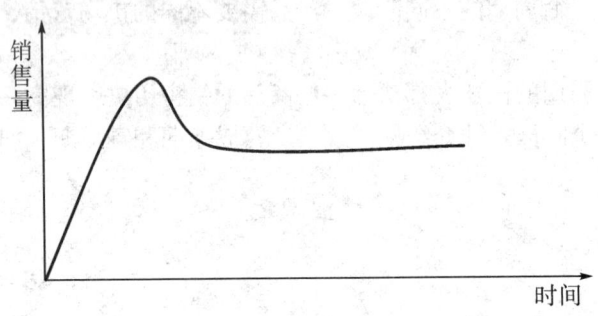

图8-2 "增长—衰退—成熟"曲线

(2)"循环—再循环"的形态。

具体如图8-3所示。该形态常用来说明新药品的销售。制药公司积极促销其新药品,从而产生了第一个循环。然后销售量下降,于是公司开展第二次促销活动,这就产生了第二个循环。

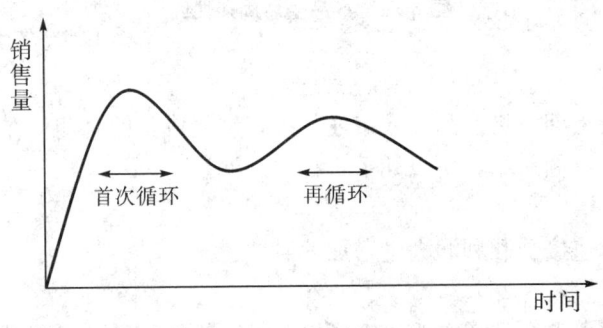

图8-3 "循环—再循环"曲线

(3)"扇形"形态。

具体如图8-4所示。该形态是基于发现了新的产品属性、用途、用户等而使其生

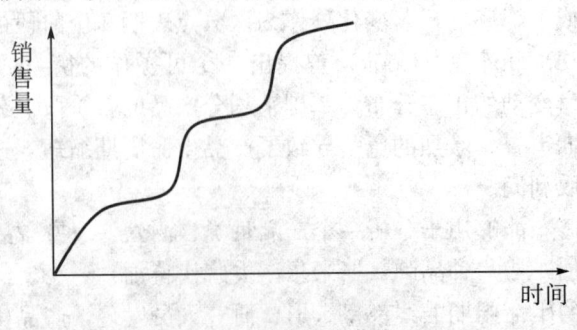

图8-4 "扇形"曲线

命持续向前。尼龙的销售就显示了这种扇形特征,因为尼龙许多新的用途——降落伞、袜子、衬衫、地毯,一个接一个地被发现。

8.4.2 产品生命周期策略

8.4.2.1 介绍期的营销策略

当新产品推出时,介绍阶段开始了。沟通经销商渠道和在几个市场中推广是要花费时间的,因此销售成长趋于缓慢发展。一些著名的产品,如低热量可乐、速溶咖啡、麦片,在它们进入迅速成长阶段以前,徘徊了许多年。巴泽尔认为,许多食品加工产品缓慢成长的四个原因是:生产能力扩展迟缓;存在有待解决的技术问题(消除产品缺陷);把产品提供给顾客,特别是获得足够的分销零售网点上的延误;顾客不愿意改变既定的行为模式。对于昂贵的新产品,妨碍销售成长的原因还要添加其他因素,例如,只有少数购买者有能力购买新产品。在这一阶段,由于销售量少和促销费用高,公司要亏本或利润很低。它们需要大量经费以吸引分销商和"填满销货渠道"。促销支出占销售额的比率最高,因为它需要高水平的促销努力,以达到告诉潜在的消费者新的或他们不知道的产品的目的,引导他们试用该产品,使产品通过零售网点分销。只有少数几个竞争者在生产该产品的基本形式。公司销售的目标是那些最迫切的购买者,通常为高收入阶层。其价格偏高的原因是:产量比较低,导致成本提高;生产上的技术问题可能还未全部解决;需要高的毛利以支持销售成长所必需的巨额促销费用。

在推出一种新产品时,企业能为各个营销变量,诸如价格、促销、分销和产品质量分别设立高或低两种水平。当只考虑价格和促销时,企业可以在下面四个战略中择一而行。具体如图 8-5 所示。

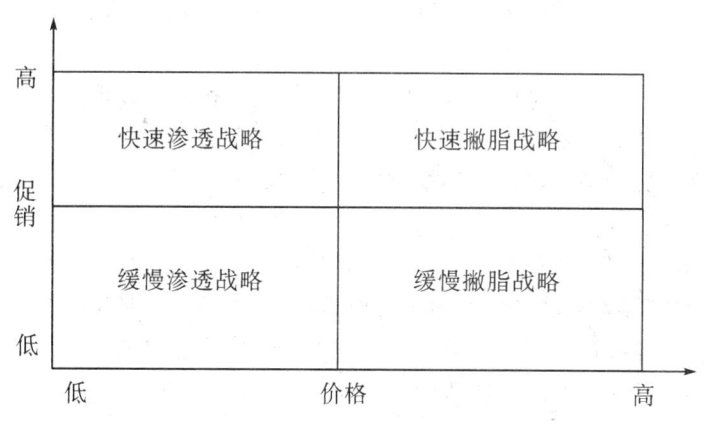

图 8-5 介绍期的营销战略

(1) 快速撇脂战略。

快速撇脂战略即以高价格和高促销水平方式推出新产品。公司采用高价格是为了在每单位销售中尽可能获取更多的毛利。同时,公司花费巨额促销费用向市场说明虽然该产品定价水平高,但是物有所值。高水平的促销活动提高了市场渗透率。采用这一战略的假设条件是:潜在市场上大部分人还没有意识到该产品;知道它的人渴望得到该产品并有能力照价付款；公司面临潜在的竞争，希望建立品牌偏好。

(2) 缓慢撇脂战略。

缓慢撇脂战略即以高价格和低促销水平方式推出新产品。推行高价格是为了从每单位销售中获得尽可能多的毛利，推行低水平促销是为了获取大量利润。采用这一战略的假设条件是：市场的容量有限；大多数的市场已知晓这种产品；购买者愿出高价购买；潜在对手的竞争并不近在眼前。

(3) 快速渗透战略。

快速渗透战略即以低价格和高促销水平方式推出新产品。这一战略期望能给公司带来最快速的市场渗透和最高的市场份额。采用这一战略的假设条件是：市场规模很大；市场对该产品不知晓；大多数购买者对价格敏感；潜在竞争很强烈；随着生产规模的扩大和制造经验的积累，公司的单位制造成本会下降。

(4) 缓慢渗透战略。

公司可降低其促销成本以实现较多的净利润。公司确信市场需求对价格弹性很高，而对促销弹性很低。采用这一战略的假设条件是：市场规模大；市场上该产品的知名度较高；市场对价格相当敏感；有一些潜在的竞争。

8.4.2.2 成长期的营销策略

成长阶段的标志是销售迅速增长；早期采用者喜欢该产品，中间多数消费者开始追随领导者；由于大规模的生产和利润的吸引，新的竞争者进入市场；竞争者引入新的产品特点，导致分销网点数目的增加；在需求迅速增长的同时，产品价格维持不变或略有下降；公司维持同等的促销费用或把水平稍微提高，以应付竞争和继续培育市场；销售的高速上升使促销费用对销售额的比率不断下降。

在这一阶段，随着促销成本被大量的销售额所分摊，利润增加。同时，由于"经验曲线"的影响，产品单位制造成本比价格下降得快。

在成长阶段，公司为了尽可能长时间地维持市场成长而采取下列战略：改进产品质量和增加新产品的特色和式样，增加新样式和侧翼产品，进入新的细分市场，扩大分销覆盖面并进入新的分销渠道，从产品知觉广告转向产品偏好广告，降低价格以吸引对下一层次价格敏感的购买群。

公司推行这些市场扩展战略将会大大提高其竞争地位。但是，这个改进措施会增加成本。公司在成长阶段要决定究竟是选择高市场占有份额，还是选择当前高利润。如果把大量的钱用在产品改进、促销和分销上，它能获得一个优势地位，但要放弃获得最大的当前利润，不过公司可在下一阶段得到补偿。

8.4.2.3 成熟期的营销策略

产品销售到达某一点后将放慢步伐，并进入相对成熟阶段。这个阶段的持续期一般长于前两个阶段，并给营销管理部门带来最难对付的挑战。大多数产品都处于生命周期的成熟阶段，因此，大部分的营销管理部门处理的正是这些成熟产品。

成熟阶段仍可分成三个时期。第一个时期是成长中的成熟。此时由于分销的影响，未来的销售依赖于人口增长和需求更新。第二个时期是稳定中的成熟。此时市场饱和，销售量与人口增长同步。第三个时期是衰退中的成熟。此时销售的绝对水平开始下降，顾客也开始转向其他产品和替代品。销售成长率的降低使得整个行业中的生产能力过剩,生产能力过剩又导致竞争加剧,竞争者更频繁地使用减价和不标价的方法销售。他们增加广告投入,扩大贸易和消费者交易的机会。他们为改进产品式样和开发侧翼产品而增添研究和开发预算。这些步骤都意味着利润的减少和较弱的竞争者开始退出。最后,该行业由一些地位牢固的竞争者组成,他们的基点是要获得竞争利益。这些竞争者分为两种类型:支配行业的是几个巨型企业,其产量占行业总产量的大部分。这些公司为整个市场服务,并主要从高产量和低价格中获取利润。这些产业领导者在质量高、服务好或价格低等方面的名声多少有些不同。环绕着这些支配性公司的是大量的市场拾遗补缺者。这些拾遗补缺者包括市场专家、产品专家和顾客化公司。它们为小的目标市场提供服务并能很好地满足其需求,以此获得溢价。成熟市场的企业面临的问题是努力奋斗,争取成为高产低价的"三巨头"之一,抑或采用拾遗补缺战略,通过高边际利润率获得利润。

在成熟阶段,许多公司会采用以下营销策略:

(1) 市场改进。

公司可用组成销售量的两个因素为它的成熟品牌扩大市场。

$$销售量 = 品牌使用者数量 \times 每个用户的使用率$$

公司能够通过下列三种方法来增加品牌使用者的数量:

转变非用户 公司能努力吸引非用户转变为用户。例如,飞机货运服务成长的关键是不断地寻找新用户,说服他们相信空运比陆地运输有更多的好处。

进入新的细分市场 公司可以努力进入新的细分市场——地理的、人口统计的,即那些使用此产品但不使用本公司品产品的顾客。例如,强生已经把它的婴儿洗发剂成功地推销给了成年用户。

争取竞争对手的顾客 公司可以吸引竞争对手的顾客试用或采用它的品牌。例如,百事可乐抛出一个接一个的挑战,劝说可口可乐的消费者改喝百事可乐。

公司能够通过以下三种策略使当前品牌使用者增加他们的使用量来提高产品销量:

提高使用频率 公司可以努力使顾客更频繁地使用该产品。例如,牛奶的营销人员应努力劝说人们除了在早餐时间饮用外,还可以在一般场合下饮用。

增加每个场合的使用量 公司可以努力使用户在每次使用时增加该产品的用量。例如,洗头膏制造商可以向用户指出,每次洗头时冲洗两次比一次更有效。

新的和更广泛的用途 公司应努力发现该产品的各种新用途,并且说服人们尝试更多的用途。例如,一个食品制造商通常的做法是在包装上列出几种食谱,使消费者了解食品的全部用法。

(2) 产品改进。

改进该产品的特性,使其能吸引新用户和增加现行用户的使用量以改善销售。主要有以下三种形式:

质量改进 提高产品的功能特性——它的耐用性、可靠性、速度、口味等。一个制造商通过推出"新颖和改进的"汽车、电视机或洗涤剂,通常能压倒它的竞争对手。这种战略有效的范围是:质量确实能改进,买方相信质量被改进的说法,要求较高质量的用户其数量足够大。

特色改进　增加产品的新特色（例如尺寸、重量、材料、添加物、附件等），扩大商品的多功能性、安全性或便利性。例如，一些信用卡能从自动取款机取款；另一些可作为智能卡使用，记录在会员百货店的购物情况和持卡人的个人特征；还有一些卡上有持卡人的照片和签名，防止被别人冒用。特色改进可以为公司建立新的形象；赢得重视它们的特定细分市场顾客的忠诚；为购买者提供了更多选择；给公司带来免费的公众化宣传，并激发销售人员和分销商的热情。其主要缺点是很容易被模仿，除非首先推出者享有永久的利益，否则它可能会得不偿失。

式样改进　增加对产品的美学诉求。在包装食品和家庭用品上，一些公司常引进颜色和结构的变化，以及对包装式样不断更新，把包装作为该产品的一个延伸。式样策略的优点是每家厂商可以获得一个独特的市场个性，赢得忠诚的追随者。但是，式样竞争也带来一些问题：难以预料是否有人和有哪些人会喜欢这种新式样；式样改变通常意味着不再生产老式样，公司将面临失去某些喜爱老式样顾客的风险。

（3）营销组合改进。

产品经理还应该努力通过改进营销组合的一个或几个要素来刺激销售。在寻找刺激成熟产品销售的方法中，营销经理对营销组合的非产品因素，应考虑诸如价格、分销、广告、销售促进、人员推销与服务等关键性问题。营销组合改进的主要问题是它们很容易被竞争者模仿，尤其是减价、附加服务和大量分销渗透等方法。因此，公司不大可能获得预期的利润。事实上所有公司都在市场营销中不断互相攻击，它们可能都经历过利润受侵蚀的过程。

8.4.2.4　衰退期的营销策略

大多数的产品形式和品牌销售最终会衰退。这种销售衰退也许是缓慢的，像盒式磁带被激光唱片所取代；也许很迅速，像电子宠物玩具，销量可能会下降到零，也可能在一个低水平上持续多年。销售衰退的原因有很多，其中包括技术进步、消费者口味的改变、国内外竞争的加剧等，所有这些都会导致生产能力过剩、削价竞争增加和利润被侵蚀。当销售和利润衰退时，有些公司退出了市场，留下来的公司可能会减少产品供应量。它们也可能从较小的细分市场和较弱的贸易渠道中退出，或者削减促销预算和进一步降低价格。

一个公司在处理它的老化产品过程中面临着许多任务和决策：

（1）识别疲软产品。

第一任务是建立识别疲软产品的制度。公司任命一个由营销、研究与开发、制造和财务代表参加的产品审查委员会。这个委员会拟定一套识别疲软产品的制度，审计办公室提供每种产品的资料，包括产品的市场规模、市场份额、价格、成本和利润方面的动向；让这些信息经电子计算机程序分析，确定出可疑疲软产品，其标准包括销售疲软的时间、市场份额的趋势、毛利和投资报酬；把列在可疑表上的产品向负责经理们报告，由这些经理填写评估表，说明在营销战略不修改和修改的情况下销售和利润的前景。产品审查委员会审核这些报告并对每个可疑产品提出建议——继续保留该产品、修改它的营销战略或放弃它。研究资料显示，与没有去除产品程序的公司相比，那些有正式程序的公司放弃产品的速度更快，这就使得管理工作更有效率。

(2) 确定营销战略。

有些公司将比其他公司率先放弃衰退市场。这在很大程度上取决于退出障碍的水平。退出障碍越低，公司就越容易脱离该行业，同时对留下来的公司就更具诱惑力，它们可以去吸引退出公司所拥有的顾客，留下来的公司将会增加销售和利润。因此，一个公司必须对是否要在市场上坚持到底作出决定。例如，宝洁公司在衰退的液体肥皂业中坚持到最后，并且随着其他公司的退出而获得可观的利润。

在一项关于衰退行业公司战略的研究中，哈里根区别出五种公司可行的衰退战略：①增加公司的投资（使自己处于支配地位或得到有利的竞争地位）；②保持公司原有的投资水平，直到解决行业不确定因素；③公司有选择地降低投资水平，放弃无前景的顾客群，同时加强对有利可图顾客需求领域的投资；④快速回收现金，从公司的投资中获取（或榨取）巨额利润；⑤尽可能用有利的方式处理资产，以便迅速放弃该业务。究竟采用哪种衰退战略取决于行业的相对吸引力和公司在该行业中的竞争实力。

(3) 放弃决策。

当公司决定放弃一个产品时，它面临着进一步的决策。如果产品有很强的分销能力并留存着一些好名声，公司也可将它卖给一个小公司。如果找不到买主，公司就必须决定是迅速还是缓慢结束这个品牌。它还必须决定保留多少部件和服务项目为老顾客服务。

8.5 新产品开发

科学技术的飞速发展，经济全球化步伐的加快，市场竞争日益激烈，世界市场机会在不断转移，导致产品生命周期越来越短。在20世纪中期，一代产品通常意味20年左右的时间，而到90年代，一代产品的概念不超过7年。20世纪80至90年代美国的产品生命周期平均为3年，今天的中国人更换手机的周期也缩短至18个月左右。这一切迫使企业不只是为了利润，至少是为了生存，也必须不断开发新产品以迎合市场需求的快速变化。产品创新已经成为企业经营的常态。

8.5.1 新产品的含义

市场营销意义上的新产品含义很广，除包含因科学技术在某一领域的重大发现所产生的新产品外，还包括：在生产销售方面，只要产品在功能或形态上发生改变，与原来的产品产生差异，甚至只是产品从原有市场进入新的市场，都可视为新产品；在消费者方面，则是指能进入市场给消费者提供新的利益或新的效用而被消费者认可的产品。按产品研究开发过程，新产品可分为全新产品、改进型新产品、模仿型新产品、形成系列型新产品、降低成本型新产品和重新定位型新产品。

(1) 全新产品。

全新产品是指应用新原理、新技术、新材料而开发的具有新结构、新功能的产品。该新产品在全世界首先开发，能开创全新的市场。它占新产品的10%左右。

(2) 改进型新产品。

改进型新产品是指在原有老产品的基础上进行改进，使产品在结构、功能、品质、花色、款式及包装上具有新的特点和新的突破。改进后的新产品，其结构更加合理，功能更加齐全，品质更加优良，能更多地满足消费者不断变化的需要。它占新产品的26%左右。

（3）模仿型新产品。

模仿型新产品是指企业对国内外市场上已有的产品进行模仿生产，称为本企业的新产品。模仿型新产品占新产品的20%左右。

（4）形成系列型新产品。

形成系列型新产品是指在原有的产品大类中开发出新的品种、花色、规格等，从而与企业原有产品形成系列，扩大产品的目标市场。它占新产品的26%左右。

（5）降低成本型新产品。

降低成本型新产品是指以较低的成本提供同样性能的新产品，主要是指企业利用新技术，改进生产工艺或提高生产效率，削减原产品的成本，但保持原有功能不变的新产品。这种新产品的比重为11%左右。

（6）重新定位型新产品。

重新定位型新产品是指企业的老产品进入新的市场而被称为该市场的新产品。它占新产品的7%左右。

8.5.2 新产品开发程序

一个完整的新产品开发过程要经历以下八个阶段。

8.5.2.1 构思产生

进行新产品构思是新产品开发的首要阶段。构思是创造性思维，即对新产品进行设想或创意的过程。缺乏好的新产品构思已成为许多行业新产品开发的瓶颈。一个好的新产品构思是新产品开发成功的关键。企业通常可从企业内部和企业外部寻找新产品构思的来源。公司内部人员包括：研究开发人员、市场营销人员、高层管理者及其他部门人员。由于这些人员熟悉公司业务的某一个或某几个方面，因此他们往往能针对产品的优缺点提出改进或创新建议。企业可寻找的外部构思来源有：顾客、中间商、竞争对手、企业外的研究和发明人员、咨询公司、营销调研公司等。

8.5.2.2 构思筛选

新产品构思筛选是采用适当的评价系统及科学的评价方法对各种构思进行分析比较，从中把最有希望的设想挑选出来的一个过滤过程。在这个过程中，要力争做到除去亏损最大和必定亏损的新产品构思，选出潜在赢利大的新产品构思。构思筛选的主要方法是建立一系列评价模型。评价模型一般包括：评价因素、评价等级、权重和评价人员。其中，确定合理的评价因素和给每个因素确定适当的权重是评价模型是否科学的关键。

8.5.2.3 概念发展和测试

新产品概念是企业从消费者的角度对产品构思进行的详尽描述，即将新产品构思具体化，描述出产品的性能、具体用途、形状、优点、外形、价格、名称及提供给消费者的利益等，让消费者能一目了然地识别出新产品的特征。新产品概念形成的过程亦即把粗略的产品构思转化为详细的产品概念。任何一种产品构思都可转化为几种产品概念。新产品概念的形成来源于针对新产品构思提出问题的回答,一般通过对以下三个问题的回答可形成不同的新产品概念,即:谁使用该产品?该产品提供的主要利益是什么?该产品适用于什么场合?

8.5.2.4　制订营销战略计划

对已经形成的新产品概念制订营销战略计划是新产品开发过程的一个重要阶段。该计划会在以后的开发阶段中不断完善。营销战略计划包括三个部分:第一部分是描述目标市场的规模、结构和消费者行为,新产品在目标市场上的定位,市场占有率及前几年的销售额和利润目标等。第二部分是对新产品的价格策略、分销策略和第一年的营销预算进行规划。第三部分则描述预期的长期销售量和利润目标以及不同时期的营销组合。

8.5.2.5　商业分析

商业分析的主要内容是对新产品概念进行财务方面的分析,即估计销售量、成本和利润,判断它是否满足企业开发新产品的目标。

8.5.2.6　产品实体开发

产品实体开发主要解决产品构思能否转化为在技术上和商业上可行的产品这一问题。它是通过对新产品实体的设计、试制、测试和鉴定来完成的。根据美国科学基金会的调查,新产品开发过程中的产品实体开发阶段所需的投资和时间分别占开发总费用的30%、总时间的40%,且技术要求很高,是最具挑战性的一个阶段。

8.5.2.7　新产品试销

新产品试销的目的是在新产品正式上市前做最后一次测试,且该次测试的评价者是消费者的货币选票。通过试销将新产品投放到有代表性地区的小范围的目标市场进行测试,企业才能真正了解该新产品的市场前景。试销是对新产品的全面检验,可为新产品是否全面上市提供全面、系统的决策依据,也为新产品的改进和市场营销策略的完善提供启示。有许多新产品是通过试销改进后才取得成功的。

8.5.2.8　商业化

新产品商业化阶段的营销运作,企业应在以下几方面慎重决策:何时推出新产品,是首先进入、平行进入还是后期进入;何地推出新产品;如何推出新产品。企业必须制订详细的新产品上市营销计划,包括营销组合策略、营销预算、营销活动的组织和控制等。

8.5.3　新产品的采用与推广

新产品的采用过程是潜在消费者如何认识、试用和采用或拒绝新产品的过程。从潜在消费者发展到采用者要经历五个阶段:知晓、兴趣、评价、试用、正式采用。营销人员应仔细研究各个阶段的不同特点,采取相应的营销策略,引导消费者尽快完成采用过程的中间阶段。新产品的采用者分为五种类型:创新者、早期采用者、早期多数、晚期多数和落伍者。新产品推广速度的快慢主要取决于目标市场消费者和新产品特征。五种类型采用者价值导向的不同,导致他们对新产品抱有不同的态度,对新产品的采用和推广速度快慢起着重要作用。新产品的相对优势、相容性、复杂性、可试用性及可传播性将会在很大程度上影响新产品的采用与推广。

8.6 品牌与品牌策略

8.6.1 品牌

8.6.1.1 品牌的含义

广告专家约翰·菲利普·琼斯（J. P. Jones，1999）对品牌的界定是：能为顾客提供其认为值得购买的功能利益及附加价值的产品。哈金森和柯金（Hankison、Cowking，1993）从下述六大方面阐述了品牌的含义：视觉印象和效果，可感知性，市场定位，附加价值，形象，个性化。美国市场营销学会对品牌的定义是：品牌是一种名称、术语、标记、符号或设计，或是它们的组合运用，其目的是借以辨认某个销售者，或某群销售者的产品及服务，并使之与竞争对手的产品和服务区别开来。

综上所述，我们认为品牌是用于识别一种产品或服务的生产者或销售者的名称、术语、标记、符号或设计，或它们的组合。品牌名称常常预示出产品的定位，比如"太太口服液"中"太太"这一名称就直接表明了这种口服液的消费者是那些"太太"们。"可口可乐""舒肤佳"则把消费者在消费这种产品功能特质时能够期待产生的心理和生理感受作为品牌命名的起点，从而使命名本身就具备明确而有力的定位营销力量。品牌名称还可以定位于产品情感形象上，"娃哈哈"这个品牌命名除了其通俗、准确地反映了消费者群体外，最关键的一点是将一种祝愿，一种希望，一种消费的情感效应结合儿童的天性作为品牌命名的核心。另外，还有把品牌名称定位于消费观念上的，如"孔府家酒"。定位于产品形式、状态的品牌名称也比比皆是，如"白加黑""大大"泡泡糖等。品牌的标记则更形象地传递信息。以轿车为例，消费者能从各种轿车的标识上识别出桑塔纳、丰田、奥迪、奔驰、富康等品牌。

8.6.1.2 品牌的内容

品牌从本质上说，是传递一种信息。它一般能表达六层含义：

（1）属性。

一个品牌首先给人带来特定的属性。例如，"海尔"表现出的质量可靠、服务上乘，奠定了海尔中国家电第一品牌的成功基础。

（2）利益。

一个品牌绝不仅仅限于一组属性，消费者所购买的是产品利益而不是产品的购买属性。属性需要转换成功能和情感利益。"质量可靠"会减少消费者的维修费用，给消费者提供节约维修成本的利益；"服务上乘"则节约了消费者时间，降低了成本，方便了消费者。

（3）价值。

品牌能提供一定的价值。"高标准、精细化、零缺陷"是"海尔"体现的服务价值。

（4）文化。

品牌可能附加和象征了一种文化，如"海尔"体现了一种文化，即高效率、高品质。

（5）个性。

品牌还能代表一定的个性。一提到"海尔",人们就会想到其广告词"真诚到永远"及其"品牌标记"——两个永远快乐的小伙伴。

(6) 使用者。

品牌还体现了购买或使用这种产品的是哪一类消费者,这类消费者也代表着一定的文化、个性,这对于公司细分市场,进行市场定位有很大帮助。

所以,品牌是个复杂的符号。一个品牌不单单是一种名称、术语、标记、符号或设计,或它们的组合运用,更重要的是品牌所传递的价值、文化和个性,它们决定了品牌的基础。

8.6.1.3 品牌与产品

产品与品牌的一个重要区别是,产品是带有功能性目的的物品,而品牌除此之外,还能提供别的东西。所有的品牌都是产品,但是并非所有的产品都是品牌。产品是工厂里制造的东西,品牌则是由消费者带来的东西。具体分析如下:

品牌与产品名称是两个完全不同的概念。产品名称主要体现的是辨别功能,将一种产品与另一种产品区别开来;而品牌则传递更丰富的内容,产品的价值、个性与文化都能通过品牌来表现。产品可以有品牌,也可以无品牌。无品牌商品以其低廉的价格也能赢得一部分顾客。但如今厂家越来越重视品牌创造,一件产品可以被竞争者模仿,但品牌独一无二;产品很快会过时落伍,然而成功的品牌能经久不衰。一种品牌可以只用于一种产品,也可以用于多种产品,进而产生品牌延伸,多品牌策略,这取决于厂家的选择。

产品是具体的存在,而品牌存在于消费者的认知中,它是消费者心中被唤起的某种情感、感受、偏好、信赖的总和。同样功能的产品被冠以不同的品牌后,会让消费者产生截然不同的看法,从而导致产品大相径庭的市场占有率。

产品最终由生产部门生产出来,而品牌形成于整个营销组合环节。品牌是根据产品而设计出来的。营销组合的每一个环节都需传达品牌的相同信息,才能使消费者形成对品牌的认同。如,一种定位于高档品牌的产品,必然是高价位,辅之以精美的包装,在高档商店或专卖店出售。商业传播与品牌的关系更加密切,名牌产品的广告投入要大大高于一般品牌。

产品重在质量与服务,而品牌贵在传播。品牌的"质量"在传播。品牌的传播包括所有的品牌与消费者沟通的环节与活动,如产品的设计、包装、促销、广告等。传播的效用有两点:一是形成和加强消费者对品牌的认知;二是将传播费用转化为品牌资产的一部分。

8.6.1.4 品牌与名牌

名牌并无准确的概念,但名牌一定是有一定知名度和美誉度的品牌。名牌代表着优良品质,但名牌并不代表高价位,它可以是高质高价,高质中价,甚至高质低价。比如,"茅台"是高质高价,"大宝"化妆品则是高质低价。另外,名牌是有时效性的,昨日的名牌今日未必是名牌,"荷花"牌洗衣机、"燕京"VCD 都曾是昔日的名牌,但如今市场上已很少见到这些品牌。所以品牌可以转化为名牌,名牌若不注意宣传或经营不当就会失去名牌效应,甚至消失。

8.6.1.5 品牌与商标

品牌的英文名为 Brand，商标的英文名是 Trade Mark，是完全不同的两个概念。

商标是产品文字名称、图案记号，或两者相结合的一种设计，是企业在有关部门注册登记后，经批准享有其专用权的标志。在我国，国务院工商行政管理部门商标局主管全国商标注册和管理工作，商标一经商标局核准即为注册商标。商标注册人享有商标专用权，受法律保护。假冒商标、仿冒商标、抢先注册都构成商标的侵权。

商标与品牌既有联系又有区别，其联系主要表现在：它们都是无形资产，都具有一定的专有性，其目的都是为了区别于竞争者，有助于消费者识别，所以商标与品牌经常被混用。有些人误以为两者无本质区别，其实不然。两者的区别主要表现在：品牌无需注册，一经注册，品牌就成为商标了。商标一般都要注册（我国也有未注册商标），它是受法律保护的一个品牌或品牌的一部分，其产权可以转让和买卖；品牌主要标明产品的生产和销售单位，而商标则是区别不同产品的标记。一个企业的品牌和商标可以是相同的，也可以是不相同的；品牌比商标有更广的内涵，品牌代表一定文化，有一定个性，而商标则是一个标记。

8.6.2 品牌的特征

8.6.2.1 品牌是企业的一种无形资产

品牌是有价值的，品牌的拥有者凭借品牌能够不断地获取利润。但品牌价值是无形的，它不像企业的其他有形资产直接体现在资产负债上。它必须通过一定的载体来表现自己，直接载体就是品牌元素，间接载体就是品牌知名度和美誉度。品牌价值有时已超过企业有形资产的价值，如可口可乐的有形资产只有 138.73 亿美元，而品牌价值却高达 434.27 亿美元。当然，现在对品牌价值的评估还未形成统一的标准，但品牌是企业的一项重要无形资产已是事实。正因为品牌是无形资产，所以其收益具有不确定性，它需要不断地投资。企业若不注意市场的变化，及时地调整名牌产品的结构，就有可能面临品牌贬值的危险。

8.6.2.2 品牌具有一定的个性

品牌具有一定的个性，也可以说品牌无一不是文化的象征。大卫·爱格基于比喻的思路，给出了下面几种典型的品牌个性：纯朴的、顾家的、诚恳的、过时的，如黑芝麻糊；有朝气的、年轻的、最新的、外向的，如百事可乐；有教养的、有影响力的、称职的，如惠普；自负的、富有的、谦逊的，如奔驰和凌志；运动的、粗野的，如耐克。我国一些知名品牌的品牌个性尤为突出。如"金利来"一句"男人的世界"传达了一种阳刚、气宇不凡的个性。"娃哈哈"则象征着一种幸福、安康，一种希望。中国红豆集团以"红豆相思"的文化内涵吸引着众多中外顾客。所以品牌是具有个性的，在创造品牌的过程中，一定要注意品牌个性的塑造，赋予品牌一定的文化内涵以满足广大消费者对品牌文化品位的需求。

8.6.2.3 品牌具有排他专有性

品牌的排他专有性是指商标一经注册，其他企业就不得再用。一件产品可以被竞争者模仿但品牌却是独一无二的。品牌在其经营过程中，通过良好的质量、优质的服务建立良好的信誉，这种信誉一经消费者认可，就很容易形成品牌忠诚，同时它也强化了品牌的专有性。

8.6.2.4 品牌是以消费者为中心的

在对品牌概念的认识上，普遍存在一种误区，把品牌看成企业自己的东西，一种商标权，容易忽略消费者的作用。然而，国际现代品牌理论特别重视和强调品牌是一个以消费者为中心的概念，没有消费者，就没有品牌。品牌的价值体现在品牌与消费者的关系之中。品牌具有一定的知名度和美誉度是因为它能够给消费者带来利益，创造价值。而且品牌知名度和美誉度本身就是与消费者相联系，是建立在消费者基础上的。市场才是品牌的试金石，只有消费者和用户才是评判品牌优劣的权威。

8.6.2.5 品牌是企业竞争的一种重要工具

品牌可以向消费者传递信息，提供价值，它在企业的营销过程中占有举足轻重的地位。品牌使消费者与产品之间产生联系。在媒体不断多样化、信息爆炸的时代，消费者需要品牌作为礁石，也准备为他们崇拜的品牌多付钱。因此，品牌策略备受关注，品牌经营成了企业经营活动中重要的组成部分。品牌作为进军市场的一面"大旗"，具有举足轻重的作用。正如美国著名广告研究专家莱利·莱特（Larry Light）所言，未来的营销是品牌的战争——品牌互争长短的竞争。商界与投资者将认清品牌是公司最珍贵的资产。这一概念极为重要，因为它是有关如何发展、强化、防卫等管理生产业务的一种远景，拥有市场比拥有工厂重要多了，而拥有市场的途径是先拥有具有市场优势的品牌。

8.6.3 品牌的种类

8.6.3.1 按照使用主体不同划分

按照使用主体不同，品牌可划分为制造商品牌和中间商品牌。

制造商品牌是由制造商对其产品自命的品牌，如"小天鹅""海尔""长虹""娃哈哈"等。我国知名品牌大都为制造商品牌。但一些大型的零售商和批发商也开发了他们自己的品牌，称为中间商品牌或渠道品牌或私人品牌。国外中间商通常以较低成本购买有过剩生产、发展能力的制造商的产品，然后贴上自己的品牌，再以自己的品牌优势获取较高利润，凭其有利条件向制造品牌发出挑战，使得以前占统治地位的制造商品牌地位下降。

8.6.3.2 按照品牌辐射区域不同划分

按照品牌辐射区域不同，品牌可划分为区域品牌、国内品牌和国际品牌。

区域品牌是指一个区域之内的产品品牌，只在当地比较知名，拥有较高的市场占有率。国内品牌是指在国内知名度和美誉度比较高的品牌，它相对区域品牌来说比较具有竞争力，比如我国的"中华""长虹""美的""联想""李宁"等。国际品牌是指在国际市场上知名度和美誉度较高的品牌，此类品牌具有很强的竞争力，如"可口可乐""肯德基""劳力士""万宝路"等。

8.6.3.3 按照持续时间长短划分

按照持续时间长短不同，品牌可分为短期品牌、长期品牌和时代品牌。

短期品牌是指品牌持续时间短，只在一段时间内有一定知名度的品牌。长期品牌是随着产品生命周期的更替而变化的品牌。时代品牌是指一个时代里经久不衰的品牌。目前，我国长期品牌居多，亟须畅销世界的时代品牌，众多厂家也倾心进行品牌营销，专注 CIS（企业识别系统）。

此外，按用途可分为生产资料品牌和生活资料品牌，按其构成元素可分为文字品牌、图形品牌、记号品牌、组合品牌、立体品牌等。

8.6.4 品牌定位

8.6.4.1 品牌定位的含义

品牌定位，是指建立一个与目标市场有关的品牌形象的过程与结果。我们知道，一个企业不论它的规模有多大，它所拥有的资源相对于消费需求的多样性和可变性总是有限的，因此它不可能去满足市场上的所有需求，它必须针对某些自己拥有竞争优势的目标市场进行营销。品牌定位就是要在选定的目标市场上找到自己的位置，并在消费者的心里占据一个特定位置。所以，有人说"定位不在产品本身，而在消费者心底"。

品牌定位和产品定位同样基于鲜明的竞争导向，但两者之间也有不同之处。产品定位基于产品实体的差异性，而品牌包含产品，又不等同于产品，品牌在产品之上附加了联想、价值。因此，品牌定位更多地偏向传播的角度。

8.6.4.2 品牌定位的阶段

品牌定位中细分市场的过程一般包括三个阶段，即调查阶段、分析阶段和细分阶段。

（1）调查阶段。

该阶段要了解消费者的动机、态度和行为。可以采用各种调查工具向消费者搜集以下方面的资料：品牌知名度和品牌等级，产品属性及其重要性的等级，消费者对该品牌产品的使用方式，对该产品所属类别的态度，人口变动、心理变动及对宣传媒体的态度或习惯等等。

（2）分析阶段。

用因子分析法分析资料，剔除相关性很大的变数。然后再用集群分析法划分出一些差异较大的细分市场，使每个集群内部都同质，但集群之间差异明显。

（3）细分阶段。

根据消费者的不同态度、行为、心理状况和一般消费习惯划分出每个集群，然后根据几个主要的特征给每个细分市场命名。

8.6.4.3 品牌定位的策略

品牌定位是通过积极的传播而形成的。企业可以选择不同的定位策略，明确定位，结合品牌的包装、销售渠道、促销、公关等向市场传达定位概念。

（1）属性定位策略。

根据产品的某项特色来定位。如雷达表宣传它"永不磨损"的品质特色。

（2）利益定位策略。

根据产品带给消费者的某项特殊利益定位。如高露洁突出"没有蛀牙"的功效。

(3) 使用定位策略。

根据产品的某项使用功能定位。如"汽车要加油，我要喝红牛"的"红牛"饮料把自己定位于增加体力、消除疲劳的功能性饮料。

(4) 使用者定位策略。

这是把产品和特定用户群联系起来的定位策略。它试图让消费者对产品产生一种度身定造的感觉。如"太太口服液"定位于太太群体。

(5) 竞争者定位策略。

以某知名度较高的竞争品牌为参考点来定位，在消费者心目中占据明确的位置。如美国汽车租赁公司阿维斯公司（Avi's）强调"我们是老二，我们要进一步努力"，七喜饮料的广告语"七喜非可乐"，我国亚都公司恒温换气机的诉求点"我不是空调"等，在不同程度上加强了自己在消费者心目中的形象。

(6) 质量价格组合定位策略。

如"海尔"家电产品定位于高价格、高品质，"华联"超市定位于"天天平价，绝无假货"，"华宝"空调定位于"高贵不贵"。

(7) 生活方式定位策略。

这是将品牌人格化，把品牌当做一个人，赋予其与目标消费群十分相似的个性。如百事可乐以"年轻、活泼、刺激"的个性形象在一代又一代年轻人中引起共鸣。

8.6.5　品牌策略

8.6.5.1　品牌化决策

企业决定是否给产品起名字、设计标志的活动就是企业的品牌化决策。使用品牌对企业有如下好处：有利于订单处理和对产品的跟踪，保护产品的某些特征不被竞争者模仿，为吸引忠诚顾客提供了机会，有助于市场细分，有助于树立产品和企业的形象。

尽管品牌化是商品市场发展的大趋势，但对于单个企业而言，是否要使用品牌还必须考虑产品的实际情况，因为在获得品牌带来的上述好处的同时，建立、维持、保护品牌也要付出巨大成本，如包装费、广告费、标签费和法律保护费等。所以在欧美的一些超市中又出现了一种无品牌化的现象，如细条面、卫生纸等一些包装简单、价格低廉的基本生活用品就没有特别的品牌，这使得企业可以降低在包装和广告上的开支，以取得价格优势。

一般来说，对于那些在加工过程中无法形成一定特色的产品，由于产品同质性很高，消费者在购买时不会过多地注意品牌；对于那些消费者只看重产品的式样和价格而忽视品牌的产品，品牌化的意义也很小。如果企业一旦决定建立新的品牌，不仅需要为产品设计一个图案或取一个名称，还必须通过各种手段来使消费者达到品牌识别的层次，否则这个品牌的存在也是没有意义的。未加工的原料产品以及那些不会因生产商不同而形成不同特色的商品仍然可以使用无品牌策略，这样可以节省费用，降低价格，扩大销售。

8.6.5.2　品牌使用者决策

企业决定使用本企业（制造商）的品牌，还是使用经销商的品牌，或两种品牌兼用,叫做品牌使用者决策。

一般情况下,品牌是制造商的产品标记,制造商决定产品的设计、质量、特色等。享有盛誉的制造商还将其商标租借给其他中小制造商,收取一定的特许使用费。近年来,经销商的品牌日益增多。西方国家许多享有盛誉的百货公司、超级市场、服装商店等都使用自己的品牌,有些著名商家(如美国的沃尔玛)经销的90%的商品都用自己的品牌。同时,强有力的批发商也有许多使用自己的品牌,增强对价格、供货时间等方面的控制能力。

当前,经销商品牌已经成为品牌竞争的重要因素。但使用经销商品牌会给经销商带来一些问题。经销商需大量订货,占用大量资金,承担的风险较大;同时,经销商为扩大自身品牌的声誉,需要大力宣传其品牌,使经营成本提高。经销商使用自身品牌也会带来诸多利益,比如因进货数量较大使其进货成本较低,因而销售价格较低,竞争力较强,可以得到较高的利润。同时,经销商可以较好地控制价格,可以在某种程度上控制其他中间商。

在现代市场经济条件下,制造商品牌和经销商品牌之间经常展开激烈的竞争,也就是所谓的品牌战。一般来说,制造商品牌和经销商品牌之间的竞争,本质上是制造商与经销商之间实力的较量。在制造商具有良好的市场声誉、拥有较大市场份额的条件下,应多使用制造商品牌,无力经营自己品牌的经销商只能接受制造商品牌。相反,当经销商品牌在某一市场领域中拥有良好的品牌信誉及庞大的、完善的销售体系时,利用经销商品牌也是有利的。因此,进行品牌使用者决策时,要结合具体情况,充分考虑制造商与经销商的实力对比,以求客观地作出决策。

8.6.5.3 品牌名称决策

企业决定所有的产品使用一个或几个品牌,还是不同产品分别使用不同的品牌,这就是品牌名称决策。在这个问题上,大致有以下四种决策模式:

(1) 个别品牌名称。

企业决定每个产品使用不同的品牌。采用个别品牌名称,为每种产品寻求不同的市场定位,有利于增加销售额和对抗竞争对手,还可以分散风险,使企业的整体声誉不致因某种产品表现不佳而受到影响。如"宝洁"公司的洗衣粉使用了"汰渍""碧浪",香皂使用了"舒肤佳",牙膏使用了"佳洁士"。

(2) 对所有产品使用共同的家族品牌名称。

企业的所有产品都使用同一种品牌。对于那些享有高声誉的著名企业,全部产品采用统一品牌名称策略可以充分利用其名牌效应,使企业所有产品畅销。同时,企业宣传介绍新产品的费用也相对较低,有利于新产品进入市场。如美国通用电气公司的所有产品都用GE作为品牌名称。

(3) 各大类产品使用不同的家族品牌名称。

企业使用这种策略,一般是为了区分不同大类的产品,一个产品大类下的产品再使用共同的家族品牌,以便在不同大类产品领域中树立各自的品牌形象。例如,史威夫特公司生产的一个产品大类是火腿,还有一个大类是化肥,就分别取名为"普利姆"和"肥高洛"。

(4) 个别品牌名称与企业名称并用。

企业决定其不同类别的产品分别使用不同的品牌名称，且在品牌名称之前都加上企业的名称。企业多把此种策略用于新产品的开发。在新产品的品牌名称前加上企业名称，可以使新产品享受企业的声誉，而使用不同的品牌名称，又可使各种新产品显示出不同的特色。例如，海尔集团就推出了"探路者"彩电，"大力神"冷柜，"大王子""小王子"和"小神童"洗衣机。

8.6.5.4 品牌战略决策

品牌战略决策主要有产品线扩展策略、多品牌策略、新品牌策略和合作品牌策略。

(1) 产品线扩展策略。

产品线扩展指企业现有的产品线使用同一个品牌，当增加该产品线的产品时，仍沿用原有的品牌。这种新产品往往都是现有产品的局部改进，如增加新的功能，改变包装、式样和风格等等。通常厂家会在这些商品的包装上标明不同的规格，不同的功能特色或不同的使用者。产品线扩展的原因是多方面的，如可以充分利用过剩的生产能力；满足消费者的新需要；率先成为产品线全满的公司以填补市场空隙，与竞争者推出的新产品竞争或为了得到更多的货架位置。产品线扩展的优点有：扩展产品的存活率高于新产品，而通常新产品的失败率在80%到90%之间；满足不同细分市场的需求；完整的产品线可以防御竞争者的袭击。产品线扩展的缺点是：它可能使品牌名称丧失它特定的意义。随着产品线的不断加长，会淡化品牌原有的个性和形象，增加消费者认识和选择的难度；有时因为原来的品牌过于强大，致使产品线扩展造成混乱，加上销售数量不足，难以冲抵它们的开发和促销成本；如果消费者未能在心目中区别出各种产品，则会造成同一种产品线中新老产品自相残杀的局面。

(2) 多品牌策略。

在相同产品类别中引进多个品牌的策略称为多品牌策略。证券投资者往往同时投资多种股票，一个投资者所持有的所有股票集合就是所谓证券组合（Portfolio）。为了减少风险，增加赢利机会，投资者必须不断优化股票组合。同样，一个企业建立品牌组合，实施多品牌战略，往往也是基于同样的考虑，并且这种品牌组合的各个品牌形象相互之间是既有差别又有联系的，组合的概念蕴含着整体大于个别的意义。

(3) 新品牌策略。

为新产品设计新品牌的策略称为新品牌策略。当企业在新产品类别中推出一个产品时，它可能发现原有的品牌名称不适合它，或是对新产品来说，有更好更合适的品牌名称，企业需要设计新品牌。例如，春兰集团以生产空调著名，当它决定开发摩托车时，采用春兰这个女性化的名称就不太合适，于是采用了新的品牌"春兰豹"。又如，原来生产保健品的养生堂开发饮用水时，使用了更合适的品牌名称"农夫山泉"。

(4) 合作品牌策略。

合作品牌（也称为双重品牌）是两个或更多的品牌在一个产品上联合起来。每个品牌都期望另一个品牌能强化整体的形象或购买意愿。合作品牌的形式有多种。一种是中间产品合作品牌，如富豪汽车公司的广告说，它使用米其林轮胎。另一种形式是同一个企业合作品牌，如摩托罗拉公司的一款手机使用的是"摩托罗拉掌中宝"，掌中宝也是公司注册的一个商标。还有一种形式是合资合作品牌，如日立的一种灯泡使用"日立"和"GE"联合品牌。

8.6.5.5 品牌再定位决策

也许一种品牌在市场上最初的定位是适宜的、成功的，但是后来由于多方面原因企业可能不得不对之重新定位。如竞争者可能继企业品牌之后推出他的品牌，并削减企业的市场份额；顾客偏好也会转移，使对企业品牌的需求减少；或者公司决定进入新的细分市场。

在作出品牌再定位决策时，首先应考虑将品牌转移到另一个细分市场所需要的成本，包括产品品质改变费、包装费和广告费。一般来说，再定位的跨度越大，所需成本越高。其次，要考虑品牌定位于新位置后可能产生的收益。收益大小是由以下因素决定的：某个目标市场的消费者人数；消费者的平均购买率；在同一个细分市场上竞争者的数量和实力，以及在该细分市场中为品牌再定位所要付出的代价。

8.6.5.6 品牌延伸策略

品牌延伸策略是将现有成功的品牌用于新产品或修正过的产品上的一种策略。品牌延伸并非只借用表面上的品牌名称，而是对整个品牌资产的策略性使用。随着全球经济一体化进程的加速，市场竞争愈加激烈，厂商之间的同类产品在性能、质量、价格等方面强调差异化变得越来越困难。厂商的有形营销威力大大减弱，品牌资源的独占性使得品牌成为厂商之间竞争力较量的一个重要筹码。于是，使用新品牌或延伸旧品牌成了企业推出新产品时必须面对的品牌决策。品牌作为无形资产是企业的战略性资源，如何充分发挥企业的品牌资源潜能并延续其生命周期便成为企业的一项重大战略决策。品牌延伸一方面在新产品上实现了品牌资产的转移，另一方面又以新产品形象延续了品牌寿命，因而成为企业的现实选择。

8.6.5.7 品牌的更新

品牌更新是指随着企业经营环境的变化和消费者需求的变化，品牌的内涵和表现形式也要不断发展变化，以适应社会经济发展的需要。品牌更新策略具体有以下几种：

（1）形象更新。

就是品牌不断创新形象，适应消费者心理的变化，从而在消费者心目中形成新的印象的过程。它有以下几种情况：

第一，消费观念变化导致企业积极调整品牌战略，塑造新形象。如随着人们环保意识的增强，消费者已开始把无公害消费作为选择商品、选择不同品牌的标准，企业这时即可采用避实就虚的方法，重新塑造产品形象，避免涉及环保内容或采用迎难而上的策略，更新品牌形象为环保形象。

第二，档次调整。企业要开发新市场，就需要为新市场塑造新形象，如日本小汽车在美国市场的形象，就经历了由小巧、省油、耗能低、价廉的形象到高科技概念车形象的转变，为品牌的成长注入了新的生命力。

（2）定位的修正。

品牌的内涵和形式要随着环境的变化和企业的发展而不断变化。品牌从某种意义上就是从商业、经济和社会文化的角度对这种变化的认识和把握。所以，企业在建立品牌之后，会因竞争形势而修正自己的目标市场，有时也会因时代特征、社会文化的变化而引起修正定位。

第一，竞争环境使得企业避实就虚，扬长避短，修正定位。美国著名非可乐饮料——"七喜"饮料，在进入软饮料市场后，经研究发现，可乐饮料总是和保守型的人结合在一起，而那些思想新潮者总是渴望能够找到象征自己狂放不羁思想的标志物。于是该饮料即开始以新形象、新包装上市，并专门鼓励思想新潮者组织各种活动。避实就虚的战略使得七喜获得了成功。这是在面对两大可乐公司的紧逼下寻找到的市场空隙，品牌的新市场定位给它带来了生机。

第二，时代变化而引起修正定位。例如，英国创立于1908年的李库柏（LEE COOPER）牛仔裤是世界上著名的服装品牌之一，也是欧洲领先的牛仔裤生产商。近百年来，他的品牌形象在不断地变化：40年代——自由无拘束；50年代——叛逆；60年代——轻松时髦；70年代——豪放粗犷；80年代——新浪潮下的标新立异；90年代——返璞归真。

（3）产品更新换代。

科学技术作为第一生产力，也是现代社会品牌竞争的实力基础。企业的品牌想要在竞争中处于不败之地，就必须保持技术创新，不断地进行产品的更新换代。

企业与品牌是紧密结合在一起的，企业的兴盛发展必将推动品牌的成长与成熟。品牌的维系，从根本上说是企业管理的一项重要内容。

8.7 包装策略

8.7.1 包装的含义

包装是指设计并生产容器或包扎物的一系列活动。包装可以包括多达三个层次的材料。第一层次的包装是指最接近产品的容器。例如，装有"洗面奶"的瓶子是最接近产品的包装。第二层次的包装是指保护第一层次包装的材料，当产品使用时，它即被丢弃。用来包装瓶装的"洗面奶"的硬纸板盒就属于第二层次的包装，它为产品提供了进一步的保护和促销机会。第三层次的包装是运输包装，它是指产品储存、辨认和运输时所必需的包装。如装有六打"洗面奶"的波纹盒就是运输包装。此外，标签亦是包装的一个组成部分，它出现在包装物上面或和包装物合为一体。

8.7.2 包装策略决策的影响因素及原则

8.7.2.1 包装策略决策的影响因素

（1）建立包装化概念。

包装化概念是指规定包装基本上应为何物，或对一个特定产品起什么作用。包装的主要作用应是：为优质产品提供保护，引进一个新颖的使用方式，提示产品或公司的某种质量，或者是其他某些作用。例如，通用食品公司开发了一种新颖的狗食品，其形状像小肉馅饼。管理当局决定要最大限度地使人们看到这些馅饼所具有的独特的外表。可见性是作为包装化的基本构思加以规定的，管理当局就是据此考虑了若干包装物方案。

该公司最后选定在盘子上覆盖一层透明薄膜的包装方式。

(2) 包装设计的其他要素。

如包装物的大小、形状、材料、色彩、文字说明以及品牌标记等。决策的内容还必须包括：大量的文字说明或少量的文字说明，采用玻璃纸或其他透明的薄膜，塑料的或薄片状的盘子，包装大小及包装材料和色彩等。包装化的要素也必须和定价、广告及其他市场营销要素相互协调。

(3) 对包装进行的一些试验。

进行工程技术测试的目的是保证包装在正常情况下经得起磨损。进行消费者测试的目的是要保证赢得有利于消费者的反应。

8.7.2.2 产品包装的基本原则

(1) 适用原则。

包装的主要目的是保护商品。因此，首先要根据产品的不同性质和特点，合理地选用包装材料和包装技术，确保产品不损坏、不变质、不变形等，尽量使用符合环保标准的包装材料；其次要合理设计包装，便于运输等。

(2) 美观原则。

销售包装具有美化商品的作用，因此在设计上要求外形新颖、大方、美观，具有较强的艺术性。

(3) 经济原则。

在符合营销策略的前提下，应尽量降低包装成本。

8.7.3 包装策略

8.7.3.1 类似包装策略

企业对其生产的产品采用相同的图案、近似的色彩、相同的包装材料和相同的造型进行包装，便于顾客识别出本企业的产品。对于忠实于本企业的顾客，类似包装无疑具有促销的作用，企业还可因此而节省包装的设计、制作费用。但类似包装策略只适用于质量相同的产品，对于品种差异大、质量水平悬殊的产品则不宜采用。

8.7.3.2 配套包装策略

按各国消费者的消费习惯，将数种有关联的产品配套包装在一起成套供应，便于消费者购买、使用和携带，同时还可扩大产品的销售。例如，在配套产品中加入某种新产品，可使消费者不知不觉地习惯使用新产品，有利于新产品的上市和普及。

8.7.3.3 再使用包装策略

包装内的产品使用完后，包装物还有其他的用途。如各种形状的香水瓶可作装饰物，精美的食品盒也可被再利用等。这种包装策略可使消费者感到一物多用而引起其购买欲望，而且包装物的重复使用也起到了对产品的广告宣传作用。大饼等低价产品要谨慎使用该策略，避免因成本加大导致商品价格过高而影响产品的销售。

8.7.3.4 附赠包装策略

商品包装物中附赠奖券或实物，或包装本身可以换取礼品，以吸引顾客的惠顾，引起重复购买。我国出口的"芭蕾珍珠膏"，每个包装盒里附赠珍珠一枚，顾客购至

50 盒，就可以串起一条美丽的珍珠项链，这使珍珠膏在国际市场上十分畅销。

8.7.3.5 改变包装策略

改变和放弃原有的产品包装，改用新的包装。由于包装技术、包装材料的不断更新，消费者的偏好不断变化，企业需要采用新的包装以弥补原包装的不足。需要注意的是，企业在改变包装的同时必须配合好宣传工作，以消除消费者以为产品质量下降或造成其他的误解。

【本章小结】

产品是市场营销组合中的第一要素，是定价、分销和促销的基础。它是指为留意、获取、使用或消费以满足某种欲望和需要而提供给市场的一切东西，由五个层次组成：核心产品、形式产品、期望产品、延伸产品和潜在产品，即产品的整体概念。

产品组合是指企业生产经营的各种产品及其品种、规格的组合或相互搭配，是一个企业生产经营全部产品的结构，它包括所有产品线和产品项目。产品组合策略包括产品线长度决策、产品线削减决策、产品线更新决策以及产品线特色决策。

产品生命周期是产品从进入市场到退出市场的周期性变化过程，可分为介绍期、成长期、成熟期、衰退期四个阶段。这种周期性变化是由消费者接受新产品的过程差异所造成的，企业应根据各阶段的特征灵活调整营销策略。

市场营销学所定义的新产品不仅包括因科技发展而推出的全新产品，而且包括并主要是指形态或功能上有所改变的产品，能进入市场给消费者提供新的利益或新的效用而被消费者认可的产品。新产品开发过程要经历八个阶段：构思产生、构思筛选、概念发展和测试、制订营销战略计划、商业分析、产品实体开发、新产品试销、商品化。

品牌是用于识别一种产品或服务的生产者或销售者的名称、术语、标记、符号或设计，或它们的组合。品牌从本质上说，是传递一种信息，它一般能表达六层含义：属性、利益、价值、文化、个性、使用者。品牌策略包括：品牌化决策、品牌使用者决策、品牌名称决策、品牌战略决策、品牌再定位决策、品牌延伸策略、品牌的更新。

包装是指设计并生产容器或包扎物的一系列活动。常用的包装策略有：类似包装策略、配套包装策略、再使用包装策略、附赠包装策略、改变包装策略。

企业应根据市场及消费者的需求，对产品策略所涉及的相关内容作出协调一致的决策。

【关键名词】

产品（Product）
产品层次（Product Level）
产品组合（Product Mix）
产品线（Product Line）
产品项目（Product Item）
产品生命周期（Product Life Cycle）
新产品（New Product）
品牌（Brand）

包装（Packaging）

【思考题】

1. 简述产品的分类。
2. 简述产品组合和产品线策略。
3. 简述分析产品组合时应考虑的因素。
4. 简述新产品开发程序。
5. 简述产品生命周期的原理和基本模型。
6. 结合企业实际，论述产品生命周期各阶段的特点和相应的营销策略。
7. 论述品牌策略。
8. 论述整体产品的含义及其对企业实际工作的指导作用。
9. 简述常用的包装策略。

【实践训练】

产品组合策略

实训目标：实际体验市场营销产品组合，培养分析和制定产品组合策略的能力。

实训内容与要求：分析某著名公司的产品组合策略，包括产品项目、产品线、产品组合宽度和产品组合深度。

实训成果与检测：做一份某公司产品组合策略分析报告。

【案例分析】

产品设计的王者——苹果

苹果公司的每个产品几乎都是艺术品级的设计精品，iMac、iPod、iPhone、iPad更是其中的传奇产品。它们真正实现了苹果巨人的复活和辉煌，使苹果帝国得以用更高的姿态实现王者归来。

iMac已将设计触角伸向人的心灵深处，通过富有隐喻色彩和审美情调的设计，在设计中赋予更多的意义，让使用者心领神会而倍感亲切。1998年，全新的iMac电脑闪亮登场，它那一体化的整机好似半透明的玻璃鱼，色彩用了亮丽的海蓝色，大面积使用弧面造型，给人一种无拘无束、令人震撼的美感。

2001年，苹果用全新的设计理念打造出iPod，彻底改变了人们对音乐播放器的认知。它简洁到极致，而且拥有独特和人性化的操作方式以及巨大的容量，为MP3播放器带来了全新的思路。为了扩大市场，而又不让iPod的高贵形象受损，苹果公司把简洁路线进行到底，进行了更加大胆的创新——舍掉了用来查找和显示歌目的显示屏，功能键也被简化为只有六个——播放、暂停、下一首、上一首、声音提高、声音降低，iPod shuffle因此诞生。

此后，苹果延续了iPod的设计风格，继续推出了iPhone智能手机。风靡全球的iPhone又一次成功地刮起了一股IT风暴，手机大厂Nokia、Samsung、RIM、Palm纷纷推出类似的手机，也最终引发了苹果公司与谷歌公司的正面冲突。

2010年4月，苹果公司推出了9.7英寸的平板电脑iPad。iPad被苹果定位为介于智能型手机和笔记本电脑之间的产品，继续沿用原有iPhone的风格。

平板电脑的概念最早可以追溯到帕罗奥多研究中心艾伦·凯（Alan Kay）所提出的可以用笔输入信息的Dynabook构想，但是后续分别由谷歌、微软所推出的产品，都因为手写识别率不足、价格和重量等问题，而无法获得市场认同进而取得成功。

不过苹果仍是发挥了其所擅长的工业设计能力，让iPad的外形与重量极具吸引力。另外，随着iPod、iPhone所带来的音乐、地图定位、上网等各种行动应用需求，加上够长的使用时间与合理的价格，iPad成功打开了一个全新的市场。

细看苹果公司的产品，可以发现，其产品设计具有鲜明的特点，这些特点奠定了苹果公司产品长期的竞争优势，决定了其不可替代性。

产品设计以用户为中心

20世纪90年代后期，苹果公司的产品开发由技术导向转为消费导向，将消费者纳入产品创新体系。对于一个新的产品设计理念，苹果公司要求提供三份评价文件：市场开发文件、工程设计文件以及用户体验文件。市场调查之后编制的市场开发文件，可以了解消费者需要什么；工程设计文件是探究能为用户做什么；通过用户体验文件则是努力发现消费者的消费倾向和偏好。这三个文件都被认可，设计组才能开展项目。转型后的第一个产品——iMac，就是围绕消费者心理设计的一个很成功的例子，半透明的显示器和机箱设计让消费者惊喜万分，成功拯救了苹果公司。

简洁而又酷感十足的外观

苹果产品的外观设计可谓简洁到了极致：iPod外形简洁大方，除了屏幕和控制键外，表面别无赘饰；iPhone通体纯色，表面没有一个多余的金属镀件。iPad连电脑不可或缺的键盘都已经省略。简洁的设计让产品大气，极有档次感；精致的色彩运用又让产品酷感十足，让消费者爱不释手。

情感设计

苹果主张右脑经济学——情感的经济学，这导致其设计的产品富有极强的感情色彩、表现特征和精神感召力。1983年底，乔布斯在为即将问世的Mac电脑拟定营销标语时说：若在广告中强调性能、效益、内存、图表与比较之类的东西，则成功的机会渺茫，我们唯一的机会是诉诸感受。色彩最能影响消费者的情感。黑、白、灰等中性色最常被运用到苹果产品中，这些色彩折射出金属的质感，表现力十足，让人不由得产生一种狂热的膜拜之心。

人性化设计

重视用户体验的苹果产品非常强调人性化设计：界面清晰、易于操作、功能使用、注重细节……以iPod为例，从人性化的角度设计，尽可能取消了没有实际用途的功能，让界面清晰、易于操作，使所有的细节都能给使用者带来惊喜。

统一性和一致性

从i系列产品的特点就可以看出，苹果的产品在外观风格和界面操作上具有一致性和统一性。无论是1984年的图形界面设计引发的轰动，还是今天iPhone手机的成功，苹果公司始终保持操作一致性和界面统一性的原则，最大限度地减少操作差异带给用户的不便，牢牢地抓住了"果粉"的心。这种统一性和一致性能够很好地延续产品生命力，强化品牌形象。

（资料来源：http://book.sina.com.cn）

讨论题：

结合产品策略的相关理论，分析苹果成功的因素。这些成功的因素能够复制吗？请阐明你的理由。

【阅读材料】

1. ［美］菲利普·科特勒. 营销管理［M］. 梅清豪，译. 12版. 上海：上海人民出版社，2006.
2. 吴健安. 营销管理［M］. 北京：高等教育出版社，2004.
3. 纪宝成. 市场营销学教程［M］. 4版. 北京：中国人民大学出版社，2008.
4. 刘凤军. 品牌运营论［M］. 北京：经济科学出版社，2000.
5. 新浪财经网，http://finance.sina.com.cn/.
6. 网易财经网，http://money.163.com/.

第 9 章　定价策略

【本章概要】

定价策略是市场营销组合中最活跃、最关键的因素。它不仅直接影响企业赢利目标的实现，而且直接关系到顾客对产品的接受程度；同时，定价最易引起社会各方面的重视，也是一种重要的竞争手段。定价目标是否明确直接影响定价因素的分析是否科学、企业的定价程序是否合理；定价方法、策略选用如何，价格调整是否恰当，都直接关系到企业营销目标的实现。因此，企业必须根据营销总目标确定定价目标，在定价目标确定的基础上，认真分析影响价格目标实现的因素，按照定价程序，选择科学的定价方法和定价策略。本章将围绕以上内容进行阐述。

【学习目标】

1. 了解价格的概念、构成、作用等；
2. 了解企业定价的目标和影响定价的因素；
3. 掌握企业的定价方法与策略；
4. 掌握企业价格变更的策略。

【引导案例】

劳斯莱斯汽车的"厚利限销"

英国的劳斯莱斯汽车，可谓是"厚利限销"的典范。在当今世界汽车行业里，名牌产品为数众多，美国的通用、福特，日本的丰田、凌志，法国的雪铁龙，德国的奔驰、宝马等，令人目不暇接。而这些名牌中的名牌，当属劳斯莱斯。据说该车的许多部件都是手工制作，精益求精，其完美的质量，令世人瞩目，而其昂贵的价格，也令人咋舌。劳斯莱斯的价格经常高出其他品牌汽车几倍甚至几十倍。劳斯莱斯汽车是订货供应，福特汽车 1916 年生产了 50 多万辆，到 1982 年，年产量已达 400 多万辆，但劳斯莱斯平均日产 60 多辆，从 1904 年到 1963 年 60 年间的总产量只有 4 万辆！不仅如此，它的限销还表现在售卖上。劳斯莱斯一共有 3 个系列，它的"银灵"，以蓝黑两色为主色调，只卖给国家元首、政府高官和有爵位者；"银羽"为中性颜色，卖给绅士名流；"银影"为灰白色，卖给一般的富豪。劳斯莱斯汽车的售卖，选择权在公司，公司要先对顾客资格进行审查，之后才能决定其可以订购何种系列的车。

（资料来源：转引自杨洪涛. 现代市场营销学［M］. 北京：机械工业出版社，2009：205）

9.1 价格综述

在商品经济条件下,价格一直是购买者选择商品的主要决定因素。在较贫困的地区与群体中,对于商品型产品而言,情况更是如此。虽然在市场经济条件下非价格因素对于购买者的作用越来越大,但价格作为创造赢利的重要因素之一,仍然在市场营销中发挥着举足轻重的作用。

9.1.1 价格的含义

所有组织,不论赢利与否,都必须为自己的产品或者服务确定价格。从狭义的角度讲,价格是对产品或服务所收取的货币量;从广义的角度讲,价格是指消费者用来交换拥有或使用产品或服务利益的全部价值量。

9.1.2 价格的构成

价格的构成是指组成产品或服务价格的各个要素及其在价格体系中的组成情况。由于价格是由价值形态逐步转化的结果,因而价格的价值构成仍然由三部分组成:已消耗的生产资料价值,劳动者为自己的劳动所创造的价值和劳动者为社会所创造的价值。

从消费角度,我们能比较容易地确定企业的个别商品消费价格,即其价格由五要素构成:生产费用、流通费用、售后费用、税金和利润。

生产费用主要指生产或服务单位(工厂、矿山、学校等)在生产或服务过程中发生的生产资料消耗和活劳动消耗,即物资费用、工资以及其占有资金所支付的利息等。在工业生产过程中,其表现为企业使用的厂房、机器设备等固定资产的折旧,原材料、水电等能源消耗及其他有关消耗费用,管理者和工人的工资等劳动报酬,以及支付给银行的利息等。生产费用是构成价格的最基本单位,也常常是价格低于价值的最低经济界限。所以企业在制定价格时常常以生产费用为基础。

流通费用是商品成本中的一部分,是指从生产领域到消费领域的流通过程中发生的生产资料消耗和活劳动消耗。流通费用可分为生产性流通费用和纯粹流通费用两部分。前者是由商品的使用价值运动引起的,因生产过程在流通领域内继续进行而支付的费用,具体包含六项:运输费、整理费、包装费、保管费、利息、损耗和经营管理费;后者是由商品的价值形态变化而支付的非生产性费用,如广告、办公、工资等费用。

售后费用则是指商品从流通领域转移到消费领域之后发生的生产资料消耗和活劳动消耗,主要包括售后跟踪、服务、维修、宣传等费用。传统的观念往往把价格形成的起止时间定为从商品生产开始到商品售出结束,这种看法是片面的。商品价格应该体现整个商品生命期,商品的售出只是商品生命期的一个阶段,随着交易的完成,商品所有权发生了转移,价值得以实现,而这一切只不过是商品使用价值实现的开端。消费者用一定量的货币作为商品的价值支付给营销者,目的是为了获得商品的使用价值,并在消费过程中使商品的使用价值全部实现。因此,我们绝不能把消耗在消费领域内的那些抽象劳动从商品价格构成中抹去,而应该把消费领域中耗费的物化劳动与活劳动也纳入到商品价格构成中。

税金是生产者为社会创造和占有的价值的表现形态，也是价格构成的因素之一。税金具有两大特点：强制性，即国家通过法令的形式强制规定各种行业、各种产品或服务的税率，并且必须征收，任何偷税、漏税行为都要受到法律的惩罚；稳定性，通过合理征税，保证税金均衡地集中到国家财政。因此，税率的高低直接影响企业产品的价格。

利润是生产单位和商业经营单位从所出售的商品或所提供的服务中获得的收入，减去生产和经营这种产品或所提供的服务支出的成本与税金的余额，是生产者为社会创造和占有的价值的表现形态，也是价格的构成因素之一。在市场经济条件下，利润是评价企业经济效益的重要指标，也是企业扩大再生产的重要资金来源。

9.1.3 价格的作用

9.1.3.1 价格是提高企业经营效益的关键

价格决定一个企业销售量的大小、资金周转的快慢、利润率的高低。在经济生活中，企业经营的商品千差万别，经营成本在不断变化，所处的市场环境也各不相同，经营者能否用好、用活、用足企业商品定价权，直接关系到对企业经营机制的转换和企业经营效益的好坏，也是谋取企业最佳经营效益的关键。因此，企业必须在处理好价格与成本、质量、市场、竞争、利润的基础上建立以市场形成价格为主的价格机制。

企业实行以市场形成价格为主的价格机制，强化了行情信息工作，较普遍地遵循价值规律和供求规律的要求，加强了对市场行情、价格信息、经济信息的调查研究工作，为正确合理决策提供了科学依据，减少了盲目性，从而最大限度地提高了企业的经营效益。

9.1.3.2 价格是企业竞争的重要手段

竞争是市场经济的必然产物，价格作为一种择优的经济手段而存在。在产品的质量、特色、服务及促销条件相近的情况下，价格具有决定竞争双方命运的神奇功能，它是竞争的有效手段和工具。市场竞争的程度，是企业定价中一个重要的约束条件。在完全竞争市场上，企业不能采用提价的办法来增加利润，只能靠降低经营成本来提高效益。在垄断竞争市场上，企业定价时可根据企业的需要采用高价、中价或低价策略。企业还可以根据商品的市场供求竞争形势来确定价格，如适销对路的、市场供不应求的、迎季销售的、竞争对手少的商品价格就可定高一些，反之可以定低一些。如服装淡季与旺季、时兴与过时的款式价格都不同。宾馆淡、旺、平季定出三种价格，使价格定得符合市场供求关系的变化。价格有涨有落，既满足了市场需要，也提高了企业经济效益，使企业在激烈的市场竞争中取得优势。

有效的价格策略，有助于企业在竞争中处于主动地位，能够有效地防范和打击竞争对手，而且能够使企业扩大市场份额，提高市场占有率，树立在消费者心目中的良好形象。但要注意价格竞争不是市场竞争的唯一手段，必须与非价格手段相配合，才能发挥更有效的作用。

9.1.3.3 价格是诱导消费的有效手段

企业可以根据市场需求和消费者的心理状态，灵活定价和大胆采用多种形式的价格策略。除了实行折扣定价、优惠价格、地理定价、季节价格、让利价格、优质优价等多种多样的定价办法，企业还可根据不同商品，区别消费者的不同心理，采取"薄利多销"、新产品、差价、心理、降价等价格策略。可以定出本地区的最低价格，实行薄利多销；对季节性销售产品，旺季价格上浮，淡季价格下调，过季就扩大折扣销售；对概念产品实行"赚头赔尾"或保本作价；有的还搞有奖销售，吸引消费者购买；对批量大的产品实行优惠作价等，扩大产品销售，从而活价促销，提高经济效益。

9.1.3.4 价格是树立企业良好形象的手段之一

企业良好形象的树立依赖于许多因素，如产品质量、售后服务、对外公关等，价格也是其中因素之一。完整的产品质量观念应该是物美价廉，产品不能离开价格来讲美，用户对产品的要求是物美价廉。企业定价时应实行按质论价，质价相符，使商品价格能基本反映商品的价值，优质优价，分等定价，劣质低价。纵观国际市场，在现代产品价格构成中，由"价值提供"所构成的价格占越来越大的比重，而"价值提供"从更深层次上提高了企业的竞争能力，也提高了企业的形象。一般来说，消费者对产品所包含的利益与效用的心理评价直接影响其购买决策。也就是说，当消费者发生购买行为时，从某种意义上讲，也就意味着接受了这个企业，认同了企业形象。

9.2 定价的程序和影响因素

9.2.1 定价的程序

企业定价程序源于企业价格决策。它是企业价格决策逻辑的、系统的、有步骤的实现过程。科学的价格决策对企业生产经营活动的成败关系重大。企业在充分分析经济信息的基础上，确定企业价格目标，还必须按照商品价格制定的一般程序，选择定价策略，采用合理的定价方法。唯如此，企业才能制定出适合自身发展的价格。商品营销价格的制定程序一般包括如下六个步骤，如图9-1所示。

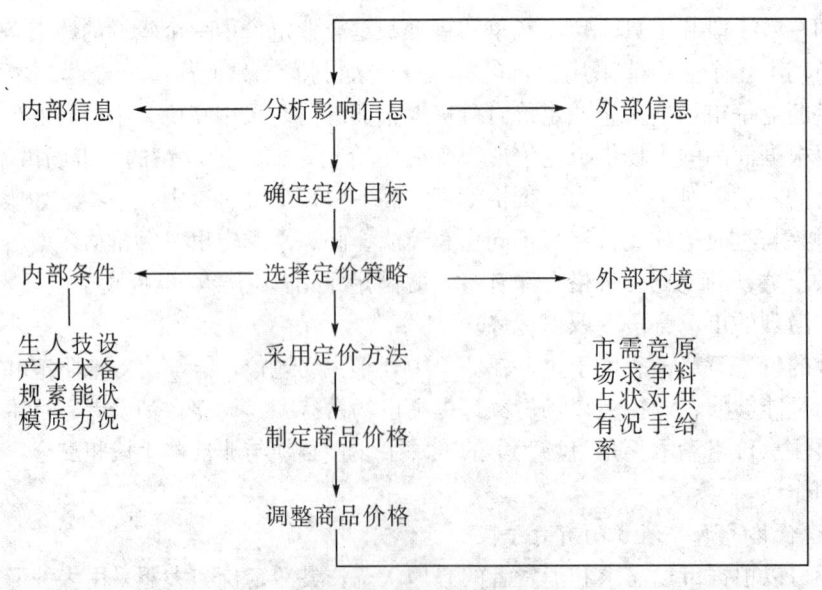

图9-1 企业定价程序

（资料来源：韩德昌．市场营销理论与实务［M］．天津：天津大学出版社，1999：134）

9.2.1.1 分析影响信息
分析企业内外部影响市场定价的信息。
9.2.1.2 确定定价目标
也就是说，企业为了达到什么目标而制定产品价格。对于不同的企业目标，要制定不同的定价战略。
9.2.1.3 选择定价策略
此策略的选择要受企业内外部环境的影响。
9.2.1.4 采用定价方法
产品价格的高低，受到许多因素的影响，企业制定价格的时候，往往不能面面俱到，只能侧重某一个方面的因素。
9.2.1.5 制定商品价格
在充分分析与研究的基础上，初步确定商品价格。
9.2.1.6 调整商品价格
根据企业的发展目标和市场变化，对商品价格进行一定的调整。

9.2.2 定价的影响因素

从总体上讲，价格是价值的货币表现，价值是价格形成与变动的基础。但从现实经济生活来看，价格与价值并非在任何情况下都保持一致，等价交换仅是一种长期趋势。这是因为在市场经济条件下，企业作为独立的商品生产者和经营者，虽然可以独立自主地自由定价，但价格的形成与变动，除受价值规律的内在支配外，还要受到企业的营销目标、供求关系、货币价值、政府干预、国际市场价格变动与消费者心理变化等诸多因素的影响与制约，这些因素如图 9-2 所示。

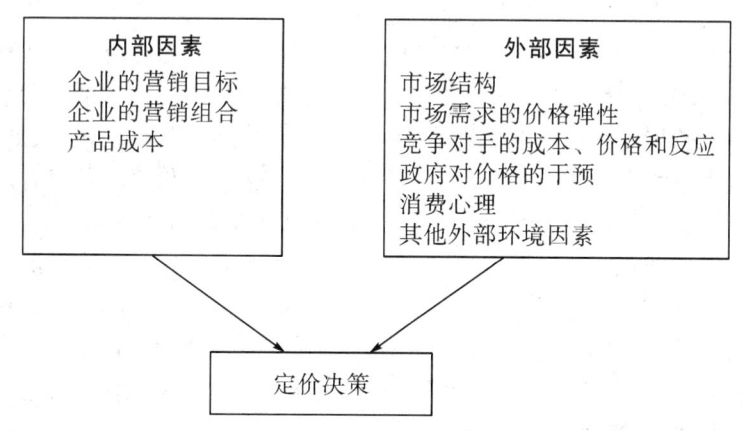

图 9-2 企业定价影响因素

（资料来源：韩德昌．市场营销理论与实务［M］．天津：天津大学出版社，1999：134）

9.2.2.1 内部因素
（1）企业的营销目标。

企业定价要遵循市场规律，讲究定价策略，而定价策略有时是以企业的营销目标为转移的。与定价直接有关的营销目标主要有：追求生存、利润最大化、市场占有率最高、产品质量最优等。企业还可以用价格实现其他许多具体目标，如以低价阻止竞争对手，以一致的价格实现市场稳定等。不同的目标决定了不同的策略乃至不同的定价方法和技巧。

(2) 企业的营销组合。

由于价格只是企业用来实现营销目标的营销组合因素之一，所以定价策略会受到营销组合其他要素的影响和制约。如果产品是根据非价格图表来定义的，那么，有关产品质量、促销和销售等方面的决策就会成为定价决策的依据；如果价格是产品市场定位的主要因素，可以用价格定义产品的目标市场、竞争者和产品设计以及生产成本，在这种情况下，其他营销组合的决策要以定价策略为转移。即便如此，企业也要注意，消费者很少只依据价格因素就进行购买，他们更加要求的是支付价格之后所能得到的利益。总之，定价策略是不能脱离其他营销因素而单独决定的。

(3) 产品成本。

成本是影响产品定价的主要因素，产品生产成本加上流通成本，一般形成产品价格的下限。因为产品价格只有在成本之上，企业才可能获利；否则，企业就会亏损。因此，企业在制定产品价格时，必须准确地计算产品成本，确保定价的合理性。在市场竞争中，许多企业力图实行以廉取胜的营销策略，降低成本以降低价格、扩大销售和增加利润。如果企业某种产品的成本高于竞争者的成本，那么企业就不得不设定较高的价格或减少利润，从而使自己在市场上处于被动的竞争地位。

9.2.2.2 外部因素

(1) 市场结构。

不同的市场结构有不同的运行机制和特点，对企业行为具有不同的约束力，因而企业在定价方面的自由度也就不同。按竞争程度的高低，市场结构可分为四种类型：

完全竞争市场。这种市场由众多进行均质产品交易的销售者和消费者组成，不受任何阻碍和干预，价格是在竞争中由整个行业的供求关系自发决定的。无论买主还是卖主，都没有能力影响市场，都只能是价格的接受者，而不是价格的制定者。

完全垄断市场。这种市场只有一个销售者，可能是政府垄断者，或私人受控垄断者，或私人非控垄断者，他们可以自主定价，但并不总是设定最高限度的价格。

垄断竞争市场。它是介于完全竞争和完全垄断之间的一种市场状态。这种市场由众多按照系列价格而不是单一市场价格进行交易的销售者和消费者组成。各企业对自己的产品有垄断权，但由于产品类似，所以企业之间存在竞争。在这种条件下，企业可以利用产品的差异性来细分市场并制定和控制价格。

寡头竞争市场。这种市场由几个对彼此的定价和营销战略高度敏感的销售者组成。虽然企业数目不多，但每个企业生产和销售的产品都在该行业中占有较大的比重，它们相互依存、相互制约，产品的价格不是通过市场供求决定，而是通过各企业之间的妥协来决定。

(2) 市场需求的价格弹性。

马克思在《资本论》中指出:"如果供求决定市场价格,那么另一方面市场价格又决定供求。""商品的需求和供给调节着商品的市场价格。"由此可见,在一切商品经济中,价格的形成与变动都必须依据一定的供求关系。根据市场供求规律,产品价格与市场需求量之间存在着紧密的联系:价格上升,需求量下降;价格下降,需求量上升。但是不同的产品,其价格和需求量的变化幅度是有区别的。所以,企业在定价时必须了解产品的需求价格弹性。

需求价格弹性是指价格变化和由此而引起的需求量变化的程度,它表明了需求变动对价格变动的敏感程度。需求的价格弹性是用弹性系数来表示的,该系数用公式表示为:

$$E = \frac{\frac{\triangle Q}{Q}}{\frac{\triangle P}{P}}$$

公式中,E 为需求的弹性系数,$\triangle Q$ 为需求量的增量,Q 为原需求量,$\triangle P$ 为价格的增量,P 为原来的价格。

在多数情况下,价格变动与需求变动方向相反。为了便于比较,我们分析时常取需求 E 的绝对值即 $|E|$。需求的价格弹性在理论上有五种情况:完全无弹性、单一弹性、完全有弹性、缺乏弹性和富有弹性。前三种情况基本属于理论上的假定,在现实生活中,需求的价格弹性主要表现为缺乏弹性和富有弹性两种情况。

当 $E<1$ 时,表明产品需求量的变动幅度小于价格的变动幅度,表示产品需求缺乏弹性。也就是说,当产品价格上升时,该产品需求量将较小幅度地下降;而当价格下降时,该产品需求量将较小幅度地上升。在这种情况下,薄利多销的策略并不能提高企业的收入水平,企业适宜采用稳定提价策略。当 $E>1$ 时,则表示产品富有弹性。在这种情况下,价格的降低总会带来需求量更大幅度的增加,因而应该采取降价策略,增加收入。当 $E=1$ 时,需求弹性单一,企业总销售收入不受价格变动影响,此时企业关键是确定产品价格。当 $E=0$ 时,需求完全无弹性,即商品需求量不随价格变动而变化,理论上企业可以将价格定得无限高。当 $E=\infty$ 时,需求完全有弹性,即价格的微小变化会引起需求量的巨大变化,因此企业应采用随行就市的价格策略。

(3)竞争对手的成本、价格和反应。

影响企业定价决策的另一个外部因素是竞争对手的成本、价格以及竞争对手对该企业定价可能会作出的反应。市场的需求和企业的成本分别为产品的价格确定了上限和下限,而竞争对手的成本、价格及可能的价格反应则可以帮助企业确定合适的价格,即竞争因素对定价的影响主要表现为竞争价格对产品价格水平的约束。企业需要针对竞争对手的成本设定自己的成本基准点,以便了解它的经营成本是处于优势还是劣势。同时,还要了解竞争对手的价格和质量。同类产品的竞争最直接表现为价格竞争。企业试图通过适当的价格和及时的价格调整来争取更多顾客,这就意味着其他同类企业将失去部分市场,或维持原市场份额要付出更多的营销努力。因而在竞争激烈的市场上,企业都会认真分析竞争对手的价格策略,密切关注其变价动向并及时作出反应。因此,企业定价时不仅要关注竞争者的价格策略,对其产品策略、分销策略及促销策略也不可忽视。

(4) 政府对价格的干预。

无论社会制度如何，在市场经济条件下，政府对价格的干预都是少不了的。市场经济的实质是法制经济，政府可以通过行政的、法律的、经济的手段对企业定价及社会整体物价水平进行调节和控制。市场经济最基本的特征是竞争机制下分散决策，为了维护社会公正与公平、保持社会稳定和良好的经济秩序，保证重要商品稳定均衡供应，保护社会弱者的利益，国家必须对经济生活进行必要的干预。在市场经济条件下，政府对价格干预的主要对象是企业的定价行为、价格形成与变动的客观环境、市场环境。价格干预的主要目的是保护和促进竞争，反对和制止垄断，保持物价总水平的基本稳定。从现阶段来看，政府对价格的干预主要表现为国家直接定价、间接管理和对价格总水平的控制三种方式。

(5) 消费心理。

消费行为的直接原因是其心理动机，它是人体内在的主动力量，能够驱使、促使消费者为了达到一定的目的而进行消费活动。因此，消费心理是影响某些商品价格高低的一个重要因素，这在一些经济发达国家尤为明显。许多商品价格的高低，往往取决于产品的象征性意义以及能不能满足消费者心理的需要。无论准备向市场提供产品还是服务，企业的出发点都不能像以前那样考虑"我有什么，我就卖什么"，而必须是"市场需要什么，我提供什么"，也就是要满足顾客的要求。所以应做好需求调查和分析，充分把握消费者的消费心理。只要不断学习并且明白"人同此心，心同此理"这一真谛，设身处地为消费者着想，就一定能取得企业长远的经济效益和社会效益。

(6) 其他外部环境因素。

企业定价时还必须考虑其他外部环境因素。国内或国际经济形势、通货膨胀情况、利率的高低、汇率的变动等，都会影响价格策略。因为这些因素将影响生产成本以及顾客对产品价格和价值的理解。例如，货币价值对价格形成与变动的影响，在其他条件不变的情况下，价格与币值的变动成反比例关系：币值下降，价格上升；反之，价格下降。国际市场价格变动也会对国内市场价格产生影响，因为，一方面，我国从国外进口的生产设备、原材料价格是国内商品成本的组成部分；另一方面，为了增加外销资源，随着国际市场价格的上涨和外贸出口的扩大，也会直接影响国内收购价格的变动。

以上我们简略地谈了市场经济条件下，影响价格形成与变动的几个因素。这些因素对价格的影响并不是孤立的，而是相互联系的。有些因素使价格向高于或低于价值的方向运动，有些因素对价格的影响会互相抵消，有些因素促使某种趋势的加强或减弱。因此，在市场经济条件下，无论计划价格或自由价格都不可能长期固定不变，而是处于有升有降的不断变化之中。

9.3 定价的目标

企业对其生产经营的商品或劳务事先确定所要求达到的目的和标准，即企业的定价目标。科学地确定定价目标是选择定价方法和确定定价策略的前提和依据，是企业整体营销战略在价格上的反映和实现，是企业制定价格策略的指导思想和总体方向。只有确定定价目标，才能确定价格水平。企业可以通过定价来实现以下七大目标。

9.3.1 利润目标

利润是企业生存的必要条件,也是企业发展的原动力,因此,许多企业将利润作为其定价目标。利润目标主要有以下四种情形。

9.3.1.1 当期利润最大化

此目标是指企业置长远的财务绩效与营销影响于不顾,希望能够在当前获取最大限度的销售利润。追求当期利润最大化,并不是说将产品的价格定得越高越好,因为较高的价格虽然会带来较高的利润,但也会吸引更多的资本进入本行业,带来更多的竞争者,同时也会引起消费者的不满,甚至政府干预,其结果必然使价格回落,利润空间减小,直至保持一个合理利润水平甚至赔本赚吆喝。从经济学的角度说,考虑当期利润最大化,在定价时一定要符合"边际收入等于边际成本"的极值定律,同时还要考虑企业是否具备以下几个条件:市场容量大、前景好,产品处于成长期或成熟期前期,产品在市场上具有一定的垄断性或在某方面具有明显的优势,企业迫切需要获得短期的经济利益最大化。显然,当期利润最大化是企业的一种短期行为,常常会忽略其他营销组合变量、竞争对手的反应、法律及价格的限制等影响因素。若企业想基业常青,就应该在新产品、新技术和新市场上下工夫,只有这样才能获得长时间的利润最大化。但是,利润最大化这一财务目标有其不可避免的缺点:首先,没有考虑投入资本的多少,只追求回报的绝对量,而不关心投入资本的赢利率如何;其次,随着竞争的加剧,企业的经营风险越来越大,而利润最大化没有考虑预期利润的风险因素;最后,利润最大化往往会使企业财务决策带有短期化行为,经营者可能以牺牲后期收益为代价而求取任期内利润的最大化,这对企业的长远发展是不利的。

9.3.1.2 预期利润

此目标是指企业以投资某项产品或服务的销售利润率或投资利润率作为定价目标。预期利润就是长期的平均利润值,也就是用所出现的概率加权以后的各种可能的利润水平之和,常常根据预期利润率计算出单位产品的利润额加上产品成本作为产品的出售价格。新产品的开发,新技术的研制和新市场的开拓,都需要企业增加投资,而企业投资与否,主要取决于投资者对未来利润率的预期,或如凯恩斯所说,取决于资本边际效率与利息率的比较。显然,市场消费需求状况是决定企业投资与否的主要因素。如果市场需求旺盛,企业生产的产品容易销售,投资的预期利润率较高,企业就愿意投资;如果利率较低,企业纳税负担小,投资的法律、政策、文化环境好,企业也愿意投资。所以,企业投资与否,无非是要考虑两个方面:一是投资的利益大小;二是投资所面临的不确定性和风险的大小。一般而言,企业采用预期利润定价目标,还要具备以下两个条件:一是企业实力雄厚,具有较强的竞争力,且能够在行业中具有领导者地位;二是此目标定价的产品为新产品、专利产品或物美价廉的产品。

9.3.1.3 满意利润

此目标是指在当期利润最大化和预期利润之下,企业所获得的适当利润。由于市场竞争的激烈,各种内外部因素不断变化,企业要获得最大利润或预期利润并不是一件很容易的事情,因此,许多企业为了减少风险,求得持续发展,常常会根据企业的实际情况，以适当的利润为满意利润，并作为企业的定价目标。追求满意利润，不仅可以规避由于追求利润最大化而被其他竞争对手淘汰的风险，而且由于价格适中，消费者容易接受，还可以使企业在获得发展所必需的适当利润的同时获得长期利润。此定价方法特别适合于那些本身生产规模达不到利润最大化的企业。追求满意利润，企业可以按照成本加成的方法计算价格，只要加成的比例适度、合理，就可以实现满意利润。但要注意随着产销量的变化、投资者要求的变化、竞争对手的变化、市场需求量的变化和消费者心理的变化，一定要对加成的比例进行调整。

9.3.1.4 市场利润最大化

市场利润最大化通常也称为"最大市场撇脂"。此目标是指企业首先制定尽可能高的价格来快速撇取市场上具有较强价格支付能力的利润，使得单位产品获利最大化。通过层层撇取，就可以获得利润最大化。通常在以下情况下会采用此种定价方法：高价格代表高质量和优秀的企业形象，较高的价格不会迅速吸引大量的市场跟进者，购买者众多且在短期内有极大的需求量。采用此方法要注意的是：首先要对消费者可能承受的最高价格有准确的定位，过高会影响销售量，过低不仅降低了利润而且吸引了竞争者；其次还要考虑市场实际能够达到的购买数量。二者共同决定了市场总的销售收入是否最高，利润是否最大化。

9.3.2 销量目标

获取市场占有率，提高销量，可以为企业获得长远利益创造良好的条件，现在已经被许多企业证明是一种成功的定价方法，并且主要为美国和日本等企业所推崇，所以，也就成为企业常用的定价目标。

9.3.2.1 维持或扩大市场占有率

市场占有率是某企业或某产品在某个市场上的销售额或销售量相对于该行业同一时期在这个市场上的总销售额或销售量之比。它反映着企业的经营状况和企业产品在市场上的竞争力。通常认为，市场占有率高说明企业的产品认同度较高，企业的形象较好，必然会带来较丰厚的利润，企业的地位也会提升；反之，企业的产品不具有竞争力，企业的地位也会下降。所以，许多企业将维持或扩大市场占有率看得比利润更加重要。因为虽然有些企业的投资利润率较高，但市场占有率下降，实际上企业已经有潜伏的危机；再者，市场占有率比最大利润容易测定，容易实现得多。因此，不仅许多资本雄厚的大企业将扩大市场占有率作为自己的定价目标，就是一些中小企业也想在细分市场上占有更大的市场占有率。但要注意的是，维持或扩大市场占有率首先是假定市场上的消费者对价格特别敏感，其次才能够以一些低价等诱导手段来实现。为此，不仅有牺牲利润换取市场占有率的风险，而且有竞争对手以同样的方法进行反击的风险，况且市场占有率的扩大并不一定总会带来利润的增加。

9.3.2.2 增加销量

销量最大化不仅可以提高企业在市场上的知名度，而且可以有效地降低单位成本，实现长期利润最大化。销量的增加与利润的变化有一定的相关性。对于价格弹性较大的产品，降低价格而导致的利润损失可以从销量的增加而获得补偿。因此，许多企业常常以销量最大化作为定价目标,而大量销售又常常采用薄利多销的方式来实现以下目标:使产品广泛进入市场,获得较高的知名度;使产品获得较广泛的认可,获得较好的美誉度与知名度,提升企业形象;大量销售,实现规模效应,降低生产与流通等各个环节的成本。企业在采用此办法时一般还需要考虑以下一些因素:市场容量与市场潜力究竟有多大?低价格是否能够减少实际的竞争者,打击潜在的跟进者?市场是否对价格高度敏感,低价格确实能够带来大销量?大销量是否能够带来成本的实际降低?是否是以亏损为代价?因此,企业在使用销量最大化作为定价目标时一定要考虑销量与利润的关系,最大化并不是要牺牲利润,而是更加看重企业的长远经济利益。

9.3.3 竞争目标

此目标是指企业根据市场竞争的需要制定价格的目标。也就是在制定商品价格之前,广泛收集有关信息,认真研究竞争对手的营销策略,分析企业自身实际情况,将本企业产品的特点、质量、成本以及服务等与对手进行权衡比较后,用针锋相对的方式与对手抗衡定价,以便占领市场或保护既得市场。众所周知,企业定价不只是为了利润和销量,更是为了在激烈的市场竞争中获胜。为此,依据竞争目标定价,一方面是同实际的竞争者竞争,将其击败,扩大己方的市场占有率;另一方面是阻止潜在的竞争者进入,巩固和扩大现有的市场占有率。基于这种定价目标,企业往往采用低于竞争对手的价格,甚至是成本超低价来进行竞争。当然,如果企业在产品质量、技术创新或者是售后服务等方面具有明显的优势,也可以采用高于竞争者的价格销售产品来实现竞争。这种定价目标,容易导致价格大战,风险较大。

9.3.4 生存目标

此目标是指企业置长远的利润于不顾,而只是考虑以尽可能低的成本进行定价以保证生存的目标。企业通常在以下情况下会采用这种定价方式:企业遇到了严重的经营问题,如产品过剩,大量积压,资金周转严重不灵等;企业在市场上遇到了异常激烈的竞争,如竞争者突然发动价格大战或其他进攻;消费者的需求发生了变化,如不可预料的倾斜等。此时,企业生存的目标远远超过利润的获取,为此,企业假定市场是价格敏感型的,为了实现库存周转,维持企业的继续生产,就会制定一个尽可能低的价格,即销售价仅仅可以弥补可变成本和部分固定成本,甚至连固定成本的抵偿都不考虑,以维持企业简单再生产,实现生存目的。但是,生存只是企业走出危机、渡过难关的权宜之计,这种定价目标也只能在企业面临困难时临时使用。任何一个企业都必须以利润为中心,追求长远经济利益,否则终将破产倒闭。

9.3.5 稳定目标

此目标是指维护市场,避免竞争,价格相对稳定的定价目标。众所周知,价格大战虽然能够给消费者带来短期的利益,但从长远的角度看,也是不利的,对于企业,更是常常以两败俱伤为代价。为此,企业为了避免价格竞争带来的风险,保证长远利益,常常会以一个相对比较稳定的价格销售自己的产品,而此价格又是由本行业中一些具有领导地位,能够影响市场的企业所决定，故又称之为领导者价格。紧紧追随在这些企业之后的中小企业的价格称为追随者价格。领导者价格具有较大的影响力且保持相对稳定，中小企业的格与之保持一定的距离，随领导者价格的变动而变动。因此，行业常常通过领导者价格来获得收入与利润，这种利润是长期而稳定获得的。当然，领导者价格也不是一成不变的，当成本、需求或者是市场领导者地位发生改变时，将会导致领袖企业重新拟订价格目标。

9.3.6 质量领先目标

此目标是指企业依据其产品或服务质量的领先地位确定价格的目标。采用此定价方式一般要求具备以下条件：有一些企业由于采用了新技术，生产出的产品形象较好；市场上的消费者对产品质量的关注超过价格；企业希望树立产品领先形象。在这种情况下，企业提供给市场超过平均质量水平的产品，也采用与其质量相当的超过平均定价水平的价格。由于消费者优质优价的观念存在，于是久而久之在市场上就会形成此产品质量领先理应高价的定位。

9.3.7 顾客满意目标

长期以来，企业定价目标被主要界定在"利润最大化"和"扩大市场占有率"等目标内。这些定价目标已不能完全适应现代企业营销。在现代营销策略体系中，一个企业如果不能利用联系顾客的最终手段——价格，使顾客得到最大限度的满意，那么，企业的其他营销努力将可能付诸东流。顾客的满意，既是顾客追逐的根本要求，也成为企业营销行为追求的根本目标。作为营销战略反映和实现的企业定价目标，理应将此作为定价目标体系中的核心。

顾客满意最根本的表示是价值与成本的比值，比值的大小构成了顾客满意的梯度变化。顾客购买价值是产品价值、服务价值、员工价值的综合反映和结果，而顾客购买时的总成本包括了货币成本、时间成本、精神成本和体力成本，提高顾客满意度的途径无非是价值提高或成本下降。从价值决定价格这一基本经济规律来看，不论是顾客购买到的总价值提高，还是购买时的总成本下降，客观上都要求在价格上有所体现，即总价值能够与总成本保持吻合，或者略高于总成本，这样，才能保持顾客的满意度。但采用此定价方式必须注意以下几个问题：建立一整套的监控系统，以便随时测算总价值与总成本对顾客的影响程度；顾客购买的总价值和支付的总成本是一个相对指标，不同的顾客在不同的产品、不同的环境条件下，其满意度的构成因素、重视程度有差异；以企业潜在利益和长期利益增长、企业要求与整体市场条件相适应为其控制原则；由于顾客购买是一个整体消费体系，因此要随时测算总成本中各种因素的变化。总之，以顾客满意度作为企业的定价目标，是企业在市场条件下可选择的一种行之有效的行为，它更有利于企业将价格制定的科学性与艺术性完满结合，赋予了企业新的活动空间。

9.4 定价方法

定价方法是企业为了在目标市场实现定价目标，给产品制定基本价格和浮动的合理区间。在选择定价方法时，企业要充分考虑产品成本、市场需求和竞争形势这三大影响企业定价的最基本因素,并使价格适应这些因素。但在实际定价中,企业往往只能侧重于考虑某一类因素,选择某种定价方法,并通过一定的定价政策对计算结果进行修订。与之相对应,就形成了以成本、需求、竞争为导向的三大类基本定价方法。

9.4.1 成本导向定价法

成本导向定价法,是指企业以产品的成本为基础,再加上一定的利润和税金而形成价格的一种定价方法。成本导向定价法简便易行,是我国现阶段最基本、最普遍的定价方法。由于作为定价基础的成本分类繁多,因此,以成本为基础的定价方法也多种多样,主要包括以下几种。

9.4.1.1 成本加成定价法

成本加成定价是在单位成本的基础上,加上一定百分比的利润来制定产品销售价格。加成的含义就是一定比率的利润,所以成本加成定价公式为:

$$P = AC(1+U)$$

公式中:P 为单位产品售价,AC 为单位产品成本,U 为成本加成率。

例如:某单位生产的某种产品单位成本为 100 元,成本加成(预期利润)率为 30%,则该产品的售价为

$$100 \times (1+30\%) = 130(元)$$

对于这种方法,关键是要确定成本加成率。不同的产品由于其产品性质、特点、市场环境不同,成本加成率也不一样。这种定价方法的优点是:计算简便易行,极大地简化了定价程序,也不必常常依据外界变化调整价格;企业和消费者都有公平感;引起价格竞争的可能性会减至最低限度。这种定价方法的不足在于:忽视了供求状况和竞争状况,有可能与市场需求脱节,并难以适应竞争的变化;由于事先很难准确预测在该价格水平下的销售量,导致固定成本的分摊难以确定;忽略了现行价格的弹性,难以确保企业实现利润最大化。这种定价方法一般只适用于卖方市场条件下的产品。

9.4.1.2 盈亏平衡点定价法

这是一种较为通用的定价方法,是其他定价方法的基础。由于在定价上,可以在产量和成本既定的情况下,按照预期的利润要求确定价格,故又称之为目标利润定价法。

它的基本原理如图 9-3 所示:

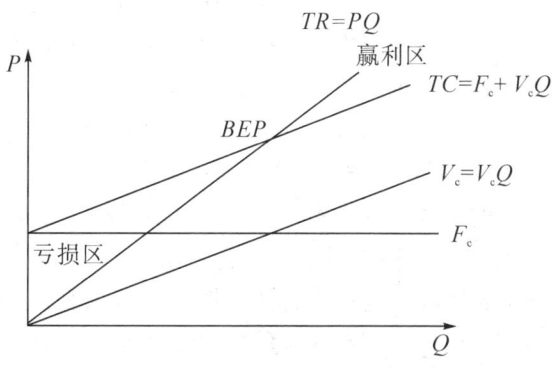

图 9-3 盈亏平衡分析

图中：P 为价格，Q 为产量或销售量，TR 为总收入，TC 为总成本，F_c 为固定成本，V_c 为变动成本，BEP 为盈亏平衡点。

在产品销售量一定的情况下，当价格增加到一定界限时，产品生产的固定成本和变动成本才能为销售收入所抵偿，即达到盈亏平衡点。如果价格低于这一平衡点（BEP），就会发生亏损；只有当价格高于此点，企业才会获得赢利。

盈亏平衡时的定价公式为：

$$P = \frac{V_c Q + F_c}{Q}$$

获得利润 R 时的定价公式为：

$$P = \frac{V_c Q + F_c + R}{Q}$$

例：某企业生产某种产品，企业的年固定成本为 100 万元，每件产品的变动成本为 5 元/件，当年的预期销售量为 50 万件，目标利润要求为 200 万元，问如何定价？

解：盈亏平衡时的 $P=$（1000000＋5×500000）/500000＝7（元/件）

获得目标利润时的 $P=$（1000000＋5×500000＋2000000）/500000＝11（元/件）

答：保本定价为 7 元/件，获得目标利润定价为 11 元/件。

按盈亏平衡点定价，就是在一定的预测销量下，利用盈亏平衡点先求出保本时的价格，再用保本价格加上预期利润，即为实际价格。但是，这种赢利也不能无限度地扩大。当产量增加到一定程度后，也就是原来的"固定成本不变"这一条件不再成立，企业必须追加新的固定资本时，应当在新的固定成本基础上重新进行平衡分析。

应用这一定价方法应具备的前提条件是：产品为单一品种的大批量产品；虽然品种繁多，但品种结构稳定；盈亏平衡点产量的总成本能准确地计算出来；预期销售任务必须能够全部完成。这种定价方法虽然易于采用，但需要预先确定销售量。由于销售量常常是与定价结合在一起的，难以准确预测，所以这种定价方法一般适用于销路不好的产品，在制定确保不亏损的价格时采用。

9.4.1.3 边际成本导向定价法

边际成本是指每增加或减少单位产品所引起成本的变化量。该定价法是抛开固定成本，仅计算变动成本（由于边际成本和变动成本接近，而变动成本容易计算，所以常用变动成本代替边际成本），并以预期的边际贡献补偿固定成本以获得收益的定价方式。边际贡献是指企业增加一个产品的销售所获得的收入减去边际成本后的数值。如果边际贡献不足以补偿固定成本，则出现亏损。基本公式是：

单位产品价格 ＝ 单位产品变动成本 ＋ 单位产品边际贡献

利润 ＝ 边际贡献 － 固定成本

边际成本导向定价法的目的是不求赢利，只求减少亏损。因为当市场供应过于旺盛时，如果坚持以完全成本价格出售，不仅难以为消费者所接受，而且会出现滞销、积压，甚至导致停产、减产，不仅固定成本无法补偿，就连变动成本也难以收回；若舍去固定成本，尽力维持生产，以高于变动成本的价格出售商品，则可用边际贡献来补偿固定成本。因此，此法适用于竞争十分激烈的市场、生产能力过剩的市场和产品组合中的招徕定价等情况。

9.4.1.4 目标收益定价法

目标收益定价法也叫投资收益率定价法，它是企业在确定目标利率的条件下，根据事先估计未来可能达到的销售量和总成本，在保本分析（收支平衡）的基础上，加上预期的目标利润额（或投资报酬额），然后再计算出具体的价格。

其计算公式如下：

$$目标利润额 = \frac{总投资额}{投资回收期}$$

$$单位产品价格 = \frac{总成本 + 目标利润额}{预计销售量}$$

例：某企业总投资额为 60 万元，投资回收期为 5 年，总成本为 30 万元，产品预计销售量为 50000 件，则该产品的售价为：

$$目标利润额 = 60 \div 5 = 12（万元）$$

$$单位产品价格 = \frac{30 + 12}{5} = 8.4（元）$$

这种方法简便易行，可提供获得预期利润时最低可能被接受的价格和最低的销售量，也有利于加强企业管理的计划性，较好地实现投资回收。它常为一些大型企业劳务工程和公用事业单位所采用。西方许多大型公用事业公司常以此法定价。

但这种方法要求企业有较高的管理水平，能够正确地测算价格与销量之间的关系，其缺点与盈亏平衡点定价法相同，都是以销售量倒过来推算出价格，而价格却又是销售量的重要影响因素之一。

9.4.2 需求导向定价法

需求导向定价法又称顾客导向定价法，是指企业根据市场需求状况和消费者对商品价值的理解及需求强度的不同反应，分别确定产品价格的一种定价方式。其特点是：平均成本相同的同种产品价格随需求变化而变化。需求导向定价法一般是以该产品的历史价格为基础，根据市场需求变化情况，在一定的幅度内变动价格。若产品需求强度大，则定价较高；需求强度小，则定价较低；需求强度中，则定价适中。这种定价方法使得同一种商品可以按两种或两种以上价格销售。需求导向定价法主要包括理解价值定价法、需求差异定价法和逆向定价法。

9.4.2.1 理解价值定价法

理解价值定价法，就是企业根据消费者对产品价值的认知和可接受程度，而不是根据企业生产商品的实际价值来确定价格。消费者对商品价值的认知和理解程度不同，会形成不同的价格上限，如果价格刚好在这一限度内，就既能实现消费者的购买，也能够实现企业的稳定获利。

研究表明，消费者根据自身需要的迫切程度和支付能力等，通常会对其要购买的商品有一个价值判断，此价值判断与企业产品的价格之间的关系在很大程度上决定着消费者的购买决策。当产品的市场价格高于消费者的价值判断时，消费者就不会购买该商品；当产品的市场价格等于或低于消费者的价值判断时，消费者就会产生购买商品的愿望。因此对企业而言,就要研究该种商品在不同消费者心目中的价格标准,以及在不同价格水平下的不同销售量,并做出恰当的判断,进而可以通过实施产品差异化和适当的市场定位,突出企业产品特色,再辅之以整体的营销组合策略,塑造企业和产品形象,有针对性地运用市场营销组合中的非价格因素去影响消费者,使消费者形成一定的价值观念,制定出符合消费者需求的期望价格。

9.4.2.2 需求差异定价法

这是根据需求方面的差异来制定产品价格的方法,主要有以下四种情况:

(1) 以目标消费者为基础进行定价。

因为不同消费者为了满足自己不同的消费心理需求,会对同一种商品产生不同的需求弹性。有些属于实惠型,对价格敏感,所以要从价格上适当给予优惠,诱其购买;有些属于优越型,对价格不敏感,就可以照价收款甚至高价出售;有些属于时尚型,就可以从观念上进行诱导。

(2) 以产品为基础进行定价。

因为对同一种商品的不同款式、包装与颜色等,消费者的偏好程度不同,需求量也就不同。因此,采用不同的定价可以吸引不同需求的消费者。

(3) 以时间为基础进行定价。

同一种商品或劳务因时间不同,其需求量也不同,企业可据此制定出不同的价格,争取最大销售量,获得最大利润。例如,一些季节性较强的产品,反季销售时通常价格较低。

(4) 以地理位置为基础进行定价。

不同的地理位置常常会产生不同的需求,也就会对商品的售价产生不同的影响。如商业黄金口岸的价格要远远高于位置偏僻地区的价格。

总之,需求差异定价法能反映需求差异及变化,有助于提高企业的市场占有率和增强企业产品的渗透率,但这种定价法不利于成本控制,而且需求差异不易精确估计。

9.4.2.3 逆向定价法

此定价法主要是根据市场可接受价位来进行定价。这种定价不是单纯地考虑产品的生产成本,而是经过科学的市场调查,在充分考虑市场的竞争和需求状况之后,来确定产品的最终零售价格,再由此倒推出产品的出厂价格。

此定价法的优点是:价格灵活,反映市场需求,具有可操作性;保证了中间商的利益,有利于加强与中间商的联系;能够迅速向市场渗透,占领市场。不足在于:价格采用逆向倒推的方法制定,忽略了成本的因素,使得销售额与利润可能会出现不成正比的现象。

9.4.3 竞争导向定价法

竞争导向定价法是以竞争状况和竞争对手的同类产品价格为主要依据的定价方法。对于一些市场竞争十分激烈的产品,其价格的制定不能依据成本和需求,只能以竞争对手的价格水平为基础进行定价。这种方法的特点是:只要竞争对手价格不发生变化,即使成本或需求有所变化,产品价格也不变;一旦竞争对手的价格有了变动,不论如何价格都要及时作出调整。竞争导向定价法主要有以下三种。

9.4.3.1 行业价格定价法

行业价格定价法是根据同行业平均价格或者同行业中领导者的产品价格来制定本企业产品价格的一种定价方法。采用此方法的条件是：测算成本有困难；竞争者不确定，很难了解购买者和竞争者对本企业产品价格的反应；企业打算与同行业企业和平共处。其优点是可为企业定价人员节省时间，减少风险，避免竞争的加剧，也有利于同行企业获得平均利润，实现共赢。此定价法所定的价格也不是固定不变的，当市场价格或某个主要竞争对手的价格发生变化时，本企业的产品价格也将随之改变。这种定价方法为现代许多企业，特别是中小企业所广泛采用。

9.4.3.2 密封投标定价法

密封投标定价法是企业根据竞争对手的报价来制定自己的投标价格的一种方法，常用于批量采购、大型机械设备制造或建筑工程项目投资等。一般是由买方公开招标，卖方竞争投标，密封递价，买方按质优价廉的原则到期公布中标者名单，中标企业与买方签约成交。企业参加投标的目的在于赢得合同，所以它的报价应低于竞争对手（其他投标人）的报价。

投标价格是投标企业根据对竞争者的报价估计确定的，而不是按照投标企业自己的成本费用或市场需求来制定的。一般来说，报价高，利润大，但中标几率就小；反之，报价低，虽然中标几率大，但利润低，企业可能得不偿失。因此，企业应同时考虑目标利润和中标几率，以确定投标的最佳报价。

9.4.3.3 主动竞争定价法

主动竞争定价法不是追随竞争者的价格，而是根据本企业产品的实际情况和竞争对手的产品差异状况，以及市场的需求状况等来确定产品的价格。这种方法一般为实力雄厚或产品独具特色的企业所采用，他们可能出于竞争的考虑或者是产品、技术及市场具有领导地位，不受其他竞争者的价格牵制，不再维持其原有的价格水平，而是主动变更价格进行竞争。

9.5 定价策略

在市场环境复杂多变、市场竞争日益激烈的条件下，企业除了明确自己的定价目标和定价方法外，还必须灵活地运用有关定价策略才能达到自己的目的。

9.5.1 新产品定价策略

新产品上市，价格策略运用是否得当，将决定企业的利润水平与发展前景。综观全局，一般企业都会对新产品选择高开低走的撇脂定价策略、低开高走的渗透定价策略和相对适中的满意定价策略。

9.5.1.1 撇脂定价策略

这是一种高价格策略，是相对同种品质产品的均价而言的。其含义是在产品生命周期的最初阶段，将新产品的价格定得尽可能高，以在短期内获取丰厚利润，尽快回收成本。由于它就像从牛奶中撇取奶油一样，取其精华，所以称为撇脂定价策略。

此定价策略的优点是：细分市场首先定位于需求弹性最小的高收入人群（对品质挑剔，对价格最不敏感），以求得最大边际利润；以阶段性高额利润为目标，能迅速回收资金；高价格有利于提高产品的声望；有利于企业掌握降价的主动权。但此策略也有一些不足：高价格不利于市场开拓，高利润容易引进竞争者，高价格容易损害消费者利益甚至损害企业的公众形象。因此，此策略仅适用于实力和信誉颇佳的大企业和有"新、奇、特"概念的产品，且当销售进入迟滞阶段，则需要调低价格，以吸引另一个消费层次的人群。

9.5.1.2　渗透定价策略

这是一种与撇脂定价相反的策略，是低价策略。其含义是在新产品上市之初，就以一种极低的价格吸引广泛的消费者，迅速打开市场，提高市场占有率。等到企业树立了产品物美价廉的形象，控制市场后，再逐渐拉升价位，获得更多的利润。

此定价策略的优点是：通过有竞争力的价格吸引市场关注，刺激购买欲望，以销量促进早期资金回流，获得长期稳定的市场地位；微利可以阻止潜在的竞争对手进入市场，有利于控制市场。不足在于：投资回收期长，风险大，若遇到强大的竞争对手，会损失惨重。此策略适用于企业产品市场规模较大、生命周期长或需求弹性大、技术简单容易仿制，地区购买力较低，阻止竞争者进入时。

9.5.1.3　满意定价策略

满意定价策略又称平价销售策略，是介于撇脂定价和渗透定价之间的价格策略。其含义是企业以适中的价格获得初期利润和实现消费者满意。

此策略的优点是避免了撇脂定价和渗透定价的不足，参照市场的平均价格，在降低成本的基础上，通过其他手段扩大销量，温和地实现利润。不足在于企业只是将产品消极地推向市场，不能适应市场环境的变化。

9.5.2　系列产品定价策略

系列产品通常是指具有一定替代性或互补性的产品。由于其销售上的关联性，企业定价时要充分考虑其特殊性，制定相应的价格策略。

当产品只是某个产品组合中的一部分时，企业必须对定价方法进行调整。这时企业要研究出一系列价格，使整个产品组合的利润实现最大化。因为各种产品之间存在需求和成本的相互联系，而且会带来不同程度的竞争，所以定价十分困难。

9.5.2.1　产品线定价策略

通常企业开发出来的是产品线而不是单一的产品。当企业生产的系列产品存在需求和成本的内在关联性时，为了充分发挥这种内在关联性的积极效应，常常采用产品线定价策略。首先，确定此产品线上某种产品的最低价格，使其在产品线中充当领袖价格，诱导消费者购买产品线中的其他产品；其次，确定产品线中某种商品的最高价格，它在产品线中充当获得利润的角色；最后，确定产品线中某种产品的合理价格，它在产品线中起到树立品牌形象的作用。采用这种策略时，必须使价格搭配得当，优惠到有足够的吸引力，高到有人乐于购买。同时，还必须防止引起顾客反感的硬性搭配。

9.5.2.2 替补品定价策略

替补品是指基本用途相同的产品。此策略是指营销企业有意识地安排本企业消费替补性产品间的价格比例,通过提高或降低某个产品的价格,将消费者引导到具有替补性的另一种产品上,用以实现某种营销目标。通过替补品定价策略,实现企业产品结构的合理化,增强企业特色,树立形象产品,带动企业其他相关产品的销售。此策略通过两种方式实现企业赢利:价格提高,利润提高;价格降低,销量增大,实现规模效应带来利润的增长。

9.5.2.3 互补品定价策略

许多企业在提供主要产品的同时,还提供一些与主要产品密切相关的互补产品。互补产品分为非必需与必需两种。对非必需互补产品的定价是个棘手问题,必须考虑把哪些互补产品计入产品的价格中,哪些另行计价,这就需要根据市场的环境、购买者的偏好等因素认真分析;否则,就会影响产品销售。例如,有些饭馆将饭菜的价格定得较低,而酒水的价格定得较高,靠低价饭菜吸引顾客,以高价的酒水赚取厚利。必需互补品又称连带产品,指必须与主要产品一同使用的产品,如手机和电池、计算机软件和硬件等都是不可分开的连带产品。一般说来,大企业往往把主产品的价格定得较低,而把连带产品的价格定得较高,消费者一旦购买了主产品后就非得购买连带产品不可,企业可以通过大量销售连带产品获取高额利润,如灭蚊器与灭蚊药片。

9.5.3 心理定价策略

心理定价策略是指企业根据消费者的心理特点,迎合消费者的某些心理需要而采取的一种定价策略。其目的是诱导消费者购买,扩大市场销售量。具体讲一般有以下几种形式。

9.5.3.1 尾数定价策略

此策略又称奇数定价法,是指在商品定价时,取尾数而不取整数的定价方法。一般来讲,对于日常消费品等价格低廉的商品,采取9或8零头结尾,会给消费者一种便宜与实惠的感觉,如0.99元、1.98元等;同时,因为标价精确给人以信赖感而易于扩大销量。

9.5.3.2 整数定价策略

此策略与尾数定价策略相反,指将商品的价格变为整数,以显示商品的质量。例如,将商品的价格定为1元、200元等。采用整数定价策略,往往能使购买者产生"一等价钱一等货"的心理效应。此定价策略的优点在于:定价简便,买卖方便,显示"身价"。整数价格多用于价格较贵的耐用品或礼品,以及消费者不太了解的产品,特别是对那些高档、名牌商品或改革消费模式的非连续性新产品。

9.5.3.3 声望定价策略

这是企业凭借其产品的声誉制定较高价格的策略。对一些名牌产品或消费者偏好的产品,企业可针对消费者的求名心理或偏好心理,为其制定一个较高的价格,这就是声望价格。采用此法不仅可使企业增加赢利,而且可以引起消费者的购买欲望,有利于商品的销售。这种定价策略既补偿了提供优质产品的企业的必要耗费,也有利于满足不同层次的消费需求。高档消费品、奢侈品及已经获得了消费者信任的名牌产品可以使用此定价策略。

9.5.3.4 组合定价策略

这种定价策略是指企业将两种或两种以上的相互联系的产品联系起来制定价格，使整个商品组合的收益达到最优化。企业有意识地将购买频率小的商品价格定得低一些，而将与之配套使用的、购买频率高的商品价格定得高一些。这样企业扩大了销售量，节约了销售费用，也增加了利润，而消费者也感觉到购买了合适的产品，皆大欢喜。

9.5.3.5 分档定价策略

这指企业将同一类商品，通过牌号、规格、花色、质量等方面的比较，选其中一种作为标准型产品，其余依次排列，定为低、中、高三个档次，再分别定价。分档定价策略的优点在于：可以简化交易手续，节省消费者时间，方便购买；便于定价；有利于扩大销售。这种定价策略适用于纺织业、水果业、蔬菜业等行业，既体现了产品质或量的差别，又提高了营销效率。采用这种定价策略，档次的划分要适当，级差太大或太小都起不到应有的分档效果。

9.5.3.6 习惯定价策略

习惯价格又称便利价格，是在市场上长期流通且为广大消费者所承认和接受的比较习惯和固定的商品价格。这些商品的价格稍有变动，就会引起消费者的不满。提价容易产生抵触心理，降价会被怀疑是质量有问题。因此，对于这类商品，企业定价要力求稳定，避免价格变动带来不必要的损失。在不得不变价时，宁可在商品的内容、包装、容量等方面进行调整，也不采用调价的办法。日常消费品一般都适用这种定价策略。

9.5.3.7 招徕定价策略

这是指企业利用部分顾客求廉的心理，利用少数商品的低价招徕顾客，从而达到增加对其他连带性商品购买的目的的定价方法。企业在使用招徕定价策略时，一般应具备两个条件：一是经营的产品要消费面广且品种众多，采用低价易招徕顾客；二是大型零售商店，如百货公司或超级市场，因光顾者多，就可利用消费者的求廉心理，故意将几种商品的价格定低，将众多的消费者吸引到商场来。采用这种方法是由低价产品带动了其他产品的销售，实现企业最终获利。

9.5.3.8 安全定价策略

这是企业为消除用户购买商品时的风险心理，为用户做好一系列的售后服务工作，将服务费用按加权平均后的估算额加到商品价格中去的一种定价策略。这种定价策略一般适用于高档的耐用消费品，通过提高消费者对购买商品的安全感来促进产品的销售。

9.5.4 折扣定价策略

这是一种减价策略，是企业通过在原定价格的基础上减收一定比例的货款以争取消费者，促进销售，加速资金周转的定价策略。

9.5.4.1 现金折扣策略

这是指企业对按约定付款日期付款的消费者给予一定数量的现金折扣，对提前付款的消费者给予更大的折扣，提前的时间越多，给予的折扣也就越多。使用这种策略的目的是鼓励消费者提前付款，不拖欠货款，以加速企业的资金周转，减少呆账。

9.5.4.2 数量折扣策略

这是指根据消费者购买货物数量或金额的多少，按其达到的标准，给予一定的折扣，购买的数量越多，金额越大，给予的折扣越高。这样就能鼓励消费者大量购买，扩大销售。数量折扣可分为累计数量折扣和非累计数量折扣。累计数量折扣是指在规定的时期内，消费者购买商品达到或超过一定数量或金额时，按其总量的多少，给予不同的折扣。这种策略鼓励消费者长期向本企业采购，与消费者建立长期的稳定的关系，因而有助于企业掌握销售规律，预测销售量。非累计数量折扣是指消费者一次购买的数量或金额达到一定标准时，给予一定的折扣优待。采用这种策略不仅对消费者有利，而且可以为企业节省营销费用。

9.5.4.3 交易折扣策略

此策略也称功能折扣策略或商业折扣策略，是由企业根据各类中间商在产品的市场营销过程中提供的不同服务和承担的不同功能所提供的一种折扣。但同一渠道成员必须提供同样的交易折扣，一般给批发商的交易折扣大于给零售商的折扣。其目的在于使生产商与中间商之间建立起一种稳定的合作伙伴关系，发挥中间商的作用，保持或扩大市场占有率。

9.5.4.4 季节折扣策略

此策略是指生产季节性商品的企业向在季节前后购买非时令性商品，或提前订购季节性商品的中间商给予一定的价格折扣。由于有些商品有很强的季节性，为了减少库存，维持均衡生产，对淡季购买者给予一定的季节折扣，以鼓励中间商储存商品，调节市场供求；同时也有利于企业安排生产，更有利于实现顾客满意。

9.5.4.5 推广折扣策略

这是企业向中间商提供的一定价格折扣或让价，以鼓励中间商为其产品进行广告宣传、橱窗布置和展销等促销活动，作为给中间商开展促销工作的报酬，鼓励中间商积极为企业产品扩大宣传。

9.5.5 差别定价策略

9.5.5.1 地理定价策略

此策略是指企业以不同的价格策略在不同地区营销同一种产品，以形成同一种产品在不同空间的横向价格策略组合。由于产品的运输和中转费用的差别，以及不同地区性市场的不同爱好和习惯，不同的生产力水平必然产生不同的需求曲线和需求弹性，因此，同一种产品在不同的地区分别定价，有利于吸引消费者，扩大销售额。

9.5.5.2 式样定价策略

此策略是指企业根据产品的不同式样和外观，分别制定不同的价格。不同式样的产品，主要是满足消费者不同的需求偏好和习惯。对于质量水平相当的产品，款式新颖的一般要比式样陈旧的定价高。但是，不同型号、式样的产品价格之间的差额和产品成本之间并没有一定的比例关系。

9.5.5.3 时间定价策略

此策略是指企业对相同的产品，按照需求时间的不同制定不同的价格。如根据不同季节、不同时期甚至不同钟点的产品或服务分别制定不同的价格。这种策略只有当因时间不同而需求的紧迫性差别很大时才适用。采用此种策略能鼓励中间商和消费者增加购货量，减少企业仓储费用，加速资金周转，从而保证企业处于竞争的最佳位置。

9.5.5.4 购买者差价策略

此策略是指企业根据不同的购买者群体，对同一种产品制定不同的价格。实行这种策略的目的是通过满足不同消费者的使用目的和心理需求来开拓市场，实现利润的获得。如水、电、气由于用于工业生产和生活使用目的的不同，价格也不一样。

9.6 价格变更的策略

由于市场形势和营销环境不断变化，企业为了生存与发展，常常面临价格变动的问题，为此，当企业出现以下两种情况时，价格变革成为必须：一是由于客观环境变化，企业感到有必要调高或调低自己产品的价格；二是由于竞争者调整了价格，企业也不得不调整自己产品的价格。

9.6.1 降价和涨价

9.6.1.1 降价策略

降价原因。降价往往会造成同行业者的不满，引发价格竞争。但当企业出现以下情况时仍需降价：企业生产能力过剩，产品积压，虽运用各种营销手段仍难以打开销路；企业面临激烈的价格竞争，市场占有率下降，为击败竞争对手，阻止市场份额的继续丧失；企业的产品成本虽然比竞争者低，但销售情况仍然不好，需要通过降价来提高市场占有率。

降价方法。①折扣法：通过各种折扣手段来突出实现降价的目的。②心理暗示法：首先给消费者一个较高的定价暗示，然后在此基础上降价，使消费者产生一种心理对比暗示，达到销售的目的。③延期支付法：消费者通过延期支付货款，不仅获得了资本利息与资本运作利润，而且还获得了心理的满足。虽然实际价格未降，但获利增加，这是一种隐性降价。

降价风险。发动降价策略，虽然可以实现销售额的增加、市场占有率的提高，但也面临着较大的风险：①低质量风险。消费者会认为低价低质。②资金风险。因为降价常常会导致持久战，资金雄厚才有可能获胜。③不牢固的市场份额的风险。靠低价格争取到的市场消费者其忠诚度极低，会再次被更低的价格所吸引。

9.6.1.2 涨价策略

涨价原因。虽然提高产品价格会引起消费者、经销商甚至企业销售人员的不满，但成功的提价会给企业带来可观的利润。当企业面临以下情况时必须考虑提价：通货膨胀，物价上涨，使得企业的成本升高，而企业生产效率的提高跟不上成本的增加，迫使企业提高产品价格，实现收支平衡；在市场供不应求时，企业无法满足消费者对其产品的全部需求，只有提高价格以平衡供求关系。

涨价方法。①限时报价：所报的价格只在限定的时间内有效，过时另议。②推迟定价：直到产品成交或交货时才制定最终价格。③自动调整条款：消费者按照当前的价格付款，并支付因通货膨胀引起的部分或全部费用。④除去某些服务和产品。如将原来与产品整体一起定价的附加服务分解出来，另行定价。⑤减少现金折扣和数量折扣，或提高订货批量。⑥减少某些服务等。

价格提高后，应注意通过各种媒介沟通信息，向顾客说明原因，争取他们的理解，同时应注意了解他们的反应，并帮助他们解决因提价而带来的各种问题。

涨价风险。①市场份额减少。涨价通常会失去部分对价格较为敏感的消费者。②企业形象受损。涨价会引起消费者的反感，容易形成价格骗子的形象。

9.6.2 购买者对价格变动的反应

企业的任何价格变动必然会引起消费者、竞争者、经销商和供应商的一系列连锁反应。对于这些反应，特别是消费者的反应，企业必须高度重视，认真分析，并采取相应对策。

作为消费者，在产品降价时，他们通常可以作以下解释：该产品生命周期已进衰退期，即将被新产品所取代；产品本身存在问题，是滞销货；企业财务困难，难以继续生存下去；降价还会继续，等价格降得更低时再买。上述情况说明，不适当的降价反而会使企业产品销售量减少。

产品提价一般会抑制需求，减少销售。但有时消费者会从另一个角度理解，反而会加速购买，增加购买量：这种产品很畅销，欲买从速；该产品有特殊价值。消费者往往存在"买涨不买落"的心理，特别是在通货膨胀时，人们会竞相抢购保值商品和生活必需品，这是消费者在货币贬值情况下的一种自卫行为。

9.6.3 对竞争对手价格调整的反应

当竞争对手首先调整了价格，本企业应该作出如何的反应？

企业应首先研究以下几个问题：

（1）竞争者调整价格的目的是什么？是为了夺取市场，还是希望扩大市场需求？是生产能力过剩，还是成本发生变动？

（2）竞争者调整价格，是暂时的调整，还是永久变价？

（3）如果本企业对竞争者的价格调整不作理睬会产生什么影响？其他企业又会如何反应？

（4）对于本企业所作出的每一种反应，竞争者和其他企业又将怎样？

其次，要对每一种特定情况进行分析，才能找到最恰当的反应。当竞争对手在同质市场提价时，其他企业一般不会作出反应；如果提价能够给整个行业带来利益，他们也会提价。企业在面对竞争对手减价竞销时，可选择以下几种对策：①维持原价。②提高认知质量。在维持原价的同时改进产品质量，增加服务项目，加强广告宣传等。③降低价格，同时努力保持产品质量和服务水平稳定不变。④提高价格，并改进质量，同时推出某些新品牌，以围攻竞争对手的降价品牌。⑤推出更廉价的进攻性产品进行反击，增加低价产品或另创低价品牌。

一般说来，竞争对手降价总是蓄谋已久，而企业是在事先毫无准备的情况下，突然面临对手降价进攻，往往难以立即作出准确适当的反应。因此，企业应加强营销调研，及时掌握竞争者的动态，建立一套完整的危机预警和反应机制，做好应付意外情况的准备。

【本章小结】

价格有狭义和广义之分，从狭义的角度讲，价格是对产品或服务所收取的货币量；从广义的角度讲，价格是指消费者用来交换拥有或使用产品或服务利益的全部价值量。

企业在定价过程中应采取的步骤是：分析影响信息、确定定价目标、选择定价策略、采用定价方法、制定商品价格、调整商品价格。

影响定价的因素包括内部因素和外部因素，前者包括企业的营销目标、企业的营销组合、产品成本，后者包括市场结构，市场需求的价格弹性，竞争对手的成本、价格和反应，政府对价格的干预，消费心理，其他外部因素等。

科学地确定定价目标是选择定价方法和确定定价策略的前提和依据，是企业整体营销战略在价格上的反映和实现，是企业制定价格策略的指导思想和总体方向。总的来看，主要有以下七大目标：利润目标、销量目标、竞争目标、生存目标、稳定目标、质量领先目标、顾客满意目标。

企业定价有三种导向，即成本导向、需求导向和竞争导向。

企业定价策略包括新产品定价策略、系列产品定价策略、心理定价策略、折扣定价策略以及差别定价策略。

企业处在不断变化的环境之中，为了生存和发展，有时候需要主动降价或涨价，有时候又需要对竞争者的变价作出适当的反应。

【关键名词】

定价策略（Pricing Strategy）
成本导向定价（Cost-driven/Oriented Pricing）
需求导向定价（Demand-driven/Oriented Pricing）
竞争导向定价（Competition-driven/Oriented Pricing）
撇脂定价（Skim Pricing）
渗透定价（Penetration Pricing）
满意定价（Neutral Pricing）
产品线定价（Product-line Pricing）
替补品定价（Substitute Pricing）
尾数定价（Mantissa Pricing）
整数定价（Integer Pricing）
声望定价（Prestige Pricing）
组合定价（Product-mix Pricing）

分档定价（Dividing Grade Pricing）
习惯定价（Customer Pricing）
招徕定价（Fetch-in Pricing）
安全定价（Safety Pricing）
折扣定价（Discount Pricing）
现金折扣（Cash Discount）
数量折扣（Quantity Discount）
交易折扣（Business Discount）
季节折扣（Season Discount）
推广折扣（Spread Discount）
差别定价（Product-different Pricing）
地理定价（Geographical Pricing）
式样定价（Type Pricing）
时间定价（Time Pricing）
购买者差价策略（Different Price Strategy of Purchaser）
降价策略（Price-off Strategy）
涨价策略（Price-up Strategy）

【思考题】

1. 分析影响企业定价的因素。
2. 企业定价一般包括哪些步骤？撇脂定价策略和渗透定价策略各自适用于什么情况？
3. 高新技术企业最适宜采取哪些定价方法？
4. 如何给新产品制定价格？
5. 如何应对竞争对手的价格变动？

【实践训练】

企业定价策略

实训目标：熟悉影响企业定价的主要因素，掌握基本的定价方法，学习运用定价的技巧、变价的策略。

实训内容与要求：教师向学生给出市场上某类产品的价格竞争现状的基本资料。学生以小组为单位，在市场上收集该类产品中相近产品的不同生产企业的定价情报，了解存在的问题。以实际市场情报为基础，为其中的某项产品提出变价的依据，并拟定相应的变价策略方案。

实训成果与检测：完成市场营销实训报告。

【案例分析】

另类定价策略

下面要讲的案例打破了常规的定价方法，显得比较另类，却可能成为下一个热点。

1. "下雪就免费"的小珠宝店老板

还记得那个宣称吗？他对美国北卡州 Asheville 市的市民们说："各位！只要 Asheville 市在圣诞节那天积了 3 寸厚的雪，你买的珠宝就免费！"消费者只要在 2010 年 11 月 26 日至 12 月 11 日期间，买下任何一款珠宝，就可以玩这个游戏。如果当天真的积了 3 寸厚的雪，老板就会退钱给你。消费者一听到这样的消息，就觉得有趣，至少先在 Asheville 市传开了。有些人本来就想买珠宝，两家一比较，肯定直接选这家。珠宝店的老板给我们上了一课——玩营销，不如玩价格！好的定价创意，往往可以事半功倍！

2. 每天自降1％的购屋网站

价格如果经过修饰，可以营造出合理的错觉，让消费者觉得"合理"而购买。但是合理的价格不如低价，因为定价的最高艺术，莫过于让消费者感觉到"便宜到了"。下面来看看更高的艺术！

有个网站叫"CountdownToBuy.com"，中文名字叫"倒数购买.com"，它是一个电子商务平台，就好像 Groupon 那样，只专注于某一种卖法，而 CountdownToBuy.com 的卖法，就是每天倒数，每过一天，价钱就自动降1％。

这个网站早在 2008 年便创立了，2010 年底获得 110 万美元资金，一直没吸引主流网络界太多目光。不过，如果谈到定价创意，这个 CountdownToBuy.com 就变得很有意思。更有趣的是，CountdownToBuy.com 目前只做房地产。譬如名为"Diamante Cabo San Lucas"高尔夫度假村的房子，它原价为 74.5 万美元，如果第一天没有人买，第二天就降到 73.8 万美元，一天之差，就少了 7000 美元。

通常来讲，高单价的物品比较适合这种每天降1％的定价策略。试想一下，如果有几个人对这所房子感兴趣，会出现什么情况？是不是每个人的心情都很纠结？又想等一天再降1％，又怕如果现在不买，就被别人抢了先，失去了眼前这个好价钱。结果这所房子很有可能在还处在很高的价位时就已经被买走了。

注意！ 房地产还有另一个不同于一般电子商务的特色，就是它绝对不需要大家一起买，每所房子都只有一个买家最后能中标。所以这样定价就更有道理，当一天过去，还没有人想抢这个商品，那就表示这个商品的价格仍然太高。好，第二天就应该再降一点点。等到隔天还是没人买，表示价格仍然太高，还可以再降价，直到价格变得合理为止。

这招还能用在哪？

当你推出一个"创新产品"（每所房子都在不同的地方、有不同的设计，每所房子都算"创新产品"），根本不知道它该定多少钱才真的合理时，最简单的方法莫过于此：可以从最高的价格开始喊起，试验一下市场，没人买，就自动降价，还没人买，再自动降，一直降到它合理为止，自然就被买走了，原主人也得到了最佳卖价，甚至比最佳卖价还要高。因为这种"倒数计时"的设计会让买家有错觉，觉得可能有很多人虎视眈眈地准备在明天突然买下，所以通常买家想在高点就尽量赶快出价。这样的定价手法，不只对消费者是一种吸引力，对商家来说或许还真的不吃亏，它不会卖便宜，只会卖贵（当然这比较适合在房地产价格相对稳定的地方）！

除了"创新产品"，这招还能用在哪？

"艺术品"应该是另一个不错的运用领域，另外或许可以用在"租屋"上面。还有哪些东西，甚至再便宜一点的东西，可运用这种"倒数计时、一天降1‰"来创造前所未有的生意呢？大家想一想。

3. 华裔年轻创业家张怡芳的"健身合约"

最近美国出现了一个非常有趣的新定价模式，据美国当地报 Boston Globe 报导，这是一位哈佛刚毕业的华裔年轻创业家张怡芳想出来的创业点子，她决定挑战健身事业，创立了一个新的健身中心的获利模式，并称之为"Gym-Pact"，中文翻译成"健身合约"。

什么是 Gym-Pact？如果你想健身，可以免费加入。免费加入后，就可以免费使用健身设施，但是前提条件是必须按照合约上规定的时间来坚持健身。如果有一次你没有来，Gym-Pact 就会处以罚款。

也就是说，在健身房运动的那些人，他们并没有付钱，反而是没有来的那些人，是他们来支付健身费用、支持这间健身房，让这间健身房继续存活下去！

这样的定价模式有道理吗？有！

首先，Gym-Pact 打的是"帮助大家约束自己"的旗帜。因为通常大家都只会口头上说要每周健身三次，但很少有人坚持下来。因此，Gym-Pact 说服大家——来吧，免费的健身房！如果你没按时来，才需要付钱！

这种定价模式其实是利用了消费者的心理。因为这位创业家从哈佛经济学教授那里学到，人们对于哪种事情更加有动力？虽然未来的梦想（变瘦、变得更健康）是健身的动力，但人们对"眼前立刻的好处"会更加敏感。所以，一时的免费更能吸引消费者。而且，Gym-Pact 不至于被人说是在利用用户的一时冲动，有一些客户真的因为 Gym-Pact 而开始坚持运动，享受免费的待遇！

另外，Gym-Pact 与客户签约的时候，不会收取任何费用，但是应该会先留下客户的信用卡号码。虽然客户一开始要谢谢创业家帮他们付钱，让他们可以免费加入这个健身房，但是只要有一个星期没有好好照着原定的运动日期坚持运动，Gym-Pact 马上就会惩罚 25 美元。如果中途停止，那么 Gym-Pact 要马上收 75 美元。

创业家是要自己开健身房吗？不！

原来，她只需要去和一些健身房谈判，以特别优惠的价格来大量购买十个、二十个甚至上百个健身房会员卡，然后通过 Gym-Pact 的方式向客户收取"罚款"，从中赚取差价。健身房自然很乐意，因为能瞬间增加好几倍的生意，而且全部的风险都转嫁到了 Gym-Pact 那里。所以，目前张怡芳已经很轻松地和两间知名健身中心有了合作，这两间分别是"Bally Total Fitness"和"Planet Fitness"。

Gym-Pact 会赔钱吗？

可能会，但她更有可能赚到超级丰厚的利润。

Gym-Pact 一开始就打乱了市场的价格。因为一开始是免费的（或者是非常夸张的二三折的折扣价），所以用户们几乎是想都不必想就直接签约了。问题是 Gym-Pact 之后会开始扣钱，大家关心的是，他们可以扣多少钱？Gym-Pact 可以扣的最大额度，会比一般健身房高，还是低呢？答案是高。

如果原本一个月健身只要 30 美元，Gym-Pact 可以大胆地让没遵守或提前结束的客户付 75 美元，而这些客户都会心甘情愿地付款。因为他们都太有自信，相信自己一定不会被罚款，一定能继续享受这个美好的免费健身！而且，客户也能理解，Gym-Pact 应该卖高一点，因为，这就好像保险公司一样，为了负担其他人的理赔，每个人理所当然应该多付一点。类似 Gym-Pact 的获利模式，可能可以瞬间做出一间类似保险公司的规模，回笼一大笔资金，多到必须赶快拿出去投资不动产或其他！

（资料来源：http://www.vmarketing.cn，有改动）

讨论题：

1. 结合案例，分析珠宝店老板、每天自降 1‰ 的购屋网站以及华裔年轻创业家张怡芳的"健身合约"这三个项目各自的定价特点及赢利模式。
2. 请结合所学知识，分析这些"另类定价策略"与我们常规的定价策略有何区别。

【阅读材料】

1. ［美］加里·阿姆斯特朗，菲利普·科特勒. 营销学导论［M］. 何志毅，译. 7 版. 北京：中国人民大学出版社，2006.
2. ［美］菲利普·科特勒. 营销管理［M］. 梅清豪，译. 12 版. 上海：上海人民出版社，2006.
3. 吴健安. 市场营销学［M］. 2 版. 北京：高等教育出版社，2004.
4. 杨明赐. 市场营销 100 个案点析［M］. 上海：华东理工大学出版社，2001.
5. 何立军. 市场营销理论与实务［M］. 北京：机械工业出版社，2005.
6. 新浪财经网，http://finance.sina.com.cn/.
7. 网易财经网，http://money.163.com/.
8. 马克思恩格斯全集（中文版）（第 23～26 卷）［M］. 北京：人民出版社，1974.

第10章　分销策略

【本章概要】

分销策略是市场营销组合策略之一。它同产品策略、定价策略、促销策略一样，是企业能否成功地将产品打入市场，扩大销售，实现企业经营目标的重要手段之一。分销策略主要涉及分销渠道及其结构，分销渠道的选择与管理，中间商及实体分配等内容。本章将就上述内容做详细阐述。

【学习目标】

1. 理解分销渠道的概念及结构；
2. 掌握分销渠道的设计与选择；
3. 掌握分销渠道的管理；
4. 了解中间商；
5. 了解实体分配。

【引导案例】

娃哈哈渠道的成功与困惑

娃哈哈经销商分布在全国 31 个省市，为了对其行为实行有效控制，娃哈哈采取了保证金的形式，要求经销商先交预付款，对于按时结清货款的经销商，娃哈哈偿还保证金并支付高于银行同期存款利率的利息。娃哈哈总裁宗庆后认为："经销商先交预付款的意义是次要的，更重要的是维护一种厂商之间独特的信用关系。我们要经销商先付款再发货，但我给他利息，让他的利益不受损失，每年还返利给他们。这样，我的流动资金十分充裕，没有坏账，双方都得了利，实现了双赢。娃哈哈的联销体以资金实力、经营能力为保证，以互信互助为前提，以共同受益为目标指向，具有持久的市场渗透力和控制力，并能大大激发经销商的积极性和责任感。"

娃哈哈全面激励和奖惩严明的渠道政策有效地约束了上千家经销商的销售行为，为庞大渠道网络的正常运转提供了保证。凭借其"蛛网"般的渠道网络，娃哈哈的含乳饮料、瓶装水、茶饮料销售到了全国的各个角落。2004 年 2 月，新产品"激活"诞生；3 月初，铺货上架，从大卖场、超市到娱乐场所、交通渠道、学校和其他一些传统的批发零售渠道，"激活"出现在了它能够出现的一切地方。娃哈哈将其渠道网络优势运用得淋漓尽致，确保了"激活"在迅速推出的同时尽快形成规模优势。

有学者将娃哈哈的成功模式归结为"三个一",即"一点,一网,一力"。一点指的是它的广告促销点,一网指的是娃哈哈精心打造的销售网,一力指的则是经营经销商的能力。"三个一"的运作流程是:先通过强力广告推新产品,以广告轰炸把市场冲开,形成销售的预期;接着通过严格的价差体系做销售网,通过明确的价差使经销商获得第一层利润;最后常年推出各种各样的促销政策,将企业的一部分利润通过日常促销与年终返利让渡给经营经销商。但这种模式也存在问题,即当广告愈来愈强调促销的时候,产品就会变成"没有文化"的功能产品,而不是像可口可乐那样成为"文化产品",结果会造成广告与产品之间的刚性循环:广告要愈来愈精确地找到"卖点",产品要愈来愈多地突出功能,其结果必然是广告的量要愈来愈大,或者是产品的功能要出新意,才能保证销量。

(资料来源:http://course.shufe.edu.cn/course/marketing/allanli/wahaha.htm)

引导问题:
1. 娃哈哈的渠道管理为什么能取得良好的效果?
2. 娃哈哈的渠道还有哪些地方需要完善?

10.1 分销渠道

10.1.1 分销渠道的含义

分销渠道(Distribution)是指某种货物和劳务从生产者向消费者移动时,取得这种货物和劳务的所有权或帮助转移其所有权的所有企业和个人。它主要包括买卖中间商、代理商、辅助机构以及处于渠道起点和终点的生产者与消费者。在商品经济中,产品必须通过交换,发生价值形式的运动,使产品从一个所有者转移到另一个所有者,直至消费者手中,这称为商流;同时,伴随着商流,还有产品实体的空间移动,称为物流。商流与物流相结合,使产品从生产者到达消费者手中,便是分销渠道或分配途径。

在现代商品经济条件下,大部分生产企业并不直接把产品销售给最终用户或消费者,而要借助于一系列中间商的转卖活动。商品在流通领域内的转移,包括由商品交易活动完成的商品所有权转移过程和由储存、运输等完成的商品实体转移过程两个方面。商品实体转移的动向和经过的环节并不一定与商品所有权转移的动向和经过的环节完全一样。例如,商品从生产者到零售商可能经过了两道批发商,但这些批发商实际上并没有运送或保管过该商品;即使有若干专业的运输公司或仓储公司参与了商品实体转移活动,但他们却从未介入任何商品的买卖交易活动,他们只是提供了服务。因此,分销渠道一般仅指由参与了商品所有权转移或商品买卖交易活动的中间商组成的流通渠道。分销渠道的起点是生产者,终点是消费者或用户,中间环节包括各参与了商品交易活动的批发商、零售商、代理商和经纪人。严格地说,后两类中间商并不对商品拥有所有权,但他们帮助达成了商品的买卖交易活动,因此,也可作为分销渠道的一关或一个环节。所以,只要是从生产者到最终用户或消费者之间,任何一组与商品交易活动有关并相互依存、相互关联的营销中介机构,均可称作一条分销渠道。

10.1.2 分销渠道的结构

分销渠道由五种流程构成,即实体流程、所有权流程、付款流程、信息流程及促销流程。

(1) 实体流程。

实体流程是指实体原料及成品从制造商转移到最终顾客的过程。

(2) 所有权流程。

所有权流程是指货物所有权从一个市场营销机构到另一个市场营销机构的转移过程。

(3) 付款流程。

付款流程是指货款在各市场营销中间机构之间的流动过程。

(4) 信息流程。

信息流程是指在市场营销渠道中,各市场营销中间机构相互传递信息的过程。

(5) 促销流程。

促销流程是指由某单位或个人运用广告、人员推销、公共关系、促销等活动对另一个单位或个人施加影响的过程。

10.1.3 分销渠道的类型

由于个人消费者与生产性团体用户消费的主要商品不同,消费目的与购买特点等具有差异性,客观上使企业的销售渠道构成两种基本模式:企业对生产性团体用户的销售渠道模式和企业对个人消费者的销售渠道模式。

企业对生产性团体用户的销售渠道模式有如下几种:

生产者—用户

生产者—零售商—用户

生产者—批发商—用户

生产者—批发商—零售商—用户

生产者—代理商—批发商—零售商—用户

企业对个人消费者的销售渠道模式有如下几种:

生产者—消费者

生产者—零售商—消费者

生产者—批发商—零售商—消费者

生产者—代理商—零售商—消费者

生产者—代理商—批发商—零售商—消费者

根据有无中间商参与交换活动,可以将上述两种模式中的所有通道归纳为以下五种类型。

10.1.3.1 直接分销渠道

直接分销渠道是指生产者将产品直接供应给消费者或用户,没有中间商介入。直接分销渠道的形式是:

生产者—用户/消费者

直接分销渠道是工业品分销的主要类型。例如，大型设备、专用工具及技术复杂的设备等需要提供专门服务的产品，都采用直接分销的方式。有部分消费品也采用直接分销的方式，诸如鲜活商品等。

直接分销渠道的具体方式概括起来有如下几种：

（1）订购分销。

它是指生产企业与用户先签订购销合同或协议，在规定时间内按合同条款供应商品，交付款项。一般来说，主动接洽方多数是销售生产方（如生产厂家派员推销），也有一些走俏产品或紧俏原材料、备件等由用户上门求货。

（2）自开门市部销售。

它是指生产企业通常将门市部设立在生产区外、用户较集中的地方或商业区。也有一些邻近用户或商业区的生产企业将门市部设立于厂门前。

（3）联营分销。

工商企业之间、生产企业之间联合起来进行销售，就属于联营分销。

直接分销渠道的优点：有利于产、需双方沟通信息，可以按需生产，更好地满足目标顾客的需要；由于去掉了商品流转的中间环节，可以降低产品在流通过程中的损耗，有时也能加快商品的流转；可以使购、销双方在营销上相对稳定；可以在销售过程中直接进行促销。

直接分销渠道的缺点：在产品和目标顾客方面，对于绝大多数生活资料商品，其购买呈现出小型化、多样化和重复性的特点；在商业协作伙伴方面，由于失去中间商在销售方面的协作，产品价值的实现增加了新的困难，目标顾客的需求难以得到及时满足；在生产者与生产者之间，当目标顾客的需求得不到及时满足时，同行生产者就可能趁势而进入目标市场，夺走目标顾客和商业协作伙伴。

10.1.3.2　间接分销渠道

间接分销渠道是指生产者利用中间商将商品供应给消费者或用户，中间商介入交换活动。

间接分销渠道的典型形式是：

生产者—批发商—零售商—个人消费者（少数为团体用户）

现阶段，我国消费品需求总量和市场潜力很大，且多数商品的市场正逐渐由卖方市场向买方市场转化。与此同时，对于生活资料商品的销售，市场调节的比重已显著增加，工商企业之间的协作已日趋广泛、密切。因此，如何利用间接分销渠道使自己的产品广泛分销，已成为现代企业进行市场营销时所研究的重要课题之一。

间接分销渠道的具体方式有很多，如厂店挂钩、特约经销、零售商或批发商直接从工厂进货、中间商为工厂举办各种展销会等。

间接分销渠道的优点：有利于产品广泛分销，由于中间商在商品流转的始点同生产者相连，在其终点与消费者相连，从而有利于调节生产与消费在品种、数量、时间与空间等方面的矛盾；有利于缓解生产者人、财、物等力量的不足，还可以促进产品的销售，并从中间商那里及时获取市场信息；促进生产企业之间的专业化协作，以提高生产经营的效率。

间接分销渠道的缺点：可能形成"需求滞后差"；可能加重消费者的负担，导致抵触情绪甚至引起购买的转移；不便于直接沟通信息，使生产经营迷失方向，也难以保持较高的营销效益。

10.1.3.3 长渠道和短渠道

分销渠道的长短一般是按通过流通环节的多少来划分，具体包括以下四层：

零级渠道（MC），即由制造商（Manufacturer）直接到消费者（Customer）。

一级渠道（MRC），即由制造商通过零售商（Retailer）到消费者。

二级渠道（MWRC），即由制造商通过批发商（Wholesaler）和零售商再到消费者，多见于消费品分销。

三级渠道（MAWRC），即由制造商通过代理商（Agent）、批发商和零售商再到消费者。

可见，零级渠道最短，三级渠道最长。

10.1.3.4 宽渠道与窄渠道

渠道宽窄取决于渠道的每个环节中使用同类型中间商数目的多少。企业使用的同类型中间商多，产品在市场上的分销面广，称为宽渠道。如一般的日用消费品（毛巾、牙刷、热水瓶等），由多家批发商经销，又转卖给更多的零售商，能大量接触消费者，大批量地销售产品。企业使用的同类型中间商少，分销渠道窄，称为窄渠道。它一般适用于专业性强的产品，或贵重耐用的消费品。它使生产企业容易控制分销，但市场分销面受到限制。

10.1.3.5 单渠道和多渠道

当企业全部产品都由自己直接所设的门市部销售，或全部交给批发商经销，称为单渠道。多渠道则是多种渠道策略的组合。可能是在本地区采用直接渠道，在外地则采用间接渠道；在有些地区独家经销，在另一些地区多家分销；对消费品市场用长渠道，对生产资料市场则采用短渠道等。

10.2 分销渠道管理

10.2.1 影响分销渠道选择的因素

影响分销渠道选择的因素有很多。生产企业在选择分销渠道时，必须对下列几方面的因素进行系统的分析和判断，才能作出合理的选择。

10.2.1.1 产品因素

（1）产品价格。

一般来说，产品单价越高，越应注意减少流通环节；否则会造成销售价格的提高，从而影响销路，这对生产企业和消费者都不利。单价较低、市场较广的产品，则通常采用多环节的间接分销渠道。

（2）产品的体积和重量。

产品的体积大小和轻重，直接影响运输和储存等销售费用，过重的或体积大的产品,应尽可能选择最短的分销渠道。对于那些按运输部门规定受到限制(超高、超宽、超长、超重)的产品,尤应组织直达供应。小而轻且数量大的产品,则可考虑采用间接分销渠道。

(3) 产品的易毁性或易腐性。

产品有效期短,储存条件要求高或不宜多次搬运者,应采用较短的分销途径,尽快将产品送到消费者手中,如鲜活品。

(4) 产品的技术性。

有些产品具有很高的技术性,或需要经常的技术服务与维修,应以生产企业直接销售给用户为好,这样,可以保证向用户提供及时良好的销售技术服务。

(5) 定制品和标准品。

定制品一般由产需双方直接商讨规格、质量、式样等技术条件,不宜经由中间商销售。标准品具有明确的质量标准、规格和式样,分销渠道可长可短,用户分散则由中间商间接销售,有的则可按样本或产品目录直接销售。

(6) 新产品。

为尽快地把新产品投入市场,扩大销路,生产企业一般重视组织自己的推销队伍,直接与消费者见面,推介新产品和收集用户意见。如能取得中间商的良好合作,也可考虑采用间接销售形式。

10.2.1.2 市场因素

(1) 购买批量大小。

购买批量大,多采用直接销售;购买批量小,除通过自设门市部出售外,多采用间接销售。

(2) 消费者的分布。

某些商品消费地区分布比较集中,适合直接销售;反之,适合间接销售。工业品销售中,本地用户产需联系方便,因而适合直接销售;外地用户较为分散,通过间接销售较为合适。

(3) 消费者的潜在需求情况。

若消费者的潜在需求多,市场范围大,需要中间商提供服务来满足消费者的需求,宜选择间接分销渠道;若潜在需求少,市场范围小,生产企业可直接销售。

(4) 消费者的购买习惯。

有的消费者喜欢到企业买商品,有的消费者喜欢到商店买商品。所以,生产企业既可直接销售,也可间接销售。这样做既满足了不同消费者的需求,也增加了产品的销售量。

10.2.1.3 生产企业本身的因素

(1) 资金能力。

企业资金雄厚,则可自由选择分销渠道,可建立自己的销售网点,采用产销合一的经营方式,也可以选择间接分销渠道;企业资金薄弱,则必须依赖中间商进行销售和提供服务,只能选择间接分销渠道。

(2) 销售能力。

生产企业在销售力量、储存能力和销售经验等方面具备较好的条件，则应选择直接分销渠道；反之，则必须借助中间商，选择间接分销渠道。另外，企业如能和中间商进行良好的合作，或对中间商能进行有效的控制，则可选择间接分销渠道；若中间商不能很好地合作或不可靠，将影响产品的市场开拓和经济效益，则不如进行直接销售。

（3）可能提供的服务水平。

中间商通常希望生产企业能尽量多地提供广告、展览、修理、培训等服务项目，为销售产品创造条件。若生产企业无意或无力满足这方面的要求，就难以达成协议，迫使生产企业自行销售；反之，提供的服务水平高，中间商则乐于销售该产品，生产企业则选择间接分销渠道。

（4）发货限额。

生产企业为了合理安排生产，会对某些产品规定发货限额。发货限额高，有利于直接销售；发货限额低，则有利于间接销售。

10.2.1.4　政策规定

企业选择分销渠道必须符合国家有关政策和法令的规定。某些按国家政策应严格管理的商品或计划分配的商品，企业无权自销和自行委托销售；某些商品在完成国家指令性计划任务后，企业可按规定比例自销，如专卖制度（如烟）、专控商品（控制社会集团购买力的少数商品）。另外，如税收政策、价格政策、出口法、商品检验规定等，也都会影响分销渠道的选择。

10.2.1.5　经济收益

不同分销渠道经济收益的大小也是影响分销渠道选择的一个重要因素。对于经济收益的分析具体如下：

（1）销售费用。

销售费用是指产品在销售过程中发生的费用。它包括包装费、运输费、广告宣传费、陈列展览费、销售机构经费、代销网点和代销人员手续费、产品销售后的服务支出等。一般情况下，减少流通环节可降低销售费用，但减少流通环节的程度要综合考虑，做到既节约销售费用，又有利于生产发展和体现经济合理的要求。

（2）价格分析。

当企业以同一价格将产品销售给中间商或最终消费者时，若直接销售量等于或小于间接销售量，由于生产企业直接销售时要多占用资金，增加销售费用，所以，间接销售的经济收益高，对企业有利；若直接销售量大于间接销售量，而且所增加的销售利润大于所增加的销售费用，则选择直接销售有利。

10.2.1.6　中间商特性

由于各家中间商实力、特点不同，诸如广告、运输、储存、信用、培训人员、送货频率等方面具有不同的特点，从而影响生产企业对分销渠道的选择。

按中间商数目，生产企业可选择的分销形式有：密集式分销、选择性分销和独家分销。

（1）密集式分销。

密集式分销指生产企业同时选择较多的经销代理商销售产品。一般来说，日用品多采用这种分销形式。工业品中的一般原材料、小工具、标准件等也可用此分销形式。

（2）选择性分销。

选择性分销指在同一个目标市场上，选择一个以上的中间商销售企业产品，而不是选择愿意经销本企业产品的所有中间商。这有利于提高企业经营效益。一般来说，消费品中的选购品和特殊品，工业品中的零配件宜采用此分销形式。

（3）独家分销。

独家分销指企业在某一个目标市场，在一定时间内，只选择一个中间商销售本企业的产品，双方签订合同，规定中间商不得经营竞争者的产品，制造商则只对选定的经销商供货。一般来说，此分销形式适用于消费品中的家用电器和工业品中的专用机械设备。这种形式有利于双方协作，以便更好地控制市场。

10.2.1.7 消费者的购买数量

如果消费者购买数量小、次数多，可采用长渠道；反之，购买数量大、次数少，则可采用短渠道。

10.2.1.8 市场竞争状况

当市场竞争不激烈时，可采用同竞争者类似的分销渠道；反之，则采用与竞争者不同的分销渠道。

10.2.2 分销渠道选择的原则

分销渠道管理人员在选择具体的分销渠道模式时，无论出于何种考虑，从何处着手，一般都要遵循以下原则。

10.2.2.1 畅通高效原则

这是渠道选择的首要原则。任何正确的渠道决策都应符合物畅其流、经济高效的要求。商品的流通时间、流通速度、流通费用是衡量分销效率的重要标志。

畅通的分销渠道应以消费者需求为导向，将产品尽快、尽好、尽早地通过最短的路线，以尽可能优惠的价格送达消费者方便购买的地点。畅通高效的分销渠道模式，不仅要让消费者在适当的地点、时间以合理的价格买到满意的商品，而且应努力提高企业的分销效率，争取降低分销费用，以尽可能低的分销成本，获得最大的经济效益，赢得竞争的时间和价格优势。

10.2.2.2 覆盖适度原则

企业在选择分销渠道模式时，仅仅考虑加快速度、降低费用是不够的，还应考虑及时、准确地送达的商品能不能销售出去，是否有较高的市场占有率足以覆盖目标市场。因此，不能一味强调降低分销成本，这样可能会导致销售量下降、市场覆盖率不足。成本的降低应是规模效应和速度效应的结果。在分销渠道模式的选择中，也应避免扩张过度、分布范围过宽过广，以免造成沟通和服务的困难，导致无法控制和管理目标市场。

10.2.2.3 稳定可控原则

企业的分销渠道模式一经确定，便需花费相当大的人力、物力、财力去建立和巩固，整个过程往往是复杂而缓慢的。所以，企业一般不会轻易更换渠道成员，更不会随意转换渠道模式。只有保持渠道的相对稳定，才能进一步提高渠道的效益。畅通高效、覆盖适度是分销渠道稳固的基础。

由于影响分销渠道的各个因素总是在不断变化，一些原来固有的分销渠道难免会出现某些不合理的问题，这时就需要分销渠道具有一定的调整功能，以适应市场的新情况、新变化，保持渠道的适应力和生命力。调整时应综合考虑各个因素的协调，使渠道始终都在可控制的范围内保持基本的稳定。

10.2.2.4 协调平衡原则

企业在选择、管理分销渠道时，不能只追求自身效益的最大化而忽略其他渠道成员的局部利益，应合理分配各个成员间的利益。

渠道成员之间的合作、冲突、竞争的关系，要求渠道的领导者对此有一定的控制能力——统一、协调、有效地引导渠道成员充分合作，鼓励渠道成员之间有益的竞争，减少冲突发生的可能性，解决矛盾，确保总体目标的实现。

10.2.2.5 发挥优势原则

企业在选择分销渠道模式时，为了争取在竞争中处于优势地位，要注意发挥自己各个方面的优势，将分销渠道模式的设计与企业的产品策略、定价策略、促销策略结合起来，增强营销组合的整体优势。

10.2.3 分销渠道选择的标准

评估标准有三个：经济性、可控性和适应性，其中最重要的是经济标准。

10.2.3.1 经济性的标准评估

主要是比较每个方案可能达到的销售额及费用水平；比较由本企业推销人员直接推销与使用销售代理商哪种方式销售额水平更高；比较由本企业设立销售网点直接销售所花费用与使用销售代理商所花费用，看那种方式支出的费用多。企业对上述情况进行权衡，从中选择最佳分销方式。

例：某企业销售某种产品时，生产成本为17元/件，销售价格为30元/件，现有三种分销途径可供选择：

第一，派员推销。由于交通、住宿、广告、座谈会等项开支，每月需销售费用800元。

第二，开设门市部自销。由于影响大，服务周到，能扩大销量，但需支付房租、办公费等，每月销售费增至1100元。另外，由于整批发运，能节约运费0.20元/件。

第三，委托代销。每销售一件产品需付8%的佣金，仍为整批发运。

试对这三种不同分销渠道的经济收益进行分析比较。

首先，分别计算各自的盈亏临界点：

$$派员推销盈亏临界点 = \frac{800 元}{30 元/件 - 17 元/件} = 62 件$$

$$门市部自销盈亏临界点 = \frac{1100 元}{30 元/件 - 17 元/件 + 0.2 元/件} = 84 件$$

委托代销盈亏临界点为0。

其次，进行分析比较。以上盈亏临界点计算的结果，并不能说明当月销售量在

62件以上就可派员推销，在84件以上就可开设门市部自销。为了保证经济收益最大，还必须分析比较在不同销售量的情况下，采用何种形式有利。

下列式中，R_1 表示派员推销利润，R_2 表示门市部自销利润，R_3 表示委托代销利润，Q_1 表示派员推销月销售量，Q_2 表示门市部自销月销售量，Q_3 表示委托代销月销售量。

派员推销与委托代销比较如下：

两者利润分别为：

$$R_1 = 13 元 \times (Q_1 - 62)$$
$$R_3 = 10.8 元 \times Q_3$$

经比较分析得知，当月销售量介于 62~363 件时，两者都能得到利润，但 $R_3 > R_1$；当月销售量变为 363 件时，$R_1 = R_3$；当月销售量超过 363 件时，$R_1 > R_3$。这就说明月销售量小于 363 件时，企业采用委托代销有利；大于 363 件时，则派员推销有利。

门市部自销和委托代销比较如下：

两者利润分别为：

$$R_2 = 13.2 元 \times (Q_2 - 84)$$
$$R_3 = 10.8 元 \times Q_3$$

同样分析可得：当月销售量小于 462 件时，企业采用委托代销有利；当月销售量大于 462 件时，则开设门市部自销有利。

10.2.3.2 可控性的标准评估

一般来说，采用中间商可控性小些，企业直接销售可控性大；分销渠道长，可控性小，渠道短可控性较大些。企业必须进行全面比较、权衡，选择最优方案。

10.2.3.3 适应性的标准评估

如果生产企业同所选择的中间商的合约时间长，而在此期间，其他销售方法如直接邮购更有效，但生产企业不能随便解除合同，这样企业选择分销渠道便缺乏灵活性。因此，生产企业必须考虑选择策略的灵活性，不宜签订时间过长的合约，除非在经济或控制方面具有十分优越的条件。

10.2.4 分销渠道的管理控制

企业在选择渠道方案后，必须对中间商加以选择和评估，并根据条件的变化对渠道进行调整。

10.2.4.1 控制的出发点

企业不应仅从生产者自己的观点出发，而且要站在中间商的立场上纵观全局。通常生产者会抱怨中间商不重视某些特定品牌的销售，缺乏产品知识，不认真使用生产厂商的广告资料，不能准确地保存销售记录。

但中间商认为自己不是厂商雇佣的分销连环中的一环，而是独立机构，自定政策不受他人干涉；他卖得起劲的产品都是顾客愿意买的，不一定是生产者叫他卖的。也就是说，中间商认为他的第一项职能是顾客购买代理商，第二项职能才是制造商的销售代理商；制造商若不给中间商特别奖励，中间商不会保存销售各种品牌的记录。所以，制造商要考虑中间商的利益，通过协调进行有效的控制。如何进行有效的控制？例如，付给经销商25％的销售佣金，可按下列标准完成一项给予5％：保持适当存货水平（以防断档），达到销售指标，为顾客服务（安装维修），能及时报告最终顾客购买的满足情况，能对应收账款进行有效管理。全部完成，则付给25％的佣金。

10.2.4.2 激励渠道成员

生产商在选择确定了中间商之后，为了更好地实现企业的营销目标，促使中间商与自己合作，还必须采取各种措施不断对中间商给予激励，以此来调动中间商经销企业产品的积极性，并通过这种方式与中间商建立一种良好关系。激励职能包括的主要内容有：研究分销过程中不同分销商的需要、动机与行为，采取措施调动分销商的积极性，要解决分销商或分销执行者之间的各种矛盾等。激励中间商的方法有很多，不同企业所用的方法不同，就是同一个企业，在不同地区或销售不同产品时所采取的激励方法也可能不同。

从总体上说，激励方式的选择要具有针对性。依据企业销售产品的不同和企业选择中间商的不同，激励方式也会有所不同。任何一家企业在选择激励方式之前都要分析激励对象，即中间商和其他分支机构的需求，然后设法满足。如果不分析中间商的需求情况随便采取一种激励手段，其激励效果可能不会很好，有时甚至会起负面效果。企业还要确定好合理的激励水平，因为激励可能带来销售量增加，但也需要消耗生产企业的人力、财力。

此外，在进行激励时，要注意采用多元手段，因为中间商与生产企业如果只有利益关系，在市场不稳定、出现利润下降甚至没有利润的情况时，中间商就可能流失；如果相互之间的纽带多元化，就可以化解很多危机。如现在有的企业在自身发展的同时，扶持起一大批一流经销商，企业不惜花较多的时间指导中间商的经营工作，从提供商品发展为提供管理、培训人员，合作领域扩大，接触面扩大，企业对中间商的影响力也随之扩大。

10.2.4.3 调整渠道成员

在分销渠道管理中，根据每个中间商的具体表现、市场变化和企业营销目标的改变，对分销渠道需要进行调整。调整的方式主要有以下三种：

（1）增减分销渠道中的中间商。

经过考核，对营销不积极或经营管理不善、难于与之合作的中间商，以及给企业造成困难的中间商，企业在必要时不得已与其中断合作关系。企业为了开拓某个新市场，需要在该地区物色中间商，经过调查分析和洽谈协商，在符合企业对中间商的要求和中间商愿意合作的基础上，可以选定其作为企业在该地区的经销商或代理商。

（2）增减某种分销渠道。

当某种分销渠道出售本企业的某种产品，其销售额一直不够理想时，企业可以考虑在全部目标市场或某个区域内撤销这种渠道类型，而增设其他的渠道类型。企业为满足消费者的需求变化而开发新产品，若利用原有渠道难于迅速打开销路和提高竞争能力时，则可增加新的分销渠道，以实现企业营销目标。

（3）调整整个分销渠道。

有时由于市场情况变化太大，企业对原有渠道进行部分调整已难于实现企业的要求和适应市场情况的变化，必须对企业的分销渠道进行全面调整。

10.3 中间商

中间商指分销渠道里的中间环节，包括批发商和零售商两种。

10.3.1 批发商

10.3.1.1 批发商的类型

批发商可分为几大类：

(1) 商人批发商（或商业批发商）。

商人批发商是独立企业，对其所经营的商品拥有所有权，也被称作中盘商（批发商）、分销商，或者配售商。他们还可以进一步细分为完全服务批发商和有限服务批发商。

完全服务批发商 他们提供几乎所有的批发服务功能，诸如存货、推销队伍、顾客信贷、负责送货以及协助管理等。按其服务范围及系统产品线宽窄不同，多分为三种：综合批发商，经营不同行业并不相关联的产品，范围很广泛，并为零售商提供综合服务；专业批发商，指其经销的产品是行业专业化的，完全属于某个行业大类，诸如杂货批发商经营各类杂货，五金批发商则经营五金零售商所需的所有产品；专用品批发商，专门经营某条产品线上的部分产品，如杂货业中的冷冻食品批发商，服装业中的布料批发商。

有限服务批发商 他们对其供应者和顾客只提供极少的服务。这包括：现款交易运货自理批发商，只经营一些周转快的商品，主要是卖给小型零售商，收取现款，一般不负责送货服务，无赊销功能，很少使用广告；录销批发商，他们并不持有存货，亦不实际负责产品运输，仅负责接单，联系生产者，使生产者直接运送产品到零售商或用户手中；直送批发商，专门经营一些笨重的工业产品，如煤、木材和重型设备等；专柜寄售批发商，服务对象是杂货商店和药品零售商，大多数经营非食品类商品；生产合作社，主要是农民组建，负责组织农民到当地市场销售的批发商；邮购批发商，将产品目录寄给零售商及其他用户，接到订单后再通过邮寄、卡车或其他高效运输工具按订单要求送货。

(2) 经纪人和代理商。

他们不拥有商品所有权，主要功能就是促进销售，获得销售佣金。

经纪人是独立的企业或个人，他们既无商品所有权，又无现货，只为买卖双方提供价格、产品及一般市场信息，为买卖双方洽谈销售业务起媒介作用。经纪人拿着货物说明书和样品，替卖主找买主，或替买主找卖主，把卖主和买主结合在一起，介绍和促成卖主和买主成交。成交后，由卖主把货物直接运给买主，而经纪人向委托人收取一定的佣金。此外，有些生产者因为要推销新产品，或因为要开辟新市场，或市场距离产地遥远，也利用经纪人推销产品。比较常见的有食品、不动产、保险和证券经纪人。

代理商是指接受生产者或消费者委托，从事商品购销业务，但不拥有商品所有权的中间商。代理商又分为企业代理商、销售代理商、制造代理商、采购代理商和佣金商等。

企业代理商。这种代理商通常和几个制造厂家签订长期代理合同，在一定地区，按照这些企业规定的销售价格或价格幅度及其他销售条件，替这些企业代销全部或部分产品，而制造商按销售额的一定百分比付给佣金。企业代理商虽然同时替几家企业代销产品，但是，这些产品都是非竞争性的、相互关联的品种。代销的产品范围不大，因而他们比其他中间商更能提供专门的销售力量。这种代理商与市场有密切联系，他们能向企业提供关于市场及市场需要的产品样式、性能、价格等方面的信息。企业使用这种代理商的情况主要有以下几种：自己没有推销员的小企业以及产品种类很少的企业，往往利用这种代理商推销产品；自己有推销员的大型企业，在潜在购买者不多、销售不旺的地区，委托代理商去推销产品；有些企业则使用这种代理商在某个地区开辟新市场。

销售代理商。这种代理商受托负责代销生产企业的全部产品，不受地区限制，并拥有一定的售价决定权。一个生产企业在一定时间内只能委托一个销售代理商，且本身也不能再进行直接销售活动。因此，销售代理商实际上是生产企业的全权独家代理商。销售代理商要对生产企业承担较多的义务，如，在代理协议中，一般要规定一定时间内推销的数量，不能同时代销其他企业的类似产品，为生产企业提供市场情报信息，负责商品的促销活动等。销售代理商也实行佣金制，但其比例一般低于企业代理商。

（3）制造商和零售商的分部和营业所。

它有两种形式，一种是销售分部和营业所，即制造商自己开设的销售分部和营业所。销售分部备有存货，常见于木材、汽车设备和配件等行业；营业所不存货，主要见于织物和小商品行业。另一种是采购办事处，作用与采购经纪人和代理商的作用相似，但前者是买方组织的组成部分。

（4）代销品批发商。

其特点是将批发商品放在零售商的货架上出售，同时保留对未出售商品的所有权，并定期与零售商结清已售出产品的账目。代销品批发商在商业活动中大大减少了零售商的风险，他们的业务被零售商广为接受。代销品并非市场上不易出售的商品，相反，只有畅销的商品才会被零售商接受。现在比较大的商店以代销形式分销商品极为普遍，特别是食品方面的商品。

（5）机动式批发商。

这种批发商一般都有一个不太大的仓库和一些运输的车辆，他们先将商品购进，放在仓库里储存，根据订货合同或用户电话临时购货，迅速将商品运达零售商或用户处。例如，肉类、奶制品、面包等。一些餐馆的食品原料供应也是由机动式批发商供给的。每天晚上厨房主管只需给机动式批发商打个电话，告知所需的商品，第二天就可获得预订的商品。

（6）仓储式批发商。

这种批发商不负责货物的运输，不提供商品信用，也不向客户传递市场与商品信息，只把商品销售给来仓库购货的客户，并当时结清账目。例如，目前的水果批发市场就属于仓储式批发商。

（7）其他批发商。

其他批发商有农产品集货商、散装石油厂和油站、拍卖公司等。

10.3.1.2 批发商的发展趋势

最早，批发商是分销渠道中最有实力的环节。这是因为当时生产企业规模较小，所需的资金、原材料都需要批发商协助筹措，生产出来的产品靠批发商分销给零售商；而零售商规模也很小，其融资能力、商品资源的组织能力等都很有限，需要批发商的支撑和协助；各个国家也需要批发商发挥蓄水池的作用。

随着经济的发展，生产企业的规模不断扩大，销售能力不断增强，有的企业确立了自己的销售渠道，有的企业开发了便于控制的新的销售渠道，有的企业将过去的批发商置于自己的支配之下。与此同时，零售商也发生了较大的变化，能够大批进货和大批销售的大型零售商出现于销售环节中，就是中小型零售企业也通过各种形式的连锁组织，增强了从生产企业直接进货的能力。这样批发商受到来自制造商和零售商两方面的压力，使批发商在流通中的主要作用相对减弱。批发商为了生存和发展，在经营方式和经营思想上进行了一系列的改革：

（1）深化各项批发机能。

依靠电子计算机系统，提高对需求预测的精确性，更有效地调节供求平衡。对生产发挥组织作用，如季节性、流动性极强的服装生产，通过批发商制定产品规划，组织不同生产企业共同开发新产品。加强对零售商的经营指导，变过去对零售商的控制为对零售商的服务。

（2）在经营形态上进行种种创新。

建立货架批发、货车批发、邮购批发等形式，以满足用户的不同需要。

（3）注意自我经营能力的提高。

组成各种形式的联合组织，建立各种类型的批发中心和批发市场，发挥批发在物流以及信息交流方面的作用。

10.3.2 零售商

10.3.2.1 零售商的类型

零售商可按不同标准进行分类。

（1）按所有权的关系，零售商可分为五种。

私人店 它是一种很普遍的零售商店的形式。商店由店主私人拥有。这种店的优点是，店的所有者是店主，一般为经营者，也有雇人经营的；顾客多是一些熟人，服务比较周到。例如，水果店、小百货、小副食店等。

连锁商店 这种商店只用一个商标名称（俗称店名），但数量不等，可以是几家，也可以是成百上千家。同一个商标名称下的连锁商店归在同一个所有者名下，实行所有者集权的决策方式。规模较大的连锁商店可以与制造商抗衡，因为连锁商店决定着制造商产品的销路。消费者也可以从连锁商店那里得到满意的服务，因为连锁商店购货和销货的渠道及政策都较稳定，也有相对固定的供应商。例如，举世闻名的美国麦当劳公司，以其连锁的方式，经营相同的商品，采用相同的经营原则，店堂的装潢设计也完全采用统一的基调与装饰，以树立统一的整体形象，使其快餐食品行销全球。近年来，连锁商店在我国发展也很迅速。

消费者合作社 消费者合作社也是商店，店的所有权属于一批消费者，他们在管理经营商店的同时，也从商店购买商品。对入会消费者，消费者合作社可以将零售商品的价格比一般的零售商店降低20%~25%，从而保护了入会消费者的利益。

贸易合作社 贸易合作社由多家拥有独立所有权的商店组成，这些商店的经营方式类似连锁商店。当这些商店联合起来向同一家批发商购货时，他们可以享受为大订货量设置的数量的折扣，也可以促进销售。这种联合使零售商店增加了实力，给消费者增加了安全感。

特许专卖系统 一个企业或个人可以向一个母公司申请特许专卖权，以建立一个零售店或其他形式的企业。这些有权出售特许权给其他公司的母公司，一般都是一些很有名气的企业。取得特许权的企业要按期向母公司交纳使用特许权的费用，同时享受母公司的声誉，节省了投资建企业的一些费用，也减少了经营起步的很多困难。母公司一般都严格控制使用特许权的企业，例如通过材料、产品等实现控制，有些根据业务的特点进行控制。

（2）按经营方式，零售商可分为四种。

零售商店 零售商店是一种传统的零售方式，这些商店种类繁多，规模差异也很大，经营产品的范围各具特色，是消费者最经常接触的零售方式，顾客到店中可以随意挑选和购买自己所需要的商品。

邮购和电话购物 邮购是近年来发展最快的零售方式。许多公司每年将商品目录寄给消费者，商品目录印刷精美，商品的照片、价格及尺寸、编号等信息一一分列在上面，消费者则通过目录的介绍来选择商品，然后将订单和支票寄给售货公司，消费者要负担运费。邮购对商店和消费者都有好处：商店可以减少售货员的数量，还可以节约租用店面的费用；消费者可以大大减少购物的时间。电话购物就是消费者用电话将所需商品的详细信息及信用卡号码告知售货公司，售货公司便会发货并与消费者信用卡所属银行结清账款。

自动售货机 自动售货机在不少经济发达的国家已经很普遍，在我国也有一些城市和行业采用自动售货机销售商品。所出售的商品包括小食品、冰激凌、饮料、香烟、报纸等。公司要定期派人为自动售货机添加货物和从机内取走货款。由于自动售货的成本、货币的限制和消费者自助购物的方便性等因素，自动售货机出售的商品价格一般会比其他地方的商品价格高一些。

流动售货车 通过流动售货车售货也是零售的方式之一。夏季流动的冷食、冷饮车较为常见。除此以外，各类家用杂品或化妆品等也有使用个人推销员进行流动售货的，尤其是公司为了推销一些尚未被消费者认识的新产品时，比较容易选择流动售货车方式进行售货，通过推销员的才干扩大销售。目前，流动售货车的零售形式在我国已发展成为地摊形式，而且从事这种行业的人员规模相当可观。这些人通常使用一辆三轮车，早出晚归，摆摊经营，从服装、百货到食品，一应俱全。

（3）按经营商品范围，零售商可分为七种。

专业商店 即专门经营某类商品的商店，如照相器材商店、自行车商店、鞋店、文具店等。专业商店一般要比百货商店或超级市场中各专门柜台所售产品的型号、种类要多，顾客的选择面较宽，其销售人员对有关产品的专业知识要比其他店的销售人员掌握得多一些，能够为顾客提供比较详细的信息和周到的服务。

百货商店 由于其经营的商品种类多，故称百货商店。商品既有食品、服装、五金、电器、针纺织品，又有文化和体育用品等。百货商店的规模一般比较有限，不同的百货商店有不同的经营重点。百货商店的售货方式一般为传统式的柜台售货，顾客在挑选商品时不太方便。其组成形式有独立百货商店、连锁百货商店和百货商店所有权集团。

传统的超级市场 其规模一般较大，经营产品的范围既深又广，不仅种类多，而且每种产品中可供选择的型号、式样等也较多。大多数商品的售货方式都采用自选，顾客感到十分方便。

珍宝超级市场 其典型标准是：营业面积2300平方米，经营商品15000种，年销售额750万美元，投资需125万美元。

康保商店 实际上它是一个珍宝超市与某种形式的非食品零售店在一个核算组织内的联合体。其标准是：营业面积2700～5500平方米，经营商品25000种，年销售额900万美元。

超级商店 其最大特征是以较低价格供应消费者日常生活所需要的一切消费品和服务项目。

特级市场 其规模更大，营业面积为7400～20000平方米，经营商种4000种。第一家特级市场是1963年在法国巴黎郊区开办的。

（4）按是否连锁，零售商可分为连锁商店和非连锁商店。

这里主要介绍连锁商店。连锁商店是指由一家大型商店控制的，许多家经营相同或相似业务的分店共同形成的商业销售网。其主要特征是：总店集中采购，分店联购分销。它出现在19世纪末到20世纪初的美国；到1930年，连锁商店的销售额已占全美销售总额的30%；50年代末、60年代初以来，欧洲、日本也逐渐出现了连锁商店，并得到迅速发展；到70年代后全面普及，逐步演化为一种主要的商业零售企业的组织形式。连锁方式有三种：

正规连锁 同属于某一个总部或总公司，统一经营，所有权、经营权、监督权三权集中，也称联号商店、公司连锁或直营连锁。分店的数目各国规定不一，美国定为12个或更多，日本定为2个以上，英国是10个以上。其共同特点有：所有成员企业必须是单一所有者，归一个公司、一个联合组织或某一个人所有；由总公司或总部集中统一领导，包括集中统一人事、采购、计划、广告、会计等；成员店铺不具企业资格，其经理是总部或总店委派的雇员而非所有者；成员店标准经营，商店规模、商店外貌、经营品种、商品档次、陈列位置基本一致。

自愿连锁 各店铺保留单个资本所有权的联合经营，多见于中小企业，也称自由连锁、任意连锁。正规连锁是大企业扩张的结果，目的是形成垄断；自愿连锁是小企业的联合，目的是抵制大企业的垄断。自愿连锁的最大特点是：成员店铺是独立的，成员店经理是该店所有者。自愿连锁总部的职能一般为：确定组织大规模销售计划，共同进货，联合开展广告等促销活动，制订自愿连锁企业的业务手册，如业务指导、店堂装修、商品陈列，组织物流，教育培训，信息利用，资金融通，开发店铺，财务管理，劳保福利，帮助劳务管理等。

特许连锁 也称合同连锁、契约连锁。它是主导企业把自己开发的商品、服务和营业系统（包括商标、商号等企业象征的使用，经营技术，营业场合和区域），以营业合同的形式给规定区域的加盟店授予统销权和营业权。加盟店则须交纳一定的营业权使用费，承担规定的义务。特点是：经营商品必须购买特许经营权，经营管理高度统一化、标准化。如麦克唐纳连锁店一般要求特许经营店在开业后，每月按销售总额的3％支付特许经营使用费。肯德基连锁店的这一比例一般是5％左右。

（5）从商店的分布位置来划分，零售商可分为三种。

中心商业区 每个城市都有一个或几个主要的商业中心，那里商店林立，组成城市里最繁华的商业地区。这些地区客流量大，销售额大，生意兴隆。例如，上海的南京路和淮海路、北京的王府井、重庆的解放碑、成都的春熙路、沈阳的太原街、武汉的六渡桥等。

购物中心 购物中心不一定位于繁华的闹市区，它是该地区居民购物的主要地点，同时附近的餐饮业一般也较发达。

住宅区购物点 住宅区内的购物点一般规模小，主要提供居民日常需要的一些小商品。这类购物点分布比较稠密，数量多。

此外，还有无店铺零售业，如网购、邮购和电话订购零售业、挨户访问推销零售业、购买服务和自动售货等。

10.3.2.2 零售商的生命周期

零售商的生命周期可分四个阶段：

（1）创新阶段。

在这个阶段创办和发展了新型的零售机构形式，由于针对传统机构弊端而出现，所以投资收益率、销售增长率迅速提高。

（2）繁荣阶段。

这个阶段许多模仿者纷纷效法，已营业者则在其他地区进行扩张，企业的投资数量达到最高水平。

（3）成熟阶段。

此时投资收益率下降，但可能长期稳步发展，获得中等但稳定的利润。

（4）衰退阶段。

此时投资收益率继续下降，甚至为负，企业需要寻找新的机会或转变其原有态势。

现阶段，不同类型的零售商处于不同的阶段，专业商店、百货商店、连锁商店、方便商店、仓储零售都正处于成熟阶段，超市则正处于成熟或衰退阶段，快餐商店正处于繁荣阶段，个人电脑商店处于创新阶段等。

10.4 终端销售点

终端销售点是指商品离开流通领域，进入的消费领域发生地。对于消费品而言，它是零售地点；对于生产资料而言，它是送货站。终端销售点是企业实现自己经营目的的前沿阵地，企业产品能否最终销售出去以及能否最终实现理想的经济效益，都直接与终端销售点的选择和经营有关。因此，作为分销管理的第一步就是选择最符合企业产品或服务特点的终端销售点，然后通过有效管理实现销售目标；否则，从企业到终端销售点的整个分销工作都将会成为低效甚至无效劳动。

10.4.1 终端销售点选择

终端销售点就是企业的商品最后转移到消费者或最终用户手上的发生地，或者说是目标市场的直接服务点。终端销售点的选择关系到企业把商品销往何方、运往何地、向谁销售，继而关系到商品最终能否销售出去，实现其价值和使用价值。因此，对于一个企业来说，进入市场、组织商品销售的第一步，就是选择终端销售点。

10.4.1.1 根据消费者收入和购买力水平等来选择

购买力水平是市场的重要构成要素之一。如果顾客的购买力水平高，则不仅对某种商品购买量大，而且愿意出高价购买质量高的名牌商品；如果顾客的购买力水平低，不仅购买商品的档次上不去，而且档次低的商品的销售量也很有限。而消费者的购买力来自个人收入，因此也可以说，收入水平的高低是指导企业认识商品购买者、选择终端销售点的重要依据。

此外，企业在设立终端销售点时还要考虑到的一个问题是，那些收入水平较高的地区，其经营费用也相应较高，从而风险也较大。因此，企业是否设立终端销售点以及选择何种形式设立，必须考虑自己的整体实力。例如，在某些收入水平较高的地方，作为终端销售点的零售商尤其是一些大型商场往往要向厂家收取产品进场费、上架费、条码费等费用，如果企业因为这些费用影响到整个经济效益，那么，还是另辟他途较好。此外，并非所有的商品都一定得在商业中心区设立终端销售点才有利于销售，企业必须考虑一个费用收益比问题。

10.4.1.2 根据目标顾客出现的位置来选择

让消费者一旦发生需要就能够方便地购买，意味着"商品必须跟踪消费者"。不论消费者出现在哪里，适合于满足消费者产生的需要或购物欲望的商品就要同时出现在哪里。这就要认真研究消费者可能的活动范围，在每个地方他们可能产生的需要和购买欲望是什么。一般而言，目标顾客经常出现的地点有：居民区、商业街、学校、医院门口、游乐场、车站、码头、公园、休闲处、工作场所边缘、交通干线等。

10.4.1.3 根据顾客购买心理来选择

不同顾客的购买兴趣、关注因素、购物期望等心理特征是不同的。顾客的购买心理直接影响到其购买行为，因此，如果不考虑顾客在一定条件、时间和地点下的购买心理，盲目选点，往往会产生不理想的效果。例如，在大学校园周围建高档时装店，就显然未考虑到大学生的消费心理，从而难以取得理想的效果。

10.4.1.4 根据竞争需要来选择

一个企业在选择终端销售点时，无论从生存的角度还是从发展的眼光来看，都必须考虑竞争对手的情况，为此，要考虑的因素主要有以下几点：

(1) 竞争对手数量。

竞争对手的数量越多，选择终端销售点的难度越大，因为它一方面意味着市场竞争会更激烈，另一方面说明市场需求离饱和边界越来越近，从而要求企业更加小心谨慎。当然，竞争对手数量多，同时也说明商品的普及程度相当高，这样会造成渠道形式的多样化，从而也有利于终端销售点的选择。如对通讯产品来说，目前除了较为正式的小规模现代化通讯店面外，在百货公司，甚至在服装店、五金家电、日杂店内的"专柜"都有出售。

（2）竞争对手策略。

常言道，知己知彼，百战百胜。企业在选择终端销售点时，必须研究和调查清楚竞争对手所采取的策略，然后再根据自己的实力和条件选点。一般而言，不应采取与竞争对手相同的策略，而应扬长避短，相互补充，使市场得以协调发展。

（3）竞争优势策略。

渠道建设要注意发挥企业的优势，如在国外品牌纷纷进入我国城市市场的同时，国内企业可发挥本土优势，力求在广大的农村市场建立起自己的分销网络和便捷的服务体系。

（4）企业的战略目标。

企业的战略目标是企业在一定时期内发展的总体目标，分销是实现这一目标的重要手段之一。例如，一个大型跨国企业的战略目标是占领新兴市场，则必须考虑中国、印度等大国的市场，因此，应集中精力在这些国家建立终端销售点。不过，分销并不只是被动地适应企业战略目标，它的策略制定与执行的好坏程度会反过来影响企业战略目标的实现。

（5）产品生命周期。

没有一条渠道或一个分销网络能保证产品在生命周期内永远保持竞争优势，因此，企业在选择终端销售点时，必须考虑产品生命周期的变化、阶段和时间长短。例如，某些产品的早期采用者可能愿意通过成本较高的渠道购买，但对于后期购买者，他们更愿意接受低成本的渠道。如对时装来说，在介绍期，全新的产品总是倾向于通过专业的渠道来吸引早期购买者（如时装用品小商店、专卖店）；在成长期，随着购买者兴趣的提高，更大众化的渠道出现了，这些渠道提供的服务要比以前的少（如百货商店等）；在成熟期，随着增长率的降低，一些竞争者将其产品移入更低成本的渠道（大众商店）；在衰退期，随着衰退的来临，更低成本的渠道被引入（如折扣商店等）。

10.4.1.5 根据销售方式来选择

销售方式主要是指企业销售产品时所采取的形式，它主要包括店铺销售和无店铺销售两种。在现代市场条件下，销售方式正出现多元化趋势，因此，企业在选择终端销售点时，既可采取某一类销售方式，也可同时采用多种销售方式，并使它们相得益彰。

（1）店铺销售。

这是指有一定的店堂和铺面，对消费者出售商品和提供服务的销售形式。选择店铺销售方式，着重于让顾客节约时间，方便购买。其店铺销售半径范围内顾客是主要的购买者，这些购买者称为"商圈"。商圈决策是店铺选择的主要变量。

（2）无店铺销售。

这是不需一定店铺或门面进行商品销售和服务的方式。它主要解决了买卖双方交易中空间上的矛盾。无论顾客在哪里，无店铺经营者都能通过各种通讯、运输手段将产品送到他们手中，真正达到了无所不及、无处不在。

10.4.2 终端销售点密度决策

终端销售点密度的大小直接关系着企业市场整体布局的均衡状况。如果布点太稀，则不利于充分占领市场；如太密，则可能加大销售成本，而且销售效率可能大大下降，并加剧各销售点的冲突与矛盾。因此，如何维持终端销售点布点的适度，成了密度决策的关键所在和中心任务。

10.4.2.1 终端销售点密度决策的任务

终端销售点密度决策的基本任务就是确定企业在目标市场上利用多少渠道成员来销售产品，从而最大限度地提高产品分销的效率。评价一个企业终端销售点密度决策是否正确的主要依据就是企业产品的市场覆盖率与分销效率。

市场覆盖率高的地方终端销售点密度也就越高，因为如果没有足够的市场覆盖率，生产企业就难以实现其销售目标。市场覆盖率应该用细分市场来分析。有时虽然某种产品的全部市场覆盖率是令人满意的，但如果针对某个特定的目标市场来看就不那么令人乐观了。

分销效率主要是指企业产品从厂家到目标顾客手中的传递时间与速度。一个好的分销网络应该迅速将产品送到消费者手中，同时，输送和管理的成本应该尽可能低。如果企业建立的终端销售点网络能达到这一目标，就说明其密度是适度的；否则，就需要进一步改进。

具体说来，终端销售点密度决策的任务有以下三点：保持企业各终端销售点的均衡发展；促使各终端销售点的协调，减少各销售点的冲突；推动企业产品市场的有序扩张和可持续发展。实质上，这就要求在进行终端销售点密度决策时，应注意企业市场发展的短期战略与长期战略的结合。

10.4.2.2 可选择的密度方案

企业根据终端销售点密度决策的任务，以及自身和市场环境的现状和变化趋势，可采取不同的密度方案。

（1）密集分销策略。

在密集分销中，凡是符合生产商最低信用标准的渠道成员都可以参与其产品或服务的分销。密集分销意味着渠道成员之间的激烈竞争和很高的产品市场覆盖率。密集分销最适用于便利品。它通过最大限度地便利消费者而推动销售的提升。采用这种策略有利于广泛占领市场，便利购买，及时销售产品。而其不足之处在于，在密集分销中能够提供服务的经销商数目总是有限的，生产商有时得对经销商的培训、分销支持系统、交易沟通网络等进行评价，以便及时发现其中的障碍。

（2）选择分销策略。

生产企业在特定的市场选择一部分中间商来推销本企业的产品。采用这种策略，生产企业不必花太多的精力联系为数众多的中间商，而且便于与中间商建立良好的合作关系，还可以获得适当的市场覆盖面。与密集分销策略相比，采用这种策略生产企业具有较强的控制力，成本也较低。

选择分销中的常见问题是如何确定经销商区域重叠的程度。在选择分销中重叠的量决定着在某个给定区域内选择分销和密集分销所接近的程度。虽然市场重叠率会方便顾客的选购，但也会在零售商之间造成一些冲突；低重叠率会增加经销商的忠诚度，但也降低了顾客的方便性。

（3）独家分销策略。

生产企业在一定地区、一定时间内只选择一家中间商销售自己的产品。独家分销的特点是竞争程度低。一般情况下，只有当生产企业想要与中间商建立长久而密切的关系时才会选择独家分销策略。因为它比其他任何形式的分销都更需要企业与经销商之间更多的联合与合作，其成功是相互依存的。它比较适用于服务要求较高的专业产品。

独家分销使经销商们得到庇护，既避免了与其他竞争对手作战的风险，还可以使经销商无所顾忌地增加销售开支和人员以扩大自己的业务范围，不必担心生产企业会另谋分销商。而且，采用这种策略，生产商能在中间商的销售价格、促销活动、信用和各种服务方面有较强的控制力，还期望通过这种形式取得经销商们强有力的销售支持。

独家分销的不足之处在于：由于缺乏竞争，可能导致经销商力量减弱，而且对顾客来说也不方便。独家分销会使经销商们认为他们可以支配顾客，因为在市场中他们占据了垄断性位置；对于顾客来说，独家分销可能会使他们在购买地点的选择上感到不方便。采用独家分销策略，通常双方要签订协议，在一定的地区、时间内，规定经销商不得再经销其他竞争者的产品，生产商也不得再找其他中间商经销该产品。

10.4.2.3 选择密度方案的评价标准与方法

一个企业在进行密度决策时，可参照的主要标准有如下几点：

（1）分销成本。

分销网络的成本可分为两种：一种是开发分销网络的投资；另一种是维持分销网络的费用。与生产成本相类似，开发分销网络的投资可看做是固定费用，而维持的费用可视为流动费用。二者构成分销网络总费用。选择密度方案时显然不能不考虑成本而盲目决策，不仅要控制产品销售成本的总体水平，而且要形成一种通过分销效率的提高而不断降低成本的机制。

（2）市场覆盖率。

除了那些在市场上刚起步的企业外，处于成长和成熟期的企业，在任何时候都不可能不考虑自己产品的市场覆盖率。可以说，市场覆盖率始终是企业密度决策时必须考虑的核心因素，因为它关系到企业的生存和发展。也就是说，企业在设计分销网络时，仅仅考虑降低分销网络成本是不够的。追求分销网络成本降低可能会导致销售量下降，而分销网络成本的适当增加也可能促进销售量的更大提高。因此，在一定条件下，企业为了提高销售额和市场覆盖率，甚至可能不惜加大成本，以实现自己的销售目标。这是因为每个具体的分销网络总是针对某个具体的目标市场。市场覆盖率提高意味着某个分销网络的销售能力提高，从而意味着企业产品生存和发展空间的增大，进而有利于企业长期战略目标的实现。

(3) 控制能力。

评价企业终端销售点密度决策是否正确的一个重要标准就是企业最终有无能力控制日益膨胀的分销网络。实际上，相当多的企业走向衰落就是缘于自己对终端销售点的失控。这种失控不仅会使企业分销效益下降，而且还可能毁掉整个产品市场。总之，无论选择独家分销、密度分销还是选择分销，都要求企业对分销网络有良好的控制能力。

10.5 实体分配

10.5.1 实体分配的范围与目标

实体分配指将原料和最终产品从原点向使用点转移，以满足顾客需要，并从中获利的实物流通的计划、实施和控制，也称为实体流或物流，即产品通过从生产者手中运到消费者手中的空间移动，在需要的地点、需要的时间里，达到消费者手中。

实体分配范围很广，首先是销售预测，即公司在预测的基础上制订生产计划和存货水平。生产计划明确采购部门必须订购的原料。这些原料通过内部运输运到工厂，进入接收部门，并被作为原材料存入仓库。之后，原材料被转变为制成品。制成品存货是顾客订购和公司制造活动之间的桥梁。顾客的订货减少了制成品的库存，而制造活动则充实了库存商品。制成品离开装配线，经过包装、厂内储存、运输事务所的处理、厂外运输、地区储存，最后送达顾客，并提供服务。实体分配总成本的主要构成部分是运输（46%）、仓储（26%）、存货管理（10%）、接受和运送（6%）、包装（5%）、管理费（4%）以及订单处理（3%）。

实体分配要妥善处理以下四个问题：

(1) 订单。

实体分配开始于顾客的订货。订货部门备有各种多联单，分发给各部门。仓库中缺货的商品品目以后补交，发运的商品要附上发运和开单凭证并将单据副本送各部门。

(2) 仓储。

仓库数目多，就意味着能够较快将货送达顾客处，但是，仓储成本也将增加，因此仓库数目必须在顾客服务水平和分销成本之间取得平衡。可选择的仓库包括：私人仓库、公共仓库、储备仓库、中转仓库、旧式的多层建筑仓库、新式的单层自动化仓库。

(3) 存货。

存货水平代表了另一个影响顾客满意程度的实体分配决策。存货决策的制定包括何时进货和进多少货，其主要指标是最佳订货量。最佳订货量可以通过观察在不同的可能订货水平上订货处理成本与存货维持成本之和的情况来决定。通常而言，单位订货处理成本随着订货量增加而下降，这是因为订货成本被分摊到更多的单位上去的缘故。单位存货维持成本则随订货量增加而上升，这是因为每单位的储存时间相对长了。最佳订货量的数学公式如下：

$$Q = \frac{2DS}{IC}$$

式中，D 为每期需求，S 为一次订货成本，IC 为每期单位维持成本。该公式一般被称为经济订货量公式。其假设为：进货成本不变，单位存货维持成本不变，需求已知，无数量折扣。

(4) 运输。

公司可以选择的运输方式包括：铁路、公路、水路、管道、航空、集装箱联运。

在为某一项特定产品选择运输方式时，托运人应该考虑这样一些标准，如速度、次数、安全、容量、有效性和费用等。如果托运人追求速度，航空运输和公路运输就是主要的竞争对手；如果以费用低为目标，那么水路运输和管道运输就成为最重要的选择对象。公路运输在大多数标准上都是名列前茅的，这正说明了它在运输量中的比重日益上升。

运输决策还必须考虑运输方式和其他分销要素的权衡和选择，如仓库、存货等要素。当不同的运输方式所伴随的成本随时间的推移而发生变化时，公司应该重新分析其选择，以便找到最佳实体分配安排。

10.5.2　实体分配的战略方案

在设计实体分配系统时，常常要在几种不同的战略中进行选择。一般来讲，可供选择的战略主要有以下几种。

10.5.2.1　单一工厂，单一市场

这些单一工厂通常设在所服务的市场的中央，这样虽然可以节省运费，但是增加了土地占用等成本；若设在离市场较远的地方，则可能获得低廉的工地、劳动力、能源和原料成本。企业在两个设厂地点之间进行选择时，不仅应审慎地估计目前各战略的成本，更需考虑未来各战略的成本。

10.5.2.2　单一工厂，多个市场

(1) 直接运送产品至顾客。

这样做必须考虑以下因素：该产品的特性（如易腐性和季节性），所需运费与成本，顾客订货多少与重量，地理位置与方向。

(2) 大批整车运送到靠近市场的仓库。

与直接运送产品至顾客的方式相比，将成品大批整车运送到靠近市场的仓库，再从那里根据每个订单运送给顾客的方式，运输费用要少得多。一般来说，在一个新的地区增设仓库所节约的运费与所能增加的顾客惠顾利益如大于增设仓库所增加的成本，那么就应在这一地区增设仓库。如果考虑增设仓库，应租赁还是自建？租赁的弹性较大，风险较小，在多数情况下比较有利；只有在市场规模很大而且市场需求稳定时，自建仓库才有意义。

(3) 建立靠近市场的装配厂。

建立靠近市场的装配厂最大的好处是降低运费，并有利于增加销售额；不利之处是要增加资金成本和固定的维持费用。如果要这样做，必须考虑该地区未来销售量是否稳定，以及数量是否会多到足以保证投下这些固定成本后仍有利可图。

(4) 建立地区性制造厂。

在诸多因素中，最重要的是该行业必须具有大规模生产的经济性。在需要大量投资的行业中，工厂规模必须较大才能得到经济的生产成本。

10.5.2.3 多个工厂，多个市场

企业有两种选择目标：一是短期最佳化，即在既定的工厂和仓库位置上制定一系列由工厂到仓库的运输方案，使运输成本最低；二是长期最佳化，即决定设备的数量与区位，使总分配成本最低。短期最佳化的有效工具是线性规划技术，而长期最佳化的有效工具是系统模拟技术。

【本章小结】

分销渠道是指某种货物和劳务从生产者向消费者移动时，取得这种货物和劳务的所有权或帮助转移其所有权的所有企业和个人。分销渠道由五种流程构成，即实体流程、所有权流程、付款流程、信息流程及促销流程。

影响分销渠道选择的因素有：产品因素、市场因素、生产企业本身的因素、政策规定、经济收益、中间商特性、消费者的购买数量和市场竞争状况。

分销渠道管理人员在选择具体的分销渠道模式时，应遵循以下原则：畅通高效原则、覆盖适度原则、稳定可控原则、协调平衡原则和发挥优势原则。评估标准有三个：经济性、可控性和适应性，其中最重要的是经济标准。企业必须对中间商进行选择、激励与定期评估。

中间商指分销渠道里的中间环节，包括批发商和零售商两种，他们各自又有许多类型。

实体分配，也称为实体流或物流，指将原料和最终产品从原点向使用点转移，以满足顾客需要，并从中获利的实物流通的计划、实施和控制。实体分配就是要妥善处理以下四个问题：订单、仓储、存货和运输。在设计实体分配系统时，常常要在几种不同的战略中进行选择。一般来讲，可供选择的战略主要有以下几种：单一工厂，单一市场；单一工厂，多个市场；多个工厂，多个市场。

【关键名词】

分销渠道（Distribution）
直接分销渠道（Direct Distribution）
间接分销渠道（Indirect Distribution）
中间商（Middlemen）
批发商（Wholesaler）
零售商（Retailer）
终端销售点（Point of Terminal Sale）

【思考题】

1. 简述分销渠道的含义、结构和类型。
2. 简述影响分销渠道选择的因素。
3. 简述批发商和零售商的类型。
4. 结合企业实际，谈谈如何设计、管理、调整分销渠道。

【实践训练】

选择分销渠道

实训目标：
1. 熟悉、掌握中小企业是如何选择分销渠道的。
2. 了解企业现有渠道运行的状况及存在的问题。
3. 了解企业是如何化解渠道矛盾和冲突的。

实训内容与要求：
1. 选择学校所在城市，对该城市不同行业的企业进行分类。小组根据所选行业，调查的目的、内容，统一制作调查问卷。
2. 进行实地调查，对所选择行业内的企业进行走访，了解其渠道选择、运行、管理的状况。
3. 总结走访企业的渠道状况及渠道选择的一般模式。
4. 指出调查企业渠道设计、运行、管理中存在的问题。
5. 针对渠道运行中存在的问题，提出具体的解决措施。

实训组织：在人员组织分工安排上要合理，视班级人数来确定小组，每个小组以5~8人为宜，小组中要合理分工，分别采集不同的资料和数据，但在之前要统一认识、统一口径、基本统一判断标准；讨论要充分，组长负责最后报告的形式。

实训成果与检测：完成市场营销实训报告。

【案例分析】

格力空调：离开国美，走自己的路

珠海格力集团公司是珠海市目前规模最大、实力最强的企业之一。集团拥有的格力、罗西尼两大品牌于1999年1月和2004年2月被国家工商局认定为中国驰名商标。2003年，格力集团共实现营业收入198.42亿元，位列中国企业500强第88名。集团下属的珠海格力电器股份有限公司是中国目前生产规模最大的空调生产基地，现有固定资产7.6亿元，拥有年产空调器250万台（套）的能力。经过多年的发展，格力空调已奠定了国内空调市场的领导者地位，格力品牌在消费者中享有较高的声誉。据国家轻工业局、央视调查中心的统计数据，从1996年起，格力空调连续数年产销量、市场占有率均居行业第一。现在，格力空调产品覆盖全国并远销世界100多个国家和地区。

多年以来，格力空调一直采取的是厂家—经销商/代理商—零售商的渠道策略，并在这种渠道模式下取得了较高的市场占有率。然而近年来，一批优秀的渠道商经过多年发展，已经成长为市场上的一支非常重要的力量。其中尤以北京国美、山东三联、南京苏宁为代表的大型专业家电连锁企业的表现最为抢眼。这些超级终端浮出水面，甚至公开和制造企业"叫板"。自2000年以来，这些大型专业连锁企业开始在全国各大中城市攻城略地，在整个家电市场中的销量份额大幅度提高，其地位也直线上升。

2004年2月，成都国美为启动淡季空调市场，在相关媒体上刊发广告，把格力两款畅销空调的价格大幅度下降，零售价原为1680元的1P挂机被降为1000元，零售价原为3650元的2P柜机被降为2650元。格力认为，国美电器在未经自己同意的情况下擅自降低了格力空调的价格，破坏了格力空调在市场中长期稳定、统一的价格体系，导致其他众多经销商的强烈不满，并有损于其一线品牌的良好形象，因此要求国美立即终止低价销售行为。格力在交涉未果后，决定正式停止向国美供货，并要求国美电器给个说法。"格力拒供国美"事件传出，不由得让人联想起2003年7月发生在南京家乐福的春兰空调大幅降价事件，二者如出一辙，都是商家擅自将厂家的产品进行"低价倾销"，引起厂家的抗议。

2004年3月10日，四川格力开始将产品全线撤出成都国美六大卖场。四川格力表示，这是一次全国统一行动，格力在全国有20多家销售分公司，其中有5家公司与国美有合作，产品直接在国美销售，导致这次撤柜的主要原因是与国美在2004年度的空调销售政策上未能达成共识。3月11日，国美北京总部向全国分公司下达通知，要求各门店清理格力空调库存。通知称，格力代理商模式、价格等已经不能满足国美的市场经营需求，要求国美各地分公司做好将格力空调撤场的准备。

面对国美的"封杀令"，格力并没有退让。格力空调北京销售公司副总经理金杰表示："国美不是格力的关键渠道，格力在北京有400多个专卖性质的分销点，它们才是核心。谁抛弃谁，消费者说了算。"格力空调珠海总部新闻发言人黄芳华表示，在渠道策略上，格力不会随大流。格力空调连续数年全国销量第一，渠道模式好与坏，市场是最好的检验。格力电器公司总经理董明珠接受《广州日报》记者采访时表示，格力只与国美的少数分店有合作，此事对格力空调的销售几乎没有什么影响，自己的销售方式也不会为此做出改变。对一个企业来说，对任何经销商都应该是一个态度，不能以大欺小，格力对不同的经销商价格都是一样的。格力在各地设立自己的销售公司，主要是为了在各个区域进行市场规范管理，保持自己的品牌形象，而销售公司靠服务取得合理利润，价格一直贴近市场，格力空调去年500万台的销量就证明了这一点，因此格力不会改变这种销售方式。对于今后能否与国美继续合作，格力坚持厂商之间的合作必须建立在平等公正的基础上，违背这种合作原则只能一拍两散。

事实上，在国美、苏宁等全国性专业连锁企业势力逐渐强盛的今天，格力电器依然坚持以依靠自身经销网点为主要销售渠道。格力是从2001年下半年才开始进入国美、苏宁等大型家电卖场的。与一些家电企业完全或很大程度上依赖家电卖场渠道不同的是，格力只是把这些卖场当做自己的普通经销网点，将之与其他众多经销商一视同仁，因此在对国美的供货价格上也与其他经销商一样，这是格力电器在全国的推广模式，也是保障各级经销商利益的方式。以北京地区为例，格力拥有1200多家经销商。2003年格力在北京的总销售额为3亿元，而通过国美等大卖场的销售额不过10%。由于零售业市场格局的变化，格力的确已经意识到单纯依靠自己的经销网络已经不适应市场的发展，因此从2001年开始进入大卖场，但格力以自有营销网络作为主体的战略并没有改变。

而在国美方面，国美电器销售中心副总经理何阳青认为，格力目前奉行的股份制区域性销售公司的渠道模式在经营思路以及实际操作上与国美的渠道理念是相抵触的。国美表示，格力的营销模式是通过中间商的代理，然后国美再从中间商那里购货。这种模式中间增加了一道代理商，它必定是要增加销售成本的，因为代理商也要有它的利润。格力的这种营销模式直接导致了空调销售价格的抬高，同品质的空调，格力要比其他品牌贵150元左右，这与国美一直推行的厂家直接供货、薄利多销的大卖场模式相去甚远。国美与制造商一般是签订全国性的销售合同，而由于现在格力采取的是股份制区域性销售公司的经营模式，与格力合作时就不得不采取区域合作的方式，这与国美的经营模式也是不相符合的。

（资料来源：http://wenku.baidu.com/view/c7cd1b20aaea998fcc220e16.html，作者未署名）

讨论题：

1. 格力空调和国美电器之间的渠道冲突反映了新时期厂商和渠道商之间新型的博弈关系。你认为现在厂商和渠道商之间的力量对比如何？二者之间的关系应当如何处理？

2. 格力空调现在所采取的渠道策略正确吗？你认为可以从什么方面加以改进？

【阅读材料】

1. ［美］加里·阿姆斯特朗，菲利普·科特勒. 营销学导论［M］. 何志毅，译. 7版. 北京：中国人民大学出版社，2006.

2. ［美］菲利普·科特勒. 营销管理［M］. 梅清豪，译. 12版. 上海：上海人民出版社，2006.

3. Louis W. Stern. 市场营销渠道［M］. 赵平，廖建军，孙燕军，译. 5版. 北京：清华大学出版社，2006.

4. 卜妙金，等. 分销渠道管理［M］. 北京：高等教育出版社，2001.

5. 李先国. 分销［M］. 北京：企业管理出版社，2003.

6. 杨洪涛. 现代市场营销学［M］. 北京：机械工业出版社，2009.

7. 吴健安. 市场营销学［M］. 2版. 北京：高等教育出版社，2004.

8. 新浪财经网，http://finance.sina.com.cn/.

9. 网易财经网，http://money.163.com/.

第 11 章　促销策略

【本章概要】

现代市场营销所要求的是，开发优质的产品、制定合理的价格、建立高效率的分销网络系统。但是仅有这三项活动还不能给企业带来足够的销售收入和利润，因为由于信息不通，还有许多潜在的消费者和用户极少进行购买。为了进行卓有成效的市场营销活动，企业还必须制定行之有效的促销策略。促销的实质在于沟通，与顾客进行沟通，使其对企业及产品产生兴趣，进而进行购买活动。本章将主要介绍各种促销方式及其运用。

【学习目标】

1. 理解促销的含义和作用，促销组合的含义和影响因素；
2. 掌握影响促销组合的因素；
3. 掌握促销的基本策略；
4. 熟悉人员推销、广告、营业推广、公共关系等促销手段。

【引导案例】

蒙牛酸酸乳的"超女秀"

蒙牛乳业大手笔地以 2800 万元买断了《超级女声》节目冠名权，并投资近 8000 万元用于公交车、户外灯箱和广告牌、各类媒体广告等，充分利用"超女"在国内日益疯狂的影响力。以 2004 年"超女"季军张含韵为代言人，加上一首《酸酸甜甜就是我》，使得蒙牛酸酸乳活力四射。

同时，在《超级女声》的主赛区长沙等地，蒙牛还策划了多场大型义演活动。尤其在大型广场及卖场的门口附近，蒙牛推出了"青春女生大比拼""品蒙牛酸酸乳，看超级女声"等活动，有效地塑造了品牌的高端形象，使蒙牛酸酸乳和《超级女声》一起成为人们关注的焦点。在《超级女声》大赛谢幕以后，作为赛事的一次完美延续，蒙牛酸酸乳又策划了"超女训练营"，外包装上同期更换内容，并配以广告宣传，以"有酸就有甜，有梦就能圆"为口号，凡购买酸酸乳的女孩就有机会亲赴"超女训练营"，接受专业老师的指导，并可能走上舞台成为明星。这种从"超女"延续下来的"平民造星运动"继续吸引着年轻女孩的注意力。

蒙牛上亿元的"超女"系列广告，为其打开了南方乳品市场。"超女"的长沙、郑州、杭州、成都和广州五个赛区,正是蒙牛所看重的华中、华东、华南、西南四大销售区域。

2005年,"蒙牛酸酸乳"和《超级女声》手拉手一唱成名。蒙牛借"超女"之力成功打造了"酸酸乳"品牌。

(资料来源:http://mkt.icxo.com/htmlnews/2006/07/20/882478_3.htm)

蒙牛是一家典型的靠营销起家、靠营销成名的公司,本案例中蒙牛通过活动赞助和广告宣传成功打开南方乳品市场,并取得了不俗的销售业绩。

促销的方法有很多,如何选择有效的促销手段是摆在营销者面前的一道难题。

11.1 促销与促销组合

11.1.1 促销的含义

促销(Promotion)是指企业通过人员推销或非人员推销的方式,向目标顾客传递商品或劳务的存在及其性能、特征等信息,帮助消费者认识商品或劳务所带给购买者的利益,从而引起消费者的兴趣,激发消费者的购买欲望及购买行为的活动。

促销本质上是一种通知、说服和沟通活动,是沟通者有意识地安排信息、选择渠道媒介,以便对特定沟通对象的行为与态度进行有效的影响。这种沟通说服有几种途径:一是雄辩式说服,讲话人首先以其人格博得听众的信赖感,再激起听众的情感以取得信任,列举鲜明的证据诱发需求;二是宣传式说服,最早是以组织(如教会、政府、政党、企业)为主体来获得别人的支持,用语言、文字、气氛和事件等来争取支持者,凭借现代化企业的建筑式样、最高管理人员的办公室布置、产品的设计、推销员的个性等,通过公共关系人员,借助新事件,制造一种新的气氛,进行宣传沟通;三是交涉式说服,指一方的交涉代表与另一方的代表相互进行拉锯式谈判,以战胜对方,企业在市场营销活动中常用的是劝诱策略,非极端条件下不用威胁策略。

威廉·斯坦顿研究认为:在不完全竞争的条件下,"一个公司利用促销来帮助区别其产品、说服其购买者,并把更多的信息引入购买决策过程。用经济学术语来说,促销的基本目的是改变一个公司的产品需求(收入)曲线的形状。通过促销,一个公司有希望在任何一定价格的条件下,增加某种产品的销售量。它还希望促销会影响产品的需求弹性。其目的在于:当价格提高时使需求无弹性,当价格降低时使需求有弹性。换言之,企业管理当局希望:当价格上升时,需求数量下降很少;而当价格下降时,销量却大大增加"。

11.1.2 促销组合

促销组合指履行营销沟通过程的各个要素的选择、搭配及其运用。影响促销组合的因素包括人员推销、广告、营业推广(或销售促进)以及公共关系。

11.1.2.1 促销组合的预算选择

固定预算线。设促销预算由人员推销和广告两部分构成,如果全部费用用于人员推销,其费用为 M,全部费用用于广告,其费用为 N,则 MN 线为固定预算线。在这条线上可有许多种组合,哪一种为最优?这就要将销售量联系起来考虑。

无差异销售曲线。根据经验,某几种促销组合都可达到相同的销售额,描点连线,得曲线 $Q_3=100$,同理可得出其他销量的曲线:$Q_2=80$,$Q_1=60$,…,如图 11-1 所示:

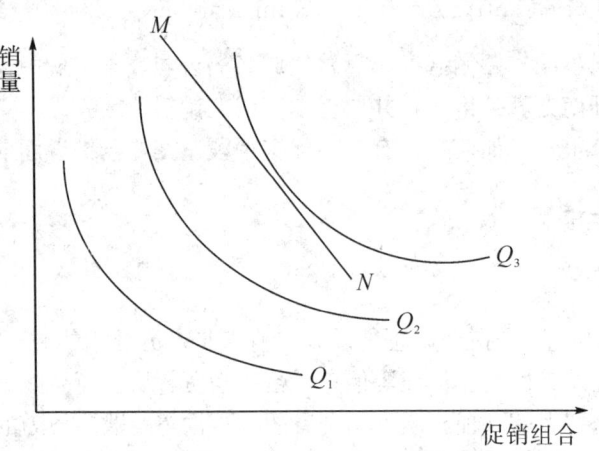

图 11-1 促销组合与销量的关系

11.1.2.2 产品类型与促销组合的选择

产品类型分消费品和投资品。

消费品的促销组合次序为:广告,营业推广,人员推销,公共关系;

投资品的促销组合次序为:人员推销,营业推广,广告,公共关系。

11.1.2.3 购买阶段与促销组合的选择

消费者购买一般依次是四个阶段:

知晓阶段,促销组合的次序是:广告,营业推广,人员推销;

了解阶段,促销组合的次序是:广告,人员推销;

信任阶段,促销组合的次序是:人员推销,广告;

购买阶段,促销组合的次序是:人员推销为主,营业推广为辅,广告可有可无。

11.1.2.4 产品生命周期与促销组合的选择

与产品生命周期相应的促销组合次序为:

介绍期:广告,人员推销,营业推广;

成长期:广告,人员推销;

成熟期:营业推广,人员推销,广告;

衰退期:人员推销为主,营业推广为辅,广告可有可无。

11.1.3 促销的基本策略

不同的促销组合形成不同的促销策略,从促销活动运作的方向来分,有推式策略和拉式策略两种。

11.1.3.1 推式策略

推式策略是以人员推销为主,辅之以中间商销售促进,兼顾消费者的销售促进,把商品推向市场的促销策略。其目的是说服中间商与消费者购买企业产品,并层层渗透,最后到达消费者手中。它主要包含人员推销和营业推广两种形式。

11.1.3.2 拉式策略

拉式策略是指企业针对最终消费者,花费大量的资金开展广告及消费者促销活动,通过新创意、高投入、大规模的广告轰炸,直接诱发消费者的购买欲望,由消费者向零售商、零售商向批发商、批发商向制造商求购,由下至上,层层拉动购买。广告和公共关系是拉式策略的两种主要形式。

11.2 人员推销

11.2.1 人员推销的含义

根据美国市场营销协会定义委员会的解释,所谓人员推销,是指企业通过派出推销人员与一个或一个以上可能成为购买者的人交谈,作口头陈述,以推销商品,促进和扩大销售。人员推销可以采取三种形式:

(1) 建立自己的销售队伍,使用本企业的推销人员来推销产品。

在西方国家,企业自己推销队伍的成员叫做推销员、销售代表、业务经理、销售工程师。这种推销人员又分为两类,一类是内部推销人员,他们一般在办公室里用电话等来联系、洽谈业务,并接待可能成为购买者的来访者;另一类是外勤推销人员,他们作旅行推销,上门访问客户。

(2) 使用专业合同推销人员。

例如,制造商的代理商、销售代理商、经纪人等,企业按照其代销额付给佣金。西方国家的大公司甚至雇用国内外退休的高级官员当推销员。

(3) 雇用兼职的售点推销员。

他们在各种零售营业场合,用各种方式促销,按销售额比例提取佣金,方式如产品操作演示、现场模特、咨询介绍等。一般称这种促销人员为售点促销小姐或促销先生。

11.2.2 推销人员的任务及其工作步骤

11.2.2.1 推销人员的任务

推销人员的任务包括以下几个方面:探寻市场,推销人员应该寻求机会,发现潜在顾客,创造需求,开拓新的市场;传递信息,推销人员要及时向消费者传递产品和劳务信息,为消费者提供购买决策的参考资料;销售产品,推销人员在推销过程中还要收集情报,反馈信息;推销人员还要开展售前、售中、售后服务。

11.2.2.2 推销人员的工作步骤

(1) 寻找顾客。

推销人员寻找顾客有很多种办法,如地毯式访问法、连锁介绍法、中心开花法、个人观察法、广告开拓法、市场咨询法和资料查阅法等。寻找顾客的目标是找到准顾客。

准顾客（Prospect）指一个既可以获益于某种推销的商品，又有能力购买这种商品的个人或组织。

(2) 顾客资格审查。

西方推销人员中流传着这样一个故事：两大公司各派一名推销员到非洲去推销皮鞋，开拓新市场。到达目的地之后，两个推销员各自给总公司拍了一封电报，其中之一是："此地无市场，因为所有的人都不穿鞋子。"另一个是："此地市场潜力很大，因为所有的人都没有鞋子可穿。"由于在对顾客进行资格审查时，着眼点不一样，结果就不一样，影响到公司对营销策略的选择。

(3) 约见。

约见是指推销人员事先征得顾客同意接见的行动过程。一般来说，顾客不大欢迎推销人员来访。在美国有的机构门口甚至挂着这样的牌子："推销员、狗、小偷、闲人，请勿入内。"

(4) 接近。

产品接近法指推销员直接利用推销的产品引起顾客注意的方法。它适用于本身有吸引力、轻巧、质地优良的商品。利益接近法是利用商品的实惠引起顾客注意和兴趣的方法。问题接近法是指直接向客户提问以求引起其兴趣的方法。馈赠接近法是推销人员利用赠品来引起顾客注意和兴趣，进入面谈的方法。

推销员接近顾客时，一定要信心十足，面带微笑。国外推销人员平时非常注意微笑训练，甚至有人发明了所谓"G字微笑练习法"，即每天早晨起床后对着镜子念英文字母G，以训练笑脸，把微笑变成一件十分自然的事情。

(5) 面谈。

面谈是整个推销过程的关键性环节。推销工作的一条黄金法则是：不与顾客争吵。在面谈中，顾客往往会提出各种各样的购买异议。这些异议可分为：需求异议，即顾客以为不需要推销品；财力异议，即顾客以为无钱购买推销品；权力异议，即决策权力异议，指顾客以为无权购买推销品；产品异议，指顾客以为不应该购买推销品；价格异议，指顾客以为推销品价格过高。另外还有货源异议、推销人员异议、购买时间异议等。

推销人员处理购买异议时应注意语言技巧，如汽车加油站的职员，与其说"您需要加多少油"不如说"我为您把油加满吧！"饮食店招待员把"您喝点什么"改为选择问句"您是喝咖啡，还是吃甜点？"这样的问话使顾客感到难以完全拒绝；而"来点甜点心吧"和"来一杯咖啡吧"这样两个问句却达不到那样的效果。

在交易中促使顾客额外购买某些产品还是可能的，但与问话方式很有关系。"您看一看，想买些什么"这样的问话毫无意义，很多顾客会不假思索地回答"什么也不买"。

11.2.3　推销人员的管理

11.2.3.1　推销人员的甄选

推销人员应具备的条件包括：知识面广，有一定的业务知识，文明经商，富于进取，反应灵敏，吃苦耐劳。

11.2.3.2 推销人员的培训

对选出的推销人员要进行专业知识、推销技巧、职业道德、毅力等培训。

11.2.3.3 推销人员的组织结构

推销人员的组织结构可分为：地区结构式，即每个（组）推销人员负责一定地区的推销业务；产品结构式，即每个（组）推销人员负责一种或几种产品的推销业务；顾客结构式，即根据顾客的行业、规模、分销渠道的不同而分别配备推销人员；综合结构式，是以上几种的综合组织。

11.2.3.4 推销人员的业绩评估

业绩评估的主要考核指标如下：销售数量指标，访问顾客的次数，增加新用户的数量（或市场占有率的提高），销售完成率（实际销售额/计划销售额），推销费用率（推销费用/总销售收入）。

11.3 广告

11.3.1 广告的含义

广告作为商品经济发展的产物，以私有制的形成和商品交换的产生为其前提。"广告"二字，从中文字面上理解是"广而告之"，在西方，"广告"一词则源于拉丁语Advertere，作"诱导""注意"解，后演化成为英语口语中的Advertising（广告活动）和Advertisement（广告宣传品或广告物）。作为一种熟悉的事物，人人都可以对广告指点评说，可是又很难把其本质把握准确，这就是广告既有趣又复杂之处。

广告是由明确广告主（发布者）以公开付费的方式，对产品（或服务）进行的非人员性的任何形式的介绍和推荐活动。大众传播媒介刊播的经济信息和各种服务信息，报道商品、服务的经营者或提供者，凡收取费用或报酬的，均可视为广告。

11.3.2 广告的作用

有位总裁曾说："人们是否喜欢广告，这并不是一个问题。广告是我们生活和现实社会政治经济制度中不可缺少的组成部分，他们喜欢不喜欢，都已毫无意义。"话虽偏颇，却道出了广告在现代经济生活中的重要性。我们可以从市场、企业、消费、环境等四个层次来看广告的作用。

11.3.2.1 从市场看，广告是传播市场商品信息的主要工具

市场的一般定义是指买卖双方相互联系、相互作用的总表现。而买卖双方的沟通是通过商品流通来实现的。商品流通由三部分组成：商品交易流通，商品货物流通，商品信息流通。信息流是开拓市场的先锋。可以说没有信息，就成了哑巴，不能沟通，无法交流。那么大量信息是怎样飞到人们那儿去的呢？靠的是传播。当今世界具有传播商品信息功能的行业或渠道有很多，最主要的就是广告信息渠道。

11.3.2.2 从企业层看，广告是企业竞争的有力武器

广告主利用广告开拓市场，发展市场。

第一，利用庞大的广告开支，达到多投入、多产出的目的。"没有广告就没有市场，

没有广告就没有名牌"已成为企业家的共识。

第二，利用广告策划制作，吸引受众，以尽可能少的投入获得尽可能大的产出。有的企业利用广告定位，通过具有针对性的广告策略，"放开大路，占领两厢"，为自己争取一定的市场份额。如七喜汽水面世之初，面对百事可乐、可口可乐两个"超级大国"，为自己的汽水精心设计了简短的广告词"七喜——非可乐"，一下子把饮料市场一分为二，在众多的可乐饮料市场上为自己"创造"出了一个新的市场。这场非可乐广告宣传的结果是：七喜汽水在第一年的销售量提高了 10％，而且以后每年都有所增加。利用广告增强企业的竞争力，不仅见于大的广告策划，也见于细微的广告文案设计。譬如，牙刷广告词"一毛不拔"；打字机广告词"不打不相识"；电话广告词"以指代步"；电风扇广告词"实不相瞒，××牌电风扇的名气是吹出来的"；摩丝广告词"青春做伴，从头开始"；鞋子广告词"千里之行，始于足下"；灭蚊器广告词"默默无蚊"；咖啡广告词"味道好极了"。易懂，易背，易念，这些广告用语，给人留下了深刻的印象。

第三，利用广告策略，宣传企业文化。当今的广告大战，从本质上可以说是不同的企业文化之间的较量和竞争。西方广告折射的是西方文化风貌。IBM 计算机当初面对"苹果机""王安电脑"等众多强手，"比 IBM 的产品更好，更便宜"的广告词显得自信、果敢、咄咄逼人。对自己宣战的背后，明明白白显示了超过自己、超过别人的阳刚之气，形成 IBM 公司文化的主流。在洋货洋名大出风头的现今中国市场，不少中国产品在广告中夸耀自己的洋出身、洋伙伴，而四川长虹却率先打出民族工业的旗帜："以产业报国、民族昌盛为己任。"这是明明白白的企业文化，挡不住的民族凝聚力。

11.3.2.3 从消费层看，广告可以引导消费，刺激消费，甚至创造需求

丘吉尔在回忆录《第二次世界大战》中有这样一段话："广告充实了人类的消费能力，也创造了追求较好生活水平的欲望。它为我们及家人建立了一个改善衣食住行的目标，也促进了个人向上奋发的意志和更努力的生产。广告使这些极丰硕的成果同时实现。没有一种活动能有这样的神奇力量。"[①] 它从一个侧面反映了广告对消费需求的引导、刺激和创造作用。广告也刺激着消费、创造着消费需求。因此，出售化妆品，实质上出售的是美的希望；出售柑橘，实质上出售的是生命力；出售房产，实质上出售的是声望；出售衣服，实质上出售的是个性。

11.3.2.4 广告还起着美化环境，教育人们的作用

广告也是一种艺术，好的广告能给人以美的享受，能美化市容，美化环境。同时，广告内容设计得当，有利于消费者树立正确的道德观、人生观及营造优良的社会风尚。

11.3.3 广告定位

广告定位是美国广告专家大卫·欧吉沛倡导的。他认为广告活动的核心，不在于怎样规划广告，而在于把所广告的产品放在什么位置。广告定位就是指从众多的商品中寻找宣传商品的有竞争力的特点，具有的独特个性，广告宣传能攻其一点，在消费者心中树立该商品的一定地位。广告定位包括以下几方面内容。

---

① [英]温斯顿·丘吉尔. 第二次世界大战 [M]. 原北京编译社，译. 长春：时代文艺出版社，1995.

11.3.3.1 确立广告目标

广告目标是指在一个特定时期内对特定观众所要完成的特定的传播任务。福特公司把它的汽车定位为"静悄悄的福特",于是整个广告活动围绕"静悄悄"做文章,突出福特汽车的安静舒适、没有噪音干扰的特点。一般来说,广告目标可分为三种类型:通知型、说服型、提醒型。

通知型广告主要用于一种新产品的入市阶段,目的在于树立品牌,推出新产品。××香波打入市场的广告就是"还有半个月,一种全新型洗发水将与消费者见面",然后依次递减天数,"还有10天……""还有一周……""还有一天……",然后在预定的那天再打出全面介绍该种品牌香波的广告。

说服型广告的目的是培养消费者对某种品牌的需求,从而在同类商品中选择它。"达克宁"药膏通过"不但治标,还能治本"来暗示其同类产品只能治标,不能治本,从而达到劝说消费者选择它的产品的目的。

提醒型广告在产品旺销后十分重要,目的是保持消费者对该种产品的记忆和促使其连续购买,如××饮料的广告词就是:"你今天喝了没有?"

11.3.3.2 确定广告对象

确立广告目标后就要明确广告诉求的客体是谁。

11.3.3.3 确定广告区域

针对广告区域的地方性、区域性、全国性、国际性的不同,选择不同的广告覆盖方式,如全面覆盖、渐进覆盖或轮番覆盖。

11.3.3.4 确定广告概念

这儿所指的广告概念,特指广告所强调的商品特点,信息传递方法、技巧和具体步骤等。

11.3.3.5 确定广告媒体

选择媒体不一定收费愈高愈好,要根据商品和媒体的特性进行选择。一则飞机公司的广告就很好地利用了电台媒体的听觉效果:

(强烈的噪声中)男:"坐飞机这轰鸣声真难受!"

(噪声消失)女:"坐这架可安静了!"

——"欢迎您乘坐××公司的飞机。"

11.3.4 广告媒体的选择

11.3.4.1 广告媒体的种类

(1)印刷品广告。

印刷品广告包括报纸广告、杂志广告、电话簿广告、画册广告、火车时刻表广告等。

报纸广告。世界上最早的报纸广告是1666年英国的《伦敦报》首开的广告专栏。报纸广告的优势是:覆盖面广,读者稳定,传递灵活迅速,新闻性、可读性、知识性、指导性和纪录性"五性"显著,白纸黑字便于保存,可以多次传播信息,制作成本低廉等。报纸广告的局限性是:它以新闻为主,广告版面不可能占据突出位置,广告有效时间短，日报只有一天甚至只有半天的生命力，多半过期作废；广告的设计、制作较为简单粗糙。

杂志广告。杂志广告是指利用杂志的封面、封底、内页、插页为媒体刊登的广告。杂志广告的优势是：阅读有效时间长，便于长期保存，内容专业性较强，有独特的、固定的读者群，如妇女杂志、体育杂志、医药保健杂志、电子杂志、汽车摩托车杂志、家用电器杂志等，有利于有的放矢地刊登相对应的商品广告。同时，杂志广告也有其局限性：周期较长，不利于快速传播；由于截稿日期比报纸早，杂志广告的时间性、季节性不够鲜明。

（2）电子媒体广告。

电子媒体广告又称电波广告、电气广告，包括电视广告、电影广告、广播广告、电子显示大屏幕广告，以及幻灯机广告、扩音机广告等。

电视广告，指利用电视为媒体传播放映的广告。电视广告可以说是所有广告媒体中的"大哥大"，它起源较晚，但发展迅速。以美国为例，2003年全国广告总收入为2000多亿美元，其中仅电视广告就占1/3以上。电视广告的优势很明显。它收视率高，插播于精彩节目的中间，观众为了收看电视节目一般愿意接受。电视广告声形兼备，给人强烈的感观刺激。而且看电视是我国家庭夜生活的一项主要内容，寓教于乐，寓广告于娱乐，收视效果佳，其广告效果是其他广告媒体所无法比拟的。著名广告人曾说："如果给我1小时的时间做电视广告，我可以卖掉世界上所有的商品。"于是中央电视台广告部从1995年开始引入"标王"概念，从第一届孔府宴酒以3079万元人民币夺得标王一直到2011年的"美的"，价码已增至6亿元人民币。电视广告的局限性也很明显，主要是电视广告制作成本高，电视播放收费高，而且瞬间消失，使企业通过电视做广告的费用很高，小型企业无力问津。

广播广告，是指利用无线电或有线广播为媒体播送传导的广告。由于广播广告传收同步，听众容易收听到最快最新的商品信息，而且它每天重播频率高，传播对象层次广泛，速度快，空间大，广告制作费也低。广播广告的局限性是只有信息的听觉刺激，而没有视觉刺激。据估计，人的信息来源60%以上来自于视觉。而且广播广告的频段、频道相对不太固定，需要经常调寻，也妨碍了商品信息的传播。

（3）户外广告。

它主要包括：路牌广告（或称广告牌，是户外广告的主要形式，除在铁皮、木板、铁板等耐用材料上绘制、张贴外，还包括广告柱、广告商亭、公路上的拱形广告牌等）、霓虹灯广告和灯箱广告，交通车厢广告，招贴广告（或称海报），旗帜广告，气球广告等。

（4）邮寄广告。

它是广告主采用邮寄售货的方式，供应给消费者或用户广告中所推销的商品，包括商品目录、商品说明书、宣传小册子、明信片、挂历以及样本、通知函、征订单、订货卡、定期或不定期的业务通讯等。邮寄广告是广告媒体中最灵活的一种，也是最不稳定的一种。

（5）POP广告。

英文 Point of Purchasing Advertising 的大写字母缩写，译为售点广告，即售货点和购物场所的广告。世界各国广告业都把 POP 广告视为一切购物场所（商场、百货公司、超级市场、零售店、专卖店、专业商店等）场内场外所做广告的总和。POP 广告的种类就外在形式的不同分为立式、悬挂式、墙壁式和柜台式四种，就内在性质的不同分为室内 POP 广告和室外 POP 广告两种。室内 POP 广告指商店内部的各种广告，如柜台广告、货架陈列广告、模特儿广告、圆柱广告、空中悬转的广告、室内电子广告和灯箱广告。室外 POP 广告是指售货场所门前和周围的 POP 广告，包括门面装饰、商店招牌、橱窗布置、商品陈列、传单广告、活人广告、招贴画广告，以及广告牌、霓虹灯、灯箱和电子显示广告等。

(6) 其他广告。

其他广告指除以上五种广告以外的媒体广告，如馈赠广告、赞助广告、体育广告，以及包装纸广告、购物袋广告、火柴盒广告、手提包广告等等。

11.3.4.2　选择广告媒体时主要考虑的因素

(1) 产品因素。

如果是技术性复杂的机械产品，宜用样本广告，因为它可以较详细地说明产品性能，或用实物表演，增加用户实感。一般消费品可用视听广告媒体。

(2) 消费者媒体习惯。

如果是针对工程技术人员的广告，应选择专业杂志为媒体；推销玩具和化妆品等，最好的媒体是电视。

(3) 销售范围。

广告宣传的范围要和商品销售的范围一致。

(4) 广告媒体的知名度和影响力。

评估的标准包括发行量、信誉、发行频率和散布地区等。

(5) 广告主的经济承受能力。

它指广告主是否有为其所做广告支付费用的能力。

11.3.5　广告的创意制作

广告创意指广告设计制作者在酝酿广告时的构想。广告设计制作者根据广告主的要求，在经过详尽的市场调查后，经过精心思考和策划，最后完成一个商品、劳务、企业形象的综合广告方案。

广告创意就其内容而言可分为两类：一是战术型广告创意，指在已定的商场上，紧紧盯着目标，将产品的品牌迅速留在顾客心中，并得到有利地位；二是战略型广告创意，指找出可能的市场，确定广告目标和对象，提出切实可行的促销活动计划。

国际广告协会对创意新颖的广告有五点要求：①能体现愉快的感觉；②能体现创新进步的精神；③能解决某个实际问题；④有明确的承诺；⑤有潜力。

11.3.5.1　广告创意的构思

广告创意的构思要真、简、奇、美，攻心为上，杜绝"小和尚念经"式广告创意的构思。创意很艰苦。我国台湾地区一家广告公司为德国××啤酒打进台湾市场代理广告业务。如何既保持原有品牌的优势，又适合台湾的具体情况呢？该广告公司制作了如下数量众多、精美的备选广告："刚从欧洲来，国语还不太灵光""没办法，害羞是数百年来的家族遗传""偶尔也在国宴中露面""在欧洲，左派和右派唯一相同的观点"，以及"这一杯是我们的最佳代言人"和"不妨先向邻居打听打听"等22条。再如1979年可口可乐集团要求为其代理了24年广告业务的麦伊广告公司重新换个广告主题，该广告公司立即把派驻全球各地机构富有创造力的主管全部召回纽约，经过反复激烈的讨论，最后才浓缩出一个主题，其创意是"喝一口，笑一笑"（Have a coke and a smile）。

11.3.5.2 广告创意的媒体运用

广告创意不仅是文案设计，还包括广告宣传所使用的媒体设计。如何运用各种媒体的特点来为广告服务，同样需要创意。××电风扇的广告创意是利用POP广告媒体，把电风扇放在大商场的橱窗里，旁边醒目地写着："从××年×月×日起昼夜连续运转。请你计算一下，至今已连续运转了多少小时？"独特的构思引起了人们的好奇心，有人甚至半夜三更去检查该电风扇是否仍在转动。再如"西铁城"手表打入澳大利亚市场的广告创意，也是利用POP广告媒体，巧妙地宣传产品的质量。预告消费者某月某时某刻，该公司用飞机在堪培拉广场空投西铁城手表，谁捡到就归谁，届时飞机如期而至，数以万计的手表从天而降……戴着从高空落下、走时准确又不用付钱的手表，效果怎样？还需声嘶力竭地嚷嚷"永不磨损，世界名表"吗？还愁在老百姓中没有知名度吗？

广告创意的媒体选择，离不开现代科技。同样是利用POP广告，精工表的广告创意则充分显示了现代科技的运用：在西欧一个城市上空，突然飘来一朵彩云。这朵彩云不偏不倚，停留在人群密集的中心广场上空，不断变幻的颜色，慢慢地映出醒目的大字："精工表世界销售总值第一。"现代科技发现人造烟幕在空气中停留的时间，可以通过减少云烟中微粒的直径和比重的办法来延长，钟表公司就是利用这一原理制造出了这一新颖独特的烟幕广告。

11.3.5.3 广告创意的语言艺术

早在19世纪末，中国最早的报纸广告上就出现了南洋兄弟烟草公司为其新产品"白金龙香烟"制作的广告词："饭后一支烟，胜过活神仙。"事实证明，当初的广告词已成为如今瘾君子的座右铭。同样是登在报刊上的香烟广告，国外××香烟的广告语言则是正话反说："吸烟有害健康，××香烟也不例外！"一正一反，一褒一贬，异曲同工，广告语言艺术的魅力由此可见一斑。

广告创意的语言艺术散见于各种商品广告之中。理发店的广告语言："虽是毫末技艺，却是顶上功夫。"猪饲料的广告语言："饲宝×××，催猪不吹牛！"酸梅汁的广告语言："小别意酸酸，欢聚心甜甜。"粉刺药品的广告语言："只要青春不要'痘'！"汽车的广告语言："车到山前必有路，有路必有××车。"

语言艺术还包括产品的商标名称和进入国外市场的译名。可口可乐（Coca Cola）打入中国市场时，拟用四个谐音的汉字来称呼这种不含酒精的西方饮料。开始选译的是"蝌蚪嚼蜡"，又是动物又是蜡烛，无味加不干净的印象，使其无人问津；后转用"可口可乐"，美味可口，开心快乐，从此销量大增。

11.3.6 广告费用预算

广告费用预算有以下四种不同的选择方案。

11.3.6.1 销售百分比法

根据过去的经验,按计划销售额的一定百分比确定广告费用。好处是简便易行,缺点是实际操作中过于呆板,不能适应市场变化。

11.3.6.2 目标任务法

明确广告目标后,选定广告媒体,再计算出为实现这一广告目标应支出的广告费用。这种方法在实际操作中难度较大,因为广告目标很难以数字来精确计算。

11.3.6.3 竞争对抗法

它是根据竞争对手的广告宣传情况,来决定自己的广告费用的一种方法。

11.3.6.4 倾力投掷法

企业在不能测定广告目标和广告效果的情况下,常常采用有多少费用就做多少广告的办法,这种做法的风险比较大。

11.3.7 广告效果评估

广告效果评估就是指运用科学的方法来鉴定所做广告的效益。广告效益包括三方面:一是广告的经济效益,指广告促进商品或服务销售的程度和企业的产值、利税等经济指标增长的程度;二是广告的心理效益,指消费者对所做广告的心理认同程度和购买意向、购买频率;三是广告的社会效益,指广告是否符合社会公德,是否寓教于销。

广告效果的测定方法有很多种,可按不同的标准分类。

11.3.7.1 以广告发布时间为标准分类

(1) 预审法。

它是广告制作完成以后,在媒体发布以前所进行的广告效果测定和相应分析。具体可通过以下手段进行:

模拟销售检验。就是通过人为的办法"选"一个销售环境,以此检验广告的促销功能。譬如"盲目销售检验",就是把包装好的产品上的商标拿掉,摆在货柜上,每种商品后面有个说明卡片,上面分别有一则不同的广告,最后看哪种商品销量大,就说明哪种卡片上的广告促销功能大。

消费者试用检验。就是把一组同类产品放在消费者面前,其消费者可以是企业内部的职工,也可以是部分有兴趣的市民,各自产品均配以不同的广告,然后检验消费者对广告的反应程度、对相应产品的购买意向和购买结果。这类办法的优点是速度快,检验的是真正的消费者,费用不高,能利用完整的广告;局限性在于不是顾客主动地选购,而是被动地回答,购买行为不自然,而且由于消费者表达能力的不同,对其意见想法的表述难以准确。

邮寄检验。邮寄检验可以通过各种各样的印刷品形式进行,如小册子、信件、说明书和明信片等。把不同的广告缩小地印在明信片上,每张明信片都有一些免费小赠品,所有明信片的赠品都一样,然后把这些明信片寄给大量的、有一定代表性的消费者,根据有复信并已接受赠品者的比例大小，就可以检验出广告的有效程度。

仪器检验。把消费者置于各种仪器前，检测其对广告的反应程度。视力相机的功能是在人们阅读广告时记录其视力运动情况。检测结果表明，一个人在阅读时，眼睛并不是顺着字行稳定地移动，不同的人其阅读习惯也不同。通过视力相机获得的资料可以用来确定广告标题的位置，确定某个广告长度的合适与否以及其他广告文案设计问题。再如印象测量器是一种国外使用的广告效果检测仪，这种机械装置，把被检的广告在被检测人员眼前暴露3~5秒钟，然后检验人员可以衡量出每个被检人能够回忆起多少广告内容。

(2) 复审法。

这是广告发布以后，为了分析广告效果，调整广告策略而进行的测量广告效果的方法。具体可通过以下手段进行：

售后检验。这是最直接也是用处最多的一种方法，它把广告发布后企业产品新的销售量和广告发布前的销售量进行比较，从其中得出广告的促销功能。其优点是简便易行，立竿见影，直接和企业销售量挂钩。不足之处是无法把广告促销的效果和同时作用的其他促销办法（如人员推销、公共关系）的效果区分开来。

调查检验。调查消费者，询问顾客，作一些广告并向读者提供一些好处，鼓励他们对广告作出评价。可以把同一则广告发布在不同的媒体上（电视、报纸、广播等），询问哪一种效果好；也可以都发布在报纸上，准备两则广告，今天刊登一则广告，明天刊登另一则广告，然后询问哪一则广告效果较好，再决定取舍。

回忆检验。一般来说，不给对方任何提醒或暗示，只是在受试者记忆的汪洋大海中检查所做广告深入人心的程度。其优点在于：它能提供有关广告深入人思想的程度方面的材料，而且还可以检测消费者是否领会了广告制作人员企图表达的广告主题，广告设计意图和受众的接受认同程度是否一致。缺点是费用高，受试者记忆兴趣和记忆程度有差别。

11.3.7.2 以具体操作工具的不同分类

以具体操作工具的不同，广告效果的测定方法可分为统计法、实验法、历史法、评分法、邮寄法、问答法、机械法、采访法、媒体组合法等。

11.4 营业推广

11.4.1 营业推广的含义

营业推广又称销售促进，是指那些不同于人员推销、广告和公共关系的销售活动。它旨在激发消费者购买和提高经销商的效率，诸如陈列、展出与展览表演和许多非常规的、非经常性的销售尝试。营业推广包括以下几个种类。

11.4.1.1 针对消费者的营业推广（Consumer Promotion）

可以鼓励老顾客继续使用，促进新顾客使用，动员顾客购买新产品或更新设备，引导顾客改变购买习惯，或培养顾客对本企业的偏爱行为等。可以采用以下几种方式：

(1) 赠送样品。

向消费者赠送样品，可以挨户赠送，在商店或闹市区散发，在其他商品中附送，也可以公开广告赠送。赠送样品是介绍一种新商品最有效的方法，费用也最高。

（2）发放优惠券。

给持有人一个证明，证明他在购买某种商品时可以免付一定金额。

（3）推出廉价包装。

在商品包装或招贴上注明，比通常包装减价若干。它可以是一种商品单独装，也可以把几件商品包装在一起。

（4）奖励。

可以凭奖励券买一种低价出售的商品，或者凭券免费以示鼓励，或者凭券买某种商品时享受一定优惠，各种摸奖、抽奖也属此类。

（5）现场示范。

企业派人将自己的产品在销售现场当场进行使用示范表演，把一些技术性较强的产品的使用方法介绍给消费者。

（6）组织展销。

企业将一些能显示企业优势和特征的产品集中陈列，边展边销。

11.4.1.2　针对中间商的营业推广（Intertrade Promotion）

目的是鼓励批发商大量购买，吸引零售商扩大经营，动员有关中间商积极购存或推销某些产品。可以采用以下几种方式：

（1）给予批发回扣。

企业为争取批发商或零售商多购进自己的产品，在某一时期内可给予购买一定数量本企业产品的批发商以一定的回扣。

（2）支付推广津贴。

企业为促使中间商购进企业产品并帮助企业推销产品，还可以支付给中间商一定的推广津贴。

（3）开展销售竞赛。

根据各个中间商销售本企业产品的实绩，分别给优胜者以不同的奖励，如现金奖，实物奖、免费旅游、度假奖等。

（4）召开交易会或博览会、业务会议。

某企业或多个企业联合召开商品展销和洽谈会，向与会中间商推销产品。

（5）工商联营。

企业分担一定的市场营销费用，如广告费用、摊位费用，以建立稳定的购销关系。

11.4.1.3　针对销售人员的营业推广（Sales Force Promotion）

鼓励销售人员热情推销产品或处理某些老产品，或促使他们积极开拓新市场。可以采用以下几种方式：开展销售竞赛（如有奖销售），按比例分成，免费提供人员培训、技术指导。

11.4.2 营业推广的特点及局限性

11.4.2.1 营业推广的特点

(1) 直观的表现形式。

许多营业推广工具具有吸引注意力的特点,可以消除顾客购买某一特殊产品的惰性。他们告诉顾客说这是永不再来的一次机会,这对那些精打细算的人具有很强的吸引力,但这类人对于任何一种品牌的产品都不会永远购买,是品牌转换者,而不是品牌忠实者。

(2) 灵活多样,适应性强。

可根据顾客心理和市场营销环境等因素,采取针对性很强的营业推广方法,向消费者提供特殊的购买机会,具有强烈的吸引力和诱惑力,能够唤起顾客的广泛关注,立即促成购买行为,在较大范围内收到立竿见影的功效。

11.4.2.2 营业推广的局限性和副作用

有些方式显现出卖者急于出售的意图,容易造成顾客的逆反心理。如果使用太多,或使用不当,顾客会怀疑此产品的品质及产品的品牌,或产品的价格是否合理,产生"推销的是水货"的错误感觉。

11.4.3 营业推广的实施过程

一个公司在进行营业推广时,必须确定目标,选择工具,制订方案并试验、实施和控制方案及评价结果。

11.4.3.1 确定营业推广目标

就消费者而言,营业推广的目标包括鼓励消费者更多地使用商品和促进大批量购买;争取未使用者试用,吸引竞争者品牌的使用者。就零售商而言,目标包括吸引零售商们经营新的商品品目和维持较高水平的存货,鼓励他们购买时令商品,贮存相关商品,抵消各种竞争性的促销影响,建立零售商的品牌忠诚和获得进入新的零售网点的机会。就销售队伍而言,目标包括鼓励他们支持一种新产品或新型号,激励他们寻找更多的潜在顾客和刺激他们推销时令商品。

11.4.3.2 选择营业推广工具

可以在上述各种方式中,灵活有效地选择使用。

11.4.3.3 制订营业推广方案

营业推广方案应该包括这样几个要素:

(1) 费用。

营销人员必须决定准备拿出多少费用进行刺激。

(2) 参加者的条件。

刺激可以提供给任何人,或选择出来的一部分人。

(3) 营业推广措施的分配途径。

营销人员必须确定怎样去促销和分发促销方案。

(4) 营业推广时间。

调查显示，最佳的频率是每季有三周的促销活动，最佳持续时间是产品平均购买周期的长度。

（5）营业推广的总预算。

公司进行整个营业推广所需的费用总和就是营销推广的总预算。

11.4.3.4 方案试验

面向消费者市场的营业推广能轻易地进行预试，可邀请消费者对几种不同的、可能的优惠办法作出评价和分等，也可以在有限的地区进行试用性测试。

11.4.3.5 实施和控制营业推广方案

实施的期限包括前置时间和销售延续时间。前置时间是开始实施这种方案前所必需的准备时间。它包括最初的计划工作、设计工作，以及包装修改的批准或者材料的邮寄或者分送到家；配合广告的准备工作和销售点材料；通知现场推销人员，为个别分店建立地区的配额；购买或印刷特别赠品或包装材料；预期存货的生产；存放到分配中心准备在特定的日期发放。销售延续时间是指从开始实施到大约95％的采取此促销办法的商品已经在消费者手里所经历的时间。

11.4.3.6 评价营业推广结果

对营业推广方案的评价很少受到注意，最普通的一种方法是把推广前、推广中和推广后的销售进行比较。

11.5 公共关系

11.5.1 公共关系的含义

公共关系（Public Relation）是指某个组织为改善与社会公众的关系，促进公众对组织的认识、理解及支持，达到树立良好组织形象、促进商品销售的目的的一系列促销活动。它的本意是工商企业必须与其周围的各种内部、外部公众建立良好的关系。它是一种状态，任何一个企业或个人都处于某种公共关系状态之中。它又是一种活动，当一个工商企业或个人有意识地、自觉地采取措施去改善自己的公共关系状态时，就是在从事公共关系活动。作为促销组合的一部分，公共关系的含义是指这种管理职能：评估社会公众的态度，确认与公众利益相符合的个人或组织的政策与程序，拟定并执行各种行动方案，以争取社会公众的理解与接受。

11.5.2 公共关系的职能

公共关系的对象很广，包括消费者、新闻媒体、政府、业务伙伴等。公共关系被用来促进品牌、产品人员、地点、构思、活动、各种组织机构甚至国家关系。组织机构利用公共关系去吸引公众的注意力或者去抵消留在公众头脑里的坏印象。国家使用公共宣传去吸引更多的观光者、外国投资者和取得国际支持。公共关系作为一门经营管理的艺术，其功用、职能主要表现在信息收集、咨询建议、信息沟通、社会交际、培训和平衡六个方面。

11.5.2.1 信息收集

公共关系所需收集的信息主要有两大类，即产品形象信息与企业形象信息。产品形象信息包括公众特别是用户对于产品价格、质量、性能、用途等方面的反映,对于该产品优点、缺点的评价以及如何改进等方面的建议。企业形象信息则包括公众对本企业组织机构的评价,如机构是否健全,设置是否合理,人员是否精简,运转是否灵活,办事效率如何等;公众对企业管理水平的评价,如经营决策的评价、生产管理的评价、市场营销管理的评价、人事管理的评价等;公众对于企业人员素质的评价,如对决策者的战略眼光、决策能力、创新精神等方面的评价;公众对于企业服务质量的评价,包括服务态度和对顾客的责任感等。

11.5.2.2 咨询建议

其内容涉及本企业知名度和可信度的评估和咨询,公众心理的分析预测和咨询,本企业的方针、政策、计划的评议等。

11.5.2.3 信息沟通

在企业创建时期,信息沟通的主要任务是争取建立公众对于本企业的良好印象,能够招揽人才,争取投资来源;建立自己的独特风格,如企业产品的命名、商标、广告的制作,代表色的选择,门面的装修等。在企业遇到风险时,要弄清事情的原委,区别对待:对公众的误解或他人的陷害,要进行必要的解释,将本企业采取的预防措施向公众宣布;对企业自身过失危害公众利益,公共关系人员应实事求是,使负面影响减小到最低限度,将本企业的改进措施公之于众,帮助企业重振声誉。

11.5.2.4 社会交际

与政府、媒体、公众、其他社会组织建立良好的关系,使其认可企业以及企业的产品,从而为企业的各方面发展提供一个宽松的外部环境。

11.5.2.5 培训

企业利用自身的技术、管理等资源优势,借助培训这一形式和手段,向消费者、其他组织等提供企业相关产品或行业的技术与管理培训,从而教育用户并使其认识企业及产品。

11.5.2.6 平衡

企业利用各种手段来协调、平衡与其他企业、消费者、政府、公众组织和媒体等的关系。如与其他企业的合作,对消费者的各种优惠,对社会的捐助等平衡手段。

11.5.3 公共关系的原则与实施步骤

11.5.3.1 确定公共关系的原则

(1) 以诚取信的原则。

企业要在公众心目中树立良好的形象,关键在于诚实。只有诚实才能获得公众信任的回报。如果企业以欺骗的方法吹嘘自己,必然会失去公众的信任。

(2) 公众利益与企业利益相协调的原则。

企业的生存发展不能离开社会的支持,诸如劳动力、资金、生产资料的提供及政府的宏观调控。因此,企业应为社会公众提供优质产品,而且在公关活动时必须将公众利益与企业利益结合起来。

11.5.3.2 选择公共关系的方法

方法很多，如周年庆祝活动，艺术展览会，拍卖会，义演晚会，在不寻常地方举行聚会、舞会等。

11.5.3.3 公共关系的实施步骤

(1) 调查研究。

企业通过调研，一方面，了解企业实施政策的有关公众的意见和反应，反馈给高层管理者，促使企业决策有的放矢；另一方面，将企业领导者意图及企业决策传递给公众，加强公众对企业的认识。

(2) 确定目标。

一般来说，企业公关目标是促使公众了解企业形象，改变公众对企业的态度。具体地说，公关目标是通过企业传播信息，转变公众态度，即唤起企业需求。必须注意，不同企业或企业在不同发展时期，其公关具体目标是不同的。

(3) 交流信息。

企业通过大众传播媒体及交流信息的方式传播信息。可见，公关过程就是信息交流过程。

(4) 评估公共关系效果。

评估的指标可以包括：第一，曝光频率。衡量公共关系效果最简易的方法是计算企业在媒体上的曝光频率。企业希望在同一时期报上有字，广播有声，电视有影。第二，反响。分析由公共关系活动而引起公众对产品的知名度、理解、态度方面的变化，调查活动前后的差异。第三，若统计方便，销售额和利润的影响是最令人满意的一种衡量方法。

11.5.4 公共关系的主要方法

公共关系的主要方法有：①密切与新闻界的关系，吸引公众对某人、某产品或某服务的注意。②进行产品宣传报道。③开展企业联谊活动。④游说立法机关与政府官员。由于政府与企业关系特别密切的中国实际情况，有时也出现实际操作中"公关等于攻关"的畸形现象。⑤咨询协商。⑥编写案例、总结经验。⑦公众舆论调查：事先了解设计师、建筑师、工程师、化学家、采购代理商以及有权决定规格的购买者的态度。⑧信息反馈。⑨广告合作。⑩安排特别活动。⑪支持相关团体，赞助相关活动，如与体育运动相关的健力宝饮料、李宁运动服就经常赞助某些体育比赛。⑫处理顾客投诉。

【本章小结】

促销是指企业通过人员推销或非人员推销的方式，向目标顾客传递商品或劳务的存在及其性能、特征等信息，帮助消费者认识商品或劳务所带给购买者的利益，从而引起消费者的兴趣，激发消费者的购买欲望及购买行为的活动。促销的实质是生产者与消费者之间的信息沟通。用经济学术语来说，促销的基本目的是改变一个公司的产品需求（收入）曲线的形状。

根据促销目标的要求，把人员推销、广告、营业推广、公共关系等四种促销形式有机地结合起来，综合运用，就形成了促销组合。企业应综合考虑多种因素，作出正确的促销组合决策。

人员推销是指企业通过派出推销人员与一个或一个以上可能成为购买者的人交谈，作口头陈述，以推销商品，促进和扩大销售。人员推销可以采取三种形式：建立自己的销售队伍，使用本企业的推销人员来推销产品；使用专业合同推销人员；雇用兼职的售点推销员。对推销人员的管理非常重要，它往往决定了人员推销活动的成败。

广告是由明确广告主（发布者）以公开付费的方式，对产品（或服务）进行的非人员性的任何形式的介绍和推荐活动。广告定位的内容涉及五个方面，企业应全面分析，合理决策。

营业推广是刺激和促进购买的所有规则、非周期性发生的推销活动，短期效益比较明显，适宜完成临时的、短期的促销任务。营业推广方式多样，应根据不同的对象灵活地选择应用。

公共关系是指某个组织为改善与社会公众的关系，促进公众对组织的认识、理解及支持，达到树立良好组织形象、促进商品销售的目的的一系列促销活动。通过公共关系活动企业可以提高知名度和美誉度，营造良好的舆论环境和社会环境。

【关键名词】

促销（Promotion）
促销组合（Promotion Mix）
推式策略（Push Strategy）
拉式策略（Pull Strategy）
人员推销（Personal Selling）
广告（Advertising）
营业推广（Sales Promotion）
公共关系（Public Relations）

【思考题】

1. 简述促销的含义和作用。
2. 简述促销组合及其影响因素。
3. 结合企业实际，谈谈如何管理推销人员（包括推销人员的甄选、培训、组织结构、业绩评估等）。
4. 结合企业实际，谈谈公共关系策略如何应用。

【实践训练】

产品促销策划

实训目标：学习促销组合的策划，掌握人员推销、广告、营业推广、公共关系的技术要领。

实训内容与要求：由学生自由组合成4~6人的产品推广小组，并确定负责人。根据所学习的促销组合知识及四种主要的组合促销策略，结合当地市场实际，为某种产品的市场导入设计促销组合方案。

实训成果与检测：各小组确定产品项目，提交书面的促销组合策划方案。

【案例分析】

肯德基陷入秒杀门：莽撞促销秒杀肯德基形象

肯德基陷入难堪的2010年4月6日，是个星期二。

整个上午，风平浪静。10时，在全国2800家肯德基快餐店的视线之外，一轮优惠券秒杀活动在肯德基淘宝网授权店内悄然进行。

这个叫做"超值星期二"的活动，由肯德基的市场团队策划推出。他们预计在周二这一天的10时、14时和16时，通过在淘宝网店的三次"秒杀"拍卖，成功拍得的100位用户的信箱里可以收到肯德基官网发出的电子优惠券，折扣低至五折，复印有效。这家公司声称此次活动的目的是为了推广肯德基的优惠网站，而在一个月前，它的竞争对手麦当劳用"券券通吃"的促销手段从其身边抢走了很多消费者的目光。

但这个匆忙推出的"超值"活动却为肯德基自己埋下了一颗炸弹——低折扣、复印有效和互联网传播这三个因素加在一起，引发了一场抢购。

尤其是全家桶打对折的消息更是以惊人的速度在各大公司职员和大学生群体中传开，这大大超出了肯德基的预想。

没有条形码、没有防伪标识、黑白打印、复印有效……与肯德基过去的普通优惠券在形式上没有任何差别的"五折券"流入了很多渠道，真假难辨，并以肯德基难以控制的形式在网络上蔓延着。由于技术上无任何门槛，很多小网站干脆直接把优惠券copy过来，以吸引用户流量。

13时30分，肯德基突然决定停止第二轮和第三轮秒杀活动，但仍有请示的电话不断从全国各家分店打过来：来买对折全家桶的用户越来越多，其中一些竟然使用的是还未放出的第二轮和第三轮的优惠券。两个多小时后，经过初步的内部协商，肯德基在官网上发布声明，称部分消费者手中的优惠券为"假券"，以此为由拒绝接受所有的半折券。从16时开始，很少有消费者能成功使用五折优惠券了。全国2800家店面陆续在不同时间接到了总部的电话指令。仓促间，他们把官网的声明打印出来，贴在餐厅的墙壁上，以此作为谢绝优惠券的凭据。

这种强硬的态度，让一些"较真儿"的消费者感到了愤怒。有的人认为，肯德基是"玩不起了"。在宽带山论坛里和大众点评网上，一些帖子盖了上百层"楼"来讨论此事。"餐厅里面贴的通知明显是临时打上去，连公章都没有，不正式。"一位网民说，"这完全不像一家跨国公司的行为。"

《卧底经济学》的作者、英国《金融时报》专栏作家蒂姆·哈福德（Tim Harford）对《第一财经周刊》表示，像肯德基这样的大公司，不会主动让自己陷入这样的公关危机。"比较大的可能性是，优惠的制定权往往在总公司或者地区性的总公司手上，他们与实际上无权的执行层面缺乏沟通,导致了营销脱节。"

肯德基自1998年以来,每年以数百家新店的规模进行扩张,并以此超越对手麦当劳,在中国奠定了连锁快餐第一品牌的地位,但是未能表现出在极端情况下的快速反应和政策制定能力。

它的对手麦当劳此前也做过一次大规模的促销。2010年2月下旬,麦当劳推出了一次名为"券券通吃"的活动,消费者若持有包括肯德基在内的其他品牌的鸡翅优惠券,可获得麦辣鸡翅的特殊折扣,低至七折。麦当劳对《第一财经周刊》表示,这项活动在其内部策划了数月,法务部、市场部、公关部等所有可能部门人员都参与了这一筹备,大家在一起预估可能涉及的法律纠纷,引发争议后如何应对媒体,并预估可能的销量以便在采购及物流环节做好相应准备。麦当劳称,这次促销活动的销售结果已经达到了公司预期。

对照之下,肯德基此时推出的这次"超值星期二"活动,多少有些回击的味道,但不够充分的策划却把事情搞砸了。

武断的态度把事态推向错误的方向。4月6日晚上,北京、上海、南京及杭州等城市的部分肯德基店遭遇顾客堵门,向其讨要说法。据《解放日报》报道,在上海吴江路茂名路路口的一家肯德基店,数名堵门的顾客与店员僵持了三个多小时,甚至还把麦当劳外卖叫到肯德基店内食用以示抗议,肯德基的店员表情尴尬又无奈。

在接下来的几天,这次对折促销活动演变为肯德基一场前所未有的危机,媒体纷纷跟踪报道,并将此称为"秒杀门"事件。一些对肯德基的做法感到失望的顾客甚至准备将其告上法庭。

面对这样的态势,在近一周的时间里,百胜公共事务部的相关人员一直处在开会商讨对策的状态,这种过于缓慢的危机公关处理方式使其自身陷入不利的舆论之中。

一位快餐业的资深人士认为肯德基的这一做法欠妥当,它应该通过声明真诚地道歉,承认自己对活动效果预估不足,用低姿态平息顾客的怨气求得谅解和缓冲时间。可是此次危机发生后,肯德基的第一落点没踩准,引起一连串新的反应,包括各地发生的消费者起诉肯德基违约等,这些都为善后工作增加了重重困难。

一位大学生对《第一财经周刊》说,这件事让肯德基的品牌形象在他心中一落千丈。

但一些同行对肯德基取消优惠活动的做法表示理解。

来看看全家桶里有什么:6块鸡翅、5块原味鸡、2个餐包、1个粟米、一瓶1.25L的百事可乐。原价64元,对折后32元的差价,其吸引力远远超出了另外两张优惠券——上校鸡块和汉堡。16时以后是晚餐高峰时段,假如每家餐厅在其后数小时内要销售一两百只全家桶,就意味着它们在保证正常销售的同时,还要额外备足上千只鸡翅和鸡块,而鸡翅和鸡块原本就是肯德基常规销售中的主打产品。

如果肯德基不喊停,这些在网上"流窜"的优惠券将对其原料库存和物流体系造成严重冲击。一位资深的快餐市场部从业者说,如果换作他,大概也会做出这个决定。他分析认为,肯德基的全家桶在打了对折后出售,应该仅能收回成本。

尽管百胜对《第一财经周刊》表示,取消活动与仓储和物流环节无关,肯德基对可能引发的销量有充分预估,第一轮活动的优惠券并没失效,上校鸡块也没出现断货,但在它将一款牵连诸多单品的全家桶用于促销活动,并印上"复印有效"几个字后,如果不及时停止优惠活动，其面临的将是一个崩溃的物流、成本体系。

在低折扣引发了消费者抢购后，2800家店的总量将是一个可怕的数字。如果勉强将活动进行下去，百胜配销中心储备的原料将难以支撑，这需要百胜南、北两大区域的主要供应商及时配合补给原料。而百胜的食品供应链又相当复杂，从农场到餐桌，每一个环节都需要第三方验证机构检验。遇到这样爆发性的原料需求，鸡肉供应商们恐怕一时间也难以提供大量符合安全标准的原料。

即便原料供应能满足，百胜集团的物流也将面临空前的压力。百胜公司在中国内地设有8个配销中心，辐射全国范围内的所有餐厅，服务对象是肯德基、必胜客、东方既白等品牌。以上海配销中心为例，要负责上海及其周边地区的仓储和物流，几百家餐厅每日需要的食材、餐具，乃至卫生纸，都从这个配销中心送出去。

常态下，配销中心的软件系统可以实时监控餐厅的销售情况，餐厅无需每天配货，配销中心可以根据轻重缓急安排每天的物流计划，同时设计出有效的行车路线将餐厅串联起来。有时候遇到突发事件，比如体育馆开演唱会，上座率超出附近餐厅的经理的预估，便会向其他餐厅就近调货。

但如果大多数顾客在短时间内同时点全家桶这种产品，所有肯德基餐厅就都要全面补货，这套物流系统可能会瘫痪，并会影响必胜客、东方既白等餐厅的正常运营。

而即便抛开物流体系不谈，成本的压力也将是难以估量的。假如优惠券的总量在可以控制的范围内，肯德基完全可以将牺牲的利润作为一次正常的市场活动费用。但在局面难以收拾之后，跟数量直接相关的变动成本就上升为一个不可控的量级——简单地说，尽管打了五折的全家桶可能不赔不赚，但生产一万个全家桶所牺牲掉的利润，与生产数以万计、甚至量级都无法估算的全家桶所牺牲掉的利润是无法相提并论的，而且这些巨额的订单还将衍生出庞大的销售和管理成本。

肯德基从4月6日10时起就错了。它用于对抗麦当劳而匆忙间推出的市场策划案进入了折扣的禁区——当促销的折扣低至一定程度，引发消费者狂热是不可避免的事。

肯德基并不是第一次遇到此类事件。2009年5月，美国肯德基也发生了一场风波。当时，肯德基在美国举行了一场类似的营销活动，著名节目主持人奥普拉·温弗瑞（Oprah Winfrey）在节目中宣布，肯德基新推出了一种烤鸡块，只要在她的官方网站上打印一张优惠券（限时打印），就能免费获得两块烤鸡肉、两份配菜和一份酥饼，活动持续10天。

翌日上午，这家在全美并非最受欢迎的快餐店，突然成了最受欢迎的，并进一步成为社区秩序的破坏者。手持优惠券的顾客从柜台前排到门外，最后在街上站成一条盘曲的队伍，巡警不得不来维持秩序。但活动不接受复印的优惠券。

肯德基在当天稍晚时宣布无法再兑换优惠券，因为产品都兑换完了。美国当地媒体认为，肯德基低估了奥普拉的影响力，也低估了经济不景气时人们对一顿免费午餐的热爱程度，而这种热爱超出了肯德基所能承受的成本压力。

中国肯德基并没有吸取美国同事的教训，重蹈覆辙，并且在危机公关的处理方面显得更欠思量。面对骚乱，肯德基的总裁罗杰·伊顿（Roger Eaton）在24小时内发表道歉声明，承认是公司对活动失去控制，并表示所有已打印优惠券的顾客可以换取一种延期兑现的优惠券，同样是这些产品，一个半月后开始兑现，为期15天，并且额外赠送一杯可乐。

但在中国情况则有所不同。4月12日下午，在事情过去近一周后，中国肯德基对外发布了一封"致消费者公开信"，承认"原活动欠周详"。但这家公司同时也宣布，将不会对持有优惠券的消费者做出任何补偿，理由是"避免对消费者造成二次伤害"。

"从消费心理学的角度来说，拿着优惠券上门的消费者会认为打了折扣的价格就是自己应得的'原价'，如果否认，他们并不以为自己只是没捡到这个便宜，而会感觉自己受到了欺骗。"Tim Harford 对《第一财经周刊》说，"我个人认为，一旦发生了传播范围过大的情况，作为一家成熟的公司，接受这一切是比较好的处理方法。"

（资料来源：http://rich.online.sh.cn/rich/gb/content/2010－04/16/content_3442250.htm，有改动）

讨论题：

1. 一次莽撞的促销活动"秒杀"了肯德基的良好形象，它究竟错在哪里？
2. 结合案例情况，请为中国肯德基制定一份有效合理的促销方案。

【阅读材料】

1. ［美］加里·阿姆斯特朗，菲利普·科特勒. 营销学导论［M］. 何志毅，译. 7版. 北京：中国人民大学出版社，2006.
2. ［美］菲利普·科特勒. 营销管理［M］. 梅清豪，译. 12版. 上海：上海人民出版社，2006.
3. ［美］唐·E·舒尔茨，菲利普·J·凯奇. 全球整合营销传播 IGMC［M］. 何西军，等，译. 北京：中国财经出版社，2004.
4. 郭国庆. 市场营销学通论［M］. 2版. 北京：中国人民大学出版社，2003.
5. 吴健安. 市场营销学［M］. 2版. 北京：高等教育出版社，2004.
6. 顾青. 市场营销［M］. 大连：大连理工大学出版社，2006.
7. 中国营销传播网，http://www.emkt.com.cn.
8. 百度百科网，http://www.baike.baidu.com.
9. 世界营销评论网，http://mkt.icxo.com.

第 12 章 市场营销策划

【本章概要】

　　任何一项营销活动的展开都离不开营销策划。营销策划是在对企业内部环境予以准确分析，并有效运用经营资源的基础上，对一定时间内企业营销活动的行为方针、目标、战略以及实施方案与具体措施进行设计和计划。优秀的策划离不开对市场环境的科学调研，在这个过程中最重要的是创新。使创新转化为生产力的是策划的可行性。那么如何对营销活动进行策划呢？本章将重点介绍营销策划的过程与步骤以及策划书的撰写。

【学习目标】

1. 了解市场营销策划的作用与意义；
2. 掌握市场营销策划的步骤。

【引导案例】

贺岁电影《天下无贼》首映策划

　　贺岁电影《天下无贼》表现的是一个淳朴敦厚的农民傻根携带六万元钱回家娶亲，路遇一伙窃贼，最终改变了两个盗贼——王薄和王丽的命运，让他们重新作出了人生抉择的故事。影片中重要的故事情节都发生在火车上。为了将一个交通工具与一部贺岁电影联系起来，制片方首次采用第一列以电影命名的列车——"《天下无贼》号"进行影片首映宣传。首映宣传时，《天下无贼》影片的主创人员和新闻媒体都乘坐 T97 次列车，将其命名为"《天下无贼》号"，前往香港宣传影片，就如同在生活中真有了一列与电影中一样的火车。这样就将一个交通工具与一部贺岁电影两件毫不相干的事物完美地结合起来了，诞生了影片营销创意。

　　于是，在 2004 年 12 月 7 日，第一列以电影命名的列车"《天下无贼》号"驶出了北京西客站，沿着京九线，向香港进发了。12 月 5 日在香港举办了"《天下无贼》香港——北京秀"的出发仪式。该出发仪式是《天下无贼》在香港上映宣传的开始，也是影片在香港宣传的起点。12 月 6 日在上海举办了《天下无贼》全国新闻发布会，这是冯小刚的贺岁影片第一次在北京以外的城市举办全国新闻发布会。香港的出发仪式与上海的新闻发布会，共同成为影片在香港、内地宣传的起点。12 月 7 日北京西客站，《天下无贼》剧组全体成员、投资方、赞助商、院线公司和影院代表、新闻媒体、观众代表等，一同乘坐"《天下无贼》号"列车前往香港。12月8日，"《天下无贼》号"列车抵达香港九龙车站。当晚举行《天下无贼》香港首映式。"《天下无贼》香港——北京秀"活动圆满结束。

[资料来源：耿跃进．《手机》和《天下无贼》的操盘回望[J]．广告大观，2005 (12)：52]

12.1 市场营销策划的含义

策划早已存在，是谋划权与指挥权分离的产物，在军事、政治、经济、文化等领域发挥着举足轻重的作用。"富国强民，争谋为先"，当今世界形成了以策划手段来推动经济和企业发展的热潮：美国工商界成立了"策划协会"的组织，日本的研究者提出"经营力即策划力"的理论，中国香港、台湾的企业家亦已达成"无策划就无企业"的共识。美国的盖洛普调查公司、麦肯锡咨询公司、尼克松管理咨询公司，都是著名的策划公司，他们不仅为社会创造财富，自身也获取了巨大的经济收益。

市场营销策划是策划科学的主要领域。市场营销策划是在对市场及企业状况进行深入了解的基础上，利用智谋，设计和规划当前与未来市场营销方案，以达到预定目标的过程。它强调三点：一要创新；二要可实施的方案；三要既符合当前市场状况，又合理预测未来。在我国，市场竞争愈来愈激烈，一个企业只有好的产品和服务是不够的，企业必须采取各种方法使产品和服务引起消费者的注意。各种营销活动好戏连台，背后都有策划的功劳。然而，在对营销策划的作用与意义的认识上，还存在许多误区：一是认为策划不过是出出点子，找个诀窍；二是将策划与炒作联系起来，以为策划不过是想引起轰动效应。其实，策划是一门严谨的、系统的、有发展前景的学科，是知识经济的重要组成部分。市场营销策划是在深入了解与把握市场规律，理解消费者的需求与心理及对企业产品有深刻认识的基础上，对企业营销活动系统的安排与提升。策划是营销的制高点。它需要策划者具有坚实与广泛的知识基础、丰富的市场营销经验以及很强的创造力。一个好的营销策划方案不仅可以使产品迅速占领市场，而且可以使企业在顾客中建立长久的信誉，这不是通过一时的广告、一个点子或者炒作所能达到的。秦池酒的兴衰就是很好的例证。秦池是靠夺得标王后的媒体炒作而一夜成名的。出名之前，秦池只是山东某县的一个小厂，资产1000多万元。秦池以6666万元夺得1996年中央电视台广告标王后，像一匹大黑马，成为各家媒体关注的焦点，不仅一夜出名，而且一夜暴富。1996年，秦池的销售额接近10亿元。到1996年11月8日，中央电视台举行1997年黄金时间广告招标会时，尝到了甜头的秦池更是以3.21亿元的天价二度夺标。一夜之间，秦池的名字再次出现在各种媒体上。然而，由于秦池酒厂没有进行系统的市场营销策划，招致众多媒体的批评，认为广告费用实际仍是出在消费者身上。同时，从四川购原酒到山东勾兑的事又被曝光，标王秦池的知名度虽仍很高，但美誉度却大大降低。秦池酒的神话开始淡化，继而被打破，最终销声匿迹……没有真正以消费者的需求与利益为基础而进行的策划，其结果可想而知。

12.2 市场营销策划的步骤

市场营销策划是一门任务繁杂、操作性强的学科。它以设定目标为起点，然后制定出策略与政策，以及详细的市场内部作业计划，以求目标的达成，继之进行成效评估及反馈。成功的市场营销策划必须有步骤、分层次、按秩序进行，具体分为：准备阶段、制定阶段、实施与控制阶段。

12.2.1 市场营销策划的准备阶段

在准备阶段所要做的基本工作包括策划的立项、策划的调研与分析、理解销售产品、确立策划目标。

12.2.1.1 策划的立项

策划的立项主要是根据企业的营销现状与营销目标的差距来进行的，关键是界定问题。策划立项的结果是提出立项报告书，并经多个程序部门批准。

12.2.1.2 策划的调研与分析

策划的调研涉及与产品销售有关的方方面面，既包括市场环境、消费者购买行为、组织购买行为等方面，也包括企业内部的情况。策划的调研必须制订调研计划，它是营销人员获取解决问题所需信息的方法及程序的详细计划书。调研所获得的杂乱资料是没有意义的，重要的是对资料的整理与分析，形成有用的信息。

12.2.1.3 理解销售产品

对销售产品理解的关键是找出产品的"卖点"，这是营销策划的关键一步。卖点的产生来自于产品的差异性与市场需求的完美结合。如我国的匹夫营销策划公司曾为一种名为"双鹤"的产品找到了很好的卖点。"双鹤"是一种美容保健品，理所当然，市场就是众多爱美的女士。这种常规的市场定位能打开产品销路吗？市场上的美容保健品多具有美白、去皱、祛斑、除痘多种功效，"双鹤"如何另辟蹊径抢占市场呢？他们将其定位于"净化血液，科学祛斑"，并再采用低价策略。短期内，在品种繁杂的美容保健品市场上就出现了"鹤"立鸡群的局面。

12.2.1.4 确立策划目标

策划目标是整个策划活动的指导方向，合理的目标是根据系统客观的市场调查与预测得出的。

12.2.2 市场营销策划的制定阶段

策划制定阶段的主要任务是：进行策划创意，制定策划书和设计策划方案，以及匡算费用、进行方案沟通。这其中既有高智慧的结晶，又有踏实的文案工作。策划书这一书面材料可使策划操作更具有科学性、系统性和计划性，策划方案是为贯彻执行策划书而作的实战计划。

12.2.2.1 创意与策划

策划是营销的制高点，策划的精髓是判断力和创造性。策划需要具备把握市场脉络的能力。顺利进行策划活动有三个法宝：第一个法宝，是知道市场在哪里。这要对市场进行周密、翔实的调查,并进行深入分析,才能找到沟通产品与市场的桥梁。第二个法宝,就是知道市场的瓶颈在哪里。既然已经找到了市场,就该给市场把把脉。只有找到问题的所在,才能进而找到解决问题的方法。这个方法也贵在创新。第三个法宝,是知道用什么方法疏通瓶颈。这需要能设计出充满创意的营销方案。

某策划公司曾为山庄干红葡萄酒进入北京市场做过如下策划:商家为了吸引消费者,该如何把没有多大名气的山庄干红葡萄酒推向北京市场呢?免费品尝,买二送一,这些都是常规的促销手段。山庄干红葡萄酒进入北京市场的时间是五月,五月里的节日很多,"五一劳动节""五四青年节",还有"母亲节"。山庄干红葡萄酒的目标消费者定位是中青年人,该如何利用这个好时节,让山庄干红葡萄酒红遍五月呢?策划者把这方方面面联系起来后,就出台了"您的年龄就是山庄干红的价格"这个方案。

12.2.2.2 制定策划书

关于市场营销策划书的制定,请参见相关书籍,这里不做介绍。

12.2.2.3 费用匡算

经济效益是检验策划成败的最重要标准,投入产出比的高低是衡量策划水平高低的"试金石"。这里的费用是指为了达到营销目标而实施营销方案所需的预算。预算根据目标与方案设计的内容来匡算,它是与目标和方案设计紧密联系的,绝对不能把两者割裂开来。不顾成本的营销方案,是没有可行性的。费用匡算不能只有一个笼统的总金额,要进行分解,计算出每一项营销行动的费用。匡算促销费用时,除了列出总金额外,还要匡算出广告费用、人员推销费用或营业推广费用等。一般的做法是,先设计营销方案,然后匡算营销成本,再根据成本调整营销方案,直到确定一个投入少、产出效果好的营销方案。

12.2.2.4 方案沟通

在方案沟通之前,除了资料收集阶段可能与最高决策者以及相关的企业经营管理人员有过接触外,策划者一直都是在独立进行工作。这时候,策划者应将营销方案与企业决策者及相关的经营管理人员进行沟通,听取他们的意见,进一步了解最高决策者的意图,以使营销策划内容更符合实际。

沟通的另一个目的是进行方案调整。市场营销策划都是以一定的时间为基础的。在这个时间范围内,营销环境往往会发生变化,如果这一变化超出了原来营销策划中所预计的范围,那么营销方案实施的可靠性就会降低。另外,通过与企业的决策人员或经营管理人员的沟通,原先设计的营销方案也可能会出现不合理的地方。因此,在计划时间内,策划者要根据不断变化的营销方案做出适时的调整,以确保营销方案的可靠性。

12.2.3 市场营销策划的实施与控制阶段

该阶段是个关键阶段。在这个阶段要组织人员实施、监控调适、总结评估,只有做好这些工作才能给策划工作画上一个完满的句号。出其不意,击其不备,是取胜的关键。但更关键的是要把握住出奇招的时机,选准时机,伺机而动,把事先精心设计的奇招部署周全,做到反应快、部署快、准备快、切入快、运作快、撤出快。只有这样,才能争取主动权和制胜权,速战速决,最终取得全局性胜利。这里的速战速决不是草率,

而是要把握好火候。这需要智慧与胆识，还要具备敏锐的观察力、分析力、判断力。策划就好比交响乐，只有各方面密切配合，才能奏出和谐美妙的乐章。

一般情况下，只有在市场营销策划实施的一段时间结束并还想持续下去时，策划实施的控制才有意义。策划人员根据结果对营销策略进行评估，看看营销目标是否达到，是否有差距存在。如果有差距存在，则要找出原因，以便对下一段计划时间内的营销策略进行调整。

市场营销策划部门应是由情报、创意、策划、销售各类人才组成的一支志同道合、业务精深、具有团队精神的队伍。一个周密、完善的策划活动并非仅靠策划者的智能和技巧便能完成，还要以科学的策划理论作根据，按照科学的程序进行可行性论证，以现代科技手段、设备进行可靠性分析。常规的作战方式是：初期以调查部为中心，各部为辅，对市场进行周详的调查，作出可行性分析报告；继之以创意部为主，给企业一份新颖独到的、符合企业实际情况的、符合市场状况的策划方案；最后与企业相关部门携手实施。

【本章小结】

市场营销策划是在对市场及企业状况进行深入了解的基础上，利用智谋，设计和规划当前与未来市场营销方案，以达到预定目标的过程。它强调三点：一要创新；二要可实施的方案；三要既符合当前市场状况，又合理预测未来。

成功的市场营销策划必须有步骤、分层次、按秩序进行，具体分为：准备阶段、制定阶段、实施与控制阶段。

【关键名词】

市场营销策划（Marketing Planning）

【思考题】

1. 简述策划与炒作的不同点。
2. 论述营销策划的步骤。

【实践训练】

市场营销策划文案的制作

实训目标：
1. 掌握市场营销策划的内容、流程、方法技巧，锻炼进行实际营销策划的能力。
2. 掌握市场营销策划文案的制作方法。

实训内容与要求：分组进行，针对某企业的产品进行市场调研、文案设计、可行性论证，完成文案。

实训成果与检测：完成一份书面的市场营销策划方案。

【案例分析】

2008年春节脑白金促销策划案

一、市场环境分析

春节是我国所有传统节日中最为盛大的一个节日，所以对一切消费品来说都是一个绝好的营销时机。中国的股市在这两年一直在节节攀升，一路飙红！很多股民都在这次大牛市中赚了不少钱，这就使得消费者的钱包鼓了起来，有更多的钱用来消费。在这个节日里，人们不仅会购买大量的自身消费品，更多的则是为走亲访友购买礼品。因为在目前快节奏的生活环境下，人们平常没有更多的时间去走亲访友、拜访父母。一到春节，大家就有了时间，便会更多地去进行感情联络的活动。对于中国人而言，去拜访别人两手空空如也是非常不礼貌也是非常不尊敬被拜访者的。所以人们会去购买礼品。这样对于礼品的消费就会呈激增之势！虽然消费者购买礼品有非常多的选择，但是现在人们更加注重的是健康问题，这就导致保健品的社会需求量呈激增之势！不仅是朋友之间、同事之间、上下级间，更主要的是晚辈对长辈的健康关爱。将送礼及现在流行的健康这个概念联系起来看，春节前的市场环境对于保健品销售来说无疑是有利的。

二、市场机会分析

保健品有很多种，如补钙的（盖中盖）、补血的（九芝堂驴胶补血口服液）、美容的（太太口服液）和机体调节的（脑白金）等等。基于脑白金的目标客户群体来看，我们的行销机会应该是晚辈对长辈的孝顺、对年龄稍大的朋友的关爱以及对因工作压力而导致亚健康状态的朋友的关心。我国60岁以上的老年人口保守地说约占总人口的11%，将近1.5亿；而我国的亚健康人群更是占到我国总人口的70%，达到了9.4亿！

鉴于以上对环境的分析，脑白金无疑迎来了一个巨大的商机。脑白金的具体功效就是改善睡眠、延缓衰老、改善肠道功能等，属于机体调节功能类保健品。这类保健品最常用于中老年人及因工作关系而导致亚健康的人群，一般都是晚辈过年过节送给长辈的礼物。老年人收到脑白金，很自然地会想到广告画面——开心并且极具中国传统特色的场面。如此俗气的广告搭配世间最纯真的感情，以表达中国人的情感，有什么产品做得更好呢？长期处于亚健康状态的人收到脑白金，会联想到"脑白金年轻态健康品"这句广告词，送礼人对收礼人的关心关爱就不言而喻了。

从全国来看，脑白金是把保健品和礼品结合得最成功的一个品牌，人们送礼的时候第一个想到的就会是脑白金的节日促销电视广告里的广告解说词："今年过节不收礼，收礼就收脑白金"。这句家喻户晓的广告词，让人们很容易就联想到买脑白金送人就是为了送去祝福、送去健康。所以春节更是脑白金一个很好的销售时机！

三、市场竞争对手分析

在市场上，脑白金的主要竞争品有：纽崔莱营养蛋白质粉、昂立多邦胶囊、纽崔莱钙镁片、21金维他、蜂王浆、青春宝美容胶囊、纽崔莱复合维生素C片、昂立一号口服液和纽崔莱果蔬纤维素嚼片等几种保健品，另外还有其他各种门类的礼品。

在此我们将研究的重点放在保健品一类的竞争对手上，因为消费者在做出购买行为前此类产品的消费动机最为相近。虽然不同的保健品其功效不同,但是就消费者购买行为本身而言,其购买动机都是要给长辈、亲朋以及要维护关系的人送去健康和祝福,实际上就是俗语所讲的"买者不用,用者不买"。

在这类保健品中,蜂王浆与昂立一号口服液与脑白金的功效最为相近,所以我们主要就分析这两个品牌及其生产企业。

1. 蜂王浆

蜂王浆的主要功效有:预防癌症、延年益寿、保护肝脏、健脑益智、调节血压、加强造血功能、镇静安眠、刺激性腺、美容润肤等。从功效上看,跟脑白金一样,都有镇静安眠、延缓衰老、改善肠胃功能等。所以消费者在抱着促进睡眠的购买动机购买时会在这两者之间进行二选一的抉择。

生产蜂王浆的企业有很多,其中包括我国的老字号宝生园蜂王浆、昌盛蜂王浆、汪氏蜂王浆、百花蜂王浆等。各种蜂王浆的礼品装与脑白金相比,诉求方面普遍都没有脑白金突出。相对于脑白金168元的价格来说,也没有处在同一个档次上,普遍都在110元以下。

从上述可以看出,各种蜂王浆制品虽对脑白金产品有一定的威胁,但是威胁不是很大。对于春节前的机体调节保健品礼品市场来说,它们不会占有太多的市场份额。

2. 昂立一号口服液

昂立一号口服液的主要功效有:具有抗氧化功能,提示具有延缓衰老作用;具有改善肠道菌群失调,调节胃肠道功能作用;具有调节血脂代谢(甘油三酯和胆固醇),降低血脂和抑制血脂升高作用;经动物试验证明,具有一定的抗突变作用。

昂立一号口服液的生产厂家是上海交大昂立股份有限公司。

从价格上说,昂立一号口服液礼品装(500毫升×4)网上的报价是99元,市场指导价是138元。而脑白金的市场售价是168元,网上报价是120元。在价格上,两种产品也不在同一个礼品档次上,昂立一号口服液的档次稍低。

从上述可以看出,昂立一号口服液的存在也对脑白金有一定的威胁,势必也会在春节的礼品保健品市场上分一杯羹。

综上所述,首先,这两个品牌的产品在功能上与脑白金是相近的,但是从价格体系上来说,脑白金的档次是较高的。毕竟是在礼品保健品市场上的角逐,所谓的送礼一定要有档次,才能充分地显示出送礼人对收礼人的重视及尊重,所以在这点上脑白金还是占有优势的。其次,脑白金品牌有强有力的广告效应。人们一看到脑白金就会自然而然地联想到是专门为自己买的礼物,收礼的人开心,送礼的人就乐意买了。由此看来,脑白金有强势的广告作支撑,合理的档次定价为支点,其他竞争品对它的冲击将在很小的范围内。

四、企业自身营销结构分析

总部的营销部门在各个区域下设经销商,将产品铺向全国。销售渠道模式采取的是深度网络分销模式+直销模式。

对于大型的商场、超市采取的是直销模式,即由总部直接供货。这种模式的优点在于能够更加真实地了解到消费者的信息,更便于控制产品在市场上的动作。这种模式的缺点是受限于交通便利因素，在消费者集中的城市会出现销售盲区。

针对以上缺点和不足，还采用了深度网络分销模式，即在分销网络的基础上，对零售终端的分销商的通路的各个环节都加以管理。这样就可以使产品的铺货面积更广，减少了销售盲区，而且还有利于企业对产品市场动作的控制，避免出现窜货和价格体系紊乱等现象。

五、促销战略策划

本次节前促销活动是通过人员推销和非人员推销的方式，传递脑白金的功效及礼品效用等的信息，帮助消费者认识脑白金能给他们带来的利益从而达到引起消费者注意和兴趣、唤起需求、采取购买行为的目的。

在促销活动中最重要的就是要使消费者的信息通畅地传递到企业。

本次促销活动要达到的目的有：充分地将企业要向消费者传递的信息传递到位；激发消费者对脑白金的需求；突出脑白金在市场上与其他竞争品的不同点，即突出脑白金的特点；建立信誉，通过活动使更多的消费者对企业产生信任感；扩大脑白金的市场份额，提高脑白金的销量；引爆脑白金在今春的销售狂潮。

根据本次全国范围内的春节前大促销活动的目的，决定采取促销组合的方式进行促销。其主要采取的是综合的、立体的、空陆结合的全方位的促销战略。

空中有脑白金的非人员推销即强势广告的拉动，地下有脑白金的人员推销，即各个经销商及促销人员努力推动，形成促销的空中地面结合、"推""拉"策略结合的全方位的推销。

本次促销活动分为两个部分进行：一个是对于各级经销商的促销，另一个是对于消费者的促销。这样做的目的是要充分地发挥促销的作用，达到最大的成效。

（一）经销商

经销商是除总部的营销部门外企业最主要的对外铺货渠道。经销商做脑白金的产品而不做竞争对手的，通过脑白金的产品获利，也就是为了能赚更多的钱。所以对经销商的优惠政策更能起到促销的作用，经销商的积极参与就能使脑白金的促销活动事半功倍。

本次针对经销商的促销措施是：

1. 增加交易折扣

凡在活动期间销售达到一定数量级别，就会享有交易折扣的优惠政策。也就是进货越多的经销商，其进价就越低。这样一来就直接增加了经销商的利润。

2. "新、马、泰七日游"奖励

当经销商销售到一定的量时，就会给予"新、马、泰七日游"的名额。依据不同的销量给予不同数量的名额。对经销商的促销优惠，最具危险性的是经销商为了达到目标，争取额外的利益，采取低价抛售的做法来扩大销量，这样做比常规努力来得轻松，但这样做对市场和厂商的危害是不言自明的。在这个促销措施中，公司提供的是旅游奖励，减少了经销商将奖品换算成商品的让利予以抛售的可能，相对克服了上述弊端。

（二）消费者

消费者是企业的主要服务对象，是企业获利的根本。所以，给消费者的优惠或是给消费者带来的价值越多,销售量就会越大,企业促销的效果就会越好。

本次针对消费者的促销措施是:

1. 在脑白金的礼品包装中加入"金砖"这个奖

在出售的礼品装脑白金中抽取 5 盒加入 500 克的金砖奖券。每年的春节期间,各种保健品的节前促销活动都像是进行一场战役,谁是最后的胜者就要看各自的本事了。脑白金是市场上保健品的老品牌,一直以来其品牌内涵都是年轻态、健康品和馈赠佳品,年年的销售业绩均保持在 10 亿元左右。但是已打了十年的老套的送礼诉求广告已激不起新的消费热潮和心理欲望,那么如何才能既提高销量又不损伤脑白金品牌呢?降价、打折、买赠这些常规促销做法,如果把握不好"度",不但不能增加销量,反而可能加速该产品的失败。推出"新一代脑白金"虽然让人感到与时俱进,但原有品牌的剩余价值尚未用尽,"新一代脑白金"又要巨额费用进行推广也不可取。在原有的刺激方式沿用了多年后尤其是在刺激程度不够时,企业就应该考虑再加一种刺激进去,这样就能保证促销的效果。所以,在老品牌脑白金上加上新的附加值相信会在今春引爆新的脑白金热潮!

2. 继续打造礼品概念,造就送礼时尚文化

推出强势广告,向消费者传递送脑白金是一种送去健康、送去祝福和送去问候的行为,并且对其进行高档次行为的暗示,让消费者认为送礼送出去的有档次,这样收礼人认为收脑白金很有档次,很有面子,那么送礼人当然就愿意买了,销量自然就会增加。

3. 终端造势,踢进临门一球

在各大商场、超市的货架上下工夫,营造出一种过节的喜庆气氛,并且是要最显眼的那种。本次货架的装扮以红色和蓝色为主色,并且配以大面积的货架商品的陈列。要在各大商场、超市的最佳位置做"堆头",更要在商场、超市内张贴非常显眼的 POP 海报,货架前配备专门的营销推介人员。因为脑白金强势广告的拉动作用,它特别受各大商场、超市的钟爱及优待。有了强势的终端造势,势必将使此次促销活动离成功更进一步。

六、策划实施细则、促销活动时间、权责实施划分及实施进度表

策划实施细则:

(一)经销商

1. 增加交易折扣

凡在活动期间销售达到一定数量级别,就会享有交易折扣的优惠政策。也就是进货越多的经销商,其进价就越低。这样一来就直接增加了经销商的利润。对于此促销优惠政策,具体的实施细则是:①经销商一次进货超过 50 万的享有 20 个百分点的交易折扣;超过 60 万的享有 24 个百分点的交易折扣;超过 70 万的享有 30 个百分点的交易折扣;80 万以上的,享有 37 个百分点的交易折扣。②此次参与交易折扣的春节礼品促销装都是专为今春准备的促销装,所以在春节促销活动过后一定要退市,并且返回总部。所以经销商不能为了贪图交易折扣而大量囤货!如果囤货,一经总部发现立即取消其经销商资格,并且要偿付 10 万元的违约金。③此次交易折扣将于春节促销后兑现,若出现囤货现象则不兑现任何的交易折扣。

2. "新、马、泰七日游"奖励

当经销商销售到一定的量时,就会给予"新、马、泰七日游"的名额。依据不同的销量给予不同数量的名额。对于此促销优惠政策,具体的实施细则是:①在活动期间,每月销量不低于50万、销售总量不低于100万者,公司将提供1个新马泰旅游名额;每月销量不低于60万、销售总量不低于110万者,公司将提供2个新马泰旅游名额。旅游活动在2008年的五一长假期间举行。②总部只提供去新马泰的路费、住宿费及安排景点的门票、车费,其他费用需参与者自理。③公司将为本次出游的人员投保35万元的人身保险和意外保险。

(二) 消费者

1. 在脑白金的礼品包装中加入"金砖"这个奖

在出售的礼品装脑白金中抽取5盒加入500克的金砖奖券。对于此促销措施,其具体的实施细则为:①在活动期间,总部会在春节促销礼品装中随机抽出5盒并在其中加入500克的金砖奖券。要求奖券是防伪扫描识别的纸制品,放在包装的最内部。②春节促销礼品装均有一次性拆毁包装,经销商不得拆开包装察看是否有奖后再销售。一经总部查实有此项行为,立即撤销其经销商资格并罚款8万元!③中奖的消费者持500克的金砖奖券到上海健特股份有限公司营销部兑换金砖实物。④个人所得税由消费者自理。⑤带有金砖奖券的今春促销礼品装在活动中期投放市场。

2. 继续打造礼品概念,造就送礼时尚文化

推出强势广告,向消费者传递送脑白金是一种送去健康、送去祝福和送去问候的行为,并且对其进行高档次行为的暗示,让消费者认为送礼送出去的有档次,这样收礼人认为收脑白金很有档次,很有面子,那么送礼人当然就愿意买了,销量自然就会增加。对于此促销措施,其具体的实施细则为:①在春节来临前的两个月做好今春的促销广告。②广告的形式和内容大体将和去年的新春促销广告相同,只不过是在内容上加入"购脑白金送金砖"并且其主人公还是往年一直在用的卡通老人夫妇。③此次的广告将投放于以下媒体:中央电视台1套、2套、4套、5套、9套,北京、河北、湖南、浙江卫视1套,《人民日报》《中国电视报》,中央人民广播电台。④各电视台的投放时间为黄金时间。

3. 终端造势,踢进临门一球

在各大商场、超市的货架上下工夫,营造出一种过节的喜庆气氛,并且是要最显眼的那种。本次货架的装扮以红色和蓝色为主色,并且配以大面积的货架商品的陈列。要在各大商场、超市的最佳位置做"堆头",更要在商场、超市内张贴非常显眼的POP海报,货架前配备专门的营销推介人员。因为脑白金强势广告的拉动作用,它特别受各大商场、超市的钟爱及优待。有了强势的终端造势,势必将使此次促销活动离成功更进一步!对于此促销措施,其具体的实施细则为:①在促销活动前半个月就要跟各个商场、超市谈妥各项活动细则。②促销活动前一个月准备所有商场、超市在终端造势时所需的一切物品、货架装饰的统一设计、"堆头"的设计。③促销活动前一个半月对各经销商进行促销培训,活动前一个月由各经销商对本地域促销人员进行促销培训。④全程督促各商场、超市对脑白金春节促销礼品装的宣传。

促销活动时间：

本次促销活动的起止时间为：2007年12月6日—2008年2月26日。此时间分为两个部分：一部分是针对经销商开始实行促销的时间，即2007年12月6日—2008年2月26日；另一部分是针对消费者实行促销的时间，即2008年1月6日—2008年2月26日。

权责实施划分：

本次策划案的实施就由上海健特股份有限公司营销部来具体执行，在活动期间公司各个部门要通力配合。由公司主管营销的副总经理来担任此次春节促销活动的负责人。

实施进度表：

时间项目进程

2007年11月25日—12月4日　企业对各经销商的促销培训

2007年12月1日—12月15日　商场、超市中货架、"堆头"及POP海报的设计

2007年12月6日　开始对经销商实施促销优惠政策

2007年12月6日—2008年1月4日　经销商对本地域促销人员的促销培训

2007年12月15日—2008年1月1日　准备装扮货架、"堆头"所需用品和POP海报

2008年1月1日　脑白金的春节促销广告开始播放

2008年1月2日—1月3日　货架和"堆头"的设计，装扮货架和"堆头"所需物品及POP海报送达各个商场、超市

2008年1月4日—1月5日　各商场、超市装扮货架，铺货，"堆头"的摆放及POP海报的张贴

2008年1月6日　新春脑白金礼品装促销正式开始

2008年1月18日　带有金砖奖券的产品流入市场

2008年3月1日　开始兑现对经销商的交易折扣

2008年5月1日　带获奖的经销商到新马泰进行为期七天的旅游

注：活动期限为2007年12月6日—2008年2月26日

七、费用预算

本次活动的预算固定费用为：

对经销商的培训费用：50000元

对促销人员的培训费用：100000元

促销人员工资费用：2000000元

货架装饰、"堆头"及POP海报的设计费用：10000元

货架装饰、"堆头"及POP海报的制造及运输费用：100000元

奖品金砖的定制（5块500克金砖）：855000元

电视广告支出：

——中央电视台（1、2、4、5、9套）280000000元

——各省、直辖市卫视（北京、河北、湖南、浙江1套）105000000元

报纸广告支出：

——《人民日报》3000000元
——《中国电视报》3000000元

电台广告支出：

——中国人民广播电台 800000万

总计：394915000元

本次活动的预算变动费用包括：对经销商的交易折扣，对获得去"新、马、泰七日游"的经销商旅游费用的支出，其他意外支出。此类费用由实际情况而定。

八、综述

本次节前促销活动有着空前的商机，脑白金有完整、周详的策划方案和有力的执行团队，再加上外部的有利市场环境，今春一定会在全国范围内再次掀起脑白金热潮！

（资料来源：MBA智库文档）

【阅读材料】

1. ［美］菲利普·科特勒. 营销管理 [M]. 梅清豪, 译. 12版. 上海：上海人民出版社，2006.
2. 郭国庆. 市场营销学通论 [M]. 2版. 北京：中国人民大学出版社，2003.
3. 夏武. 市场营销策划 [M]. 北京：中国经济出版社，2007.
4. 孟韬，毕克贵. 营销策划：方法、技巧与文案 [M]. 北京：中国机械工业出版社，2008.
5. 世界经理人管家，http://my.icxo.com.
6. 中国企业培训网，http://www.71training.com/.
7. 叶茂中营销策划，http://www.yemaozhong.net/.
8. 成美营销顾问，http://www.chengmei-trout.com.

第4篇　市场营销新发展

第 13 章　市场营销新领域与新概念

【本章概要】

随着经济、社会的不断发展，市场营销也取得了很大的发展，如关系营销、网络营销、服务营销、数据库营销、文化营销、色彩营销、情感营销、口碑营销、体验营销、事件营销等。本章主要介绍四个方面：关系营销、网络营销、情感营销和口碑营销。选择关系营销是因为当前消费者在营销学中的重要作用越来越明显，对消费者的研究已经从顾客交易关系发展到顾客满意管理直到当前比较流行的顾客忠诚管理，顾客资产已经成为企业最重要的资产，成为企业营销的重点。选择网络营销则是因为随着网络的发展，一切营销活动都可以通过现代技术取得新的突破，也许不久的将来我们购买所有东西都可以通过网络来进行，B2B、B2C 将成为未来营销的主要模式，近几年电子商务在全球的飞速发展就是明显的例子。选择情感营销是因为当今乃是一个情感消费的时代，消费者购买商品所看重的已不仅是商品数量的多少、质量的好坏以及价格的高低，而更多的是为了获得一种情感上的满足，一种心理上的认同。情感营销从消费者的情感需要出发，唤起和激发消费者的情感需求，引起消费者心灵上的共鸣，寓情感于营销之中，让有情的营销赢得无情的竞争。选择口碑营销是因为口碑营销作为一种新型的市场营销策略，同传统的产品策略、定价策略、分销策略和促销策略一样，都是针对具体的市场情况而采取的创新策略。口碑在人类社会的沟通中扮演着极为重要的角色，甚至是现代社会来临之前最重要的人际沟通渠道。随着社会的进步和商业的发达，人们通过口碑传播的内容日渐丰富。口碑所传达的信息不但能够影响消费者的购买决策，而且左右了消费者对产品的评价、态度以及使用后的行为。

【学习目标】

1. 了解关系营销的含义与特征；
2. 了解网络营销的含义、特点及基本理论；
3. 了解情感营销的含义、作用及策略；
4. 了解口碑营销的基本概念、口碑传播的形成机理及口碑营销的策略选择。

【引导案例】

凡客诚品的"营销革命"

互联网快时尚品牌凡客诚品（VANCL）从来不忌讳承认，它最初的模式是模仿国内曾经名噪一时的男装B2C网站PPG。今天，PPG已销声匿迹，成为互联网江湖中折戟沉沙的一大反面教材；凡客诚品却晋升为互联网新贵，集万千风投与忠实用户的宠爱于一身。

成立于2007年10月，以网上售卖服饰为主的凡客诚品，在2009年实现了5亿元的收入，2010年更是预计达到20亿元，年增长率高达300%。成立之初，一天仅接到十多件衣服的订单，到今天日出货量达十万多件，许多款式的衣服经常卖到断货。

B2C自主品牌

与时下电子商务网站淘宝、卓越、京东等截然不同的是，凡客诚品所卖的衣服、鞋子、床上用品等产品全是自有品牌。其他电子商务网站销售他人品牌的产品，俨然是百货商场式的线上平台商。凡客诚品则采用的是一种新的商业模式，它介入到平台上售卖的所有产品的规划、设计、生产中去，做自有品牌，并将产品定位于平民化的快时尚，瞄准普通大众群体。

作为一个自有品牌的B2C公司，凡客诚品第一个要思考的是如何让用户找到自己，其次是如何建立一个让人信任的品牌形象。PPG大肆砸钱于电视广告和平面媒体的做法，最终导致了其资金链的断裂和公司的破产。作为后来者的凡客诚品，做了自己独特的创新，并大获成功。

立体的营销创新

创立之初，陈年放弃与传统媒体的合作，将凡客诚品的营销战场定位在互联网。而即便是互联网，各大门户网站的广告投入依然是刚成立的凡客诚品所无法承担的。凡客诚品开始大规模采取和网络媒体分账的模式——凡客诚品不支付任何广告费用，将广告悬挂在国内大大小小的网站上，通过网络技术追踪订单来源，当发生实际交易时，凡客诚品再按照约定的比例和网站分账。据了解，凡客诚品的分账比例在业内是比较高的，在15%~18%之间。

对于新浪等强势门户网站（它们一般不与广告商分账），凡客诚品采取打包合作的方式：在门户的重要位置（如首页）投放广告，在其他频道则采取分账方式。2010年，与凡客诚品合作的网站已达到了20000多家，凡客诚品的网站广告成为互联网中一个强大的气旋，席卷了众多网络用户。这种营销模式，为成长之初赢弱的凡客诚品立下了汗马功劳。

当然，这并非是一成不变的，凡客诚品的广告投放和营销策略一直在不断创新及调整，在不同媒介、不同传播手段中的营销呈现出因时而异的特点。

2010年6月，凡客诚品高调邀请韩寒、王珞丹出任品牌代言人，在北京、上海等一线城市的公交站、地铁站投入巨量的平面广告。人气王韩寒作为80后的标签，号召了大批年轻拥趸；青春清新、健康自我的新星王珞丹，也让凡客诚品快时尚的品牌形象迸发活力。

最为亮丽的一笔，是它具有浓重草根基调且易于复制、模仿的广告文案，"爱××，爱××，也爱××，我不是××，我是××"，这种被称为"凡客体"的文案迅速风靡网上网下，网民套用其文案对热点人物和事件进行再创作，极尽调侃和娱乐之能事。"凡客体"的传播让许多曾经对凡客诚品一无所知的用户，开始关注凡客诚品。

严格的费用控制、成功的营销创新，作为互联网企业的凡客诚品，线上线下精准发力，在公众头脑中建立了全面立体的形象，加深了品牌认知，也让人们愿意去行动起来。

极致的客户体验

凡客诚品对客户体验的推崇是极致的，它一层层地消除用户在网购中存在的各种顾虑。除了推出货到付款、满59元免运费、30天无条件退换货等服务，凡客诚品更是创造性地推出了当面验货、当面试穿的体验式服务。当收到凡客诚品的产品时，客户可以在快递员面前验货和试穿，满意才收货。

陈年说："这些网购体验、售后服务提升的措施，凡客视为一种对企业品牌的投入。体验式服务做得越好，用户越容易信任你。"凡客诚品的二次购买率高达50%以上，这比电子商务网站平均的二次购买率高出2倍多。

客户良好的购物体验，当然还来自于凡客诚品的低价策略。9元的丝袜、29元的T恤、59元的帆布鞋，这种接近成本甚至亏本的价格让业界为之震惊，因此也引来了大片"赔本赚吆喝"的质疑声。陈年对《经理人》表示：丝袜、T恤、帆布鞋是凡客诚品的主打单品，低价策略目的在于培养潜在用户、提升知名度。当前十万多件的日销量中，主打单品的销售占到30%~40%，而更多的销售是因此被大大带动起来的其他产品。长期来看，凡客诚品当然不会赔钱！

凡客诚品承认，这些创造式的体验服务为当前公司的运营带来了几乎20%的成本提升，但凡客诚品的市场份额却在急速扩大。市场份额重于利润，这是世界上任何一个互联网公司都意识到的问题。凡客诚品无疑是认识得更深刻并付诸创造性行动的企业之一。

创新继续出发

无论是开发设计平台、推出POS机刷卡服务，还是和第三方代工厂的合作管理、自建物流仓储系统，凡客诚品始终在快时尚的路上不断摸索和创新。陈年说，作为一个全新的B2C企业，凡客诚品没有可以参考的对象，只能根据客户需求不断地摸索。

凡客诚品希望有一天能做到，当一个客户收到货物时，只要向凡客诚品发送不合适的信息，即使该货物还没有回到库房，凡客诚品也能马上给客户寄送合适颜色、尺码的产品。到那时，凡客诚品的客户体验才算是做到了极致。

虽然凡客诚品直至今天依然是不挣钱的，但不妨碍它被业界估值为一个超过10亿美元的互联网企业，并获得了启明投资、老虎基金等风投共四轮超过1亿美元的热捧。陈年很牛气地表示，这足够凡客去打3至5年的大仗。他说，凡客的赢利并不遥远，或许就在明年。

（资料来源：http://www.themanage.cn/201104/416580.html）

引导问题：
1. 凡客诚品给营销带来怎样的革命？
2. 网络营销与传统营销的主要区别是什么？

13.1 关系营销

13.1.1 关系营销的含义与特征

所谓关系营销，是把营销活动看成是一个企业与消费者、供应商、分销商、竞争者、政府机构及其他公众发生互动作用的过程，其核心是建立和发展与这些对象的良好关系。关系营销与传统的交易营销相比，它们在对待顾客上的不同之处主要在于：①交易营销关注的是一次性交易，关系营销关注的是如何保持顾客。②交易营销较少强调顾客服务，而关系营销则高度重视顾客服务，并借顾客服务提高顾客满意度，培育顾客忠诚。③交易营销往往只有少量的承诺，关系营销则有充分的顾客承诺。④交易营销认为产品质量应是生产部门所关心的，关系营销则认为所有部门都应关心质量问题。⑤交易营销不注重与顾客的长期联系，关系营销的核心就在于发展与顾客的长期、稳定关系。关系营销不仅将注意力集中于发展和维持与顾客的关系，而且扩大了营销的视野，它涉及的关系包含了企业与其所有利益相关者间发生的所有关系。

关系营销的本质特征可以概括为以下几个方面：①双向沟通。在关系营销中，沟通应该是双向而非单向的。只有广泛的信息交流和信息共享，才可能使企业赢得各个利益相关者的支持与合作。②合作。一般而言，关系有两种基本状态，即对立和合作。只有通过合作才能实现协同，因此合作是"双赢"的基础。③双赢。关系营销旨在通过合作增加关系各方的利益，而不是通过损害其中一方或多方的利益来增加其他各方的利益。④亲密。关系能否得到稳定和发展，情感因素也起着重要作用。因此，关系营销不只是要实现物质利益的互惠，还必须让参与各方能从关系中获得情感的满足。⑤控制。关系营销要求建立专门的部门，用以跟踪顾客、分销商、供应商及营销系统中其他参与者的态度，由此了解关系的动态变化，及时采取措施消除关系中的不稳定因素和不利于关系各方利益共同增长因素。此外，通过有效的信息反馈，也有利于企业及时改进产品和服务，更好地满足市场的需求。

13.1.2 关系营销的市场模型

关系营销的市场模型概括了关系营销的市场活动范围。在"关系营销"概念里，一个企业必须处理好与下面六个子市场的关系。

13.1.2.1 供应商市场

任何一个企业都不可能独自解决自己生产所需的所有资源。在现实的资源交换过程中，资源的构成是多方面的，至少包含了人、财、物、技术、信息等方面。因此，将招聘市场归入供应商市场是合理的。与供应商的关系决定了企业所能获得的资源数量、质量及获得的速度。生产1辆汽车大约需要8000到1万个零配件，任何一个企业都不可能单独生产全部零配件，必须通过其他供应商进行专业分工协作生产。麦道飞机公司

1993年生产的100架喷气式客机，有18种重要的零部件是由供应商负责设计的，公司因此节约了2亿美元的生产成本。由此可以看出，企业与供应商必须结成紧密的合作网络，进行必要的资源交换。另外，公司在市场上的声誉也部分地来自于与供应商的关系。例如，当IBM决定在其个人电脑上使用微软公司的操作系统时，微软公司在软件行业的声誉便急速上升。

13.1.2.2 内部市场

内部营销起源于这样一个观念，即把员工看做企业的内部市场。任何一家企业，要想让外部顾客满意，首先得让内部员工满意。只有对工作满意的员工，才可能以更高的效率和效益为外部顾客提供更加优质的服务，并最终让外部顾客感到满意。内部市场不只是企业营销部门的营销人员和直接为外部顾客提供服务的其他服务人员，它包括所有的企业员工。因为在为顾客创造价值的过程中，任何一个环节的低效率或低质量都会影响最终的顾客价值。

13.1.2.3 竞争者市场

在竞争者市场上，企业营销活动的主要目的是争取与那些拥有与自己具有互补性资源竞争者的协作，实现知识的转移、资源的共享和更有效的利用。例如，在一些技术密集型行业，越来越多的企业与其竞争者进行了研究与开发的合作，这种方式的战略联盟可以分担巨额的产品开发费用和风险。种种迹象表明，现代竞争已发展为"协作竞争"，在竞争中实现"双赢"的结果才是最理想的战略选择。

13.1.2.4 分销商市场

在分销商市场上，零售商和批发商的支持对于产品的成功至关重要。IBM公司曾花费1亿美元为其产品做广告，结果还是以失败告终，原因在于作为第三方的供应商和零售商反对该产品。IBM公司投入了大量的资源去争取顾客，却忽略了与零售商、经销商等对产品的销售起关键作用的个人或组织建立积极的关系，扼杀产品的正是分销商一类的市场基础设施。

13.1.2.5 顾客市场

顾客是企业存在和发展的基础，市场竞争的实质是对顾客的争夺。最新的研究表明，企业在争取新顾客的同时，还必须重视留住顾客，培育和发展顾客忠诚。例如，争取一位新顾客所需花的费用往往是留住一位老顾客所需花的费用的6倍。企业可以通过数据库营销、发展会员关系等多种形式，更好地满足顾客需求，提高顾客信任度，密切双方关系。

13.1.2.6 影响者市场

金融机构、新闻媒体、政府、社区，以及诸如消费者权益保护组织、环保组织等各种各样的社会影响团体，对于企业的生存和发展都会产生重要的作用。因此，企业有必要把它们作为一个市场来对待，并制定以公共关系为主要手段的营销策略。

13.1.3 关系营销的中心——顾客忠诚

顾客忠诚之所以受到企业高度重视，是因为忠诚的顾客会重复购买。有关顾客忠诚的理论最早可以追溯到1947年由美国学者塞利弗和肯切尔在研究社会判断理论时提出的"涉入理论"。该理论后来在营销学中被应用于研究消费者行为，其主要贡献是区分了品牌忠诚和品牌惰性：在低涉入情况下的重复购买被称为品牌惰性，在高涉入情况下的重复购买被称为品牌忠诚。品牌惰性不能称为品牌忠诚，因为低涉入顾客只是出于方便省事而进行习惯性购买，而不像高涉入顾客那样对其认同的品牌具有强烈的偏好。

顾客忠诚的前提是顾客满意，而顾客满意的关键条件是顾客需求的满足。早期的顾客满意理论建立的"期望未确认模型"，主要集中于期望对顾客满意的影响，而忽略了对满意的基本决定因素——满意的研究。对顾客满意研究的最新进展是斯普林格、麦肯齐和奥尔沙夫斯基通过实验和数理分析，重新检验了形成顾客满意的决定因素之后所建立的顾客满意理论模型。这一模型认为，当顾客把他们对产品或服务绩效的感知与欲望和期望相比较时，就能决定欲望是否会产生。三位营销学者提出并讨论了导致顾客全面满意的七个因素相互间的联系。新模型确认了期望、欲望与感知绩效的差异程度是产生满意感的来源，期望一致和欲望一致程度越高，属性满意和信息满意的程度也越高，最终达到对产品和服务的全面满意。这一模型的主要贡献在于：一方面，导入了欲望因素，分析顾客需要的层次和水平对顾客满意度的影响；另一方面，信息满意因素的提出是对满意理论的重要补充，要求企业与公众进行信息沟通时精确地传递信息，否则也会影响顾客满意的形成。新的顾客满意模型的建立，为企业制定更加有效的顾客满意战略提供了必要的理论基础和依据。

13.1.4 关系营销梯度推进的三个层次

贝瑞和帕拉苏拉曼归纳了三种创造顾客价值的关系营销层次，即一级关系营销、二级关系营销和三级关系营销。

13.1.4.1 一级关系营销

一级关系营销在顾客市场中经常被称作频繁市场营销或频率市场营销。这是最低层次的关系营销。它维持顾客关系的主要手段是利用价格刺激增加目标市场顾客的财务利益。随着企业营销观念从交易导向转变为以发展顾客关系为中心，一些促使顾客重复购买并保持顾客忠诚的战略计划应运而生，频繁市场营销计划即是其中的一例。所谓频繁市场营销计划，是指对那些频繁购买以及按稳定数量进行购买的顾客给予财务奖励的营销计划。例如，香港汇丰银行、花旗银行等通过它们的信用证设备与航空公司开发了"里程项目"计划，当顾客积累的飞行里程达到一定标准后，共同予以奖励。又如，由新加坡发展银行有限公司、VISA 和高岛屋公司联合发起的忠诚营销也是希望与顾客建立长期的关系，智能卡（Smart-Card）的持有者能享受免费停车、送货服务、抽奖活动等一系列优惠，具体形式则取决于顾客用智能卡购买商品的累积金额。一级关系营销的另一种常用形式是承诺对不满意的顾客给予合理的财务补偿。例如，新加坡奥迪公司承诺如果顾客购买汽车一年后不满意，可以按原价退款。

13.1.4.2 二级关系营销

二级关系营销是增加目标顾客的财务利益，同时也增加他们的社会利益。在这种情况下，营销在建立关系方面优于价格刺激，公司人员可以通过了解单个顾客的需要和愿望，使服务个性化和人格化，以增加公司与顾客的社会联系。二级关系营销把人与人之间的营销和企业与人之间的营销结合起来,公司把顾客看做客户。多奈利、贝瑞和汤姆森是这样描述顾客和客户区别的:对于一个机构来讲,顾客也许是不知名的,而客户则不可能不知名;顾客是针对一群人或一个大的细分市场的一部分而言的,客户则是针对个体而言的;顾客是由任何可能的人来提供服务,而客户是被那些指派给他们的专职人员服务和处理的。二级关系营销的主要表现形式是建立顾客组织,以某种方式将顾客纳入到企业的特定组织中,使企业与顾客保持更为紧密的联系,实现对顾客的有效控制。

13.1.4.3 三级关系营销

三级关系营销是增加结构纽带,与此同时附加财务利益和社会利益。结构性联系要求提供这样的服务:它对关系客户有价值,但不能通过其他来源得到。这些服务通常以技术为基础,并被设计成一个传送系统,而不是仅仅依靠个人建立关系的行为,从而为客户提高效率和产出。良好的结构性联系将提高客户转向竞争者的机会成本,同时也将增加客户脱离竞争者而转向本企业的利益。特别是面临激烈的价格竞争时,结构性联系能为扩大现在的社会联系提供一个非价格动力,因为无论是财务性联系还是社会性联系都只能支撑价格变动的小额涨幅。当面对较大的价格差别时,交易双方难以维持低层次的销售关系,只有通过提供买方需要的技术服务和援助等深层次联系才能吸引客户。特别是在产业市场上,由于产业服务通常是技术性组合,成本高、困难大,很难由顾客自己解决,这些特点有利于建立关系双方的结构性联系。

13.1.5 关系营销的价值测定

关系营销为顾客创造和传递的价值一般用让渡价值来衡量。企业自身从关系营销中得到的利益,可以结合顾客赢利能力、顾客保留成本和顾客流失成本等指标来进行衡量。

13.1.5.1 顾客赢利能力

关系营销涉及吸引、发展并保持同顾客的关系,其中核心原则是创造真正的顾客。所谓真正的顾客是这样的顾客:一方面,他们认为自己得到了有价值的服务,愿意与企业建立和保持长期、稳定的关系;另一方面,他们是最有利可图的顾客,除了愿意为企业提供的便利支付高价外,还将该企业介绍给他人,义务宣传其产品和服务。企业常常发现 20%~40%的顾客也许是无赢利的,因此有必要对企业的顾客进行分析:对许多企业来说,最大的客户一般要求周到细致的服务和最大限度的折扣,这往往降低了公司的利润水平;中等规模的客户接受良好的服务,并且几乎能按全价付款,在大多数情况下是最具赢利能力的;最小的客户也能按全价付款,并且只接纳最低程度的服务,但是与最小客户的交易费用降低了公司的利润率。因此,大部分可赢利客户并不是企业的最大客户或最小客户,而是一些中等规模的客户。这里赢利能力的概念强调了顾客的终身价值,而不是指一次特定交易的利润。影响顾客赢利能力的因素有很多,包括需求性质和大小、顾客的讨价还价能力、顾客的价格敏感度、顾客的地理位置和集中度等等。

13.1.5.2 顾客保留成本和顾客流失成本

由于吸引新顾客的成本高于保留老顾客的成本,而且老顾客的赢利能力一般也高于新顾客,因此关系营销的最终目的就是要通过关系的建立和发展留住老顾客。科特勒曾提出按照四个步骤来判断是否应采取顾客保留措施。第一步是测定顾客的保留率。顾客保留率即发生重复购买的顾客比率。第二步是识别造成顾客流失的原因，并且计算不同原因造成的流失顾客比率。第三步是估算由于不必要的顾客流失，企业利润的损失。这一利润就是顾客生命周期价值的总和。最后一步是决策，即企业维系顾客的成本只要小于损失的利润，企业就应支付降低顾客流失率的费用。

13.2 网络营销

13.2.1 网络营销的含义与特点

网络营销是 21 世纪最具有代表性的一种低成本、高效率的全新商业形式。它是借助网络进行的市场活动，既包括在网上针对网络虚拟市场开展的营销活动，也包括在网上开展的服务于传统有形市场的营销活动，还包括在网下以传统手段开展的服务于网络虚拟市场的营销活动。这里所指的网络不仅包括互联网（Internet），还包括外联网（Extranet）、内联网（Intranet）——应用互联网技术和标准建立的企业内部信息交换平台。

网络营销具有以下特点：

（1）跨时空。

互联网具有超越时间约束和空间限制进行信息交换的特点，使得脱离时空限制达成交易成为可能。企业能有更多的时间和更多的空间进行营销，可每周 7 天，每天 24 小时，随时随地提供全球的营销服务。

（2）多媒体。

互联网被设计成可以传输多种媒体的信息，如文字、声音、图像等信息，使得为达成交易而进行的信息交换可以多种形式进行，可以充分发挥营销人员的创造性和能动性。

（3）交互式。

互联网可以展示商品目录，联结资料库，提供有关商品信息的查询服务，可以和顾客做互动双向沟通，可以收集市场情报，可以进行产品测试与消费者满意度调查等，是产品设计、商品信息提供以及服务的最佳工具。

（4）拟人化。

互联网上的促销是一对一的、理性的、消费者主导的、非强迫性的、循序渐进式的，而且是一种低成本与人性化的促销，避免了推销员强行推销的干扰，并通过信息提供与交互式交谈，与消费者建立长期良好的关系。

（5）成长性。

互联网使用者数量快速增长并遍及全球，使用者多半是年轻人，且具有高教育水平。由于这部分群体购买力较强而且具有很强的市场影响力，因此是一个极具开发潜力的市场。

（6）整合性。

互联网上的营销可由商品信息至收款、售后服务一气呵成，因此也是一种全程的营销渠道。另外，企业可以借助互联网将不同的营销活动进行统一规划和协调实施，以统一的传播资讯向消费者传达信息，避免不同的传播渠道中的不一致性产生的消极影响。

(7) 超前性。

互联网是一种功能强大的营销工具，它同时具有渠道、促销、电子交易、互动顾客服务以及市场信息分析与提供等多种功能。它所具备的一对一营销能力，恰好符合定制营销与直复营销的未来趋势。

(8) 高效性。

电脑可存储大量的信息供消费者查询，可传送的信息数量与精确度远远超过其他媒体，并能顺应市场需要，及时更新产品或调整价格，因此能及时有效地了解并满足顾客的需求。

(9) 经济性。

通过互联网进行信息交换，代替以前的实物交换，一方面可以减少印刷与邮寄的成本，可以无店销售，免交租金，节约水电与人工成本；另一方面可以减少由于多次交换带来的损耗。

(10) 技术性。

网络营销是建立在以高技术作为支撑的互联网的基础上，企业实施网络营销必须有一定的技术投入和技术支持，改变传统的组织形态，提升信息管理部分的功能，引进懂营销与电脑技术的复合型人才，在未来才能具备市场竞争优势。

13.2.2 网络营销理论

13.2.2.1 网络直复营销

根据美国直复营销协会（ADMA）为直复营销下的定义，直复营销是一种为了在任何地方产生可度量的反应和（或）达成交易而使用一种或多种广告媒体的相互作用的市场营销体系。网络作为一种交互式的可以双向沟通的渠道和媒体，它可以很方便地在企业与顾客之间架起桥梁，顾客可以直接通过网络订货和付款，企业可以通过网络接收订单、安排生产，直接将产品送给顾客。基于互联网的直复营销将更加吻合直复营销的理念。这表现在以下四个方面：

第一，直复营销作为一种相互作用的体系，特别强调直复营销者与目标顾客之间的双向信息交流，以克服传统市场营销中单向信息交流方式的营销者与顾客之间无法沟通的致命弱点。互联网作为开放、自由的双向式的信息沟通网络，企业与顾客之间可以实现一对一的信息交流和沟通，企业可以根据目标顾客的需求进行生产和营销决策，在最大限度满足顾客需求的同时，提高营销决策的效率和效用。

第二，直复营销活动的关键是为每个目标顾客提供直接向营销人员反映的渠道，企业可以根据顾客的反映找出不足，为下一次直复营销活动做好准备。互联网的方便性、快捷性使得顾客可以通过互联网直接向企业提出建议和购买需求，也可以通过互联网直接获取售后服务。企业也可以从顾客的建议、需求和要求的服务中，找出企业的不足，按照顾客的需求进行经营管理，减少营销费用。

第三，直复营销活动强调在任何时间、任何地点都可以实现企业与顾客的信息双向交流。互联网的全球性和持续性的特性，使得顾客可以在任何时间、任何地点直接向企业提出要求和反映问题，企业也可以利用互联网低成本地实现与顾客跨越空间和突破时间限制的双向交流，这是因为利用互联网企业可以自动地全天候提供网上信息沟通交流工具，顾客可以根据自己的时间安排任意上网获取信息。

第四，直复营销活动最重要的特性是直复营销活动的效果是可测定的。互联网作为最直接的简单沟通工具，可以很方便地为企业与顾客进行交易提供沟通支持和交易实现平台。通过数据库技术和网络控制技术，企业可以很方便地处理每一个顾客的订单和需求，而不用管顾客的规模大小、购买量的多少，这是因为互联网的沟通费用和信息处理成本非常低廉。因此，通过互联网可以实现以最低成本最大限度地满足顾客需求，同时了解顾客需求，细分目标市场，提高营销效率和效用。

网络营销以其可测试性、可度量性、可评价性和可控制性而成为一种有效的直复营销策略。利用网络营销这些特性，可以大大提高营销决策的效率和营销执行的效用。

13.2.2.2 网络软营销

软营销理论是针对工业经济时代的以大规模生产为主要特征的强势营销提出的新理论，它强调企业进行市场营销活动的同时必须尊重消费者的感受和体验，让消费者能舒服地主动接受企业的营销活动。传统营销活动中最能体现强势营销特征的是两种促销手段：传统广告和人员推销。在传统广告中，消费者常常是被迫接受广告信息的"轰炸"，它的目标是通过信息灌输方式在消费者心中留下深刻的印象，至于消费者是否愿意接受、需要不需要则不考虑。在人员推销中，推销人员根本不考虑被推销对象是否愿意和需要，只是根据自己的判断强行展开推销活动。

在互联网上，由于信息交流是自由、平等、开放和交互的，强调的是相互尊重和沟通，互联网使用者比较注重个人体验和隐私保护。因此，企业采用传统的强势营销手段在互联网上展开营销活动势必适得其反，如美国著名AOL公司曾经对其用户强行发送E-mail广告，结果招致用户的一致反对，许多用户约定同时给AOL公司服务器发送E-mail进行报复，结果使得AOL的E-mail邮件服务器处于瘫痪状态，最后不得不道歉以平息众怒。网络软营销恰好是从消费者的体验和需求出发，采取拉式策略吸引消费者关注企业来达到营销目的。在互联网上开展网络营销活动，特别是促销活动，一定要遵循一定的网络虚拟社区规则，有的也称为网络礼仪（Netiquette）。网络软营销就是在遵循网络礼仪的基础上巧妙运用营销手段达到一种微妙的营销效果。

13.2.2.3 网络整合营销

在当前后工业化社会中，第三产业中服务业的发展是经济主要的增长点，传统的以制造业为主的企业正向服务型发展，新型的服务业如金融、通讯、交通等产业如日中天。后工业社会要求企业的发展必须以服务为主，必须以顾客为中心，为顾客提供适时、适地、适情的服务，最大限度地满足顾客需求。互联网作为跨时空传输的"超导体"媒体，可以使企业为顾客提供及时的服务，同时互联网的交互性可以使企业了解顾客需求并提供针对性的响应，因此互联网可以说是消费者时代中最具魅力的营销工具。

互联网对市场营销的作用，可以通过与4Ps（产品/服务、价格、分销、促销）结合发挥重要作用。利用互联网，传统的4Ps营销组合可以更好地与以顾客为中心的4Cs

(顾客、成本、方便、沟通）相结合。

（1）产品和服务以顾客为中心。

由于互联网具有很好的互动性和引导性，用户通过互联网在企业的引导下对产品或服务进行选择或提出具体要求，企业可以根据顾客的选择和要求及时进行生产并提供服务，使得顾客跨时空得到满足要求的产品和服务。同时，企业还可以及时了解顾客需求，并根据顾客需求组织及时的生产和销售，提高企业的生产效益和营销效率。如美国PC销售公司Dell公司；在1995年还是亏损的，但在1996年，它们通过互联网来销售电脑，业绩得到100%增长。由于顾客通过互联网可以在公司设计的主页上进行选择和组合电脑，公司的生产部门马上根据要求组织生产，并通过邮政公司寄送，因此公司可以实现零库存生产。零库存不但可以降低库存成本，还可以避免因高价进货带来的损失，因而Dell公司的业绩得到大幅度提升。

（2）以顾客能接受的成本定价。

传统的以生产成本为基准的定价方式在以市场为导向的营销中是必须摒弃的。新型的价格应是以顾客能接受的成本来定价，并依据该成本来组织生产和销售。企业以顾客为中心定价，必须测定市场中顾客的需求以及对价格认同的标准。企业在互联网上可以很容易地实现这一点：顾客可以通过互联网提出接受的成本，企业根据顾客的成本提供柔性的产品设计和生产方案供顾客选择，直到顾客认同确认后再组织生产和销售，所有这一切都是顾客在公司服务器程序的导引下完成的，并不需要专门的服务人员，因此成本也极其低廉。目前，美国的通用汽车公司允许顾客在互联网上，通过公司的有关导引系统自己设计和组装满足自己需要的汽车：用户首先确定接受价格的标准，然后系统根据价格的限定从中显示满足要求式样的汽车，用户还可以进行适当的修改，公司最终生产的产品恰好能满足顾客对价格和性能的要求。

（3）产品的分销以方便顾客为主。

网络营销是一对一的分销渠道，是跨时空进行销售的，顾客可以随时随地利用互联网订货和购买产品。以法国钢铁制造商犹齐诺—洛林公司为例，该公司采用了电子邮件和世界范围的订货系统，从而把传统的加工时间从15天缩短到24小时。目前，该公司正在使用互联网，以提供比对手更好、更快的服务。该公司通过内部网与汽车制造商建立联系，从而能在对方提出需求后及时把钢材送到对方的生产线上。

（4）压迫式促销转向加强与顾客沟通和联系。

传统的促销是以企业为主体，通过一定的媒体或工具对顾客进行压迫式的促销，以加强顾客对公司和产品的接受度和忠诚度，顾客是被动接受的，公司缺乏与顾客的沟通和联系，而且促销成本很高。互联网上的营销是一对一和交互式的，顾客可以参与到公司的营销活动中来，因此互联网更能加强企业与顾客的沟通和联系，使企业更能了解顾客的需求，更易获得顾客的认同。美国雅虎（Yahoo!）公司开发出一种能在互联网上对信息进行分类检索的工具，由于该产品具有很强的交互性，用户可以将自己认为重要的分类信息提供给雅虎公司，雅虎公司马上将该分类信息加入产品中供其他用户使用，因此不用做宣传其产品就广为人知，并且在短短两年之内公司的股票市场价值达到了几十亿美元，增长了几百倍之多。

13.2.3 网络营销内容

作为新的实现企业营销目标的方式和手段，网络营销的内容非常丰富。一方面，网络营销要针对新兴的网上虚拟市场，及时了解和把握网上虚拟市场的消费者特征和消费者行为模式的变化，为企业在网上虚拟市场进行营销活动提供可靠的数据分析和营销依据。另一方面，网络营销在网上开展营销活动来实现企业目标，而网络具有传统渠道和媒体所不具备的独特的特点：信息交流自由、开放和平等，而且信息交流费用非常低廉，信息交流渠道既直接又高效，因此在网上开展营销活动，必须改变传统的一些营销手段和方式。网络营销作为在互联网上进行的营销活动，它的基本营销目的和营销工具是一致的，只不过在实施和操作过程中与传统方式有着很大区别。下面介绍网络营销的主要内容。

13.2.3.1 网上市场调查

主要利用互联网交互式的信息沟通渠道来实施调查活动。它包括直接在网上通过问卷进行调查，还可以通过网络来收集市场调查中需要的一些二手资料。利用网上调查工具，可以提高调查效率和调查效果。互联网作为信息交流渠道，已经成为信息的海洋，因此在利用互联网进行市场调查时，重点是如何利用有效工具和手段实施调查和收集整理资料。获取信息不再是难事，关键是如何在信息海洋中获取有价值的资料和分析出有用的信息。

13.2.3.2 网上消费者行为分析

互联网用户作为一个特殊群体，有着与传统市场群体截然不同的特性，因此要开展有效的网络营销活动必须深入了解互联网用户群体的需求特征、购买动机和购买行为模式。互联网作为信息沟通工具，正成为许多兴趣、爱好趋同的群体聚集交流的地方，并且形成了一个个特征鲜明的网上虚拟社区。了解这些虚拟社区的群体特征和偏好是网上消费者行为分析的关键。

13.2.3.3 网络营销策略制定

不同企业在市场中处在不同地位，在采用网络营销方式实现企业营销目标时，必须采取与企业相适应的营销策略。因为网络营销虽然是非常有效的营销工具，但企业实施网络营销时是需要进行投入和有风险的。同时，企业在制定网络营销策略时，还应该考虑到产品生命周期对网络营销策略制定的影响。

13.2.3.4 网上产品和服务策略

互联网作为信息有效的沟通渠道，可以成为一些无形产品如软件和远程服务的载体，改变了传统产品的营销策略特别是渠道的选择。在互联网上进行产品和服务营销，必须结合网络特点重新考虑产品的设计、开发、包装和品牌，传统的优势品牌在网上市场并不一定是优势品牌。

13.2.3.5 网上价格营销策略

互联网作为信息交流和传播工具，从诞生之日起就实行自由、平等和信息免费的策略，因此网上市场的价格策略大多采取免费或者低价策略。所以，制定网上价格营销策略时，必须考虑到互联网对企业定价的影响和互联网本身独特的免费思想。

13.2.3.6 网上渠道选择与直销

如果问互联网对企业营销哪一部分影响最大，那应该是对企业营销渠道影响最大。前面介绍的 Dell 公司借助互联网的直接特性建立的网上直销模式获得巨大成功，改变了传统渠道中多层次的选择和管理与控制问题，最大限度地降低了渠道中的营销费用。但企业建设自己的网上直销渠道必须进行一定的投入，同时还要改变传统的整个经营管理模式。

13.2.3.7 网上促销与网络广告

互联网作为一种双向沟通渠道，最大优势是可以实现沟通双方突破时空限制直接进行交流，而且简单、高效和费用低廉。因此，在网上开展促销活动是最有效的沟通渠道。但网上促销活动的开展必须遵循网上信息交流与沟通规则，特别是要遵守虚拟社区的礼仪。网络广告作为最重要的促销工具，主要仰赖互联网的第四媒体功能。目前，网络广告作为新兴的产业得到迅猛发展。网络广告作为在第四类媒体上发布的广告，具有报纸杂志、无线广播和电视等传统媒体发布广告无法比拟的优势，即网络广告具有交互性和直接性。

13.2.3.8 网络营销管理与控制

网络营销作为在互联网上开展的营销活动，它必将面临许多传统营销活动碰不到的新问题，如网络产品质量保证问题、消费者隐私保护问题，以及信息安全与保护问题等等。这些问题都是网络营销必须重视和进行有效控制的问题；否则，网络营销效果可能会大打折扣，甚至会产生很大的负面效应。因为网络信息传播速度非常快，网民对反感问题反应比较强烈而且迅速。

13.2.4 网络营销与电子商务

作为互联网起步最早的成功的商业应用，网络营销得到蓬勃和革命性的发展。随着网络营销发展的深入，它不再仅仅是营销部门的市场经营活动方面的业务，还需要其他相关业务部门，如采购部门、生产部门、财务部门、人力资源部门、质量监督管理部门和产品开发与设计部门等的配合。因此，局限于营销部门在互联网上的商业应用已经不能应对互联网对企业整个经营管理模式和业务流程管理控制方面的挑战。电子商务是从企业全局角度出发，根据市场需求来对企业业务进行系统规范的重新设计和构造，以适应网络知识经济时代的数字化管理和数字化经营需要。图 13-1 是电子商务覆盖的主要互联网商业应用类型。

不同公司和不同组织对电子商务有不同的定义，但其基本内容是一致的。比较权威的定义是经济合作与发展组织（OECD）给出的定义：电子商务是利用电子化手段从事的商业活动，它基于电子处理和信息技术，如文本、声音和图像等数据传输主要是遵循 TCP/IP 协议，通讯传输标准，遵循 WEB 信息交换标准，提供安全保密技术。如果给出一个更简单、系统的定义，电子商务是指系统化地利用电子工具，高效率、低成本地从事以商品交换为中心的各种活动的全过程。网络营销作为促成商品交换的市场交易实现的企业经营管理手段，它显然是企业电子商务活动中最基本的重要的网上商业活动。国际数据公司 IDC 的系统研究分析指出，电子商务的应用可以分为这样几个层次和类

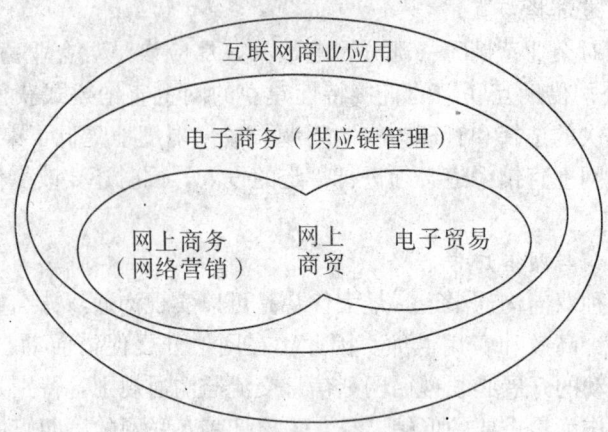

图 13-1 电子商务覆盖的主要互联网商业应用类型

型:第一个层次是面向市场的以市场交易为中心的活动,它包括促成交易实现的各种商务活动,如网上展示、网上公关、网上洽谈等,网络营销是其中最重要的网上商务活动;同时还包括实现交易的电子贸易活动,它主要是利用电子数据交换、互联网实现交易前的信息沟通、交易中的网上支付和交易后的售后服务等。两者的交融部分就是网上商贸,它将网上商务活动和电子贸易活动融合在一起,因此有时将网上商务活动和电子贸易活动统称为电子商贸活动。电子商务活动的第二个层次是指如何利用互联网来重组企业内部经营管理活动,与企业开展的电子商贸活动保持协调一致。最典型的是供应链管理,它从市场需求出发,利用网络将企业的产、供、销、研等活动串联在一起,实现企业网络化、数字化管理,最大限度地适应网络时代市场需求的变化。

市场营销理论与实践是紧密结合的,理论来自于实践,如果我们要想真正地学好营销,还需要经常到企业进行实地学习。把理论真正与实践相结合,才能发挥出营销的威力,成为优秀的营销人员。如果只懂理论而不懂实践,就属于形而上学,无法发挥理论的威力;如果只懂实践而不学理论,则无法把自己的经验上升为理论,只能属于经验而无法与别人分享。

13.3 情感营销

13.3.1 情感营销的含义

所谓情感营销,是指通过心理的沟通和情感的交流,赢得消费者的信赖和偏爱,进而扩大市场份额,取得竞争优势的一种营销方式。简言之,情感营销就是把消费者的个人情感差异和需求作为企业品牌营销战略核心,通过借助情感包装、情感设计、情感广告、情感促销等策略,来激发消费者潜在的购买欲望,以实现企业的经营目标。

13.3.2 情感营销的作用

13.3.2.1 营造更好的营销环境

营销环境既可以给企业带来威胁,也可以带来机遇。营销环境制约着企业的生存和发展。企业应重视良好营销环境的利用和营造。传统的营销方式专注于企业和消费者之间的商品交换关系，企业营销往往跟消费者获得使用价值和企业获得利润联系在一起，使消费者总是难以得到最大的满意。

随着情感消费时代的到来，消费行为从理性走向感性，消费者在购物时更注重环境、气氛、美感，追求品味，要求舒适，寻求享受。情感营销不仅重视企业和消费者之间买卖关系的建立，更强调相互之间的情感交流，因而致力于营造一个温馨、和谐、充满情感的营销环境，这对企业树立良好形象、建立良好人际关系、实现长远目标是非常重要的。

13.3.2.2 提高消费者的品位

现在的市场竞争日益激烈，是否有优秀的品牌已成为决定企业竞争成败的重要因素。一个好的品牌能建立顾客偏好，吸引更多的品牌忠诚者。但是顾客偏好的建立除了有过硬的产品质量、完美的产品市场适应性和营销推广策略外，在很大程度上与消费者的心理因素有很密切的关系。情感营销正是以攻心为上，把顾客对企业的忠诚建立在情感的基础之上，满足顾客情感上的需求，使之得到心理上的认同，从而产生偏爱，形成一个非该企业品牌不买的忠实顾客群。

13.3.2.3 战胜竞争对手的强有力武器

市场如战场，市场竞争犹如战斗般激烈无情。市场竞争，实质上就是与同行争夺顾客。争夺顾客除了注意商品质量上乘、包装新颖、价格公道外，还有一个重要的方法就是实施情感营销。通过处处为顾客着想，赢得顾客的好感和信任；通过优质的服务，不断提高企业声誉，树立企业良好的形象。这样，企业在市场竞争中必然取胜。

13.3.3 情感营销的策略

13.3.3.1 情感设计

深圳时运达公司专门定做各种礼品表，并在手表的背面刻上有个性、有人情味的赠言。一块普通手表，因为多了个几行字，转眼就身价倍增。若你想给远在他乡的爱人寄一块礼品表，你就可以在手表的背面刻上爱人的名字，并写一行赠语"特别的爱给特别的你"，下面刻上日期和你的名字。可以想象，你的爱人戴着这块表，每当寂寞孤独时，看看表上的赠语，心中顿时倍感温馨与幸福。过去人们购买商品，更多的是看重它的使用价值，一方面是由于商品匮乏，品种单一，没有充分的选择余地；另一方面也是因为人们生活水平低而导致文化欣赏水平不高。现在人们购买商品时，不再满足于吃饱穿暖等低层次的需求，还需要商品能够更多地符合自己的情感。这就要求生产企业必须迎合现代消费者的心理，多设计开发个性化、情感化的商品，增加商品的文化附加值。

13.3.3.2 情感包装

情感包装除了满足保护商品、便于携带、便于使用、美化商品、促进销售的基本作用外，还要求赋予商品不同的风格和丰富的内涵，引起消费者不同的情感感受，博得其好感和心理认同。

随着人们环境保护意识的增强，纸包装以其重量轻、体积小、成本低且回收方便、污染小等特点，日益受到人们的青睐，如纸饭盒正在逐步取代老式的吹塑饭盒。我国纸包装发展很快,用瓦楞纸包装出口钢琴就是一大突破。目前,食品、纺织品、服装常采用充气包装,在容器内充进有益气体,有利于保护产品。闽东电机厂在电机包装箱内充芳香气,打开箱子后芳香扑鼻,没有油漆味,令人心旷神怡。乐钙奶包装中附有赠券,积满若干可得不同的赠品,对小朋友很有吸引力。有些香烟或糖果盒里附有连环图画、彩色人物照片、历史故事等,具有一定的收藏欣赏价值。糖果、饼干的包装盒做成文具盒、针线盒的式样,一件商品多种用途,会让消费者喜上眉梢。

13.3.3.3 情感商标

一件商品若想吸引消费者,并定位在消费者心目中,就必须有一个响亮的名字,这一点愈来愈引起企业领导者的重视。那么,如何设计一个好的商标呢?首先,商标要简洁、明了,易于识别和记忆,使商标能在一瞬间吸引顾客的注意,易看、易理解、易记忆,给人以美感。二是商标也要讲求艺术。如飞鸽牌自行车,形象地表达出骑在自行车上像飞鸽一样自由、稳健、轻快;"舒肤佳""美加净"使人一见就会想象到它的质量、性能,产生好感。再比如,江苏无锡的"红豆"牌衬衫,因它使人联想起"红豆生南国,春来发几枝。劝君多采撷,此物最相思"的千古佳句,从而在海外华侨中引起了强烈的共鸣,并进而一举成名。这些商标设计,新颖别致,寓意深刻,富含人情味。

13.3.3.4 情感广告

现在消费者对生产企业"王婆卖瓜、自卖自夸"式的广告已经深恶痛绝。而人情味十足的广告,通常使产品形象上升到一个全新的高度,也自然融解了消费者对广告的本能抵触。消费者首先是感动和情感共鸣,继而引发现实的或潜在的消费需求,经营者便在顾客的情感体验和满足中达到了自己的目的。如上海家化的可蒙孩儿面大王的广告词是:"十个妈妈八个爱。"给人的感觉是他们不是在卖护肤品,而是在奉献爱心。哪个年青的妈妈看了这则广告会无动于衷呢?三鸣养生王的大广告词是:"圆月当空,该如何问候父母双亲?"小广告词是:"调节三高,让热血流畅,为生命护航。"一片拳拳孝心,溢于言表。免费开放的济南植物园内有一个公益广告牌:"小草正在休息,请勿打扰。"让人见了感觉很亲切,这比"请勿践踏草地"要委婉得多。

诙谐幽默的广告也能使枯燥、乏味的产品变得生动、有趣,增加消费者的乐趣,容易被消费者接受。英国一位青年在美国做P·K·D长毛药经销时,专雇秃头男子做销售员,并在他们油光可鉴的秃头上写下"P·K·D长毛药"几个醒目大字,一时间,纽约报刊将此举引为奇谈,大肆宣传,公众也纷纷拥上街头,想一睹为快,此产品就这样成功地打入了美国市场。

13.3.3.5 情感价格

情感价格是指能满足消费者情感需要的价格,注重价格与消费者自身的情感需要相吻合。为了表示尊师重教,几乎每年各大航空公司均会推出暑假期间乘坐飞机凭教师证可以享受额外优惠的活动,此举大受教师们的欢迎。平日里坐飞机对绝大多数教师来说是可望而不可即的,而航空公司实行价格优惠活动,既提高了飞机的上座率,又圆了教师的蓝天梦,增进了航空公司与教师之间的感情联络。

13.3.3.6 情感公关

公关在企业营销中的作用已被越来越多的企业所认识,运用公关树立企业及其产品形象,已经成为企业营销战略的重点。情感公关要求企业要设身处地地为顾客着想,设法加强与顾客的感情交流,通过调查问卷等形式,使消费者参与到企业的营销活动中来,让消费者对企业及其产品从认识阶段升华到情感阶段,最后达到行动阶段。

美国第一家制造履带式推土机的凯特皮勒公司,每当开发新产品时,他们就非常强调产品的可靠性,当一种新产品在技术上还没有完全过关时,绝不急于投入生产。同时也非常强调做好服务工作,他们说:"我们的产品不只是几种机械,而且还包括全套的服务。"正是因为他们想顾客所想,切实对用户负责的精神,让顾客有一种可靠感、安全感,使企业与顾客之间保持一种融洽、和谐的关系,从而达到促销的目的。

13.3.3.7 情感服务

现在商界提出了一个响亮的口号,叫"二次竞争"。意思是说,第一次竞争的战场是在销售点,那么第二次竞争便是售后服务。生产企业力图用最具诱惑力、竞争力的承诺来劝购,并通过承诺的及时、足量兑现来塑造企业及品牌形象,提高消费者的忠诚度,使本企业与其竞争对手形成明显的服务差异,增强企业的营销效果,获得差异化竞争优势。当然,这种承诺应该是真诚的、严肃的、可行的,做到情真意切。

美国哈佛商业杂志发表的一项研究报告指出:"再次光临的顾客比初次登门的顾客,可为公司带来25%~85%的利润,而吸引他们再来的因素中,首先是服务质量的好坏,其次是产品本身,最后才是价格。"北京几家肯德基家乡鸡餐厅在全国首先提出个响亮的口号:"让顾客101%的满意。"让顾客100%的满意,大家都能理解,那么,这增长的1%是什么呢?用句口头语说,就是自找麻烦,自讨苦吃。如下雨天,该餐厅服务员会给每位没带雨具的老人和带小孩的顾客送上一把雨伞,请他们在方便的时候顺路带回。正是这超乎寻常的1%服务,却体现了服务的真诚、圆满、感人。餐厅"完全彻底""全心全意"为消费者服务,作为消费者能不再来光顾,及时送伞归主吗?

13.3.3.8 情感环境

营造舒适、优雅的营销环境,能给消费者带来愉悦的心情和感观的享受,让消费者产生一种无形的亲切感。消费者在不知不觉的微笑服务中,既购买了原来就想买的商品,又购买了一些进门前本不打算买的商品。

山东规模最大的购物中心——银座商城,经营面积加地下层共有七层,二、三楼分别经营男、女服装。买衣服是个慢活,而且大部分顾客又是家庭主妇,大概是鉴于此,在六层的儿童世界商场中,备有各式各样的儿童游戏机、儿童游乐设施,有专门的服务生负责照看孩子。另外还专门辟出一个娱乐角,电视屏幕上交替放映动画片和科技片,坐在那里的孩子们都不想走。孩子们安顿好了,主妇们便可以放心大胆地安心选购了。这种良好的感受,大大地刺激了消费者的购买欲望。相反,不良的消极的环境氛围,则会减弱甚至中止消费者的购买行为。

任何人都无法否认情感在营销中的特殊作用。情感体现着人类文明、道德观念、民族精神,在深厚的文化土壤中散发出来的人类情感具有无限的感召力。那种在家乡、祖国、人类和安全、信仰、时尚、保健等情感因素牵引下的企业营销行为,得到了无数消费者最优厚的回报。

13.4 口碑营销

13.4.1 口碑营销的基本概念

口碑传播是由个人或群体发起并进行的，关于某个特定产品、服务、品牌或组织的一种双向的，可能会造成正面或负面影响的非正式的信息沟通行为。

口碑营销就是把口碑的概念应用于营销领域的过程，即吸引消费者、媒体以及大众的自发注意，使之主动谈论你的品牌和你的公司以及产品，并且在谈论的基础上，能够起到一种引人入胜的良好效果，同时得到消费者的认可，从而升华为消费者一种谈论的乐趣。它具有自发性和主动性的，因而也为媒体提供了报道的价值。

13.4.2 口碑传播的形成机理

国外学者对口碑传播的关注比较早，并从不同的视角采取各种不同的方法对口碑传播的各个方面进行了大量的研究，尤其是在诸如正面积极的口碑传播以及负面消极的口碑传播对消费者行为的影响、购买者信息搜集渠道中口碑传播的影响、口碑传播与大众媒介之间的相互影响及作用机制和关系等方面基本形成了一套较为完整的口碑传播理论（张明星等，2006）。而国内学者对口碑传播的研究较少，仅有黄孝俊和徐伟青（2004）、郭会斌（2005）、张明星（2006）等少数学者对口碑传播的影响因素、传播动机、口碑效应等进行了相关的理论探讨或实证研究。目前对基于口碑传播过程的内在机理研究尚处于空白。为此，下文将从人际沟通的视角并通过构建口碑传播的形成机理模式（如图13-2所示），深入分析口碑传播的形成过程及其影响因子，以此作为对口碑传播理论的有益探讨和完善。

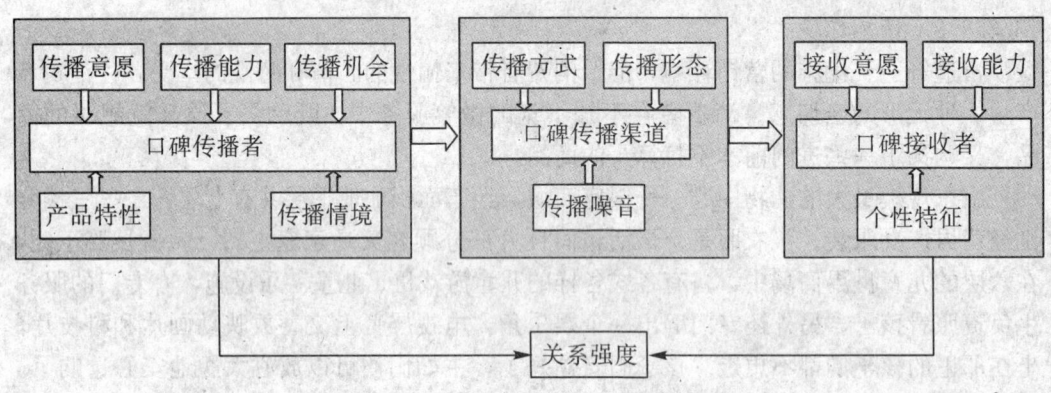

图13-2 口碑传播的形成机理模式

13.4.2.1 口碑传播者对口碑传播的影响

在口碑传播过程中，口碑传播者是传播行为的主体，其本身传播意愿的强弱、传播能力的高低和传播机会的多少都将影响甚至决定口碑传播行为的发生、传播过程的效率及传播效果的好坏，而产品特性、传播情境等因素在其中起着调节变量的作用。

(1) 口碑传播者的传播意愿和传播机会对口碑传播的影响。

口碑传播者既是产品购买或消费的先验者，又是信息传播的施信者，其传播意愿的强弱及是否具有合适的传播机会成为口碑传播行为的决定因素。从目前对口碑传播者的研究结论来看，个性特征和传播动机是决定传播意愿强弱的关键因素。就个性特征而言，Hawkins（1998）指出，受集体主义文化熏陶的消费者更愿意将其消费经验或先知信息传播给周围的相关群体；Money 等学者（1998）通过对消费者个性对信息传播的影响差异研究得出，外向型性格较之内向型性格的消费者更乐于与家人、朋友等群体分享购物信息。就传播动机而言，Stuteville（1968）认为，希望赢得朋友或同事是传播者在陌生人中传播口碑的原始想法；Derbaix 和 Vanhammne（1991）认为，"惊讶事件"的共同分享是重要的驱动意愿；Brown 和 Reingen（1987）认为，接收者的主动信息搜寻也是传播者口碑传播的重要动机；而 Ranaweera 和 Prabhu（2003）则认为，顾客满意是传播者传播口碑的心理驱动，且二者之间呈线性关系。

同时，合适的传播机会也是口碑传播行为发生的重要决定因素。目前对口碑传播机会的研究很少，很多学者在口碑传播模型设定的时候都将其作为常量来考虑。根据人际传播学的研究结论，群体规模、地理位置、接触频率等都将会影响信息传播，例如群体较之个体、邻近型较之远距型、频繁接触较之很少接触等都更易于信息沟通。但也有学者指出，随着人员流动性的提高和互联网的发展，口碑传播发生机会和传播效率的物理障碍正在减弱，口碑传播的发生机会更加取决于口碑传播者的传播意愿和关系强度。

(2) 口碑传播者的传播能力对口碑传播的影响。

传播能力是指口碑传播者运用正确的传播技巧向接收者准确地描述产品/服务特点或消费体验感知的能力。Bristor（1990）、Mitchell 和 Boustani（1994）、Gilly（1998）等学者都认为，口碑传播者的传播能力是影响传播过程和传播效果的重要决定因素。从口碑传播能力的定义可知，决定口碑传播能力大小的因素主要是专门知识和传播技巧。Gilly 等学者（1998）很明确地指出，传播者的专门知识直接影响着接收者的购买决策。专门知识是"准确地描述产品/服务特点或消费体验感知"的相关知识，表现为信息源的可信度，主要由传播者的教育水平、工作经验、社会阅历等因素决定。Mitchell 和 Boustani（1994）在研究专门知识的作用时发现，那些具有专门知识的专家获取产品知识的能力很强，而这些知识对产品购买者的选择产生至关重要的影响。一般而言，行业专家、先验者和门外汉的专门知识逐渐递减，接收者对他们的信任度也会依次降低，口碑传播的过程效率和传播的效果也会越来越低。

同时，深浅不一的专门知识还需要口碑传播者合适的传播技巧表现出来。传播技巧要求口碑传播者能够根据传播内容、传播情境和传播对象的不同选择不一样的传播方法，例如公开的或私下的、直接的或间接的、口语的或书面的等，其中肢体语言在口碑传播中影响作用巨大。

(3) 产品特性和传播情境对口碑传播的影响。

产品特性是指产品与众不同的特点，是口碑传播者传播的主要内容；传播情境是由多种因素构成的外部环境，是口碑传播的环境变量。产品特性的新奇程度和传播环境的合适与否将影响口碑传播过程的发生、效率和质量。在产品特性的多维要素构成中，产品结构的复杂程度和服务质量是影响口碑传播的两大主要因素。产品结构越复杂,口碑传播的可能性就越小和过程效率就越低,但传播质量却较高。凌颖(2003)的实证研究发现,电脑和空调产品较之洗发水的口碑传播质量更高。同时,Bouding(1993)通过实证研究发现,顾客非常相信服务质量会对重要的行为结果(如口碑传播)产生重要影响,服务质量越高,顾客越有可能产生有利于企业战略的行为,例如产生正面的口碑传播或向他人推荐服务等,从而得出了"服务质量与口碑传播之间具有正效应"的研究结论。此外,传播情境对口碑传播行为发生、效率和质量的影响是最直接的,具体包括时机、场合、其他人员的影响等。例如,就时机而言,在接收者正在作购买或消费决策的时候口碑传播的影响是最为显著的,而离接收者作出购买决策的时间越久,其影响越小。

13.4.2.2 口碑传播渠道对口碑传播的影响

口碑传播渠道是口碑传播者与接收者进行信息沟通的媒介,它的类型、结构、功能等及外在的噪音不仅影响口碑信息传输的方式和形态,而且影响信息传播的效度和信度。由于信息传播渠道的结构研究已趋完善,目前对口碑传播渠道的研究主要集中于传播方式、传播形态和传播噪音等三个方面,它们也是影响口碑传播效率和传播质量最大的渠道因素。

(1) 传播方式对口碑传播的影响。

从口碑传播的实践来看,传播方式主要有演说、会议讨论、电话联系、非正式交流和小道消息等口头传播和书面沟通、非言语沟通和电子媒体沟通等非口头传播方式。这些传播方式各有优缺点。例如,口头传播速度快、反馈性强,但也有容易失真和存储性差的缺陷。口碑传播对这些传播方式的利用是不均匀的。Keller(1991)在美国的调查研究显示,有近90%的口碑传播依然是用口头交流,其中"面对面"的交流占70%,19%的是通过电话交流,而通过电子邮件交流的仅占4%,其他交流方式占3%。中岛正之等学者(2002)在日本的调查也得出了相似的结论,通过"面对面"交流的高达91.0%,而通过电子邮件传播的仅占40.7%。他们同时指出,不同的产品、不同年龄阶段的人口碑传播的方式不一样,例如化妆品、健康食品、餐饮服务、一般食品类等产品口头交流较多,同时女士比男士更偏好于口头交流。

(2) 传播形态对口碑传播的影响。

不同的传播形态会影响口碑传播的范围、效率和质量。从传播学来看,口碑传播属于非正式传播,其传播形态主要有单线式、流言式、偶然式、集束式等四种,Brown 和 Reingen(1987)将其统一为单向线性传播模式和多向辐射传播模式。单向线性传播模式虽然具有保密性好的优点,但也存在扩散速度慢、信息容易失真的缺点,适用于技术复杂、售价较高的耐用品;而多向辐射传播模式具有传播速度快、传播范围广的特点,适用于工艺简单、生命周期较短的快速消费品。企业的自利动机和通讯网络技术的发展,使企业更加偏好于选择多向辐射传播模式,从而达到快速促销的目的。

(3) 传播噪音对口碑传播的影响。

按照 Shannon 和 Weaver 构建的香农-韦沃沟通模型,在口碑传播过程中不可避免地会受到噪音的干扰。噪音是指在信息传播过程中阻碍或干扰信息传播的物理障碍或人为因素，它不仅影响口碑传播的效率，而且影响信息传播的质量，甚至可能使信息发生过滤或失真。例如 A 向 B 传播口碑信息，可能会受到 C 的大声喧哗干扰或者反对意见的影响，从而使口碑传播过程时间延长或中断，更有可能使口碑信息的可信度降低。Schramm（1954）的信息沟通修正模型更是考虑到了受背景、噪音或者传播者的褒扬动机影响导致的信息过滤和信息失真，在口碑传播过程中也同样存在。

13.4.2.3 口碑接收者对口碑传播的影响

口碑接收者作为口碑传播的信息受让者和被影响者，其接收口碑信息的程度不仅会直接影响其购买或消费决策，而且也是评价口碑信息传播效果的重要指标。接收者对口碑信息理解和接收程度越高，就越有可能作出与口碑内容一致的同向决策，口碑传播效果也越好；反之，则越有可能作出逆向决策，口碑传播效果也越差。影响口碑接收者接收口碑信息的因素主要有接收者的个性特征、接收意愿和接收能力等。

（1）口碑接收者的个性特征对口碑传播的影响。

个性特征是消费者在心理发展过程中逐渐形成的稳定的心理特点。消费者个性特征的形成受发展环境、教育、社会、遗传等因素影响，属于消费者的背景因素，因此是影响消费者口碑信息接收的前置因素。其中，文化对消费者个性特征的形成有决定性影响。例如，Bruce（2000）在跨文化口碑传播研究中发现，在日本的文化背景下，接收者对口碑信息搜寻的主动性要强于美国文化背景下接收者搜寻的主动性，且处于同一文化背景下的传播者和接受者之间发生口碑传播的可能性要大于不同文化背景下的双方之间的传播，而且前者的传播影响也强于后者。同时，根据消费行为学的消费者信息搜寻理论，消费者在作出购买或消费决策前都不同程度地存在着外部信息依赖性，但同一条外部信息对不同消费者的影响是不一样的：对于缺乏主见的消费者而言，外部信息对其消费决策具有决定性影响；对于具有主见的消费者而言，仅仅只是起着补充支持作用。可见，口碑接收者的个性特征是影响口碑传播的重要因素。

（2）口碑接收者的接收意愿对口碑传播的影响。

除了口碑传播者的传播意愿外，口碑接收者的接收意愿也是影响信息传播过程和效果的重要驱动因素，而且实践表明，更多时候，口碑传播是在接收者的主动信息搜寻情况下发生的。根据目前对口碑传播动机进行研究得出的结论，口碑接收者之所以努力寻求口碑信息，原因在于消费者在购买或消费前存在感知风险，即较高的感知风险导致了更活跃的口碑传播行为和口碑影响力（Woodside，1968），例如财务风险、功能风险、身体风险、心理风险、社会风险和时间风险等。为了减少由于信息不对称所导致的购买或消费前后的不确定性或不一致性，尤其是购买新产品的风险，口碑接收者会在购买或消费前后努力搜寻各种信息，以信息的充分性补充其掌握信息的不完全性和可能存在的信息差异性，而口碑信息是可信度最高、搜寻成本最低的重要信息来源，因此那些具有较少产品经历的人有可能感知更多的风险，搜寻口碑信息的动机也越强烈，而且能够感知风险的人较不能感知风险的人更倾向于主动地搜寻口碑信息。除此之外，口碑传播者的可信赖感、口碑接收者的个性特征、信息依赖性和文化背景以及与企业或销售员的情感联系等因素，也会在一定程度上影响口碑接收者的接收意愿。

（3）口碑接收者的接收能力对口碑传播的影响。

相较于口碑传播者的信息传播能力而言，口碑接收者的信息接收能力对口碑传播过程和传播效果的影响力更强，成为影响口碑传播质量和消费者购买决策的主要决定因素。影响口碑接收者接收能力的因素主要有接收者的个性特征、受教育水平、专业知识等。其中，专业知识是影响接收者对口碑信息理解与接收最为显著的共性因素。学者们的研究结论显示，接收者的专业知识与口碑传播效率成正相关，但与口碑传播质量即影响力成负相关。其原因在于，那些具有专业知识的口碑接收者相对于那些缺少专业知识的人而言理解力和辨识力更强，可以节省传播者对常识性知识或专业知识的解释。但也正因为如此，专业知识水平高的人主动搜寻产品口碑信息的可能性更低，同时也更相信自己的主张，这一点得到了 Bruck（1985）、Sherrell 和 Ridgway（1986）、Gilly（1998）等学者的支持。

此外，口碑传播者与接收者之间的关系强度也是影响口碑传播效率与质量的关键因素之一。Brown 和 Reigen（1987，1990）的研究发现，口碑传播者与口碑接收者之间强关系的推荐比弱关系的推荐更有可能引起双方主动地搜寻和传递信息，而且强关系对接收者的行为影响要比弱关系大得多，其原因可能在于，强关系的双方较之弱关系的双方在接触频率、关系承诺、人际信任等方面更高。

13.4.3 口碑营销的策略选择

13.4.3.1 转变营销传播观念，树立以口碑传播为主导的营销传播新理念

随着消费市场竞争的加剧和顾客消费决策的日趋理性，广告、营业推广、人员推销等促销成本快速增加，而促销效果却边际递减，因此企业必须改变传统的传播途径或促销方式，实施营销传播理念和途径的变革与创新，将以前作为重要补充的口碑传播上升为具有主导地位的营销战略。具体而言，一方面，企业必须突破思想桎梏，打破传统营销传播途径的路径依赖性，充分认识到口碑传播的重要价值，实现营销传播观念的扬弃与更新；另一方面，企业需要尽快根据对营销环境、产品特点、顾客需求等的分析和论证结论，树立以口碑传播为主导的整合营销传播理念，并将其贯彻或渗透到整个营销过程中，实现营销传播理念的新生与重构。当然，企业也必须认识到并非所有的产品或服务都适合口碑传播以及口碑传播的"双刃性"，防止陷入口碑传播的误区或者发生负效应。

13.4.3.2 改变营销传播范式，探索以口碑传播为主导的营销传播新方式

根据对口碑传播形成机理及其影响因素的分析，尽管口碑传播者和接收者的背景因素、情境因素以及口碑传播的方式、形态和噪音会对口碑传播的效果产生不同程度的影响，但真正对口碑传播者与接收者之间口碑传播行为产生决定作用的还是产品特性、意见领袖和关系强度等因素，因此，企业应该予以重点关注。

(1) 优化产品特性，改善口碑传播的内容。

产品特性是口碑信息传播的主要内容，是否适宜口碑传播将是决定口碑传播成败的关键。从产品特性对口碑传播的影响来看，产品的功能质量、服务质量、品牌形象、新奇程度等会成为影响传播者口碑传播的关键点，因此，企业可以通过改善产品或服务质量、提升品牌形象、突出产品的新特色等途径优化产品特性，使之更符合口碑传播的要求。

(2) 激发意见领袖，创造良好的口碑信源。

科特勒指出，意见领袖是指在一个参考群体里，因特殊技能、知识、人格或其他特质而能对群体里的其他成员产生影响的人。由于意见领袖在群体里的特殊影响力，他们的言行会直接正向影响口碑信息传播的可信度、效率和范围。因此，企业可以广泛地利用消费者层面和专家层面的个体型意见领袖及政府机关、消费者协会、质检部门等机构型意见领袖，通过他们创造良好的口碑，从而在群体内产生重要的影响。

(3) 提高关系强度，增强顾客间的口碑传播。

Bristor (1990) 认为，口碑传播网络是一个由一组参加口碑传播的人组成的社会网络。人与人之间关系强度的大小不仅会影响口碑传播双方搜寻信息的主动性，还会影响口碑传播的发生几率和传播效果。在关系营销时代，企业一方面要努力通过给顾客创造更多的价值来提高满意度和忠诚度，增强满意或忠诚顾客的口碑传播意愿；另一方面要创造条件强化顾客之间的关系联结，增强顾客的信息互通性。例如，美国哈雷摩托车企业设立"哈雷俱乐部"，会员相互之间交流信息，大大增强了口碑传播的机会和会员的口碑传播能力。

13.4.3.3 变革口碑传播媒介，发展以网络口碑传播为主导的营销传播新平台

随着信息与通讯技术的发展，传统的面对面、耳相传的口碑传播模式正在发展成为网络口碑传播（病毒性营销）模式，即顾客通过电子邮件、消费者群组、电子邮件名单服务、线上论坛、入口网站讨论区等通讯网络形式进行口碑传播（Hanson, 2000），有效地克服了传统口碑传播固有的效率低、范围小、信息失真等缺陷，相反还具有传输成本更低、针对性更强和信息可控性更好的优点。Wilson (2000) 认为，良好的网络口碑传播应包括提供有价值的产品或服务、提供无需努力的向他人传递信息的方式、信息传递范围很容易从小向很大规模扩散、利用公众的积极性和行为、利用现有的通讯网络、利用别人的资源进行信息传播等六个要素。从网络口碑传播的实践来看，一项成功的网络口碑传播要求企业必须具有完整的传播计划、优秀的产品或服务创意、独特的传播方式以及必要的风险控制措施。企业应该顺应网络信息技术变革的发展趋势，充分利用手机短信、E-mail、BBS、QQ、eBook 等新技术，真实、及时、清楚地传播企业或产品信息，实现企业的营销目标。

【本章小结】

近几年，我国营销学界密切关注进入 21 世纪的市场营销新发展，对新经济时代市场营销的新领域与新概念进行努力探索与研究。本章选择了关系营销、网络营销、情感营销、口碑营销四个方面，对其内容做了简要的介绍。

关系营销促进企业从长期交易和合作的角度认识企业与利益相关者的关系，并为建立、维系这种关系提供了新的营销思路。

信息全球化和互联网为企业充分利用网络营销工具创造了条件。网络营销是对传统营销的挑战，对有网络知识及上网的消费者提供了便利。企业要实施网络营销，必须明确顾客目标，确定网上营销的产品和服务，设计引人瞩目的网站和主页，并制定合理的营销组合策略。

情感营销是指通过心理的沟通和情感的交流，赢得消费者的信赖和偏爱，进而扩大市场份额，取得竞争优势的一种营销方式。简言之，情感营销就是把消费者的个人情感差异和需求作为企业品牌营销战略核心，通过借助情感包装、情感设计、情感广告、情感促销等策略，来激发消费者潜在的购买欲望，以实现企业的经营目标。

口碑营销就是把口碑的概念应用于营销领域的过程，即吸引消费者、媒体以及大众的自发注意，使之主动谈论你的品牌和你的公司以及产品，并且在谈论的基础上，能够起到一种引人入胜的良好效果，同时得到消费者的认可，从而升华为消费者一种谈论的乐趣。它具有自发性和主动性的，因而也为媒体提供了报道的价值。

【关键名词】

关系营销（Relationship Marketing）
网络营销（E-Marketing、Internet Marketing、Cyber Marketing、Network Marketing）
情感营销（Emotional Marketing）
口碑营销（Word of Mouth Marketing）

【思考题】

1. 简述关系营销的概念与特征。
2. 简述网络营销的概念、主要内容。
3. 简述情感营销的含义及其策略。
4. 简述口碑传播的形成机理及口碑营销的策略选择。

【案例分析】

DHC的网络口碑营销

DHC是日本的一个化妆品品牌，它进入中国市场的时间要比其他欧美品牌要晚很多。对于化妆品营销而言，想在一个新市场当中抢得一席之地，即使进行大量的营销投入也未必完全可以实现目标。而DHC的营销策略，可以说完全符合市场切入的需要，包含了开展营销的必要元素。

关注DHC的体验营销和整合营销的这些环节，可以对DHC采用的策略进行深入的洞察。

一、网络营销

互联网是消费者学习最重要的渠道之一，在新品牌和新产品方面，互联网的重要性第一次排在了电视广告前面。

DHC采用广告联盟的方式，将广告遍布大大小小的网站。因为采用试用的策略，广告的点击率是比较高的；因为采用了大面积的网络营销，其综合营销成本相对降低，并且营销效果和规模要远胜于传统媒体。

二、体验营销

一次良好的品牌体验比说教式的品牌形象宣传要有效得多。

DHC 采用试用体验的策略，用户只需要填写真实信息和邮寄地址，就可以拿到4件套的试用装。当消费者试用过 DHC 的产品后，就会对此有所评价，并且和其他潜在消费者交流，一般情况下交流都是正面的（试用品很差估计牌子就砸掉了）。

三、口碑营销

31％的被采访对象肯定他们的朋友会购买自己推荐的产品，26％的被采访对象会说服朋友不要买某品牌的产品。

消费者对潜在消费者的推荐或建议，往往能够促成潜在消费者的购买决策。铺天盖地的广告攻势，媒体逐渐有失公正的公关，已经让消费者对传统媒体广告信任度下降，口碑传播往往成为化妆品消费最有力的营销策略。

四、会员制体系

类似于贝塔斯曼书友会的模式，只需通过电话或上网索取 DHC 免费试用装，以及订购 DHC 商品，就能自动成为 DHC 会员，无需缴纳任何入会费与年会费。DHC 会员还可获赠 DM 杂志，它成为 DHC 与会员之间传递信息、双向沟通的纽带。采用会员制大大提高了 DHC 消费者的归属感，拉近了 DHC 与消费者之间的距离。

五、多渠道营销

网络营销是 DHC 营销体系的一部分，当然传统媒体依然会有 DHC 的广告，包括重金聘请代言人等行为，都是在提升品牌的形象。多渠道的营销推广，加深了消费者对 DHC 的品牌印象。当得到试用的机会后，促成购买行为的可能性也大大增加。

整体来看，DHC 近几年的高速发展和其营销策略是密不可分的，或者可以说 DHC 更了解市场，懂得利用新媒体为品牌做宣传。通过传统媒体、形象代言人提升品牌形象、品牌可信度，对于新产品而言是核心关键；网络营销能够将传播的点放大化，投入1分的成本看到的也许是10分的效应；通过体验营销的方式，直面消费者，用产品去改变消费者的消费观念，一旦能够建立品牌信任，很有可能 DHC 在这个消费者影响范围内就传播开来，更多的人会申请试用，更多的人会尝试购买；最终用 DHC 的会员杂志——DM 杂志将用户和品牌紧紧联系在一起，不断关注和提醒消费者，自然会促成更多的购买决策和传播影响。

（资料来源：http：//www.aiwom.net/a/womanli/2011/0218/573.html，有改动）

讨论题：

1. 试析互联网这种新型营销平台对 DHC 的重大促进作用。
2. 结合案例，分析如何利用互联网新媒体工具进行有效的营销推广。

【阅读材料】

1. [美] 菲利普·科特勒. 营销管理 [M]. 梅清豪，译. 12 版. 上海：上海人民出版社，2006.
2. [美] 斯特劳斯，等. 网络营销 [M]. 时启亮，金玲慧，译. 4 版. 北京：中国人民大学出版社，2007.
3. [德] 索斯顿·亨尼格-索罗. 关系营销 [M]. 罗磊，译. 上海：广东经济出版社,2003.

4. [英]费恩斯·特朗皮纳斯,彼得·伍尔莱姆斯. 跨文化营销[M]. 刘永平,等,译. 北京:经济管理出版社,2008.

5. [日]中岛正之,等. 口碑营销[M]. 陈刚,张倩,译. 北京:科学出版社,2006.

6. [日]下川美知瑠. 色彩营销[M]. 陈刚,屠一凡,译. 北京:科学出版社,2006.

7. 昝辉. 网络营销实战密码——策略·技巧·案例[M]. 北京:电子工业出版社,2009.

8. 马连福. 体验营销:触摸人性的需要[M]. 北京:首都经贸大学出版社,2005.

9. 罗茂初,等. 数据库营销[M]. 北京:经济管理出版社,2007.

10. 李光斗. 情感营销:如何让消费者爱上你的品牌[M]. 北京:北京大学出版社,2005.

11. 网络口碑营销门户,http://www.17wom.com.